一座城市文脉的导读

一座城市作家的踪迹

自贡当代作家评传

灿烂星空

自贡当代作家评传

周 云◎著

黄河出版传媒集团
宁夏人民出版社

图书在版编目（CIP）数据

灿烂星空：自贡当代作家评传 / 周云著. — 银川：宁夏人民出版社，2014.11
ISBN 978-7-227-05881-6

Ⅰ. ①灿… Ⅱ. ①周… Ⅲ. ①作家—评传—自贡市—现代 Ⅳ. ①K825.6

中国版本图书馆 CIP 数据核字（2014）第 267424 号

灿烂星空——自贡当代作家评传　　周　云　著

责任编辑　闫金萍
封面设计　圣立文化
责任印制　肖　艳

黄河出版传媒集团
宁夏人民出版社　出版发行

地　　址　银川市北京东路 139 号出版大厦（750001）
网　　址　www.yrpubm.com
网上书店　www.hh-book.com
电子信箱　renminshe@yrpubm.com
邮购电话　0951-5052104
经　　销　全国新华书店
印刷装订　四川西南彩色印务有限公司
印刷委托书号（宁）0000066

开　　本　700mm×1000mm　1/16
印　　张　22.25
字　　数　360 千字
版　　次　2014 年 11 月第 1 版
印　　次　2014 年 11 月第 1 次印刷
书　　号　ISBN 978-7-227-05881-6/K·821

定　　价　38.00 元

一城文脉钩笔端（代序）

◎李 华

作家周云先生近年花费不少时日，八方奔走，细心采撷，呕心沥血，集中精力做了一件事，就我个人看来，是件了不得的事，同时也是一件有利于城市的事，那就是将自贡近几十年的文学人做了线条性梳理，并辅之以适当点评。

虽然我有幸被忝列其中，但我还是要客观公正地说，周云对自贡作家作品的把握是严肃而认真的，是以坚守文本为基本立场的。我以为这一点至关重要。唯其这样，才立得住脚，经得起时间检验。

现在有很多文本，或者这选集那选本之类的吧，极尽夸夸其谈之能，而实质则是顾左右而言他，水货太多，毫无集合价值。更为严重的是，竟以自己的亲疏好恶作为收集文本的尺度，故意遮蔽不臣服于自己的作家作品。试问，可能吗？

文章千古事。大凡问世之作，就是公众之作，社会和历史对其自有公论的。任何欲盖弥彰都是对自己的矮化和亵渎。尤其是对一个区域性的文脉钩沉综述，我以为是开不得半点玩笑的。

学者吴彬彬等人在《城市文脉的延续》一文中说：城市是什么？城市是空间，城市是心情，城市是历史，城市是杂萃。这些，有可能都是。但非常有可能不全是。城市既是一个景观、一片经济空间、一种人口密度，也是一个生活中心和劳动中心。更具体地说，也可能是一种气氛，一种特征和一种灵魂。另一位学者赵立强更是主张，一个城市应该有自己的文脉主义。不管是城市选择了我们或是我们选择了城市，我们都有过这样的体验：浸润在它日日夜夜派生的每一种油盐酱醋茶组合而成的生活方式中，无不感受到强大的习俗风情的冲击。都自觉和不自觉置身于它的生活轨迹，做一个带有极具地方色彩的人。听它的故事，翻它的历史，漫步它的区域，记住它的过往人物。何为文脉的初级版本？我以为这应该就是。

余秋雨在写过《文化苦旅》之后，做的最重要的事，就是广泛而认真地研究了中国文脉。这一研究竟让他大吃一惊，深切感叹，当前已是“文脉既隐，小丘称峰；健翅已远，残羽称鹏。”这，绝不是危言耸听。在一个经济占主导地位的时期，黄钟大吕不一定有瓦釜招摇。如若我们听任小丘恣意一丘障景，我们很多赖以温暖的文脉，就会呈现混乱之势、倒置之势。

因此，从这个角度，审视周云的此番努力，我以为是有意义的。其实认起真来，周云也是个持之以恒的作家。他的诗歌、散文、评论、报告文学，也有不少可称道的，其人也在四川最负名望的巴金文学院当过创作员，可他在编制这本自贡作家人物评传中，有意识地把自己淡化了出来。他这种做法的本身，就足以窥见他做这事的良苦用心。

文脉（Context）一词，最早源于语言学范畴。从狭义上理解，大抵属于一种文化的脉络。美国人类学专家艾尔弗雷德·克鲁伯和克莱德·克鲁柯亨指出：“文化是包括各种外显或内隐的行为模式，它借符号之使用而被学到或传授，并构成人类群体的显著成就；文化的基本核心，包括由历史衍生及选择而成的传统观念，尤其是价值观念；文化体系虽可被认为是人类活动的产物，但也可被视为限制人类作进一步活动的因素。”克鲁柯亨则把“文脉”界定为“历史上所创造的生存的式样系统。”中国的文脉，最早可延伸至中国汉文字的起源，以《诗经》开篇，经春秋，历楚辞，染先秦散文，浸汉赋，等等，再到唐宋诗词，元曲及明清小说，一气贯通，气势磅礴，灿若星汉，成为世界文化史中不可忽略的粗线条和壮丽景观。我们华夏版图上的每一种区域文化，正是它折射所致，分流所致。

追溯自贡的文脉，无论如何都离不开“盐”的原点。盐卤的发现和制作丰富了自贡的居住环境，拓展了以自贡为圆心的经济圈，吸引了大量的参与者与旁赏者。据史料记载，来在自贡这块热闹非凡的土地上之乎者也的文人墨客真还不在少数。熊过、陆游、段玉裁……当然，本土产生的文化人也非同小可，李芝、刘光第、赵熙、李宗吾、宋育人……一串又一串，一批又一批，不绝如缕，也可以说是蔚为壮观。文化人的到来与文化人的产生，不可避免地改变了自贡的文化构成和文化水准。虽然自贡的地理位置没变，仍处于内陆深处，交通并不十分发达，但被界定为历史文化名城，也是顺理成章、理所当然的事。

看得出，周云先生在梳理这个文本中，把重点放在了20世纪中叶，即中华人民共和国成立以后。这个时期的自贡，文化人的创作激情有了新的生发点，创作环境有了较大改善，创作的作品有了更多的发表园地，创作队伍有了集结，发展和壮大，留守本土创作的作家开始在全国崭露头角，离开自贡仍然坚守创作的作家也跃上了较高的平台。这些人物的出现，无疑影响了前赴后继的文学爱好者。因此，说到自贡的文脉、自贡的文学氛围、自贡的作家作品，在四川这个方阵中，或者再不客气一点地说，在全国范围内，还是有一点点儿地位和影响的。特别是进入20世纪80年代以后，自贡的文学热，曾令多少人仰脖。热了刊物，挤了书架。

把一个区域的作家集中起来综述，至少可以从纵的方面检视我们的创作历程和成就，成为一座城市文脉导读的一个部分。再从横的方面看，还可以感觉一座城市的作家创作视野和创作高度。

即便如此，我们也没有理由故步自封。须知，文学这座巍峨辉煌的精神殿堂，虽然人类创造了它，但即便退开几步、几十步、几百步、乃至几千步几万步，无论人类如何仰望它，都不为过，都是必须的、值得的。它是集合全人类最高品质的至高无上的精神宝塔。我们只有不断地努力努力再努力，为它添砖垒瓦，描红增色，创作出更多的典型形象，丰富其人物画廊，我们才有资格说，我们这座城市的文脉汇入了浩浩中华文脉乃至世界文脉的大海大洋。

愿这部区域文脉的局部梳理能使每一个文学创作者和每一个文学爱好者，甚至包括每一个喜欢这座城市的人，都有各自不同的收获。

谢谢自贡！谢谢周云！

2013年仲秋写于盐都

（作者系中国作家协会会员，四川省作家协会主席团委员，四川省自贡市作家协会主席。）

东风夜放花千树（自序）

山有山的风骨，海有海的韵律，人有人的个性。

74 年前的 1939 年 9 月 1 日，中国版图上的四川多了一个继成都、重庆之后的第三个省辖市——自贡。丰厚的盐文化积淀了这座城市的属性。

64 年前的 1949 年 12 月 5 日，黎明时分，戎装素裹的解放军跨过现在的自贡关外立交桥处的“洋灰桥”，硝烟散尽，天翻地覆。自贡翻开了新的一页。

40 年前的 1972 年岁末之际，我从川东长江边一座和自贡盐龄同期的古城云阳，一身戎装、一脸稚气、一腔豪情，和同龄的伙伴们挤在解放牌卡车里，驶入自贡。车过自贡城区的龙井街区，翻过“王爷庙”，釜溪河和滨江路突入眼帘。身旁的首长对我们喊到：看啦，这就是自贡！从此，我和这个城市结下了不解之缘。朝夕相处，息息相关……

一

位于巴蜀之间，地处川南腹地的国家历史文化名城自贡，辖区面积4373公里，人口320多万。境内群山叠翠，蕴秀含珍；人文荟萃，民风淳朴。以其特有的风采和格韵，卓立于中国城市之林。大自然的赐予和世代人民的创造交相辉映；古代文明的奇迹与现代建设的胜景珠联璧合。历史遗迹，发人遐想；民俗风物，动人情思。

自贡，物华天宝，人杰地灵，经历上千年发展，积淀形成了丰厚的独特文化：以中国非物质文化遗产自贡“井盐深钻汲制技艺”为代表的古代凿井科技文化；以自贡集大成的“盐业契约”为代表的股份合作创业文化；以南北建筑为代表的会馆帮会文化；以节庆彩灯为代表的灯会文化；以盐帮菜系为代表的餐饮文化；以恐龙群窟发掘为代表的史前考古文化；以自贡国家高新技术产业开发区为代表的当代创新文化等。历史文化与现代文明交相辉映。古代有文人辈出载入国史；近代国人变法图强，戊戌变法、甲午战争、辛亥革命之佼佼者均有自贡人耸立其间，如刘光第、宋育人、吴玉章等；共和国60年百杰人物中更有三位自贡人——卢德铭、邓萍、江竹筠跃然其中，塑造出自贡人感动中国的人文情怀。一行长长的足迹刻镌在60多个春夏秋冬的记忆里。

2013年5月，自贡市文学艺术界联合会和自贡市作家协会走过了一个甲子的历程。60年来，市文联和作协队伍不断发展壮大，文艺家协（学）会从建立之初的5个发展到15个，共有国家级会员133名，省级会员618名，市级会员2188名；为繁荣自贡文艺事业，彰显文化名城风采，开展了一系列有作为的文艺活动，涌现了一批在全省乃至全国有影响的优秀文艺人才，推出了一批闪耀时代光芒、体现盐都特色的优秀文艺作品。

二

1951年5月，自贡市第一次文学艺术工作者代表大会召开，随即成立了自贡市文联筹委会，由市委宣传部部长马惠民兼任筹委会主任，张宇高任副主任，黄巨良为筹委会工作人员（后为副主任）。

1953年5月，经过两年的精心筹备，市第二次文学艺术工作者代表大会召开，我市的左联老战士、进步文艺工作者、戏剧演员和民间艺人又一次大集结。市文学艺术工作者联合会（1962 年 9 月更名为市文学艺术界联合会）破茧而出，成为了全省最早成立的地市级文联。

1956 年 4 月，市文联主办的群众文艺刊物《釜溪》问世，为自贡市文艺工作者提供了文艺作品展示、交流的平台。青年诗人李加建、王志杰等以其理想主义的歌唱，赢得文学界的赞誉。

在市文联的引领下，广大文艺工作者怀着对建设社会主义新中国的美好憧憬，创作、表演热情高涨，取得了令人瞩目的成绩。以龚建章领班的自贡川剧获得新生，“龚扇”传人龚玉璋的竹丝工艺重新焕发光彩，余曼白剪纸一枝独秀名动京华。况余焘编写的独幕话剧《交班之前》、李仁古编写的四川方言话剧《地下之火》、市文联组织编写的话剧《盐场风雨》等都在社会上引起了较大反响。

1966 年，“文化大革命”开始，一场“文化浩劫”来临，市文联被查封，工作人员均受审查、批判。与此同时，“样板戏”一花独放，“红宝书”一统天下。古今中外一切优秀文化被视为毒草，中华大地“万户萧疏鬼唱歌”。

三

1979 年 4 月，市文联恢复开展工作，各文艺家协（学）会相继成立，千年盐都的文艺事业进入了又一个发展时期。

80 年代是一个文化中兴的时代。和全国各地一样，自贡作家经历了从“反右”到“文化大革命”的政治运动熬炼和大饥荒、大灾难的切肤之痛。作家们从各种压抑人性的政治运动和“文革浩劫”中脱颖而出，创作激情如江河奔流，突破了一个个禁区，作家们的风格也多姿多样。因为思想、人性得到空前解放，被压抑而积蓄了几十年的才华，随着改革开放的浪潮，喷涌而出。

这是改革开放后的新时期，自贡市的文艺创作和表演呈现蓬勃发展、百花争艳的态势，一批文艺精品和文艺人才脱颖而出。

川剧艺术率先大放异彩。“巴蜀鬼才”魏明伦创作的《易胆大》、《四姑娘》、《巴山秀才》（与南国合作）在全国产生重大影响，并获得文化部优秀剧目奖、省首届优秀文艺作品一等奖。在随后的十多年里，魏明伦又相继推出了《岁岁重阳》(与南国合作)、《潘金莲》、《夕照祁山》、《中国公主杜兰朵》、《变脸》等剧目，使自贡川剧创作享誉全国，演出九上北京三下江南，在全国引起轰动并屡获大奖。

魏明伦与南国合作的电影文学剧本《梨园传奇》为自贡市的影视创作开创了新篇，该剧本获得自四川省首届优秀文艺作品奖。其后，陈远航编剧的《冠军从这里起飞》获中国电视剧飞天奖；陈远航、辜达权、万焕奎编剧的电视连续剧《百年震荡》为纪念吴玉章百年诞辰隆重推出。

李加建作为我市文学界的领军人物，于1984年出版了诗集《人和大地》、《我在每个早晨诞生》，其作品获《诗刊》和省首届优秀文艺作品奖等多种奖项，被收入《中国新文艺大系》等多种选集，受到诗歌界和评论界热切关注。女作家贝奇于20世纪80年代初在《当代》、《海峡》、《红岩》等发表中篇小说《一个女人的遭遇》(后改编为电视连续剧)、《桥》、《岸》。武志刚的短篇小说《干姐妹》、廖时香的中篇小说《乐胆》先后登上《当代》和《小说选刊》，获省第二届文学奖，并分别结集出版中短篇小说集《盲马》、《乐胆》，成为我市小说创作的“双子星座”。这一时期，何青、孙贻荪、伍松乔等人的散文，陈刚、王发庆、钟明冰等人的小说，李自国、刘蕴瑜、蒋蓝等人的诗歌，邓遂夫的红学研究，曹德权、王孝谦等人的小小说，李华、李开杰的儿童文学创作，都在各自领域产生了不同程度的影响。1989年，刘仁辉的长篇小说《囚锁在荒原上的爱》出版，这是新中国成立以来我市第一部正式出版的长篇小说。

由严西秀领衔的曲艺创作和表演也喜获丰收。1980年5月，金家英表演的琵琶弹唱《白发吟》作为全国优秀节目和四川代表队的唯一节目，走进中南海作汇报演出；新编古装戏《清风亭》，被四川电视台拍成戏曲艺术片在全国播放；喜剧小品《星级服务》，荣获央视戏剧小品大赛优秀奖。

歌剧创作、演出也可圈可点。由邓遂夫编剧、韩万斋作曲的《燕市悲歌》，被特邀参加全国红学研究会年会演出，受到红学专家的好评；由李加建编剧、韩万斋谱曲的歌剧《月落乌啼》参加省歌剧调演获得了7项大奖，1991年，该剧受到文化部嘉奖。此外，歌剧《江边一栋小楼》(万焕奎编剧、张光荣作曲)、舞剧《烈火军魂》(李加建编剧、张斧编舞)等也获得好评。

自贡市杂技表演艺术家不畏困难，推陈出新，努力探寻出一条适合自身发展的市场之路，先后赴墨西哥、日本、美国、南非、希腊等20多个国家和地区演出。杂技《倒立飞砖》荣获中国政府文华奖铜奖，《双人软功》荣获省第七届巴蜀文艺奖金奖。

自贡市书法、美术、诗词、摄影等文艺家协会活动频繁，硕果累累。黄宗壤以诗词、绘画、书法“三绝”著称，蝶痴万钟的彩蝶画驰名海内外，刘克刚享有“蜀中刘八哥”的美誉，跻身于当代著名中国画家之列；陈世琮、朱时昔、石美鼎、邹世俊等人的作品分别参加国内外展出并获奖；摄影家余铭源几十年如一日以摄影镜头记录自贡的发展变迁，留下了珍贵的盐都记忆……

四

20世纪90年代中期至今，自贡市文艺工作者积极融入时代进步的潮流，文艺创作争奇斗艳，文艺人才各领风骚。

20世纪80年代，文学倍受推崇，“文学青年”一词很是时髦。随着市场经济大潮的不断冲击，整个社会“一切向钱看”，文学渐渐退去昔日的荣光，遭遇“边缘”。与此同时，经历了1989年的政治风波后，一段时间里部分作家失声。像整个知识阶层一样，有的收敛锋芒，有的下海经商，有的韬光养晦，有的逢迎讨好，各有选择。还有的无所适从、颓废、消沦于严酷的生存环境之中。

但从总体上看，自贡的文学并没因此而颓废，相反更加坚定了对精神家园的守护，勤奋耕耘，不管创作队伍还是文学作品，都有一定数量的突破，文学氛围也相对活跃。但面对人们对文学诉求和精神阅读的逐步提高，自贡文学依然面临大的挑战和机遇。

邓遂夫以推出了一本本红学专著享誉文坛；饶雪蔓、饶雪莉姐妹坚持儿童文学创作，出版了一系列丛书。曹德权、王孝谦、陈勤、刘安龙等人的小小说创作，刘仁辉、贝奇、蒋涌、曾新、李华、李利、傅晓东、郭同星、等人的长篇小说创作，廖时香、陈晓东、王池、陈刚、李开杰、张燕、钟惠芳等人的中、短篇小说创作，陈文帮、秋枫、王惠兰、罗仕成、张刚、辜义陶、杨华，漆成刚、周春文、刘建斌、黄俊、林元跃、罗芝家等人的诗歌创作，黄宗壤、高仁斌、陈有刚、黄千红等人的随笔杂感，王发庆、邵光滏、田一坡等人的文学评论，几乎从方方面面构筑了自贡的文学气场。

胡林姝以校园青春小说为题材，出版了《触不到的天使恋人》。杨源孜与刘仁辉合写的《江姐童年的故事》受到了广泛好评。

新时期的自贡作家队伍，一方面在不断补充新鲜血液，一方面不断有人在休整歇息或左右转向。随着市场经济大潮的不断冲刷，一些从爱好者进入作家行列的文学人，个人的价值取向悄然变化，社会的注意力也不断被潜移默化。文学创作不再是生活的唯一，在强大的谋生或者改变生活方式的背景下，文学的吸引力已日渐式微。

和中华大地其他地区一样，许多所谓的“作家”由于过于重视自己而葬送了自己，犹如茫茫夜空中一闪而过的流星。尽管他们曾经显赫一时，但是他们终写不出有价值的文字而默默无闻了，因为他们并没有扎根于大地、深入底层，融入真正的、真实的社会生活，去追求一个比个人更广博、更重大的存在，而是把自己封闭在一个狭小的圈子里，自我作古，自行其是，自媒自炫，自哀自恋，直至郁郁而终。

据了解，自贡市作家协会现有300多名会员，其中有志写作的不过几十人，而真正矢志不移、关注自然、关注生命，潜心创作的更是凤毛麟角。

但从总体上看，自贡市作家团队在全省文学方阵中，还是较为活跃、较为坚守得住创作的团队。进入社会转型期，特别是新世纪以来，川剧创作和演出迎来又一个高峰。大型原创现代川剧《人迹秋霜》获得第十一届“中国人口文化奖”戏曲银奖等大奖。大型原创川剧《刘光第》在2005年四川省振兴川剧新剧目展演中囊括七项大奖，2006年荣获省巴蜀文艺奖一等奖。2011年，大型川剧《夕照祁山》在中国戏剧节上荣获最高奖。

文学创作继续保持强劲势头，诗歌、长篇小说、小小说、影视、舞台剧创作成就也十分喜人。

自贡作家为自贡的发展发挥了作用，是一支有实力、富于创造、热爱奉献的队伍。各个层面的作家队伍在各自的文学阵地，开展不同形式的文学活动，召开年会及各种层面、各种形式的文学笔会、文学沙龙、作品研讨会、文学讲座等。

自贡市四区两县除自流井区尚未建立作家协会外，其余各区县均有作家协会。各区县作家协会的建立对于推动当地文学创作和联系广大作家、文学爱好者起到了桥梁纽带作用。大安区的作家协会是自贡区县一级成立的最早的作家协会，其文学刊物《龙乡文学》受到各方面关注。荣县作协的《双溪湖》、富顺县作协的《富顺文学》、贡井区作协的《大公井》、沿滩区作协的《沿滩文苑》分别以各种不同的文学特质彰显魅力。

针对作家视野相对狭窄、作家间的碰撞交流不足这一现状，自贡市作协先后组织作家到阿坝、内江、泸州、宜宾、重庆、双流、云南昭通等地开展文学创作交流。同时，邀请知名作家、文学评论家来自贡畅谈创作体会。市作协又先后邀请了法国文学骑士勋章获得者、自贡籍作家李锐，中国实力派诗人余坚、杨牧、张新泉、梁平，当下实力派小说家罗伟章、夏天敏，云南省作家协会副主席欧之德，四川省作家协会副主席、评论家曹继祖，文艺理论家杨青等人都到自贡交流了创作经验。

诗歌是自贡的强项。市作协根据这一特点，不定期举行过诗歌沙龙和诗人互访。2005 年，市作协举办“凤凰有约，以诗会友”，广邀川南及成都、重庆诗人参会，大家在诗的感召下，诗心萌发，创作激情高涨。2007 年，市作协承办了首届川南诗会，《星星》诗刊、《四川文学》的编辑应邀参加。2010 年，市作协承办的第二届川南诗会，除了川南五地市外，还邀请了资阳、眉山、绵阳、阿坝等市州的诗人参加，在诗歌界产生了广泛影响。

五

2013 年初春，自贡市文联、作协 60 周年大庆。几十年醉心于文字的我，蜗居低处透析活跃于前沿的自贡作家方阵，感恩于我已视为第二故乡的这座古都，得力于我几十年记者生涯的素养，饱蘸浓墨，一个个记录下了自贡籍老、中、青三代 30 多位作家的声世浮沉，并斗胆对他们的文字进行了评头品足。

文学的繁荣，从根本上说，有赖于一个民族的文化和文学的繁荣。道路是漫长的。但中国社会从来也没有像今天这样纷繁复杂，万象纷呈。中国的改革开放正向着纵深发展，在取得令世界瞩目的成绩的同时，现代性所带来的问题也凸显出来，如欲望扩张、精神匮乏、贫富悬殊、城乡差距、生态恶化等等，这些问题关乎民族的命运和未来，也关乎每一个体生命精神的健康和健全。

从精神谱系上说，当代作家与中国传统文人应该是一脉相承的。

纵观前世今生，历代作家的政治情怀不会始终与政治现实尤其是政治权力协调一致，二者之间的矛盾对立往往导致文学屈从于政治现实、许多作家逐渐丧失独立品格。有人抱怨说文学被边缘化了，但是从一定意义上说，文学边缘化不是一个被动式，而是自我放逐的必然结果。

所幸的是，淡薄政治情怀并没有成为文学的主流，当代一批有社会责任的作家则是在尝试着以新的文学叙事来表达和表达其政治情怀。

今天，我们生活在一个多元化的不断变革又非常物质化的转型时代，在对金钱和权力顶礼膜拜的社会现实下，不少国人的道德诚信水平急剧下降，整个社会道德伦理的底线不断被突破与刷新，严重的拜金和奢靡之风层出不穷，正直善良的人们无不忧心忡忡……

作为个体生命的作家，生长在具有悠久历史和璀璨文化的国度，正赶上一场惊天动地的社会变革大潮，所有这些，无疑也给文学提供了也未尝不可能说是更开阔的前景和更宏大的空间。同时，这也是一个个性张扬和人的潜能充分迸发的年代，从这方面看，当代作家无疑也是幸运的。

真正的作家具有深厚的精神担当的品格，这种品格突出体现为一种忧国忧民、济世救国的政治情怀。

然而在追求个人价值的人生路上，一定不是平坦和遂心的，有时甚至还要面临压力与危局，总有许多羁绊和障碍伴随着你，总有许多纠结和无奈缠绕着你，让你在写作和前行路上雾霭重重。

但生活总是生活，用流行语叫做"接地气"，也就是一要面对现实，二要与这个日益商业化的社会接轨，这是谁也无法逃避的。

作为一个真正的作家，这就需要沉下心来，拒绝浮躁，修身养性，厚积薄发，努力在成功的路上探索、赶路，力争写出无愧于时代，对得起内心的作品来，这该是一个有担当有作为的作家，在面对挑战与压力时的铿锵回答！

当下中国在建设一个现代化强国的路上无疑必须实现人的现代化。那么，人的现代化是什么呢？我认为有其显著的表现和特征：每个人不再是臣民而是公民，他们作为公民的诸多权利受到法律保护，公权力不能轻易伤害他们；他们的人格是独立的，思想和言论是自由的，因此才会有丰富的想象力和不竭的创新力，他们组成的民族、国家才可能在文化上时时维新，生生不息，云蒸霞蔚，蔚为大观。

如果要说有一个相同的"中国梦"的梦想，显然只能取最大的交集，也就是说全人类普遍追求的生存状态，那一定除了富足外，还有人的尊严、人的自由、人的安全感。我和本书 30 多位主人公在过去的生命中追寻的，也就是这样的梦。

未来不是一场守株待兔的等候。敢梦想，也敢实现，这是理性奋斗的特征，也该是我们所有自贡作家共勉并一贯矢志不渝、坚韧不拔的作风吧。

书中30名自贡籍作家的评述，大多数均来自采访获取的第一手材料，无奈因种种原因对几位作家的采访实难到位，故笔者在写作过程中，查阅参考了：孟蔚红《谢伟：在园林里安放身心》；陈琦《用诗意的审美讲述苍茫——读〈西藏时间〉有感》；曼娘《苦难，让天空更蓝——我读凌仕〈你知西藏的天有多蓝〉》；茂戈《凌仕江：飞扬在西藏散文的蓝天》；范宇《十年回眸，与青春重逢》；张文凌《范稳：四年写本书，像上了一次大学》；舒晋瑜《作家范稳：我的志向不是发几篇散文扬名就可以》；沧浪客《吾血吾土，家国情怀》；唐寻《撒向中国舌尖的晶盐——对李自国诗歌的一种解读》；郝栩甲《苦难的救赎——论李自国诗歌的苦难意识》；简敏《诗人郑单衣简论》；蔡益怀《止血的生命之盐》；吴启基、曾坤顺《访中国诗人郑单衣》；新华网《郑单衣答南方都市报记者问》；高虹《媒体文化的标杆——解读伍松乔》；蒋韵《动人的银城》；张放《文火美丽而刚强》；雷业洪《世纪末我国平民诗家族的翘楚——评张新泉的部分诗作》等文，在此向上述文章的作者致以谢意。

书中辑录的自贡籍老、中、青三代作家，无论亲疏、贵贱、远近、好恶，皆为择其善者而采撷之。无奈笔者偏居一隅，耳目闭塞，且个人视界，仅一孔之见；述评言语，属一家之言。倘有疏漏和逭论，恳请读者见谅。

最后，我对给予本书出版慨然相助的四川川油科技发展有限公司及陈立峰先生，自贡市润通投资咨询服务有限公司及杨大庆先生，自贡市龙腾文化艺术有限公司及邓培林先生表示由衷的谢意。吾本一介寒士，一生清贫，没有他们的无私帮助和热心支持，本书的面世，也许不知尚待何日。

蜀南布衣　周云

2013年仲秋写于盐都斗室

白贡当代作家评传

第一辑　壮心不已

第二辑　枝繁叶茂

目录

第三辑 青春勃发

附 录

第一辑

壮心不已

ZHUANG XIN BU YI

魏明伦

1941年出生于四川内江。童年失学，九岁唱戏。1950年参加四川省自贡市川剧团，先后任演员、导演、编剧。14岁始发表习作，16岁即被“反右”株连，历经坎坷。历任第七届、第八届和第九届全国政协委员。中国戏剧家协会副主席。四川省作家协会副主席。一级编剧。国家特贡专家、文化部优秀专家、四川省优秀专家。四川省劳动模范，全国五一劳动奖章获得者。

已出版的专著：剧本《四姑娘》、《易胆大》、《巴山秀才》、《夕照祁山》、《岁岁重阳》等；剧本及评论集《潘金莲》；剧作集《苦吟成戏》、《魏明伦剧作三部曲》、《魏明伦文集A卷》和《巴山鬼话》；散文杂文集《巴山鬼话》。

1993年，《中国公主杜兰朵》由北京京剧院带到意大利演出；1995年又由自贡市川剧团带到第四届中国戏剧节参赛，囊括优秀剧本、优秀演出等11项大奖。20世纪90年代兼涉影视，曾担任电影《变脸》的编剧。

一个“没有白活的人和值得研究的鬼”

2013年初春，年逾古稀的“巴蜀鬼才”魏明伦“春风”扑面。

首先，魏明伦推出首部碑文集。1月21日，由作家出版社出版的魏明伦的首部碑文集《魏明伦新碑文》的首发仪式在成都举行。集结了魏明伦从20世纪90年代至今的50余篇碑赋精品，其中部分作品是首次披露。

其次是当日，魏明伦正式宣布，去年安仁古镇专门建立的“魏明伦文学馆”于4月20日正式开馆。

最后是2月14晚，18年前走出自贡市的魏明伦重新大幅度改编的新版川剧《岁岁重阳》，在成都艺术中心举行首演。这台由市川剧研究院推出的川剧，由国家一级演员王超和梅花奖得主王玉梅主演。

川剧《岁岁重阳》是魏明伦根据著名作家张弦的小说《被爱情遗忘的角落》改编而成的，该剧曾于20世纪80年代在自贡市公演。新版延续了1985年版本中的双连环结构。豹子虎子兄弟和存妮荒妹姐妹分别是恋人，该剧展示了这两对恋人相互联系又对比强烈的爱情故事。新版川剧《岁岁重阳》以独特的舞美造型精彩呈现，既符合剧情的需要，又充满艺术美，这得益于本剧的舞美设计边文彤。

从1980年起，“戏妖鬼才”魏明伦好戏连台。十年寒窗，风雨兼程，写成了《易胆大》、《四姑娘》、《巴山秀才》、《岁岁重阳》、《潘金莲》、《夕照祁山》、《中国公主杜兰朵》等7部大戏。其中《易大胆》、《四姑娘》和《巴山秀才》三剧在全国优秀剧本评奖中连中三元。魏明伦的出现及其作品的成功，被戏曲界称为“魏明伦现象”，《半月谈》内部版列他为国内9大著名剧作家之首。写戏之余，他也写杂文、散文、反响强烈。影响甚广。有人称他是文章第一、戏剧第二。

飞行在“金鸡唱晓”声中

魏明伦在1950年9岁时进入自贡市川剧团，先后任演员、导演、编剧，直到48岁才离开自贡，对自贡有着特殊的情感。

让我们把时光倒回到他20年前离开自贡前的1993年。

除夕之夜，“金鸡唱晓”声中，细心的四川观众都看到我们的老乡，本届春节联欢文艺晚会总撰稿兼总体筹划之一的魏明伦，庄重地端坐在中央电视台春节文艺晚会的嘉宾席中。

为赶回久别的家中，过上个像普通人家一样的年，魏明伦当晚拱手作别各路艺坛精英，次日抽身飞回成都，赶回了自贡市。

大年初二晚，我去拜访他。一进门，便听到他“太疲乏太疲乏了”的叫苦之声。

是的，去年一年里，魏明伦四赴京城，这一年，应中国青年艺术剧院之约撰写了大型话剧《烛影摇红》，进京献演川剧《夕照祁山》，突击完成京剧《中国杜兰朵》的剧本，出任中央电视台春节文艺晚会总撰稿等几项大行动外，他还写了一些歌词。其中由他作词的电视剧《淮阴侯韩信》主题歌唱响京城。此外，还为许多中青年作家、画家的作品集写了十几篇序文。他说，序文是中国散文的一种体裁，是做文章的好地方。要对得起作者、读者，对得起自己。因此，写这一类文字，他也是苦吟成章。

闲话之间，我便提及受老大哥、重庆诗人徐国志之托，因其主编的《东方晨报》创刊，请明伦大哥题赠一联。魏明伦浅然一笑，沉吟半刻，欣然提笔写道：

> 东方红、东方白、东方、南方、西方、北方，九州方圆各有方略；
>
> 晨报捷、晨报春、晨报、晚报、日报、周报，千篇报喜亦要报忧！

其才情文气溢满纸上，我心中暗暗叫绝。

谈到任春节文艺晚会总撰稿一事，他嘿嘿一笑，说他是“被动触电”。原来1992年7月，魏明伦赴京参加北京人民艺术剧院召开的剧作家约稿会。其间，中央电视台导演张子扬登门拜访，邀魏明伦出任春节文艺晚会总撰稿。10月初，魏明伦由自贡赴京，同西行兰州、西安而后转道北上的《夕照祁山》剧组在京城会合。《夕》剧在京露了个碰头彩，正当《北京晚报》载文介绍“魏氏比亚”时，魏明伦一头扎进北京剧院，受命突击完成五场京剧《中国公主杜兰朵》的编剧工作。

走过10年的春节晚会从未设过总撰稿人，第11年出现了。京城文化人说，巴山秀才这回成了京城状元。

晚会节目播出后，魏明伦与王持久合作的歌词《众人划桨开大船》，与徐城北合作的戏曲《群丑争春》荣获创作奖。

从京都一路风尘归来，魏宅的桌子已撰满了一大堆待处理的来信和约稿，均是急如星火，令魏明伦叫苦不迭。触电中央电视台春节文艺晚会，从个人来讲，延误了魏明伦不少事。在北京，谢晋导演和他两次见面，约他写一部描写四川袍哥的剧本；上海《当代中国作家随笔》从书编委会约他编一本个人的随笔集；英国牛津大学《世界名人录》已将他列入1993年人选，来信索要有关材料；全国数家报刊邀请他开专栏；还有电视剧《关汉卿》主题歌词待他动笔；峨影想继《焦裕禄》后再创作一个川味的电影而邀他编剧；四川电视台筹拍大型电视连续剧《我不回家》邀他总策划……这一切都有待他诉诸笔端，逐一落实。

诸事缠身，然而三五天后，魏明伦又不得不赶赴北京——作为编剧，随北京京剧院《中国公主杜兰朵》剧组出访意大利。

意大利潇洒走一回

1993年2月5日凌晨，带着主撰春节文艺晚会的一身疲意，“巴山秀才”魏明伦又随北京京剧院《中国公主杜兰朵》剧组登上了飞往罗马的班机。

2月12日晚，初春的古城罗马还罩着几分寒意，可位于古城中心，极尽豪华的阿根廷剧院里却是春意融融、掌声喧哗，北京京剧院排演的五场京剧《中国公主杜兰朵》。在这里举行首场演出。

凝聚了西欧诸剧院建筑艺术精华的阿根廷剧院富丽堂皇，剧场内座无虚席。意大利前总理光临晚会，观众们衣着华贵的晚礼服。看到中国艺术家的精湛表演，一些观众高兴地说，这次可看到来自娘家的“杜兰朵”公主了。

《中国公主杜兰朵》是200多年前意大利著名作家卡洛·戈齐根据波斯的一些传说编写的舞台剧。这出“伪托中国，全盘西化”的传说，描写的是中国元代公主杜兰朵的婚嫁故事。该剧于1762年首次在威尼斯上演，作品东方情调浓郁，席勤、布莱希特、普契尼等世界艺术大师都根据这一传说创作过自己的作品，尤以意大利著名歌剧作家普契尼的歌剧最流行，剧中还收入了中国曲调《好一朵茉莉花》等音乐素材。没想到，这个曾被世界著名指挥家卡拉扬生前曾计划在天安门广场指挥演出，著名男高音歌唱家帕瓦洛蒂、多明戈也希望在故宫午门表演的中国故事，由北京京剧院特邀魏明伦任编剧。北京人艺副院长林兆华任导演的京剧《中国公主杜兰朵》，有幸走出国门，登上了世界一流的意大利阿根廷剧院舞台。借此，也让这位偏居川南一隅的"魏氏比亚"，享有了生平第一次出国的契机和风光。

说起走出国门，几年前幸有机会降临。1987 年 4 月，魏明伦应香港影视剧艺社邀请，赴香港观摩了该社根据魏明伦创作的《潘金莲》移植的话剧《一女四男》。可那次只能算是出境，不能说是出国。那年《潘金莲》震动全国，沸沸扬扬。海外飞鸿，伦敦国际戏剧节发来请柬，邀请自贡市川剧团《潘金莲》剧组赴英参加伦敦国际戏剧节。这本是川剧的殊荣，也是自贡川剧团的殊荣。奈何小班底囊中羞涩，哪有远渡重洋的巨额盘缠？

市文化局四处求援无着，英方回电愿鼎立提供优惠条件，无奈时间延误，伦敦之行，功亏一篑。

好在艺术不老，"金莲"女士虽未赶上英国的耶稣复活，六载寒暑过去，杜兰朵公主而皇之地旋转在意大利首都的舞台之上了。

演出异常成功。京剧"杜兰朵"，倾倒罗马人。意大利各大报刊对此作了全面的报道。加上近期《欧洲时报》刊登了魏明伦的大幅照片，介绍了剧作家的创作活动。还翻译发表了魏明伦的随笔《文学与自我》。消息不胫而走，旅居意大利的华人、留意的大学生们从水城威尼斯，从"文艺复兴"的摇篮罗伦斯，从工商业重镇米兰赶来首都罗马。他们通过中国驻意大利使馆，盛情邀请剧作家魏明伦去为他们介绍祖国的戏剧事业，介绍春节联欢晚会的盛况。看到那些海外赤子们对中国文化的痴迷，对祖国的满腔热忱，魏明伦感叹不已。一位原籍四川万县、留学罗马美术学院的浙江画家对魏明伦甚是亲热，常来驻地牛津饭店与魏明伦摆龙门阵，或陪这位川剧大师上街市观光。临别，他们赠送给川剧大师一只金碧辉煌的威尼斯船。

意大利是伟大的文艺复兴运动发源地，罗马是一个历史悠久的文明古城。漫步罗马街头，"巴山鬼才"深切感到勤劳智慧的罗马人民像珍惜生命一样珍视他们的传统文化和人文环境。一座座保存完好的教堂令他驻足沉思，随处可见的城市雕塑令他流连忘返。

古罗马敞开她博大的胸怀抱拥了这位来自中国的巴山秀才。漫步在始建于四世纪的圣彼得教堂、圣母玛利亚教堂、西斯蒂娜教堂、拉特兰宫、教皇皇宫等建筑群中，诱发了巴山鬼才的悠思；观赏着无价之珍《基督升天》、《最后的审判》等艺术瑰宝，魏明伦突发了许多奇想。罗马城自圣彼得教堂矗立那个大圆穹后，所有建筑物都没有超过圆穹的高度，保持着古城空间的和谐与统一。而现代的摩天高层大厦，则一律建在南边的罗马新城内。

在分别象征尼罗河、恒河、多瑙河、密西西比河和四大洲的纳沃纳广场《四河喷泉》雕塑旁，潺潺不绝的喷泉滤尽了浮沉，令老魏精神大振。

古罗马的文明光耀日月，罗马的现代文明举世瞩目。而最令剧作家感慨至深的是罗马人的行为文明。

罗马古城区街市不甚宽阔，但车水马龙热闹非凡。令老魏诧异的是，街市上秩序井然，从不见堵车和市民们乘车拥挤的现象。市民们乘坐豪华的巴士，车上无人售票，也无人查票。上下井然有序，相互礼让。车上的沙发座无人争抢，彼此谦让许久才有人落座。一次在车上，老魏声音略高地招呼稍远的林导，身旁的人便微笑着示意他小声点。司机以服务乘客为上，乘客可随时按钮示意司机要求下车。老魏牢记从驻地牛津饭店到阿根廷剧院距离7站，一日独乘巴士，到第7站停车便下，不想离剧院还甚远，只好步行了许久。

在罗马，老魏深感万千世界，各民族习俗纷异。但在传统集市上，东西方民族却差异不大。剧作家乃一届寒士，不敢光顾罗马那些叫人眼花缭乱的豪华商场，便常去市区的大棚市场、跳蚤市场感受一番那里的闹热和风情。罗马的跳蚤市场是欧洲最大最好的市场，那里面商品应有尽有，无所不有，因而吸引了世界各国的观光客。最叫老魏称道的是市场中随挑随选、随穿随试，待你选定，再去寻找老板讲价。那些市场简直像无人售货商场。但不见有人拿货不付款，也不闻讲价还钱争吵之声。在街市上，老魏碰上了不少的同胞。而最常见的是温州人。罗马街市上的中国餐馆不少，大多是温州人开的。那些温州佬大多是拖儿带女的去闯世界，和盆地中的乡人比较而论，老魏打心眼里佩服他们的胆识和闯劲。

最叫老魏眼馋的是罗马的书市。市区的书店随处可见，不仅是文艺类书、教科书籍，包括儿童读物、连环画、实用类读物几乎全是精装。市民们的文化消费，从书店略见一斑。

即将辞别罗马的前夕，魏明伦随剧组同人游览了意大利文艺复兴时期的摇篮佛罗伦萨。

在贯穿城市的阿尔诺河上，魏明伦观赏了纪念文艺复兴的先驱、诗人但丁与他终生相恋的女子娅特里齐相遇的“旧桥”；在佛罗伦萨大教堂旁，矗立着壁画《犹大之吻》的作者乔托的另一杰作——钟楼。那座巍峨的钟楼用各色大理石砌成，晶莹精雅，浑然一体。登高望远，全城风光尽收眼底。

举世闻名的乌菲齐美术馆和皮提美术馆，相继建于文艺复兴盛时，他们隔阿尔诺河相望，轩昂壮丽。馆中收藏了拉斐尔的《圣母像》、提香的《佛罗拉》、波提切利的《维纳斯的诞生》等堪称为“神品”的著作。徜徉其中，叫魏明伦久久不忍离去。

从佛罗伦萨回到罗马驻地，魏明伦突然接到新加坡国家艺术总监、著名剧作家郭宝昆打来的国际长途电话，邀请他随中国春节联欢晚会演出团出访新加坡。再加上 3 月份全国政协会临近，魏明伦不待杜兰朵剧组演出结束，便打点行装，于 2 月 20 日提前半月登上了归国的班机。

意大利的 15 个日日夜夜，在巴山鬼才魏明伦的心中，留下了永生不可磨灭的印象。

访意归来，作为全国政协委员的魏明伦出席了在京召开的全国政协会议。3 月初，在京丰宾馆接受中新社记者采访，谈到当前商潮涌来，文人困窘之话题时，魏明林出语惊人，声言“我要卖掉自己的名气”。于是，新闻媒介争相传播，魏明伦再次成为社会舆论关注的热点。

在蓉城扑通一声“下海”

1994 年 8 月 13 日，星期五。在这个西方人认为不祥，魏明伦却认为十分吉利的日子，“魏明伦文化经纪公司”在成都蜀王楼大酒店的鞭炮声中和贝多芬《命运》交响曲中宣告诞生。

自魏明伦准备“卖文经商”的消息传开后，几个月来，全国各地经济界名人纷纷相邀“魏世比亚”合作。是南下还是北上？魏明伦十分郑重地选择合作伙伴。四川万隆科技实业开发公司董事长李枝源，其兄李枝午医生过去与魏明伦交往甚深，且相互真诚相待。6 月 8 日，魏明伦应聘担任万隆公司的民誉董事长。随之，魏明伦便与李氏兄弟在成都商讨成立经纪文化公司的事宜。此举得到了成都市和金牛区有关方面的大力支持，魏明伦也因此顺利地拿到了“准生证”。因此，这位差点被外省“抢”走的剧作家留在了故土。

魏明伦公司亮牌，省政协、省委统战部、省文联、省文化厅的领导出席祝贺；副省长刁金祥讲话并题词勉励；王蒙、张贤亮、贾平凹、白桦、谌容、韩美林、王昆、于蓝、王馥荔、马兰、杜宪、陈道明、姜昆、王铁成、黄婉秋……文坛及艺界名流纷纷致电祝贺。南德企业总裁牟其中亦专程从北京赶来赴会，并和四川省政协副主席王于为“魏记招牌”揭纱。

大幕拉开，公司启动，梨园怪杰魏明伦一席话作了开场锣鼓：

在家靠父母，出门靠朋友。

我的朋友遍天下，最近新交企业家。

荷蒙企业家朋友鼎力相助，感谢各界兄弟姐妹众手协作，魏明伦文化经济公司与改革大潮起落千叠之时脱颖而出。

敝公司是文化与经济汇合的产物。

敝公司是文化人和企业家携手的成果。

敝公司是魏明伦与李枝源友谊的结晶。

古人投笔从戎，今人投笔从商。鄙人专业“爬格子”，业余做生意，事出有因，事出无奈，千头万绪，千言万语，不宜在开张词里缓缓道来。今天收起“十面埋伏”，祝贺大家“四季发财”！

因此，我应该引经据典，说明中国的文化人早在两千年前就有经商下海的优良传统；特撰呈一幅平平仄仄的欢喜对联——

西施弄浆，范蠡荡舟，美女功臣皆下海！

红袖当炉，青衫掌勺，佳人才子早经商！

魏明伦引经据典亦庄亦谐，出席的各方嘉宾皆大鼓其掌。据说，巴蜀文化名人在川办公司，魏明伦是首例。文化圈内对魏氏“卖掉名气”的大胆之举，众说纷纭。亦如他的剧作一样，颇有争议。有人说，魏氏之举背后有很多潜台词，其实，魏明伦在面对各地记者时便一语言中，直言其窘：“像我这样的穷作家愤然投海，实出无奈。”

是的，直到去年之前，魏明伦除了文学艺术之外，从未有过“非分”之想。魏明伦眷恋生他养他的巴蜀热土，倾心于独具特色的川剧艺术。从1950年参加自贡川剧团，43年来魏明伦从未换过单位。地方小，剧团穷，奖金少，福利差，他每月工资加起来不足300元，写剧本、爬格子的稿费也很低，囊中存款羞涩，家中陈设寒碜，与他享誉国内外的鼎鼎大名形成巨大反差。因此，魏明伦曾想放弃他执着追求的川剧事业，应远方朋友之邀，离开四川，远走他乡。

谈到公司的发展，而今既是名作家又是总经理的魏明伦神采飞扬。他说，要立足文化这个大阵地图谋发展，这是主攻方向，既然冠以“经济”二字，也就不可避免地要做些买卖。

魏明伦强调说，他用名气经商，换回一些实惠，是为了创造一个良好的写作环境。但有一条界线：“只从自己旺盛的精力中支出一部分涉足商海，而大部分精力仍将投入我所酷爱的文艺事业。”

诚如斯言，8 月中旬，魏明伦放下刚成立的文化经济公司的案头工作，立即赶赴古都西安，出任陕西省电视台拍摄的电视连续剧《张骞》的总策划。此项工作刚告一段落，魏明伦又一路风尘赶赴太原——早在 5 月末，魏明伦便受中央电视台、山西电影制片厂和山西政法委的特别邀请担任电视连续剧《法撼汾西》的编导。

在谈到走访汾西的印象时，他说：“汾西为我进行编剧创作展示了良好的现场感、真实感。”更重要的是，通过与小说主人公原型刘郁瑞的长谈，启发他要努力搞好这个讴歌正义力量、抨击腐败邪恶的本子，用“巴蜀鬼才”的血性和思维塑造一个具有黄土气质的当代包公形象。争取在 1994 年初能让广大电视观众一睹“当代青天”的风采。

蓉城二十载　硕果满枝头

1996 年初春，魏明伦人事关系从自贡川剧团调到四川省川剧艺术研究院。当时只是人在自贡。

那年，首先是《变脸》获中国艺术节大奖，被列入国家舞台艺术精品（十大精品）剧作之一。2003 年，该剧第二节全文共 6000 余字被选入中学语文教科书（人教版）。当代戏剧过去只有曹禺有作品进入过教科书。

魏明伦实属当今出类拔萃的文化奇才。他的舞台生涯，他的剧本创作，他的犀利杂文，他的深邃骈文以及他的名播海外……都使他笑傲江湖。

走进蓉城后，魏明伦如鱼得水，事业如日中天。不谙洋文，他却异想天开，洋为中用，借西洋名著，讲中土故事，《中国公主杜兰朵》惊骇海内外。魏明伦的作品中，在社会上影响最大的就是《潘金莲》和《中国公主杜兰朵》。《杜兰朵》是外国人臆想的中国故事，不是真正的中国故事。而魏明伦的这个杜兰朵恰好是中国人再创的外国传说。魏明伦把它改编成了川剧在成都上演，各种奖都拿完了，从编剧到帮腔，拿了所有单项奖，是那一届中最好的戏，被称为“状元戏”，大家都公认这个戏。当年，自贡市政府比较支持，自贡川剧团也有这个雄心，就由中国对外演出公司组织演出川剧《中国公主杜兰朵》。因为张艺谋要集中强大阵容在北京公演他的太庙歌剧《图兰朵》，于是就借这个机会，川剧《杜兰朵》和张艺谋的《图兰朵》共同发布新闻。为什么一个小小的自贡川剧团演出的《杜兰朵》当时在北京震动很大，其实它与《潘金莲》一样，不仅仅局限在川剧，它已经成为一个文化话题。应该说，《潘金莲》是一个社会话题，而《杜兰朵》称得上是一个文化话题。

魏明伦划时代意义的里程碑作品《变脸》是在自贡写的。

在成都，省川剧院重新排练魏明伦的早期剧作《易胆大》，获艺术节大奖。四川舞台艺术精品，国家级的只有魏明伦的。《巴山秀才》、《变脸》、《易胆大》。魏明伦这三个剧作均为地道的巴蜀题材、巴蜀风格、巴蜀文化，都是在自贡写作，开花结果在外。

鉴于魏明伦在戏剧创作上的成就，他连任中国戏剧家协会副主席。

在自贡连任了三届政协委员，成都又一届政协委员，还任了“中国戏剧文学学会”会长。

2004 年，上海文艺出版社编辑出版了一套线装书有《巴金》、《余秋雨》，以及《魏明伦》的线装一函四卷本。

杂文和辞赋　美文惊天下

魏明伦从艺 60 余年里的人生格局可谓是“三足鼎立”。主体是戏剧创作，两翼为杂文和辞赋。

谈及杂文和辞赋。魏明伦戏称是“媒体时代”特殊文化下的产物。对文化热点、社会热点、民生热点、政治热点发言而产生了他的非常规杂文

魏明伦戏剧创作的同时，在自贡有近 10 种版本的图书出版发行。现在共有 27 种版本的图书出版发行。

魏明伦开始走上写碑文之路缘于好友、画家韩美林的鼓励，1993 年韩美林设计建造深圳蛇口四海公园的巨牛铜雕，取名为《难》，便电邀魏明伦为巨牛撰写碑文。《盖世金牛赋》这篇 700 多字的带有骈文色彩的碑文，当时震动了深圳，震动了深圳当时改革开放的先锋之一袁庚。袁庚看了这篇文章后，直夸没有见过这么好的文采。

在自贡，魏明伦写了《饭店铭》、《盖世金牛赋》等 10 篇辞赋；而在成都则发了 50 多篇辞赋作品。

古代碑文经过千百年来产生了许多优秀的作品。凡是优秀的建筑必然是有优秀的碑文。“五四”新文化运动，过激、过度的否认了“文言文”。辞赋这种文体自“五四”以来被“断裂”，魏明伦将断裂的辞赋这种文体愈合起来，形成魏明伦的世界。

魏明伦边实践，边在理论上探索，当一种文体大量产生后，我们应当重视它。

魏明伦称自己的碑文是散文体、骚体。他说对仗是骈文的灵魂。他的碑文形式上一为四字格，四六四对四的对仗；二是把对联移位进去；三是把白话引进骈文。传统的赋的内容大多为歌颂的内容；但魏明伦的赋是赞美不溢美，报喜亦报忧。抨击时政、敢为弱者代言。是“魏体”辞赋的一大特色。

魏明伦编剧之余，舞文弄墨，大写杂文，言人之未能言，言人之不能言，连出专集，读者激赏。

杂文就是匕首投枪，在鲁迅杂文的影响下。魏明伦十多岁就开始写杂文，20 世纪 80 年代晚期连续几篇杂文在当时都独树一帜，影响较大。如《雌雄论》、《毛病吟》、《文学与自我》、《致姚雪垠书》、《半遮的魅力》等等，这些作品都被选进当代杂文的精品，也是被公认为 80 年代改革开放中有代表性的杂文精品之一。

魏明伦在逆境下生存、发展，自学成才，形成了魏先生的“三独精神”。一是独立思考，逆向思维，做坚持独立思考的人，不跟风；第二是独家发现，只有独立思考才有独家的发现；第三是独特表述，只有发现，表述不好也不行，他是通过独特的表述，来表述独立思考后的独家发现，而他的这个独家表述，就是他的戏剧风格、戏剧语言、戏剧史等等。

魏明伦杂文也是这样，杂文是匕首，是投枪，必然要反思历史，要正视现实，要抨击时弊。魏明伦所发现的东西与众不同，《半遮掩的魅力》这篇文章内容深刻，表现形式奇特，有独特的语言功力和文字功力，并具有较深厚的对古典文学的继承，魏明伦在驾驭文字和运用文字上形成了自己独特的风格。同时他把戏剧、诗文、诗歌的表现手法引入到文章中，形成他文章特殊的文脉和魅力。

魏公碑赋体，外界评价颇高。近几年来，魏明伦几乎主要的精力都在写碑文上。他的碑文内容一是思辨色彩比较浓，二是他的批判色彩比较烈。魏明伦所撰写的《中华世纪坛》、《会堂赋》、《府南河碑记》、《华夏陵园赋》、《长江源头碑记》、《饭店铭》、《二滩赋》等碑赋体陆续出现在公众的视野。一时间文坛关注，读者赞许。

文风泼辣、语言幽默，是魏文之最大特色。凡文中所涉，大到国事，小到家事，作者俱仗义执言，且笔锋犀利，态度鲜明。多年前的《毛病吟》等杂文，曾在文坛激起千层浪；如今之“十赋”中，作者又以“平民意识”、“大众胸怀”，说“真话、实话、亮话、佳话”，斥“套话、废话、大话、假话”，真可谓文如其人！

在这里读懂“鬼才”的艺术人生

文人墨客、戏剧名伶和八方宾朋云集于此，见证一个四川文化地标的落成，它就是魏明伦文学馆。一个展示当代著名剧作家、杂文家、辞赋作家魏明伦文学世界和独特人生轨迹的主题博物馆。

在安仁古镇民国风情体验街区二期的中心区域，一座青色砖墙、白色罗马柱的仿欧式建筑便是魏明伦文学馆，相邻的清代戏台“蜀籁楼”古香古色，取意“巴蜀鬼才的戏剧作品为蜀中大家，可唱响天籁”；旁边是魏明伦“苦吟成骈”的《磨盘赋》雕塑，古旧磨盘造型浑厚苍劲，它们共同构成了一道“魏明伦文学风景线”。2003 年 4 月 20 日，阳光明媚。大邑县安仁——中国博物馆小镇热闹非凡，中国戏剧家协会主席、表演艺术家尚长荣，中国舞蹈家协会主席白淑湘，八一电影制片厂副厂长、作家、茅盾文学奖获得者柳建伟等文化艺术界的“大腕”纷纷前来捧场，央视主持人陈铎担当开馆仪式的主持人，著名歌唱家李光曦激情献唱《祝酒歌》，省内外文化、传媒、艺术界人士前来庆贺者甚广，可见魏明伦的魅力。

“我没有想到，在我的晚年，在我的人生已经进入冬天的时候，我竟然在安仁镇安家落户，成了新家，而且在这个摇篮里面产生了一个婴儿，叫做魏明伦文学馆，也就是说我今天刚刚出生，大家说是不是?”魏明伦的一席致辞逗乐众人，引来台下一片掌声和欢笑声。“文学馆展示了我从艺 62 年的奋斗成果和人生遭遇，里面说得很清楚，这里我不能多说，否则就雷同了，文学和艺术最忌讳雷同。”简短的发言向大家展示了“鬼才”的独特。

2012 年 7 月，安仁镇向魏明伦先生发出了邀请，希望建立魏明伦文学馆时，得到了魏明伦先生的大力配合和支持：“我花了半年多的时间整理各种资料，提供了所有的藏品，和安仁镇协商策划展厅的设置，费了很多心血。”

开馆当日，魏明伦和嘉宾、市民群众一起进馆内参观，他还亲自担任讲解，但频频被朋友和“粉丝们”拉去合影，被记者“围追堵截”抢着采访，好不忙碌。

进入文学馆，作为书房和会客厅的“明伦堂”其匾额是由诺贝尔文学奖得主莫言先生题写，里面收藏有魏明伦的各种著作。互动多媒体“鬼才文库”里，魏明伦的戏剧、专题采访、节目节选等视频资料可供参观者查阅。上下两层展厅将魏明伦艺术生涯中获得的荣誉、人生历程、戏剧作品、杂文、辞赋等分单元展出。魏明伦经典戏剧《变脸》，以及“连中三元”获取优秀剧本奖的《易胆大》、《四姑娘》与《巴山秀才》等一部部经典戏剧在文学馆内以文字、图片、视频等方式精彩呈现，更珍藏有魏明伦大量的辞赋手稿，向参观者全面立体地展示了魏明伦的艺术人生。

“文学馆把魏明伦先生多方面的艺术成就通过这样一个辉煌的文学殿堂展现出来，我作为一个文化工作者为我们四川有这样的文化大家感到骄傲和自豪。”成都画院、成都市美术馆主任彭长征说：“我觉得成都也好、四川也好，有很丰富的文化宝藏，关键是怎么样去挖掘它，像魏明伦先生一样通过自己的艺术成就来表达我们的本土文化，张扬本土文化，我看了之后觉得非常振奋。”

展示和传播文化，是魏明伦文学馆建设的一大初衷。魏明伦告诉记者，文学馆不仅是一个展示的空间，以后还会举办文学讲座、研讨会等一系列文化活动，“馆既然开起来了，当然就要把它办好，我以后会经常来文学馆，和大家一起参加各种文化交流活动。”

“这个文学馆虽然建在安仁，但是展示的内容绝大部分都是自贡的。”在当天开馆忙碌的活动中，魏明伦抽出宝贵时间，在陈月生公馆的小院中接受了自贡市的媒体专访。他的思绪也仿佛回到了自贡：“我创作的九部戏剧七部都在自贡，大部分杂文是在自贡写的，一些碑文也是在自贡写的，自贡是我的第二故乡。”

“我现在从事的三种创作都是被边缘化的，戏剧、杂文和辞赋。在这个大众消费的快餐文化、读图时代里，虽然这三样东西都在逐渐边缘化，但它们都是中华民族的传统艺术形式，是传统文化的瑰宝，我希望它们能继承、能发展、能变革，才不会断裂。”

魏明伦谈到了他的三独精神：独立思考，独家发现，独特表述；谈到了他传递的“二民”主义：我创作的形式是民族风格，创作的内容是追求民主。

面对魏明伦这位年过七旬且从艺 60 余年的大家，你会油然生出一份发自内心的敬意。话语间，他自然流露出的浓浓乡情，让我们感觉与大师间没有了距离。

明伦先生曾自嘲：“敝姓魏，这个字不能简化，一半委，一半鬼。姓氏注定委身于鬼，写起戏来便有些鬼聪明、鬼点子、鬼狐禅，总爱离经叛道，闯关探险。于是招来褒贬不明的绰号——“戏妖鬼才”。

“鬼才”说自己的成功秘诀是：“喜新厌旧，得寸进尺，见利（利于适应时代，争取观众）忘义（僵化的教义、定义），无法无天。”他对自身的评价是：“国外的影响比国内大，省外的影响比省内大，身后的价值比身前大；未来的人看我比现在的人看我更清楚。”

魏氏之才，以“鬼”行世。他对“升官图上无踪影，录笔簿里占头名”的元代大戏剧家关汉卿推崇备至。

他希望将来在自己的墓碑上也刻下这样两行文字：

“没有白活的人，值得研究的鬼”。

李加建

原籍广东梅县，客家人。国家一级作家。1936年3月出生于四川富顺县。10岁始作旧体诗词；12岁开始短篇小说与杂文创作。13岁参加中国人民解放军。1958年在四川自贡市文联工作时被划为“极右派”，强制劳动改造。1979年获得“改正”后历任《自贡文艺》编辑、市文联创作辅导部主任。1984年评为市劳动模范，并受聘为四川省作协文学院第一届、第二届创作员。1988年起，任市文联专业作家。曾任自贡市人大代表、市人大常委会委员。1997年退休，现为自由撰稿人。

主要作品有：诗集《我在每一个早晨诞生》、《人和大地》、《东方诗篇》、《李加建诗选》；短篇小说集《春归何处》；长篇小说《古道斜阳》；杂文集《人话》；随笔集《高楼听云》等。作品曾获第一届、第二届四川文学奖、诗刊优秀作品奖、星星诗刊优秀创作奖、山东首届蒲松龄民间文学奖小说一等奖、四川首届歌剧调演创作二等奖等多种奖项。作品收入《中国新文艺大系》、《新中国50年诗选》、《中国现代格律诗选》、《唐诗今译集》等多种选集，部分作品被收入大学教材。小传列入《世界华人文化名人传略》、《中国文学家辞典》、《文学大辞典》、《新中国文学家辞典》、《中国新诗大辞典》等多种辞书。

生命揉成的慷慨长歌

——诗人李加建印象

在我心中，他是一个真正献身于文学事业的人，他对诗歌极其真诚，他从事文学事业的内在气魄很大。60 载寒暑，风雨兼程，他为了文学事业，牺牲了青春，牺牲了爱情，牺牲了健康，牺牲了许多人生的欢乐，他的内心有一种坚不可摧的意志，他以坚韧的意志力量抗拒悲剧式的命运和悲剧式的环境，他以这种非凡的内在气魄，献身于他选择的文学事业，献身于他毕生痴爱的诗歌。

一

萧瑟的秋风裹挟着迷蒙的雨丝，无声无息地飞洒着。秋日的盐都很宁静。

那是 1979 年深秋的一天，我在市文化宫听取胡昭武老师对我的一首诗作的意见。谈话之间，我向他问起已离开这个城市 20 多年，新近“改正”归来的诗人李加建。不想他竟哑然失笑，指着身旁一位面目清癯、身材瘦削的中年人说：“他就是李加建。”

在我未认识李加建的四年以前，我刚来到这个古老的盐都不久，便听人谈起了他，谈起他诗情激扬、才华崭露的青年时代，谈起他蒙冤受屈、含辛茹苦的艰难岁月；也掺和着他当年风流倜傥的那些轶闻趣事。他在我记忆天幕上的第一印象是神奇而迷人的……

眼前的他让我陡然感到有些窘迫和惶恐，他点头赠与我一个温暖的微笑，我便释然了。一会儿，彼此便海阔天空地神聊起来。

他身着一件黑不溜秋的工作服，既没下雨，亦没入冬，脚上却穿着一双高筒的反毛劳保鞋。只此，就昭示了他的困窘和寒碜，加上清瘦的脸颊又似乎因缺乏营养而显得苍老……他浑身上下都看不见一丝超乎常人的翩翩风度。唯有在他向我匆匆的一瞥中，我感觉到从那双眼睛里透射过来一束明澈睿智、深邃高远的灵光！

临别，他叫我多练、多写，随时可以去他那里玩、谈谈诗。

我们就这样认识了，我便开始不间断的去请教他。也间或在复刊的《星星》和其他一些报刊上读到他重返诗坛的新作，时而也和他在一刊物上“同台演出”。

一个星期天，我和几个年轻的朋友带着强烈的好奇心想去看看他当年在“劳教队”时娶的妻子六妹，便相约随他去城郊乡村的家。路上，他有些激动地向我们谈起了她：

“她是祖居村里的一个贫农的女儿，10年前，她刚满18岁，顶着巨大的社会舆论的压力，跑到我们劳教队里来和我结婚。她虽然没有多少文化，但她身上却集中体现了中华民族女性的许多优良品质：善良正直、勤劳纯朴，富有牺牲精神。结婚后，我在劳教队劳动，她一个人在村里忍饥挨饿，勤耕苦作，省吃俭用，在整整六年中，我们一起生活的时间还不到三个月啊！……我们的感情却一天天积聚了那么多、那么深。”说到这里，他情不自禁地向我们吟哦起他新近献给他妻子的一首诗来：

> 你是我永远忠实的港湾/穿过暴风雨之后你给我以休息、安眠/你让我把阴沉的梦沉淀到水底/给我看头上一片清朗的蓝天/你让我把灼热的泪珠在你胸中融化/你用清凉的波浪轻拍着我的船舷……

哦，我明白了，难怪他“改正”后到市艺术馆上班以来，无论刮风下雨，每天总要摸黑赶回家去。他说了，晚上回去帮她洗衣喂猪，照料一下孩子，忙完了，还可以在灯下一字一字地帮她学文化。

到了她家，可把六妹急得手忙脚乱。那两间风雨飘摇的小屋实在寒酸，除了一张木板床，一个装粮食的木柜和一个小凳子外，便四壁空空了。那张唯一的小凳子被我们几个人推辞再三，到底没人去坐，加建一笑说：“别看这张小凳，我二女儿下地后，我有幸在家服侍六妹，那一个月里，我就伏在这小凳上写了一部反映新中国成立前夕，我在部队剿匪生活的长篇小说。”

我们在他屋前休息时乡亲们也涌过来说家常了。一个大婆一个劲地对加建念叨着：“李师傅呀，你这一走，我们大家都惦记着你啦，你看，我们村里能点上电灯就让你操够了心，使尽了气力呀！”

队长也接上了话题，谈起了他：“李师傅1974年回到我们村里，我们看他耿直、老实，干庄稼活也舍得花力气，就认定不是什么反革命，以后就让他在队上搞电工。可不，村上的电站，全凭他一手一脚地给我们建成了。”

加建笑着，从兜里掏出一包劣质香烟：“伙计们，还提那些干啥！来，大家抽支烟，莫嫌孬呀！”

他和乡亲们是那样亲近，那样热乎，我蓦地想到他恐怕真正做到了知识分子“劳动化”了……

真是命途多舛，第二年5月，他的六妹在队上搬运水泥时，两只眼睛不幸被飞进的水泥烧坏了。这飞来的横祸对这对刚刚“重新做人”的患难夫妻实在是致命的一击。刚开始领到的那点薪水，尚不能偿还几年来拖欠队上的粮款，哪里有钱送她去外地医院治疗呢？痛哉，一个刚30的善良农妇，就这样被贫困夺去了她那双明亮的眼睛，自负刚强的李加建心焦如焚。奈何，他的生存技能和诗的天赋竟是成反比的！眼前的困难真叫他束手无策，只能长太息以掩涕！每天下班之后，他拖着自己伤痕累累的身子，拄着拐杖赶回家去，用那双白日里虔诚而忘我地奉献给缪斯的手，忙乱地燃起烧饭的柴火，哄着三个满脸涕泪的女儿，照料着那个叫天地也垂怜的妻子……

1980年，祖国大地“回春”，百废待兴、百业待举。那年8月，艺术馆的领导和同志们及时伸出了关切的手，让他把患眼病的六妹和三个幼女，带到市艺术馆楼上一间小屋里权且栖身度日。

生活是异常艰难的，每月就靠他27斤供应的“口粮”和40多元的工资，养活五口之家，油盐柴米、生疮害病、待人接客都得取之于其中。常常早上吃剩的稀粥，中午又和着几个未发泡的死面疙瘩，聊以果腹。五口之家，桌上只有一个菜碗：泡萝卜。他与六妹为省着给孩子们吃饱，时常互相争让得面红耳赤。

沉冤昭雪了，工作恢复了，浩劫过去了，一种对生活的美好希冀，对奉献、报效祖国和人民的渴求催迫着、鼓动着他，他恨不得马上行动起来。可是飞来的灾祸、生计的重负、伤残的身体，叫这个历经九死一生的堂堂汉子也实在招架不住了！

一个月黑风高的夜半，极度的病痛叫他不能入眠，万千往事浑然涌来。他遥望西天寥落的寒星，仰靠在床头提起笔来，把此时的情怀吐露给在成都大学的一位朋友。信末，他写下了《遗嘱》诗一首，书赠朋友为念——

我将要躺下了/在这，我的生命/还来不及开花结果的/祖国的土地/弥留时刻/我再也没有力气，说出/对这个世界的期望与留恋/只留下，这永不闭合的眼睛/让我透明的瞳仁上，映出/天上的飞鸟与流云……这紧闭的嘴唇也要变得乌黑了/像一把千斤的铁锁，永远锁住我心中/炽热的沉哀/温柔的秘密……

这首诗体的“遗嘱”，很快在成都的诗友中传阅开来，他们被诗中诗人高洁的情怀和忘我的精神深深感动。

20多个漫长而严峻的冬天都未曾毁灭他，却要在一片玫瑰色的晨光中颓然倒下，他怎不痛惜万分呢？为了今天，他经历了多么漫长的等待呀！

二

20世纪50年代中期的李加建，戴着盐都“诗仙”的桂冠。

时势造英雄，在我们新生的共和国里，那是一个蔚蓝的时代，也孕育了许多蔚蓝的青年。年方20的李加建，卸掉了那身被炮火熏黄了的军装，从遥远的牡丹江边复员到故乡。满眼是沸腾的建设工地；铁轨铺到了山间、江心；钻探船的桅灯闪着光亮。他心潮澎湃，诗情勃发，信口吟成了献给故乡土地的第一首诗：《是哪儿飞来一颗星星》。

就这样“在祖国峰峦起伏的山冈间”，青年李加建的心中展开了海洋般无涯无际的惊涛巨澜。清粼粼的天地，清粼粼的家乡，在他清粼粼的心灵之潭上映出一行行蓝色的诗章：

啊——你沉思着的蓝色群山啦/你们在静听我的歌吗？/我是你严峻的/西南山国的儿子/你用峥嵘的岩石/做成我的骨头/你用瀑布的轰鸣和溪流的潺潺/教我唱出了第一支歌曲……

这首长达几百行的《山峦交响乐》第一章在上海《萌芽》上发表，引起了诗坛前辈的好评。至此，他诗涌如泉，一发而不可收，先后写下并发表了《岷江月色》、《盐场工人之歌》、《开山炮响》、《早晨之歌》、《绿色的诗》等大量讴歌新生的祖国、新兴的建设，礼赞沸腾的生产、勤劳的人民的诗作。

眼前真是一条撒满鲜花、铺满阳光的五彩缤纷的路。短短两年，他就有三本诗集问世。一颗诗坛新星在千年古盐都熠熠闪亮。

在1957年夏天反右斗争中，因涉及《星星》诗刊中流沙河《草木篇》一案，21岁的李加建“一举成名”为四川文艺界反革命集团24个骨干之一。那顶重似千斤的铁枷和无形无影的“帽子”戴在了他还是稚气十足的头上。这突来的政治旋风简直叫他来不及思考，就被推上了那个特定的位置。一切都是那样不可理解，他思索再三，也找不出丝毫反党的意念，而有的，却是对党和人民的一腔热血，满怀赤诚。他感到迷惘、冤屈、困惑……

那年夏末，他离开市文联时，写了一首《红烛》：

红烛，红烛/你为什么啼哭/焰正热，光正明/你是欢欣？还是悲苦？/耿直、做我的良心/热情，做我的肌肤/我的生命，开始于自身的燃烧/我骄傲，死时属于光明的队伍。

这就是那个灾难的日子里他心灵的回声！从此他带着对党和人民的满腔赤忱，带着那个早已彼此终生相托，而又对他和他们的爱幻灭了的姑娘最后的也是绝望的祝福，告别了故乡粼粼的江水，告别了为他哭泣的母亲、姐弟，告别了那一大堆他心血浇铸却已化为灰烬的诗稿，走上了一条茫茫天涯，遥遥无期的生活之路。他的身影消散了，伴着青春璀璨的闪光，伴着呼啸而来的北风。消散了……

20多个暑往寒来，他在农场被监督劳动过，在冰凉的铁窗里蹲伏过；长期在劳教队的苦役中几次与死亡擦肩而过；在得知刻骨铭心的恋人的婚礼之夜，独自在江边狂饮过……可这一切，重新叠印在复活了的李加建面前，他却“来不及追忆/我那波涛险恶的一生/我，只将它留在逐渐冷却下来的/额头上深深的皱纹里。”

多么坦荡的襟怀！多么坚忍的意志啊！他冲荡了一切个人抚伤追昔的唏嘘呻吟，更没有沉溺于眼前困苦的悲叹，你听：

如果真的/灵魂永远不会消失/那我会永远/不得安宁，日日夜夜/奔走在这大地上/一会儿化作风/一会儿化着雨/化一片阳光，一缕月光，一朵星光……

他真是一个钟情至极的歌者，一个只要一息尚存，就要始终不渝去苦苦探求美的事业的诗人。

他到底没有在玫瑰色的晨光中颓然倒下！他拖着沉重的生活负担，挺起残损的身躯，合着我们共和国的脚步，迎来了1981年的春天。

三

他不会倒下的，因为他早已“见过死亡的眼睛/从喷火的枪口/从逼近的刀刃”。他曾“以战士献身的激情/折断它的凌厉。”当诬陷来自朋友，当出卖来自情人，他曾“以强者对生命的忠贞/撕破它的诱惑”；在冤屈的牢狱里，在阴谋的陷阱中，他曾“以哲人对历史的信任/烧毁过它的阴森”。就这样，他“以战胜者的骄傲——”“直视着死亡的眼睛！”又开始引吭高歌了。那在20多年里被践踏过的童心，被嘲弄了的赤诚，被葬送了的青春，砥砺出他罕见的意志和坚韧，对祖国和人民深厚的挚爱和对党的信念。对新生活的渴望和对艺术的追求鼓动着、鞭策着他，每天晚上蜷伏在那张借来的单人床上，在女儿们嬉戏、打闹和哭叫的“轰炸”声中，写下了一行行美妙动人的诗句。《生命》、《虎吼》、《秦始皇陵兵马俑》……数十首脍炙人口的佳作在《诗刊》、《星星》和《四川文学》上与广大读者见面了。他以更加炽热的感情，更加鲜明的个性，更加独特的风格，带着对历史更深刻的评判和对现实更敏锐的思考，创造出大量优质高产的诗作，以日益“衰竭的肉体”为祖国和人民奉献了一个“创造者的灵魂”！

“一根手杖/是十年浩劫的赐予/我拄着它/以大地为支点/挺起我残损的身躯/又向前走了……一声声，只有询问，没有犹豫。”这，是他的自题小像。

又是一个周末之夜，我拿着一叠习作在他面前流露出一丝因发表太少的苦闷和哀怨之时，他没有责备我，只用那双深邃明澈的眼睛遥望西天的流云，若有所思地说：“要耐得住寂寞。”沉吟良久，他又说：“我又开始唱歌了，可我不再是一只鸟。20多年来，我拉过车、驾过船、掏过粪、打过铁、种过地、我当过爆破工、机械工、电工……那20多年我曾自以为是和文学绝缘的岁月，其实都是在塑造今天的我啊！”

多么深沉而忘我的慨叹？在他面前，我脸红了，我为他的生命从里到外都是这追求和献身而震颤不已。

临走时，他把他新创作的诗作本子给了我。路上，我翻开扉页，上面有他自题的三句话：“为历史揭示真，为生活伸张善，为人间创造美！”

我反复吟咏着这三句话，想到了很多很多……

十一届三中全会后，诗人为党的拨乱反正、国家民族的振兴喜不自已，他的诗思和情思也为之激越亢奋，在他眼睛里，“是祖国的屈辱、人民的贫困、飞扬的旗帜、高昂的号声……我要去寻找，越来越炽热的人生。”

党和人民伸出了拥抱这位忠诚歌者的手，1981 年夏，省作协组织诗人们前往葛洲坝建设工地体验生活、参观写作。他拄着拐杖，伫立大坝之上，汹涌的情思从个人日益暗淡的“生命”和那一缕即将消散的“黄昏”里淌了出来，汇入了沸腾喧闹的建设工地，发出了雄浑壮烈的交响：

啊，来吧！大江
你且浩浩荡荡向我流来
带着你的冰凌和花瓣
带着江面上晚霞的血与暮霭的悲哀
带着白帆的沉思和水鸟对月光的爱恋
带着茅屋的松明与厂房倒映的灯光
轮机的轰隆与桡橹的咿呀
我接受来自幽谷杜鹃花下的泉水
也接受那工业废液，那与泥沙一起
缓缓移动的遇难者的沉船与入侵者的枪炮
把你全部蕴含的悲哀，倾吐给我
把你全部郁结的愤怒，灌注给我
把你全部萌发的憧憬，交托给我
我接受你全部的希望与失望，美与丑恶
然后，向你的江心
掷进一个金光闪闪的信念

在葛洲坝工地上，他写下了《葛洲坝抒怀》、《葛洲坝放歌》、《姑娘对她的未婚夫说》等数首长诗，讴歌四化的创业者，礼赞腾飞的共和国。他的优美的长歌，在祖国山河之间，荡起了缕缕不绝的回响。

历史无情亦有情，葛洲坝归来，他的《葛洲坟抒怀》和《为和平造像》分别荣获《星星》诗歌创作奖和四川省优秀文学作品奖。然而，重庆出版社和人民文学出版社出版了他的《人和大地》和《我在每一个早晨诞生》两本诗集，另有部分诗作也分别选入《黎明拾穗》、《中青年诗人诗选》等全国性诗歌选集，他的《寄自南方的怀念》和《给欢乐》已选入《中国新文艺大系》，他的诗作引起了全国诗歌界的注意和好评。《星星》、《诗刊》先后专文评介了他的创作及作品。他在葛洲坝工地的力作《姑娘对她未婚夫说》荣获1983年度《诗刊》创作奖，不少诗歌理论工作者前来采访他，撰写他的评论文章……有生以来第一次福音纷至了。

中共自贡市委、市政府的领导亲自出面关心他的生活、学习和创作，市委宣传部、市文化局党组织及时给他送来了党的关怀和温暖。1983年初春，相关部门给以特殊的照顾，解决了六妹和三个幼女的城市户口、粮食问题。7月，全国作协吸收他为中国作家协会会员。年末，省作协、省文联又抽调他到省文学院专事创作两年，随后他又当选为市人大代表。

四

生活的阳光沐浴着他，他感到浑身都充满了生命的活力，他到底迎来了玫瑰色的晨光。

加建是一个有着坚实、深沉的诗歌主题而又带有几分梦幻、浪漫气质的诗人，面对急遽变化、色彩斑斓的生活之流，他时时催化出旋风般的奇思遐想，又旋风般地苦咏出来。他顽强的个性使他无时不在向新的诗美领域探索和掘进，向更加广远的艺术境界伸展开他犀利的艺术触角，向一切美与丑、善与恶、新生与腐朽、光明和黑暗坦露出他鲜明的爱憎。

他想象绮丽，思维敏捷。美国长椅上的老人与阿波丸沉船遗骨；越南的难民船和毕加索的和平鸽，黑猩猩与冷藏人；伽利略和维纳斯；马克思与鲍狄埃，纷至沓来，一挥而就。星和灯，山和海，幼儿园，望夫石，汨罗江，枫树，指环，虎吼，猴戏……信口吟哦，妙语连珠。我惊异地发现，只要他的目光一碰上鲜活、坚实的形象，他那艺术家的双目就会陡地明亮起来，缜密的神经会高速运转起来，一下子就燃烧起了诗的激情，化出一首首诗来。

他大胆吟咏现代世界广阔的生活画面，对人类、世界，对历史、现实，对生命、爱情、理想、信仰进行着思考。而这一切，又总是和我们沸腾的生活和时代紧扣的。他把炽热的沉哀，温柔的秘密，斑驳的历史，纠结的人生，南方的怀念，早晨的诞生，孩子的眼睛，妻子的情歌，宇宙乐章，川剧鼓师，统统整理好，拈来放在“一定的历史范畴中去确定其位置”；又以哲人的头脑和思维，“从社会生活历史的总体上去把握和发掘其内涵”（竹亦青：《拄着手杖，壮怀激烈》），因而，他的诗凝聚着那样丰富炽烈的情感，包容着那样沉重深远的内容。难能可贵的是，与内容相适应的形式又是那样自然、清新和优美。新颖的手法角度，独特的艺术风格，凝练隽永的语言，内在的节奏、神韵，使我们读着他的诗，就能感受到强烈的艺术魅力，受到美的熏陶和灵魂的净化。

一切的成功绝非天赋和偶然。李加建曾告诉过我，他 1936 年出生在四川省富顺县，母亲贤淑、惠敏，对古典文学颇有修养，自小就叫他背诵唐诗、宋词，并给他细细讲述。加建常说：我的童年虽然没有小白兔和大灰狼的故事，却过早、过于认真地品尝了几代人的人生感慨和离愁别恨……

他酷爱音乐，陋室中，常见他一边嚼着死面疙瘩，一边把整个身心都沉浸在贝多芬的《命运交响乐》的旋律之中。看他眉飞色舞、神采飞扬的样子，我常常忍俊不禁。时而他又捏紧拳头，伴着旋律的跳跃，全身手舞足蹈地抖动起来。只有在那片刻的迷醉之中，他似乎才忘记了一切，似乎整个世界都在为他灌注活力。末了，他又会自我解嘲地吼道：

“命运啊，我要扼住你的咽喉！”

他也爱好美术，一张毕加索的画页，他会痴迷地揣摩半天；戏剧、文史哲、心理学、生理学、未来学……无一不兼收并蓄，广揽博取之。

他说，他不是诗匠。他很少直面品评过我的诗作，而更多的是严肃地和我探讨人生，探讨怎样做人，做好人……

他喜欢“自然”的人，“自然”的诗，“自然”的谈吐。

他不吃甜食。我问过他，他曾戏谑地说，他害怕他唱的歌也浸透上甜蜜。但他酷爱吃辣椒，他说了，他喜欢“强刺激”！

他对什么事都非常认真，寄诗稿，无论寄往北京还是地方小刊物，乃至急迫中给人留言，全都一丝不苟，字字工整。

也许是他过多、过于虔诚地把一次神经的震颤都竭心尽力地奉献给了诗神缪斯，因而他在日常生活中似乎又是一个天真、稚气、不具处世之道的孩童。

他在常人面前总是平易而谦和，但在有的人面前又偶显清高和傲慢，流露出鹤立鸡群的自负和执拗。他易于冲动、急躁，又常感到孤寂、疲惫，因而在个别严肃的场合偶发议论，锋芒毕露，有疾恶如仇的刚正，也难免简单片面的偏激。

然而，他忠诚、正直，具有真正的好人品质。

他坚韧、深沉，那是在炼狱和烈火中冶炼出的坚韧和深沉。

他机警、锐敏，那是无数次与邪恶和丑类对阵过的机警和敏锐。

人啊，理解他吧！他，毕竟是一个诗人，一个对祖国和人民忠诚而善良的歌者，因为他一把生命揉成了慷慨长歌！

五

从 1988 年开始，李加建连续在《诗刊》、《星星》、《四川文学》、《青年作家》等报刊发表了一系列与他前期迥然不同的诗作。有评论家把他的创作分为三个阶段。

第一阶段，从 20 世纪 50 年代步入诗坛，戴“右派”帽子，到 70 年代后期，表现在诗集《人和大地》的后半部分。

第二阶段，从复出诗坛，至 80 年代中期，展示在诗集《我在每一个早晨诞生》中。

第三阶段，则无疑是从 1988 年开始的。

如果说第一阶段是以充沛的率真，吟咏共和国欣欣向荣之景贯以纵横的才气；如果说复出以后的诗人是以黄钟大吕式的激越并伴以沧桑沉郁的思索，那么在第三个阶段，诗人在回眸与眺望之中，滔滔的时光之流冲刷尘埃，将他的经历与内心，洗练成一块纯蓝的钢铁！

他曾说：“少年时，以为写诗如吹号；中年时，以为写诗如撞钟。而今悟得，诗，不过是生命的一种自由舒展形态而已。”这是诗人对自己诗作“诗意的”划分。同样印证了他在《创作随想》中所言：“天者，大自然也，大宇宙也！果得此心如大宇宙，无念无欲、无挂无牵，一任灵性如蓝天澄澈，一任生命如白云舒卷，果得如此，庶几可谓悟得了作文之道乎？”

2005 年阳春三月，龙凤山群峰叠翠，在晚生们为李加建举行的 70 寿宴上，他说，毕生第一次面对有关自己的如此浩大的庆宴，真不知如何是好。

但真挚的一群文朋诗友们还是热烈地为他祝贺——

不仅为他古稀之年的丰硕岁月，也为他近年先后推出的诗集《东方诗篇》、《李加建诗选》的出版发行。

这两本诗集，是诗人精选的自选诗集。

诗人李加建身世坎坷，经历伤痕累累，但他的心却激流勇进，他的才气纵横在三代人的心田，他或轻柔或尖锐的笔墨把脚下的土地耕耘得肥沃且生机勃勃。他的感情深厚而真挚，他的感悟通透而富有禅意。

1993 年初春 4 月，时年 57 岁的李加建终于获得了单位上给分配在自贡市自流井区塘坎上的一套处于七层楼顶层的 60 平方米左右的住房。当夜无眠——

“流浪大半生，终于分到了一套房子，照说，这是一个并不佳的楼层，特别是对我这年过半百、腿和脊柱都受过伤的人来说。可我却乐意住下了，因为，楼高，可以——听云。而今的都市生活，越来越使人目光向下。繁忙的车流得时时注意躲闪，拥挤的人流得处处小心撞碰。重叠摇晃的色彩纠结滚绕的线条已够叫人目不暇接神经紧张，谁还能昂首超越这尘嚣之上，去悠闲地看天、看天上潇洒的云？”加建挥毫写下了一篇随笔《高楼听云》：

而今红尘中人，更有几人能有此缘分？而我，位卑而楼层高，得以时时亲近这些超越尘嚣尽情任性飘逸自在了无牵挂的云，与它们相倚谈心，用一种只有我和它们才听得出听得懂的言语。云来造访，总在我寂寞的时候。秋深夜静，黄卷青灯，一部历史自苍凉的深处微微透出刺骨寒意，这时，流云便来轻拂我的窗帘，切切凄凄，说一些缠绵的旧梦：那是卑鄙镇压下的崇高，冷酷挤压中的柔情。步上阳台，凭栏下望，细雨迷蒙里屋顶与树冠上有潮湿的斑斑闪光，那是逝去了的亲人和情人们的泪渍……盛夏午间，烟淡茶浓，冷眼看俗务中浮泛的卑鄙与无聊，哀叹人性之畸形与萎缩，这时，浓云便来撞击我的墙壁，呼呼啦啦，唱一些激昂的往事：那是无望处的抗争，沉沦中的崛起。凭窗远望，披襟当风，疾雨如箭中的山峦与大树神态从容，那是世世代代强者的精魂巍然屹立。最为美妙的时刻是：当我结跏趺坐、澄心净虑，此身化为一潭清碧，便有白云飘来，投影潭中，渐与潭水融合为一，将前世与来生、瞬间与永恒、微尘和三千大千世界，园融为一体。这万有合一过程中的对话，是超语言的语言，诉说生命的感悟，无序亦无声，真所谓“大音希声”。大音希声。生命之源的感悟与交流是无法用语言表述的。推动那“混沌初开，乾坤始变”的初始驱动力已然融入世间万事万物之中，穿越时间的重重屏障不断向前，在与邪恶、沉沦、封闭、萎缩的碰击中焕发出它的神奇、瑰丽。万物运作，天何言哉！天若有言，当是这云的言语？

自此，李加建“身在烦嚣沉闷的生活之中，偶尔会有逝去的故人、往事泛上心来；一些零碎的想法，也久久挥之不去。最终，它们就化为了这些文字。这些随意写下的篇章，有的应邀在报刊上发表，有的随写随放，两次搬家也散佚了不少。我并不怎么把它们放在心上。”

十载岁月，飘然而过。2013 年初春，李加建把这十年信笔写成的散文随笔以《高楼听云》结集出版，他在后记中写道：

> 这本书之所以叫做随笔，就在于随意写来、随意处置。因之，这里见不到“感恩盛世”的柔情蜜意之倾诉，也没有“建言献策”效忠党国之表白……好心的朋友们在背地里便有对我“抢救文化遗产”之议，力促我把这些文字收辑成书；不是为了“传之后世”，只是让我以生命残缺为代价所换取来的一些历史真相和思考领悟，不至于随我的大脑一起腐烂在坟墓里而已。

我们在研读李加建先生诗歌的时候，不能忽略《诗选》的序诗：

> 我的歌
> 是
> 走遍世界的
> 通行证
> 它的节奏
> 以全人类心的律动
> 形成
>
> 阳光是需要翻译的吗？
> 自由的风是有国界的吗？
> 我的声音
> 将与穿透历史的时间同在

这是诗人极好的自白。也是他的诗歌和生命穿透历史的佐证。

在世风日下的诗坛，诗人李加建用他 60 多年的生命辛勤耕耘，为我们奉献了巍峨而壮观、丰赡而优美的诗歌文本。

李 锐

当代小说家。1950 年 9 月生于北京，祖籍四川自贡。

1969 年 1 月到山西吕梁山区插队落户，先后做过六年农民，两年半工人。

1977 年调入《山西文学》编辑部。先后担任编辑部主任、副主编。1988 年转为山西省作家协会专业作家，同年 6 月加入中国作家协会。1998 年 12 月当选山西作家协会副主席。2003 年 10 月辞去山西作协副主席职务，同时退出中国作家协会。

李锐 1974 年发表第一篇小说。迄今已发表各类作品百余万字。系列小说《厚土》为作者影响较大的作品。出版小说集：《丢失的长命锁》、《红房子》、《厚土》、《传说之死》；长篇小说：《旧址》、《无风之树》、《万里无云》、《银城故事》；散文随笔集：《拒绝合唱》、《不是因为自信》、《网络时代的方言》、《人间——重述白蛇传》（李锐、蒋韵合著）。另有《东岳文库·李锐卷》八卷。作品《厚土》获得过第八届全国优秀短篇小说奖，第十二届台湾《中国时报》文学奖。作品被翻译为瑞典文、英文、法文、日文、德文、荷兰文等多种文字出版。2004 年获法国政府颁发的“艺术与文学骑士勋章”。他的小说《旧址》在《亚洲周刊》20 世纪中文小说 100 强中排名第 45 位。

腹有诗书气自华

——当代小说家李锐及其作品

旧时的盐都自贡，民间有“不姓王不姓李，老子不怕你”之说。著名作家李锐祖籍四川省盐都自贡。李锐的祖辈，该是自贡的大盐商吧。

李锐做小说一开始不是以自贡为题材，他下乡的吕梁山成了他文学的第一笔。那本取名为《厚土》的作品为他奠定了厚重的文学地位。学者王尧在《“本土中国”与当代汉语写作——李锐小说论》中说：“《厚土》作为短篇小说的经典之作，已经写在中国当代文学史上……可以说是李锐的小说之母。”

但李锐的笔力不仅止于此。他那从小在京城四合院断断续续听来的父辈故事，以及由故事派生出来的那座遥远而神秘恢弘的城，无时无刻不牵动他的血脉神经。

2008 年初春，桃红李白，百花争艳。年近花甲的李锐偕夫人蒋韵到自贡寻根，踏上了令他无限神往的盐卤之地。

其实盐卤已进入自贡城市的过去时。盐的堆积如山和铺天盖地已被隐蔽。盐工早已散在四荒八野。好在盐的熬炼还渗透民间，蕴藏在盐都人的匆匆行走和谈笑风生里。

他去自流井双牌坊父亲早年身任中共自贡特区区委书记兼组织部部长的那些坡坡坎坎间或转弯抹角处，去混同于自贡的一分子，去深切感受盐的宽度、厚度和依稀渺茫，以及盐都的沧桑破败。

一部惊天破石的长篇小说《旧址》就这样萌动天成。

10 年之后，李锐又奉献了另一部小说《银城故事》。

这两部小说分别从不同的时段对自贡进行了叙述复活及创新。

李锐对自贡的解读不是一般意义的寻找和重塑，而是站在百年中国的立场，对中国进程的鲜明反观和文学思辨，是自贡这个内陆庞大手工业城市的横面剖析和深层次探源，是极具中国特色资本的形象诠释。或者说，是自贡立市以来最有震撼力的经典。它是自贡的，又不是自贡的。它的文学辐射面相当宽泛，影响也不只是在中国，尤其是《银城故事》被美国《纽约时报》评论为“盐的歌剧”。

《收获》编辑钟红明在访问他时，问了他一句更深层次的话，“什么使你把目光投向了 1910 年那样剧烈动荡的时刻?”

他的回答是：“我的祖籍是四川自贡。那是一个历史悠久的盐城。深刻的血缘和精神联系是家乡给我的最大馈赠，让我终生报答不尽。如果做一个简单的表述，可以说我那些以吕梁山为苍凉背景的小说，表达了人对苦难的体验，表达了苦难对人性的千般煎熬，这煎熬既是肉体的更是精神的，同时表达了自然和人之间的剥夺和赠与。”

李锐说他虚构了一座城市，但又不是真正查无实据。银城是他最机智的写意，一群盐商的新生代。日本新学以后，虽一身锋锐，但冲动和幼稚包括无奈是显而易见的，他们妄图以炸药暗杀等个人英雄主义摧毁封建堡垒的所谓革命，是那个时代不可避免的误读。实际上他是将一段国史通过一个典型意义的内陆城市来演绎推进，表达他对民族生存的深思。

重回自贡，就李锐的小说创作和自贡情结与自贡本土作家做了一次真诚交流。市作协把他在自贡的演讲整理成《语言的自觉》，发在《作家交流》上。时任自流井区委书记的杨征宇盛情接待了他，给了他对自流井更全方位的亲身体验。

二

当代小说家李锐 1950 年 9 月生于北京，1966 年毕业于北京杨闸中学，在知识青年上山下乡的大潮中的 1969 年 1 月，19 岁的李锐到山西吕梁山区邸家河村插队落户。春种秋收，夏雨冬雪，六载岁月，飘然而过。

1975 年，回城后的李锐分配到山西临汾钢铁公司当工人。

1977 年，结束了两年半车间劳力工的生活后，李锐调入《山西文学》编辑部（当时刊名《汾水》）做编辑工作。先后担任编辑部主任，副主编。

1980 年至 1984 年，李锐寒窗自学，毕业于辽宁大学中文系函授部。

1988 年转为山西省作家协会专业作家，同年 6 月加入中国作家协会，1998 年 12 月当选山西作家协会副主席。

2004 年 3 月，李锐荣获法国政府颁发的艺术与文学骑士勋章。他的作品曾先后被翻译成瑞典、英、法、日、德、荷兰等多种文字出版。

诺贝尔文学奖评委会唯一的汉学家马悦然教授一直在翻译李锐的作

品，十分推崇李锐的作品。因此，许多媒体和记者认为他将是诺贝尔文学奖中国候选人的热门人选。马悦然评价李锐说："李锐有他特殊的经验，特殊的经历，'文革' 10 年他从北京到山西吕梁山的邸加河村插队，有 6 年的时间跟农民生活在一起，这是他永远不会忘记的。'文革'给他的经验是他一辈子写作的主题，他不能离开这个主题，这个是他的使命，他要把这个经验传达给下一代人、下下一代人，让他们知道'文革'是怎么回事情。"

2003 年 10 月，作家李锐由于发表公开信退出中国作家协会，并辞去山西省作家协会副主席职务，放弃中国作协会员资格等举动被各界关注。

二

真实生活中的李锐，是目前少有的认真而严肃地对待生活和写作的作家，据说李锐是完全按照时间的进程来安排日常的生活，比如睡眠、吃饭、写作、阅读、出去会朋友等等。李锐每天会在特定的时候到楼下散步，这是他的运动方式。说是散步，不如说是疾走，就是绕着居民楼下的一处矩形空地，从这边走到那边，来来去去走半个小时。散步的时候李锐的神情是认真的，也是严肃的，他在认真而严肃地锻炼自己的身体，就像认真而严肃地在书房里写作。

李锐有一身特别定做的制服，用来出席文学的活动。制服就像中山装，单领，口袋无盖，藏蓝或者赭色。

这样的制服穿在身上有一种仪式感，那是李锐要的对文学的仪式感。穿着这样的制服，李锐去瑞典、美国、新加坡、马来西亚、俄罗斯、法国，还有中国的香港和台湾。人去哪里，他的文学就到哪里，文学的声誉就到哪里。

"我为自己的写作定下一个标准：用方块字深刻地表达自己。但是，为什么在全球化的时代强调使用方块字？怎么才能算是深刻？用什么样的形式来表达？'自己'又是一个什么样的自己？这几个问题一问，就知道这个看似简单的标准，其实很苛刻。用这个标准衡量自己这八本书，我不能说真的做到了，只能说还算是一种自觉的追求。"李锐如是说。

在这翻天覆地的世界上，几十年来除了读书就是写作，很单纯也很单调。写的东西也简单，除了小说就是散文随笔。如此这般，在单纯和单调之中一晃 30 载，眨眼间，曾经的热血青年忽然白发杂生。真快，快得来不及感叹。所谓的反省和反抗，在落到纸面的同时，也渐渐变成一个人的独白。到这时候才体味出什么叫“创作是个人的事情”。那情形很像是一个人把沙子扔进黑夜，也很像那只衔来石头填海的笨鸟。

牢记着历史无动于衷的基本属性。我不想给自己的选择涂上浪漫的色彩，更不想找一个道德的高台阶站上去。义无反顾的自生自灭是用不着宣言的。”

谈及庄重、儒雅的夫人蒋韵，李锐笑谈道：“我们也是通过文字认识的。蒋韵那个时候在山西比我有名，因为她当时写过很有名的短篇小说《我的两个女儿》，是伤痕文学，她这个小说是用手抄本的形式在他们学校流传的，后来一个同学把一份拿到了我们杂志社。因为他们是一个文学团体的，很欣赏她，他们拿过来的意思，是让我们《山西文学》的编辑见识见识，什么叫好小说。就是说你们发的不行，看看这篇吧，有点这种意思。而且明白地说，这篇小说人家已经投到外面去了，已经有人用了，你们看看吧。然后我们编辑部就传阅了，很多年轻编辑都喜欢。当时《山西文学》编辑部每一年都要召开一次到两次的文学创作会，或者是改稿会，就是把全省的作者聚集在一块，一般都是有作品在编辑部了，或者是发了，再或者是修改修改，那个时候大家传阅一下，征取征取意见。那个时候是80年代中期，而且文学气氛也比较真诚。后来在会议上，我们就见识了才女蒋韵。她在大学里，我们不是很浪漫，不像现在的年轻人，要买花什么的。”

如果李锐的作品平时写出来，蒋韵做第一读者的时候，一般都很严格，都要给对方挑毛病，也会争吵，但是争吵完了以后，基本上同意对方的观点，认为彼此都要改。李锐是一个不太容易接受别人意见的人，但蒋韵的意见他一般都接受。

在文学的审美倾向或者审美的趣味上，还有两人生活中的许多东西，夫妻俩是比较一致的。甚至对于文学审美的判断尺度也比较一致。两人都比较注意语言的感觉，包括语言的节奏、语言有没有灵性等等。

因此，两人合作创作了长篇小说《人间——重述白蛇传》，由重庆出版社2007年出版发行。

《人间》“重述神话”系列图书项目是由英国坎农格特出版公司发起，全球包括英、美、中、法、德、日、韩等30多个国家和地区的知名出版社参与的全球首个跨国出版合作项目。已加盟的丛书作者包括诺贝尔奖、布克奖获得者及畅销书作家，如大江健三郎、玛格丽特·阿特伍德、齐诺瓦·阿切比、若泽·萨拉马戈、托妮·莫里森、翁贝托·艾柯、苏童等。重庆出版集团重庆出版社是“重述神话”项目在中国内地的唯一参与机构。《碧奴》为著名作家苏童重述的孟姜女哭长城的传说；《后羿》为著名作家叶兆言重述的后羿射日和嫦娥奔月的神话；与此同时，著名作家阿来也将加盟“重述神话”，重述藏族神话史诗《格萨尔王》。

尽管是“重述”，但《人间》还是给我们带来了新鲜的文学景观。对“白蛇传”的重述，给了李锐和蒋韵一次完全脱离“现实描述”的机会，小说将现实和虚幻糅合在一起，用想象为我们创造了一个更具现实意味的世界，产生了神奇的效果和张力。这是一部人性之书，它所凸显的内涵、传达的意义，故事本身已无法涵盖。这是善与恶、人与妖、前世与今生的相容和汲取，更是人对自我的寻找和辨认。它跋涉虚无之境，是自省，是心灵的历史，是对表象的超越。在对人性的追问中，我们读到了关于神话与现实的寓意和经验。

三

李锐自1974年24岁时发表第一篇小说，迄今已发表中、短篇小说近百万字，出版过中短篇小说集《丢失的长命锁》、《红房子》等，曾获“《山西文学》优秀小说奖”、“赵树理文学奖”。1986年起开始致力于系列短篇小说《厚土——吕梁山印象》的创作，已发表的《锄禾》、《眼石》、《合坟》等得到广泛的好评。其中《合坟》一篇还荣获“1985—1986年度全国优秀短篇小说奖”。

近年来李锐有多部长篇小说问世，有多部作品被译成英文、法文、瑞典文、德文等，在国际上有很大影响。

长篇小说《旧址》上海文艺出版社1993年版，台湾洪范出版社1993年再版；中短篇小说《传说之死》由长江文艺出版社1994年出版。《拒绝合唱》，散文随笔集，上海人民出版社1996年版。《无风之树》，长篇小说，江苏文艺出版社1996年版，台湾麦田出版社1998年版。《万里无云》，长篇小说，中国青年出版社1997年版，台湾一方出版社2002年版。《不是因为自信》，散文随笔集，湖南文艺出版社1999年版。《2000年文库李锐卷》，中短篇小说集，香港明报出版社1999年版。《另一种纪念碑》，散文随笔集，山东文艺出版社2002年版。《银城故事》，长篇小说，长江文艺出版社2002年版，台湾麦田出版社2002年版。《网络时代的

"方言"》，演讲、随笔集，春风文艺出版社2002年版。《太平风物——农具系列小说展览》，短篇小说集，北京生活·读书·新知三联书店2006年版，台湾麦田出版社2006年版。

《太平风物——农具系列小说展览》以古老的传统农具为主要意象，把数千年悠远的农耕文化与现代社会放在同一平台上使之碰撞，从而把中国农民与土地、农具之间血肉相连甚至生死与共的关系，表现得刻骨铭心。同时，农民在失去土地和失去世世代代生活方式、生活环境后的茫然、创痛和决绝，也在作家的描绘中格外惊心动魄。本书共收入短篇小说16篇，每篇小说的题目都是一件农具，比如镢、锨、锄、镰、斧、扁担等，这些农具草蛇灰线般地出现在小说中，并以其为线索展开叙述。有趣的是，小说将图片和文字、文言和白话、史料和虚构、历史的诗意和现实的困境融合在一起，李锐称之为自己独创的"超文体拼贴"，试图以件件农具串联起半个世纪以来中国大地的农村故事。

《厚土》是李锐的成名作。《厚土》是好几篇作品的总称，或曰《吕梁山印象》，每篇均很短。已发表的9篇分别见于《人民文学）1986年第11期（《锄禾》、《古老峪》），《山西文学》1986年第11期（《选贼》、《限石》、《看山》），《上海文学》1986年第11期（《合坟》、《假婚》），《青年文学》1987年第12期（《驮炭》《"喝水——!"》）。严格地说，李锐的文学创作也是从《厚土》开始的。在这之前的十二三年虽然也写了一些作品，但只能算是学习和准备。

从《厚土》到《银城故事》，李锐所有的叙述以及他对"中国问题"的思考，几乎都是"中国是一个成熟得太久了的秋天"这一判断句的展开。

《旧址》是李锐的第一篇长篇小说，在这部小说中，他虚构了一个以井盐而著称的内陆城市——银城以及银城中的盐业大族——九思堂李氏。这个虚构实际上是以李锐的故乡四川自贡以及李锐的家族为蓝本。在12万字的篇幅中叙述了从20世纪30年代开始李氏族人在风雨飘摇的社会背景下，为家族，为理想，为亲情做出的一系列举动。这是一部家族史，更是一部时代史。

四

《银城故事》同样以虚构的银城为空间背景，以银城同盟会暴动为时间背景，在十几万字的篇幅中，清朝老兵、留日的知识青年、同盟会革命者、普通百姓，众多身份追求迥异的人物，于短短几天的时间内共同在这个舞台上演绎了一部无奈的悲剧。当历史的无理性成为暗藏的主导，理性的人类便成为最无理性历史的创造者。

2002 年阳春三月，蒋韵深情地撰写了一篇书评《动人的银城》：

银城是李锐虚构的一个地方，为了使这虚构的城市清晰起来，他画了一张图。这图，特别像从前府志、县志中的那种疆域图，粗拙而稚气，还有些像儿童画，上面，有山、有河，山是大大小小连绵的三角，河是蜿蜒的线条。还有城池，堞墙围起的，是旧城，而简单的四方框内，则是新城。河叫“银溪”，从北部连绵的山峦“桐岭”流下来，在艾叶滩向东甩了一个大弯，然后，流入青衣江，最后，汇入东南方向的长江……由于是画在纸上的城池，东西南北一目了然，东西南北全是山（三角），北是桐岭山，南是白云山，西是玉泉山，东是黛屏山。山上还全有景，有“桐岭横烟”，有“月照飞泉”，有“黛顶霞映”，有“雪寺寒山”。好，一个有根有据、有出处、有来历的城市已是跃出纸上。还有呢，旧城四座门，出北门，大道是官道，通向“上关桥”，小道则是通往渡口。过河来，大道小道一汇合，朝东直奔鸡鸣镇、桐岭关，括号里面是小字，标着，“滑竿走五天到省”，若出南门，则标着，“二十里到白云寺”……我真是非常喜欢这张图和这座城。

我喜欢它明明是莫须有，却如此言之凿凿。李锐就这样言之凿凿一砖一瓦、一枝一叶构建了他的“银城”。于是，1910 年秋天，“涨满性感河水”的银溪，载着满河辉煌的金波温暖地流到了我们眼前，那个叫旺财的牛屎客，从宁静的河中打捞起了那些神秘的有字的竹片，奇异的银城故事就这样充满悬念地开了头——一个惨烈悲怆的故事，在开头的时刻，却是这样宁静和充满动人的生活的柔情。不错，这是一个奇异的故事，它大起大落出其不意的情节，有着古典传奇故事的魅力，包括这顺水漂流传送取消暴动消息的竹片，让人想起“红叶题诗”那一类传说，那是主人公刘兰亭多么无奈和绝望的一个壮举；它又是一个惨烈的故事，有多少鲜活灿烂的生命成全着那个叫做“历史”的东西，肉脯房中那一幕，老辣的聂芹轩用一把制作“火边子牛肉”的尖刀和革命志士欧阳朗云的对峙，那尖刀是怎样锋利无情鲜血淋漓试探着人性的深度，真是感天动地，震撼人心；它又是一个凄美的故事，日本姑娘芳子对欧阳朗云痴迷的、奋不顾身的爱恋，就如同樱花一样，美若仙境的绽放是那么淋漓尽致那么决绝却又永没有明天……1910 年秋天的银城，围绕着一场注定要失败的起义暴动，就这么，风云莫测、有声有色地上演着一出慷慨赴死悲情无边的壮剧。1910 年的银城，是悲情的城市，是精英的城市。然而，还有一个银城，一个不属于某一年某一季节的城市。那城中，几百年来，弥散着主妇们用干牛粪烧饭燃出的烟火气。李锐告诉我们，“那气味不臭，只有一些微微的草腥味，再加上一点蚕豆烧煳的烟香，”有蚕豆烟香和草腥味的干牛粪是银城“柴米油盐酱醋茶”中那个首当其冲的“柴”。银城的大街小巷，无论冬夏，石板路上总是行走着“牛屎客”的身影，他们头顶干爽的牛粪饼敲开一座座宅门与主妇们仁义地进行着每日的交易。这个银城呵，几百年来，总是有三万头水牛和百姓们同居一城。三万头水牛是银城至关重要的角色，没有它们，“盘车就不会转，井就凿不成，卤水就提不上来”，没有它们“就没法安安生生地过日子，就没有银城和银城的一切”。三万头水牛养育着众多的行当，三万头水牛支撑住了一个百业兴旺的城市：比如这做牛粪饼的“牛屎客”，比如那饲养伺候水牛的“牛牌子”，比如盘车上的小帮车，比如汤锅铺里“穿黑皮的”。因为牛，就有了买卖交易的“牛市”，有了闻名遐迩的特产名吃“火边子牛肉”；因为牛，就有了银城人的罪孽感和对牛的歉疚与敬重，就有了牛王庙，有了牛的盛大祀典——十月初一牛王会和春秋两市牛的节日……这个盛产井盐的城市，井架如同森林般耸立，输送卤水的竹管在山谷河岸巨蟒般蜿蜒，那里面，仁厚地流淌着银城的血液和精华，流淌着一城人的生计，流淌着银城的日子。

这个银城，是富可敌国的盐商刘三公们的银城，年年秋风，把那道美轮美奂的“退秋鲜鱼”的香味吹散到了这城中每一个角角落落；

这个银城，更是，牛屎客旺财们的银城、是含辛茹苦却又精明能干的寡妇蔡六娘们的银城、是在陋室中一针一线缝衣待嫁的贫家女儿三妹们的银城、是最卑贱的屠夫郑老爹和矮崽们的银城。这城中的深街陋巷、一砖一瓦，若是开口说话，说的一定是六娘、三妹、郑老爹、牛屎客们最深最深的心事。

这个银城，或许更是牛们的银城。当银城惨烈的壮剧落下帷幕，当桐岭关前，农民起义军横尸遍野、当欧阳朗云年青秀美的头颅被高高悬挂上城楼、当山崩地裂的暴动在一首千年古诗中宣告失败，当这轰轰烈烈的一切成为结局，瞧，它们来了。李锐的银城，迎来了一个盛大的牛的节日。“八月二十三日这一天，像是有谁发出了命令，成千上万头牛，潮水一样从四面八方涌向银城。无论通衢大道，还是山间小径，到处都可以看见涌流的牛群……柔和的晨光中，牛群迈着安详的步子，哞哞的相互召唤着同伴。好看的弯角和庞大的身体，在轻微的碰撞中灵敏地保持着相互的间距。”这一天，这个城市的主人，是牛，是这些长角的生灵，所以，“所有和牛群相遇的人，都只能紧贴墙壁站在街边，恭等牛群庄严地走过。牛角和牛背的河流在街道上舒缓地流淌，坚硬的牛蹄从容地踏遍了人的居所，新鲜的牛粪覆盖了所有的街道和空地。天南地北原本素不相识的牛们会聚在一起，耳鼻相触，擦肩摩腿，忽然间触发了无比的骨肉亲情。成千上万头牛从古老的记忆中苏醒过来，幽深的柔情照亮了它们又大又黑的眼睛，哞哞的呼唤声汇合一片，数里之外清晰可闻。”秋天澄净的阳光下，这牛的河流，这一片仁厚和温暖的金色，善良的金色，晃着我的眼睛，让我流下泪水。

此刻的银城，真是美不胜收。我看到了地久天长的生活的魅力，看到了生命尊严的挣扎，看到了善，看到了天地间宁静的慈悲。也许，理论家会说，李锐用牛解构了史诗，解构了人的历史。

这我不懂。我只是写下了我心里的感动。

白　渔

原名周问渔，1937年出生于四川富顺县。1958年大专毕业后到青海工作至2008年退休。曾做过地质技术员、文学编辑、专业作家，青海省作协秘书长、副主席、荣誉主席，青海省政协常委等职。

1955年开始文学创作，1979年加入中国作协，已出版《白渔诗选》、《黄河源抒情诗》、《历史的眼睛》、《烈火里的爱情》、《黄南秘境》、《走进柴达木》、《白渔文存》等长短诗、散文诗、散文、报告文学等28部，其中两部被译成英文，作品入选《中国新文艺大系》、《中国新诗选美》、《20世纪汉诗选》等百余种选集。有"江河源诗人"之誉，系一级作家，终身享受国务院有突出贡献津贴专家待遇。

弹奏铿锵的时代之音

——江河源诗人白渔和他的作品

像园里的韭菜，不要割
让它绿绿地长着
像谷底的泉水，不要断
让它淡淡地淌着
像枝头的青果，不要摘
让它静静地挂着

也许，人总有那么一点
忘又不能忘，说又不能说
像怯光的蝙蝠
扇翅于黄昏的角落

留着它吧——
是酸，帮你消化生活
是苦，为你鉴别欢乐
是甜，给你添力加热

无论是福，是祸
或少，或多
留着，留着
不必追究，何须说破

——《人，总有那么一点》

一位叫“乱垒斋”的文学青年在日志中写道：“知道白渔是在我大一的时候，英语老师把抄的一首诗发给一个和我同宿舍喜欢文学的同学，于是传遍全班，诗的题目是：《人，总有那么一点》。后来在圣诞晚会上，英语老师声情并茂地朗诵了这首诗。”

我当即上网查了一下，这首《人，总有那么一点》在网络间的传播速度很快，传播面也相当广泛，相关文章过百万篇。

梧桐滴雨博主将16年前抄在日记里的《人，总有那么一点》放到博客里：“这么多年后看到这首诗，我仍然那样地喜欢，愿意一个人默默地坐在一边再体会一番，咀嚼着、感慨着，每次读都有不同的感受。”

这的确是一首广为流传，深入人心，撩人情怀的精美好诗。

2014年8月16日，诗人白渔渡过了他77岁生日。

回顾走过的人生旅程，白渔感慨万千。他说：我是在“七七事变”炮声的催迫下出生的，那是个硝烟弥漫的动乱年代。

白渔原名周问渔，9岁丧母。父亲是川南富顺县永年乡骑龙坝的一个地主，早年曾兼做木材生意。他10岁（1947年）小学毕业后，进入富顺二中上了初中。12岁父亲不幸辞世。生活的艰辛，世态的炎凉，使白渔形成了坚韧、执著、豁达的品格，这种品格为他日后事业的成功，打下了坚实的基础。

少年时的白渔聪颖好学，不但学习成绩优异，且十分爱好古诗文。富顺二中是个文化底蕴深厚的学校，学校里的杨汝炯老师常在全国一流的文学刊物上发表诗文，给少年白渔多梦的心灵植入了一颗文学的种子。课余，白渔阅读了《暴风骤雨》、《太阳照在桑干河上》、《钢铁是怎样练成的》等许多中外新文学作品。

1953年，在新生的共和国艳阳天里，白渔考取了隆昌师范学校。他期望日后像他尊敬的杨老师一样，毕业后一边教书育人一边从事自己喜爱的文学创作。在师范的日子里，十七八岁的白渔开始握笔创作诗歌、散文，间或有稚嫩而单纯的作品见诸报刊。这愈加激励了他创作的热情。

1956年，白渔从隆昌师范毕业，在内江参加高考后，被录取到成都师资训练班（大专）学习。刚上了半个学期，恰逢国家“二机部”在山西开办的铀矿学校动员学生赴该校学习，献身原子能地质事业。白渔非常乐于转校。一是可以饱览祖国大好河山，二是可以从中实现文学梦。白渔欣然去了山西，学习铀矿地质专业。

1958年，在大跃进的热潮中，白渔完成了学业。他学习成绩优异，又兼校刊编辑，校方原准备分配他去湖南长沙当老师。那时的年轻人都有一颗“火热的心”，他便主动请缨，毅然申请到祖国最需要、最艰苦的地方去。学校尊重了他的意愿，他被分配到了青海省燃料工业局地质处。一到工作岗位，白渔便组建了一支放射性小分队，带队转战于柴达木盆地和祁连山莽莽的崇山峻岭之中……

青春的岁月行进在祖国边陲的风霜雨雪之中，催生了意气风发的白渔许多创作的灵感。工作之余，白渔笔耕不辍，创作了许多讴歌地质队员的诗歌，先后有作品在《青海湖》、《四川文学》、《诗刊》及上海、天津等全国各地的文学刊物上发表。

长期的野外地质勘探生活，使白渔深切体会到，只有在生活中才能发现诗歌、发掘诗情。那个年代，他似乎有喷发不完的才情。他虽然从事的是勘探技术工作，但他白天找矿，晚上找诗。许多见诸报刊的诗歌，都是他在山野的月光下、在行进的驼背上、在戈壁的帐篷里完成的。这时期的代表作《脚印》发表于《诗刊》1962 年第 5 期，后被选入《新文艺大系》、《与史同在——中国三十年新诗选》中。

1964 年，全国“阶级斗争”这根政治神经绷紧，在突变的风云中，白渔发表作品的权利被无端取消。1966 年，十年“文化大革命”开始，白渔被列为重点批判对象。罪状是反对“三面红旗”，同情右倾机会主义者。再加上家庭出身，他被列为单位的“三个黑帮”的要人和重点专政对象，大大小小的批斗会轮番上阵……

长夜漫漫，政治上的凄风苦雨淋湿了白渔正当盛年的黄金时光。他那双酷爱写作的手，干尽了野外勘探队的各种工作，还要在队里烧火煮饭，打扫厕所卫生。

1972 年，由于工作需要，单位让白渔“戴罪”立功，负责组建电法勘探项目，他竟将废弃的海德尔煤矿救活，使储量翻了 20 倍，至今还在开采。但工作完成后仍被监控，此时白渔满怀委屈，偷偷坚持写作。

1978 年，十年“文化大革命”浩劫的阴霾逐渐消退，中国大地冬去春来，文化禁锢也开始松动不少，文学刊物复刊。

白渔的组诗《深山探宝人》在《诗刊》面世。从此，刚过不惑之年的白渔创作热情如火山似的喷发出来，一组组描写地质勘探生活，讴歌边疆少数民族同胞、抒发对新生活的渴望的诗作在全国各地报刊问世。

1978 年岁末，白渔被调到了青海省文联，一边从事创作，一边主编《青海三十年诗选》。

1979 年，白渔加入了中国作家协会。那年，胡耀邦授意《诗刊》出面，召开“中国诗歌创作座谈会”，白渔应邀到会，与 100 位中国著名诗人齐聚一堂，受到一次诗歌的洗礼；也与川籍诗人孙静轩、雁翼、傅仇相聚京都，并从此结下深厚友谊。

同年2月，白渔有幸参加以艾青为首的诗人访问团，走访南海、东海、黄海采风创作，历时2个半月，一路写了90首诗，于1981年结集出版了第一个诗集《帆影》。

时代的召唤开始拥抱这位常年活跃于大西北的歌者。1979年，他被调入青海省作协任创作部主任，并受聘于《文学报》做特约记者。两年后，他又担任了省作协秘书长。

这时期，他的诗作被编入了《中国新文学大系·诗歌分卷》、《中国现代格律诗选》、《中国散文诗选》、《中国西部诗选》、《中国短诗选》等几十个选集。他个人的词条被编入了《中国诗歌词典》和《中国诗歌录音馆》以及《世界华人文化名人传》，26个省（市）、自治区的电台播放了他的专题节目。

从此，白渔的创作从丰产季进入了鼎盛期，自20世纪80年代后期到本世纪出版的著作源源不断：1988年出版《黄河源抒情诗》，1990年出版《唐蕃古道》（游记），1991年《唐蕃古道》英文版在海外出版发行，1992年出版《白渔诗选》，1994年出版《江河的起点》，1995年出版《他从天边来——白渔诗选》及散文诗《崛起的个性》，1997年出版《白渔短诗选》（中英对照本），1998年出版报告文学《走进柴达木》，1999年出版《中国柴达木》（游记），2000年出版《白渔超短诗选》，2001年出版《诗摄影作品选》，2003年出版《青海不再遥远》，2004年出版《唐蕃古道》修订本及《历史的眼睛》，2006年出版《白渔抒情诗集》及《黄南秘境》，2007年出版《灵境圣迹》，2011年出版《白渔的诗》，2012年出版了《白渔文存》，计20余部。

从这些著作不仅看到白渔创作实力的强劲，同时还能寻觅到一个重要的特点，即每几年或一段时间，白渔就会拿出一部与当时的风气、潮流不一，和“时髦”相悖的作品。比如20世纪80年代初中期，诗坛“树派”、“争风”盛行，摈弃传统、无视民歌之际，白渔便悄悄来到土族地区，多次采风，深入体验，用了四年时间，写出花儿体长诗《烈火里的爱情》并于1986年由人民出版社出版。1986年至1991年，也是“淡化生活”，忽略民族根基、本源之际，白渔多次反复来到长江、黄河源头地区，用了5年时间集中写了《黄河源抒情诗》、《江河的起点》，分别由青海人民出版社、陕西人民教育出版社出版。当企业改制、转型、人员下岗的艰难时期，白渔又再次深入到中国工业开发最困苦的地区柴达木，于1998年出版了《走进柴达木》，表现柴达木从极度艰难中开发，到陷入巨大困境，再从绝处奋起、新生的历程，凡是读过的人都被感动得潸然泪下。在改革开放取得辉煌成绩的大好形势下，一些人贪图享乐，思想蜕变，政治腐败，贪污腐化堕落。针对这些弊病，白渔也花了几年时间写了《历史的眼睛》于2004年由中国文联出版社出版。21世纪初，中国掀起旅游热，其中旅游文化书籍应运而生，靠互相抄用、靠网上资料纂稿成风，此时白渔深入黄南地区，一个点、一个地方、一个领域地发掘，用两年时间写出了文化内涵丰富、独特，文笔精美的文化专著《黄南秘境》，于2007年由中国青年出版社出版，它是作者、当地群众、出版社三满意的著作，迄今仍是青海旅游文化的范本……

现挑出几部加以简析。

《烈火里的爱情》（人民文学出版社1996年出版），它是一部吸收民族文学精髓，生活气息、诗味都很浓的花儿体长篇叙事诗，计3700行。作者以生动的语言描述了一对土族青年冲破旧俗热烈相爱，坚决反抗土司及恶人的残酷迫害，最后双双殉情的悲剧。“本是被旧制度、习俗迫害的人，反过来又维护这个制度去害人”，新颖的主题迥别于以往出版的争取婚姻自由的民族题材。长诗自首至尾不仅活跃着鲜明的人物形象，展开着惊心动魄的情节，激荡着爱与恨的情感波涛。而且构思是诗的构思，语言是诗的语言，形象是诗的形象，整个作品是一首乡土、民族特色很浓的感人的抒情诗。这部长诗被认为是我国民族文学史上不可多得的珍品。

继《黄河源抒情诗》（青海人民出版社1988年出版）之后，白渔又写了长江之源，两者由陕西人民教育出版社于1995年合璧出版，名为《江河的起点》。无论从题材到表现，都被称为我国短诗“第一本”，是诗人顶着风雪、冒着生命危险，七上海拔4000～6000米的江河源区，费时五年奉献给读者的一部空灵飘逸、深沉大气的力作。诗作短而精粹，意境深远，珠圆玉润，恰如两条光彩灼灼的珠串，展现了两条母亲河源头的洋洋大观。从黄河第一泉各姿各雅源泉到传说中大禹导河的积石关，从格拉丹冬到玉树草原其间的山川胜景、风俗民情，都有精彩独到的表现。诗作或空灵雅致，或俊美飘逸，或凝重深沉，笔姿灵活，变化多端，情真意切，诗味浓郁，能给人以审美的愉悦和思想启迪。诗人正是在那神秘、雄沉的高原腹地，领悟了自然之美妙、人生之深刻，以及历史的壮阔。诗人反复锤炼，进而写下脍炙人口的篇章，并由此荣获“江河源诗人”之美誉。

《历史的眼睛》（中国文联出版社 2004 年出版）诗集全都取材于我们 5000 载历史的人文典章。100 多个历史人物，上自女娲、伏羲、尧舜，中取秦汉唐宋，下迄明清，直至民国，或圣主贤相，或忠臣烈女，或美人芳草，或奸顽巨贪，或暴君狡贼，林林总总忠奸愚贤各有特色。诗人的视野上下今古，纳历史于咫尺，审群像于一握。集史识、史论、史胆于缪斯聚光灯下，议而不论，论而不流。尽管其中也有理性大于形象的诗章（那是应用思维形象手法调动读者的知识、心象补充诗意内涵），但更多的则属于他个人特有的诗性感受，撷取人物的言行事迹，以形传神。如写赵括“知子莫若父……/把一国命运交给虚夸之徒……/纵使强秦不入侵/赵国为自己/早掘好了坟墓。”写李斯则更是入木三分：“半生图治费尽心力/竟落得腰斩咸阳/……/你在明处立国/有人在暗处挖坑。”关于秦始皇，古今写的人不少。白渔的写法，则是别开生面辛辣讽刺：“伟大得无所不会/会当乖儿子/会收天下兵器/会建百里宫殿/会睡天下美人/……会焚历史/会埋良心/会杀言论/……就是不会死/和臭鱼一堆/臭得人人掩鼻”。魏征是有名的直臣，他的直言敢谏，得力于李世民的宽容纳谏，白渔在魏征一诗收尾上，真是四两拨千钧，令人肃然：“唉！出魏征并不难/难得是容忍魏征的‘朕’”16 个字，穿透了历史的天上人间。这样的点睛之笔，化平庸为黄钟大吕，化历史之律为时代的警策，诗中处处可闻可见。显然白渔以赤子拳拳之心，以古为镜，以史为鉴，希望把几千年封建社会的遗毒，以及境外“病菌”的侵袭，从我们国家的肌体上革除。

这些作品，无论题材和内容都是空前的，起到了开拓和首创作用，也是白渔对诗坛的一个贡献。

诗风言浅意深，平朴隽永，构思巧妙，立意高远，是白渔诗歌的特点。白渔的诗表面浅而用意深，看似平而实则奇；表面直而内涵蕴藉，用语朴素而内在深沉。他写诗主张深化的现实主义，即以现实主义为前提，吸收中外各派诗风之所长，努力探求，开辟自己的新路。其大部分作品，都体现了诗人独特的感受和见地，有着深刻的寓意内涵，他将质朴、典雅、雄浑、飘逸等风格，有机地揉为一体，形成鲜明的个性，深受广大读者的喜爱。白渔从事诗歌创作已历 50 余年，扎根中国的西部高原，从不停息地辛勤耕耘，迈着坚实的步伐，登上一座座诗的山峰，用自己的心血之作，影响了高原青年的一代诗风。

诗歌不是用来自慰的工具。真正的诗人，他们的每根神经每个器官都充盈着对生活的热爱之情、对平民百姓的关爱之情、对祖国命运的关切之情！而他们获取的丰厚回报就是：人民记住了他们！记住了他们的作品！

白渔的人生准则是“一真三不”，即真诚踏实地做人，不懈怠地习作，不图虚名，不计较个人得失。

白渔的诗真是越读越有味道。他写《河源月》：“大草原白天牧羊/夜晚牧月亮……”；他写《天葬台》：“多么坦荡豁达的民族/不留遗骸，不塑雕像在人间/岩石般地来自大地/阳光似地去之空间……”；他写《鸟岛》：“我欲摘一丛野花/‘花儿’飞了——/原来是鸟头高翘/随手拾一颗彩石/‘石头碎了——/那是鸟蛋晶莹闪耀/我要割一蓬绿草/‘绿草’散了——/那是翠鸟在抖动羽毛……”他在《天籁》中写道：“我躺在草原蓝天的襁褓里/痴痴地，陶醉丁美的眩晕……”；他写《今夜》：“情人都是属鼠的吗/最喜好游动在夜间……爱情最宜在黑暗中生长/所以最能照亮黑暗//”；他写《点地梅》：“荒野风重/按倒了还在长/卧雪分娩/梅/高度贴大地延伸//”；他写《说红楼梦》：“一群阔少男女/为近亲结婚/闹得死去活来/如果生了小宝玉、小小宝玉/不是傻子，也是弱智//”；他写《妲己》：“把祸端推给女人/本是封建王公的惯伎/……那些贪婪的权贵/都乐于接受色弹射击//”……

这些乍一读似觉有些平淡，细一品撞击心扉颤栗的诗句，遍布白渔的诗歌作品中。正如诗评家高嵩所说：“白渔的诗敢于朴素，敢于亲近人民，敢于让大家懂，这是一种多么高洁的境界！”

白渔爱他生活和工作了50多年的青海那片土地。心中收集的爱是大爱，表现的情是大情。他诗化了青海，笔下的一景一物都蕴含丰富的哲理性，独具艺术魅力。出版近30部著作，其中不少佳作已在读者中广为流传，影响深远，好评如潮。中国诗坛众多大家、名家如邹荻帆、李瑛、邵燕祥、雁翼、孙静轩、屠岸、阿红、唐大成、延泽民、陈敬容、朱先树、韩玉珠、晓雪、吴开晋、章亚新、万龙生、莫文征、高嵩、黎焕颐、苗得雨等等，都著文评价或论及过他的作品和人品。

如今，年逾七旬的白渔，仍弹奏着铿锵的时代之音，亦如江河之水，一泻千里，奔腾不息！他在《长江源的花》中这样写道：

这才是花的山野
云雾飘过染一身锦彩
鸟儿飞来浸两翼芬芳

帐篷花上搭，清泉花下淌
牧人被风雪惊扰的梦
在花间月下分外酣畅

点地梅沿雪地伸展
玛仙鹤笃笃地啄破寒荒
蓝宝石慰藉洼地残雪
格桑花祝福羌域吉祥
互相映衬，按各自的色彩个性
找到属于自己的草野山梁

熬过冷漠岁月，不顾无人欣赏
全力绽放，趁严寒断裂
热闹于春临时搭起的舞台上
暖了雪景，亮了阳光
逗得牧人的情歌汩汩地淌

长江源，花的源头
沿江流去色彩芬芳……

是的，诗人白渔的诗文，经过江河源泉的浇灌，开出芬芳的花，结出甜美的果，从高原上流下来，向世人一路展现色彩，撒播芬芳！

张新泉

素有“新现实主义”诗人之称的张新泉，出身平民。原名张新荃，四川富顺县人。1958 年参加工作，曾为四川省富顺县糖厂工人、剧团乐手、宜宾地区文工团创作员、《金沙》文学杂志编辑。历任四川人民出版社及四川文艺出版社诗歌编辑室编辑、主任，四川省作家协会《星星》诗刊常务副主编、编审，四川省人代会第九届代表，四川省作家协会第二、三、四、五届理事，中国诗歌学会常务理事。中国作家协会会员，四川省作家协会主席团委员。

张新泉 1974 年开始发表作品。1991 年加入中国作家协会。40 载寒暑，风雨兼程，醉心于诗歌。出版诗集有《男中音和少女的吉他》、《野水》、《人生在世》、《情歌为你而唱》、《宿命与微笑》和《鸟落民间》等九部。

曾获四川省文学奖，首届鲁迅文学奖。

天地苍茫一诗心

——鲁迅文学奖诗人张新泉和他的作品

那是20世纪浩劫过去、万木复苏、文化中兴、诗潮崛起的80年代初期，华夏大地终于告别了梦魇般的岁月。

沐浴着20世纪80年代改革开放的春风，我和许多同代人一样，在为生存奔波的同时，为寻回流失的青春而发奋自学，我还拿起了笔，在雪一样白的纸上涂抹起单纯而笨拙的文字。

张新泉出生在沱江边的富顺古城，母校富顺二中。由于极“左”路线的干扰，他和他的同伴没读完初中便被迫走出校门。那时极“左”路线走向极端，他们批量化地被关在校门之外，大多离城离家当了农民。

正是多思的年华，新泉14岁辍学后，先后做过码头搬运、纤夫、铁匠、剧团乐手、文工团创作员、文学刊物编辑等。多梦时节的张新泉从20世纪50年代开始诗歌创作，其少年、青壮年时期经历过的许多磨难纷纷被他细细咀嚼融进了诗行。对于社会底层和劳动人民以及民间疾苦，他有很深刻的体验。他因此享有“铁匠诗人”、“码头诗人”的美誉。

在故土乡亲们的印象中他有“三绝品牌”

那时我尊称为大哥的新泉已颇有诗名。他的同乡、作家蒋涌称新泉在富顺乡亲的印象中有“三绝品牌”：其一，相貌堂堂，壮实，英俊，一双浓眉大眼有真诚处人的见底清澈；其二，心地堂堂，他从未伤害或怠慢过任何人，浑厚，大度，诚挚，善良，在盛名之下仍低调如处子；其三，诗品堂堂，他出手的作品总是平易近人，却又多有风骨、风情、风韵，精致间蕴含禅机与深邃。

那时他在宜宾市《金沙》文学杂志任编辑，他素怀提携新人之心，我早期的诗作，寄到他手里，他总是认真编辑刊发出来，让我保持着那股写作的热情，那些由他编发的《金沙》，至今珍藏在我的书橱。

他每次来自贡，“诗兄诗弟”一起畅谈诗歌，切磋诗艺，好不痛快。后来他去了成都，彼此也就疏于碰面了。转眼之间，30载春秋，飘然而去。我一直关注他的作品和成就，且更敬重他生活中率真的性情和淳朴的人品。

逝者如斯。每忆新泉，心间那一泓自强不息的流泉，依然淌着他当年青春的壮歌。认识新泉这样才华横溢的诗人和兄长，是我一生的财富与荣幸。

伫立窗前，看窗外浮云翻飞，苍茫天地之间，我似乎看见新泉那一代诗人们悲壮色彩的命运在这辽阔、苍茫的天地间璀璨炫目的光芒。

那样雄实的身板，洗尽铅华的脸颊，蕴含着先人精、气、神的形象尘封在记忆深处。虽历经岁月剥蚀，但仍向我们展示和彰显他昔日意气风发、文字激扬的风采。

让我在这里说说新泉和他的诗吧。关于新泉，我有太多的话要说。

新泉的才华，怎一个“牛”字了得！

他是沱江古城光脚丫七步成诗的“早熟天才”；他是金沙江边文工团里填词谱曲的“青年柳永”；他以一支写诗的笔走进了四川文艺出版社；他靠亮丽的诗才和卓尔不群的秉性昂首挺胸走上首届鲁迅文学奖领奖台；他是诗人兄弟们眼中最具有青春活力的诗歌“快枪手”，迄今已筑起了九部耀眼的诗集；他手挥五弦，目送归鸿，日行千里，夜行八百，全为了那3000多个活蹦乱跳的中国汉字，他是20世纪八九十年代广大读者心中的“白马王子”。

我的书橱里还端坐着20年前在省作协“巴金文学院10周年院庆”时张新泉亲手送给我的他当时出版的两本诗集《人生在世》和《微语·情诗73》。扉页上他题赠的短语工整而娟秀。

生存就是一次背向故园的远泳

青年时期的张新泉，数次流动、辗转于谋生的职场，经历过高尔基一样的苦难与苦读。苍天不负一片苦心，他出道工场，悟道文坛，在饱经风吹浪打之后，他把胸膛澎湃激荡的情感迸射成一朵朵绚丽多彩的诗花。

生存就是一次过江/一次背向故园的远泳
这趋之若鹜的奔赴/是一瞬，也是一生

——《过江之鲫》

20世纪80年代，张新泉创作的诗歌呈现出晓畅明快和对生活深刻体验的特点。他开始引起中国诗歌界关注。

1984年，新泉从宜宾地区文工团调到四川文艺出版社做编辑。他在尔后不久出版的诗集《微语·情诗73》代后记《画梦》中这样写道：

1984年初春，我的单人床泊在一家出版社内。床置于办公桌后的墙角，窄而短；厚木板上铺了一薄絮，硬朗如我的筋骨。

那时我刚来不久，无亲人在侧，无约会找我，便夜夜足不出户，一心一意与书笔为侣。夜深人静，周围几家舞厅乐声飞扬，歌声贯耳；咫尺之外，出版大厦正在施工，焊光闪闪，卷扬机轧轧。人在小床，犹如驾船过滩。那时我正一组又一组地写着《岁月的河》，那音乐之流和工地粗粝的音响，加上浮在其上的我和单人床，刚好和所写的环境、气氛合拍，时间久了，毕竟烦躁起来。舞曲、歌手夜夜陈腔旧调，单调、刻板；工地噪音刺耳，通宵轰轰又隆隆，原本还算坚强的神经系统终于敌之不过，暗暗苦起来。

最好的办法当然是逃之夭夭。但一介舞盲，不敢擅闯舞池；不善社交，亦无温馨之门可供夜夜敲叩……处境尴尬，我终于被逼出办法来，自己“拯救”自己，这办法就是：做梦和说梦话。

从此，我在岁月的河上喊倦了号子，吹冷了江风，撞痛了礁石，便抽身上岸，去亲近那明丽多姿，柔风习习的梦幻，去生命的腹地自言自语。如此数年，做梦成癖，说梦话成癖，并越来越真，最后竟画起梦来（狂热又凄清地画）。这些梦境梦话，如今集在一起，从头再看、再听，还不竟鼻酸眼涩，耳热心跳。

做梦并非都是逃避现实（虽然有些现实确有逃避之必要——如我前面的处境）。一生中，如果没有一些梦来陪你，没有一个使你为之歌哭的梦幻，你便会越活越干，以至脱水，毫无生气。

梦，每个人都做，区别在于，有的梦醒得快，忘得也快。我则不但不醒不忘，竟是铭心刻骨了。

我画梦的技法不高，国产的多，进口的少，加之我的梦境缺乏色彩，所以常是白描，如促膝耳语，无法高声，无法时髦。

这些“梦画”在刊物上陆续刊出后，收到好些读者来信，向我致谢，说我代他（她）们说出了心中想说而未曾说出的感受。可见，梦境是相通的，梦话亦无须翻译。

一梦几年，现在是否已出梦境，尚不十分清楚。我已迁了住处，朝朝与亲人声息相应，日日有工作、生计压肩，是否还要做梦，还要说些分行的梦话？

我问生命，生命笑而不答。因为：
生命本是一组严格排列的琴键
一种无法动摇不可更改的程序
亮丽的幸福紧靠着纯黑的哀愁
相邻的台阶
你不踏响欢愉便踏响忧郁

该做梦时，就做一些梦吧。到黄土掩面，梦散魂飞时，微语犹存，在另一度空间暖我、玫瑰我。如此本真之幻，人皆有之，我不过是其中爱饶舌的一个罢了。

20 世纪 90 年代以后，中华大地商潮汹涌。在一切向钱看的生存背景下，醉心于追求现代化的国人似乎日益与大地分离，四季的冷暖感觉已被空调抹去，而灿烂的星空，山花的芳香，松涛海韵，雾霭虹霓……一切我们曾经能够切身感受到的事物忽然都变为速成的写真喷绘或屏幕中一晃而过的声光流影，那么陌生，那么匆忙，缺乏任何深度和密度。

脚步匆匆急功近利的都市人，谁会在意风雨后有多少落红化入春泥，夕阳下暮色又融尽了多少归鸦的翅膀？我们去何处寻找那一缕清朗的月华，在哪里去品味那“流觞曲水”的情怀呢……

不少人移情别恋冷落诗歌，我们与古人的差别就在于我们越来越缺乏诗意的人生。没有诗意的人生，又哪来诗与诗人呢？

而这一时期的张新泉则是诗的天幕上一颗以平民诗的光芒熠熠闪亮的星星。在 1998 年诗刊社向读者所做的“你最有印象的现当代诗人”调查结果中，他的大名位于前列。同年，他又以诗集《鸟落民间》荣膺中国作协授予的首届鲁迅文学奖。

他的诗作《烤薯店》给我印象深刻，其中有这样的诗句：“我注定是民间的土著/离垄沟最近/离宴席很远……”每当翻阅他诗集中这样的字句，我都会感受到一股不同凡响的气韵撞击心扉。正因为“注定是民间的土著”的诗人，才使他的诗作“木秀于林”。他出版于20世纪90年代后期的诗集《情歌为你而唱》、《宿命与微笑》与《鸟落民间》成就尤为突出和耀眼，这三部诗集中的一系列佳作，及其发表于同一时期的单篇力作，总体上所具有的深广的主体意识、高品位的艺术追求和卓越的诗艺建树等特点尤为显著，堪称20世纪末我国平民诗家族的翘楚。

《好刀》是张新泉自印的名片诗集，收入作品恰合七七之数，总计49篇，其中与书名同名的单篇诗作，早已以侠者风范饮誉诗坛。《好刀》算是当下最上乘的掌间读物，遇到热心读者、投缘朋友、礼仪场合，他便如同名片一样赠人一册。

好诗人见人爱。名列他名片诗集《好刀》目录之首的《过江之鲫》，是诗心百炼出炉的纯粹佳句，写透、写真了“于凌汛过后”的人鱼合一的命运：“生存就是一次过江/一次背向故园的远泳”，它是正视世象的哲学，是超脱平庸的美学，是刺痛麻木的希声，是警醒颓唐的壮音。

进入21世纪后，张新泉的诗更加凝练，在汉诗的创作上有不可低估的贡献。

这位习惯“站在低处歌唱”的诗人，频频把笔触伸向平凡的市井村野。这位颇受文学评论家青睐的首届鲁迅文学奖获得者，是“亲切的温良的平民主义、现实主义的守护者”，一直默默地以“美丽而刚强的文火”点亮诗坛。要解读这一句话，不妨让我们再感受一番他诗作《文火》的境界：

在火族中　能燃得如此/漫不经心　风度十足者
必经多年修炼/看那入定似的神态……
任你周遭雨去风来/冷暖嬗变/依旧一副恬淡容颜
单是这点功夫/就令那些
啸叫山野的浪火/打家劫舍的猛火/刮目相看

一位足迹遍布全球各地的知名商界人士与张新泉仅一面之交，聊过寥寥数语，事后对人感慨："他是悟道之人，生活态度早已超越了世俗的荣辱得失，一眼就看穿各式各样的做派，守拙守愚，气定神闲。"

是的，成名后的张新泉依然保持内敛与淡定，对大小场合的显隐、座次排序的先后全不在乎，一脸安详地顺应世间交际的游戏规则，适时以柔中有刚的笔力去圆熟地游刃于世象，剖取外壳或面具包裹或掩饰的内里。

一切真正意义的诗人，决不会游戏于浅薄、浅陋、浅识的文字。张新泉的诗貌似简单，其实不然，它寄博大于琐碎，诗思恰似火中的智者。字里行间的"文火"，"攻心亦有奇效"。

一种有别于伟岸的孔武

2008 金秋时节，世界作家笔会在前南斯拉夫贝尔格莱德举行，诗人张新泉作为作家四人代表团成员之一，参加了该笔会。中国诗人应邀到会的仅有两位：一个是第四届鲁迅文学奖得主、原中国作协副主席黄亚洲，另一位便是首届鲁迅文学奖得主张新泉。

张新泉是诗坛蓊郁繁茂的常青树，他离开了《星星》诗刊副主编的椅子后，仍然笔力不减，不时在读者的视线中升起一颗颗耀眼的诗星。他在文学的庄稼地里，耕种不止，一直稳产、多产、高产，收获颇丰。

他旺盛的创作生命力从何而来？壮实的体格，丰富的阅历，深厚的学养，纯真的良知，敏锐的目光，天纵的灵感，泉涌的文思，缪斯钟爱的一切他几乎都不欠缺。而就笔者看来，他永不倦怠的精神马达，则是他站立低处却每每绚丽高处的力量源头，也是他保持艺术青春的一个不可或缺的特殊元素。

正如他中年时期写下的《拉滩》所勾勒的一幅生活画卷：

一匹滩有多重/一条江有多重/我们　只有我们清楚
是的　这就是匍匐/一种不准仰面的姿势/一种有别于伟岸的孔武

写到这里，我联想到张新泉几十年如一日的低调为人，实际上是一种别致的不改本色的骄傲。当太多的所谓诗人随波逐流、放纵狂欢时，他的缄默、落寞、节制与笃行，才是堪称气贯长虹的文化坚守。如是，他的每一首诗都有故事，都有命运，都有杜甫式的参透世事的清醒，都有焕发的才气和燃烧的诗心。

依靠背诵、传诵的古诗时代过去了，审美方式简单化的时代也过去了。不仅印刷业发展，电脑等高科技传播业诞生，文学思维和审美也丰富、邃密、多样化了，新诗从它解放产生的那一天起就应是鲜明地打上了被阅读而不是单纯记诵的烙印。读，这种通过文字媒介传达信息的诗语，自然应是朝向汪洋恣肆、仪态万方、不拘一格的大路上奔驰。

新泉的许多诗句，正是这样口语、白描、深情、交心，如花自放、如水自溢一般，深得人类抒发咏叹之旨，之信美。

好刀是一支/柔肠寸寸的箫（《好刀》）

黄昏咬定白昼的尾巴/永不松口（《日子都一样》）

那些真正的红豆/静静注视我们/让我们低下头来/看自己的不洁与创伤（《红豆》）

唯一不同的是/在书店时你显得庄重些/而遇到旧书摊/你就很随和地/蹲下来……（《旧书摊》）

这些几乎是脱口而出的诗句中，锻炼着成熟、坚强，萦系着爱心，朴素中真有说不出的美丽，即使是含着酸涩的泪花。

新泉同样是以他那沉实而敏感的触觉，几乎是触处生风一样，常见不鲜的事物被他赋予了扣人心弦的诗意，以及复杂的人生况味：对人生无常的感喟，对弱小贫困的同情，对美好失落的凭吊，对寒窗昏晓的叹息，以全对浮华庸俗的憎怒，等等。以城市生活为背景，他的诗笔探到哪儿，哪儿就“密密的一大群/密密的一片喘息声”（《过江之鲫》）。生命的律动尽管不平衡，有那么多忧伤、痛苦，但这毕竟是一个和平的时代，而且还有着那么多“好天气”，更重要的是，人间友谊之可倚重，理想闪光之可诱人，爱情芳馨不失，新泉的诗笔正如春风，荒芜甫过，鲜盈即至，又恰似文火临风，动荡起伏愈显美丽与刚强。

“在昆明，十二月的阳光下/那么多善良友好的人/聚在一起/每个人都很干净/每个人的笑容/都真实动人”《在昆明翠湖看海鸥》。

新泉诗集中的《风景》一辑，格外充满阳光的生气，仿佛炉边新掀开的奶茶锅，氤氲醉人的气息，直从纸面溢出。诗人在这些时候，走出了他的沉郁与孤寂，仿佛被温泉圣水泼了一盆般，他冲着我们“呵呵呵”极富男子汉回归稚童似地朗笑。笑罢，他的那双大眼穿过草绿蔚蓝与广袤，诗句自他周身如泉似地迸出。

什么是新诗？新诗即激情与心声道出艺术化的分行排列。这个“艺术化”自然包括内在或外在的音韵节奏等等。而散文则无这些规律，散文长在任意而谈，可以容许很多说理甚至亲切的啰唆。新泉先生有意地尝试将小品文围炉谈心的一些特长引借到诗中，得斯文平近之美，这不能不说是一种大胆创新的精神与一定程度的成功。我们喜欢读他这些人间气息浓郁的诗作，大约秘密也即在此。

张新泉的诗作，艺术手法多样表现力强，语言凝练音乐性强，特色鲜明突出，这些诗作不仅有对现实主义、浪漫主义诗人常用的一些手法的广泛继承，而且也有对现代主义、后现代主义诗人常用的一些手法的大量运用。

新泉早年在社会底层奔波和打拼，所以他的诗一直有着浓厚的平民意识。他的很多诗，不但选材来自于日常生活，其情感的自然流露也多出自“人间烟火”，但细品之下，却往往于平白、通俗之中透露出了骨子里的至真、至诚、至尊、至贵。

友情，如同爱情一样，千百年来都是文学作品中永恒的话题。人是群体的人，人是不可能脱离社会而孤立存在的。因此，人们除了亲情、爱情之外，还需要友情，还渴望友情，以慰藉那时常孤独而寂寞的心灵，尤其是在失意与落寞之时。

友情，这是多么打动人心的词语。人们说它、写它；人们赞它、颂它。且不说俞伯牙摔琴谢知音这千古绝唱，就是“桃花潭水深千尺，不及汪伦送我情”这般朴素的诗句，千百年来也不断被人吟咏着、传诵着，世世代代、岁岁年年。人们之所以对这种友情如此推崇，就是因为在现实生活中它十分难得，正因为难得，所以才显得弥足珍贵。

理想与现实总是存在着巨大差距。人们渴望纯真的友情，但在现实生活中，却往往由于工作、爱情、家庭而忽略了友情。尽管有时十分不愿，却也无可奈何。这种矛盾的心情和对昔日好友的无限愧疚、关怀之情，在张新泉的《朋友》中表达得淋漓尽致，读来蕴意深长，回味良久。

《朋友》粗略读来，没有什么特别之处，但只要细细地深入下去，体味作者字里行间流溢的真切情思，你就会感觉如一泓清泉渗入心间，如一杯芬芳的香茗飘散在周围，越品越有味，越品越甘甜，直至欲罢不能。

《朋友》语言纯朴，甚至近于白话入文：

> 留一桌狼藉/我们站起来说/该回家了
> 说这句话时/我们其实是想说/今晚不走了，陪你
> 抵足而眠/外面下着小雨/我们慢慢地/穿着风衣
> 如果穿得快了/便觉得，更对不住你……

没有任何华章丽句，却字字关情，句句隽永，拨动心弦，撩人遐思。

在这样一个菊黄蟹肥煮酒论英雄的季节里，读到新泉先生的诗真是一种享受，一种美丽的馈赠。“武松一根哨棒/胜过君子三千”（《君子报仇》）。

诗人，你一支笔，又岂不是饱蘸弱水三千，凝聚成这“一瓢饮”、一集诗？你的刚强美丽处，又岂不胜过骄豪富贵万万？

我尊敬的大哥新泉，我们盼望读到你更多健旺振作、瑰丽奇绝的好诗，我们也要更多地呼吸到你作品间的新鲜甘冽的空气。

诗人新泉，我们期待着。

而今，年逾古稀的张新泉宛如饱经世态炎凉、看惯秋月春风的江渚渔樵，把酒笑谈，妙趣横生，举止投足一派脱俗的淡然，泰然，超然。他为人多磨难而怀坦荡，为文尝苦辛而吐甘甜。他的诗，去雕琢存本真，平淡间见奇丽，折射了人事人情的美好，囊括了生命生活的美景，经得起反复推敲，经得起岁月消磨。

近20年来，新泉创作了《人生在世》、《野水》、《鸟落民间》等九部可圈可点的诗集。勿庸置疑，这九部浑厚硬朗的诗歌“硬通货”便是诗人新泉给自己最好的眉批、最佳的注脚。

一壶浊酒送别几许残春，半夜温馨留驻一夕嘘唏！兄弟们当年承载着真诚和祝福之情的那些嘱托呢？它在哪里？它是否仍在马不停蹄地以滚烫的激情涌向彼此抵近的喉结？它是否挥别了我们虽然粗茶淡饭却依旧心比天高的书生意气？

世事沧桑心事定，胸中海岳梦中飞。

往事如烟，是痛？是快？旧梦新景，是苦？是乐？

亲爱的新泉大哥啊！你的那些浓得化不开的喜怒哀乐，依旧围绕着小弟们砥砺风霜的诗性骨骼；那些尘封后渐次走远的脚印，依旧清醒地烙刻着我们青春无悔的叙述与抒情。

这个中滋味，正是一缕诗心，此刻正蕴涵着浸透了泪与笑、苦与乐的情思，伴着兄弟们这些年平静的时光，走遍华夏千山万水，融入苍茫天地之间……

范　稳

四川自贡市荣县人，1985年毕业于西南师范大学（现为西南大学）中文系，同年到云南省地矿局工作。20世纪80年代中期开始文学创作，以小说创作为主，先后发表中长篇小说及文化散文400多万字。近年来主要在藏区大地游历，执迷于雪山峡谷和广袤无垠的高原牧场，对藏族文化与宗教情有独钟，有多部反映藏族现实生活及历史文化的书籍问世。

已出长篇小说八部：《骚庄》、《冬日言情》、《山城教父》、《清官海瑞》、《水乳大地》、《悲悯大地》、《大地雅歌》（藏地三部曲）和《吾血吾土》。中短篇小说集两部：《回归温柔》、《男人辛苦》。报告文学一部：《生命与绿色同行》。文化大散文三部：《苍茫古道：挥不去的历史背影》、《人类的双面书架》、《藏车探险手记》。

我以我血荐轩辕

——小说家范稳和他的作品

2014 年岁末 12 月 2 日，突来的寒流裹挟着雾蒙蒙的雨丝骤降盐都大地，寒气逼人。

午后，手机微信来电提示，一看，神交一载寒暑的自贡籍云南作家范稳发来信息：我在自贡。惊喜之余，我马上给他回复：晚 7 点电话相约茶坊一叙。

晚 7 点，我们如约在自贡市春华路上的“一品堂”茶坊坐定，彼此毫无陌生之感，相见恨晚，侃侃而谈。

话谈中，范稳送上他新出版的长篇小说《吾血吾土》给我。

“没有足够的兵器，且拿我们的鲜血去。没有热情的安慰，且拿我们的热血去。热血，是我们唯一的剩余。自由的大地是该用血来灌溉的。”

品读范稳《吾血吾土》封面上当年学子们从军时曾经吟诵过的这首诗，我难以掩饰血管即将炸裂的冲动。

2014 年 9 月 18 日，在北京举行的《吾血吾土》的新书发布会上，有专家总结说，中国的抗战文学发展至今，在主题、结构、文本等方面取得较大成果的同时，也不可避免地陷入了创作的瓶颈当中。过于陈旧的思维模式、过于单一的人物情节、过于逼仄的创作空间，都在一定程度上不可避免地侵蚀着这一题材的文学创作力。在梳理、研究既有文学成果，挖掘、占有一手历史材料的基础上，《吾血吾土》打破了文学创作“意识形态”挂帅的传统指引，将中国远征军老兵与现代知识分子的命运相融合，以缕缕抽丝、层层剥茧的结构手法，展现了一代中国脊梁在抗战前后漫长历史变迁中的痛苦与彷徨、苦难与辉煌……

北京一场《吾血吾土》阅读分享会，解读了民族精气神

首都北京初冬的 11 月 1 日下午，由《生活新报》携手春晓图书举办

的“范稳新作《吾血吾土》阅读分享会”，伴随着“路在上”民谣乐队淳朴悠扬的弹唱声在春晓南亚国际书城举行，活动现场气氛火爆。

范稳亲临现场与读者互动，分享他的创作历程和写作心得。而“路在上”乐队则为现场读者带去许多动听的民谣歌曲。

歌声中，一场直击肺腑、演绎民族精神的历史课就这样启幕了。

时间刚过中午1点，春晓南亚国际书城醇晓咖啡吧便挤满了范稳的读者和粉丝。座位一直在不断添加，晚来的人只能站在过道里。

在分享会开始的对话里，主持人包倬和范稳围绕《吾血吾土》进行了深刻而睿智的交流，既有关写作缘起，也涉及小说结构。在谈到写作缘起时，范稳说：“每个老兵都是一本书。”他希望通过《吾血吾土》中一个人面对历史与现实碰撞的无奈与坚守、妥协与抗争，还原我们整个民族的一段历史。

现场的读者，上至花甲老人，下至垂髫童子，都静静地听着范稳的讲说。安静的现场显得分外清晰。儿童因为大人的专注而专注，几个老人眼里，泪水已经涌出了眼眶。

这是一段民族的历史，每个人心里都有一股热流在奔腾。

随后的朗诵环节，每一个到现场的读者都有备而来。第一个上台的女生很兴奋，上台的第一句话就是：“看到范稳老师，我很紧张也很激动。”虽然她的语言不甚流畅，但瑕不掩瑜，她充满感情的朗诵还是打动了台下的很多读者。

诗人杨洪昌是红河个旧人，当他上台用个旧方言朗诵《吾血吾土》中自己喜欢的段落时，抑扬顿挫的语声让台下的读者情不自禁地乐了起来。然而，朗诵到最后，他声音满是哽咽。

当一个头发花白的老人上台朗诵时，所有人都静静地坐着，试图用感动的目光安慰这个曾经历过那个时代的老人。

应读者要求，最后由范稳朗诵他最喜欢的段落。这是《吾血吾土》中主人公赵广陵在经历了牢狱之灾后被释放回家的片段。从别人看他的眼光、别人对他的称呼，从他的衣着到他窗外的景象，作者描写得极其细腻而生动。

范稳朗诵时，全场静谧，让人仿佛进入了电影《简·爱》中简给听众朗诵的画面。他们进入了作者的思想世界，看到了主人公赵广陵满心欢喜回乡途中印在车窗上的脸，仿佛勘破了那个时代的秘密。

“路在上”民谣乐队用一首彝人制造的歌曲《妈妈》拉开了分享会的

序幕。一把吉他、一个键盘、一个手鼓、一个摇铃、一把口风琴，乐队淡雅的弹唱吸引了所有观众，也吸引了坐在嘉宾席上的范稳。

范稳心情大好，撂下主持人包倬就挤进人群给正在演出的乐队拍照。

在《夜空中最亮的星》的最后一个音符落下时，最受读者欢迎的“赠书”环节开始了。签售开始。有的读者一买三四本，有的五六本，说要给朋友带，有作者亲笔签名的书更要珍藏，他们也希望他们的朋友在读了《吾血吾土》后，能体味到可贵的民族精神。

四载春秋呕心沥血的《吾血吾土》洞穿历史

中华民族历来不缺“我以我血荐轩辕”的脊梁，更不缺“一寸山河一寸血，十万青年十万兵”的决绝与悲壮。

血，总是热的，但在民族危亡之秋，它可以冷却、凝固，变成坚硬的刺向侵略者的匕首投枪。我们不宣扬仇恨，但绝不能忘却历史。

作为共和国诞生后出生的人，范稳比我晚来这个尘世 10 载。

他说，20 世纪 60 年代出生的那代人，对抗战的印象，是从《地道战》、《地雷战》等电影里所看到的“很好玩”；年纪稍长，阅读了《吕梁英雄传》、《烈火金刚》、《新儿女英雄传》和《风云初记》等长篇小说，才发现那场战争其实“不那么好玩”。而到 2009 年初，读完邓贤所著的描述 20 世纪 40 年代中国远征军入缅抗日、浴血奋战，由失败直至胜利的《大国之魂》，才感到触目惊心。随后通过电影电视，比如《亮剑》、《长沙保卫战》和《壮士出川》等等，我们深刻感受到了抗日战争的惨烈和中华民族的苦难与不屈，并开始对所有描写那场可歌可泣的战争的文艺作品有所反思。

长篇小说《吾血吾土》是范稳在他的《水乳大地》、《悲悯大地》和《大地雅歌》“藏地三部曲”获得巨大成功后，潜心创作的一部西南联大时期一代知识分子投笔从戎御敌救亡，并在不同历史时期起落沉浮的英雄史诗。

范稳告诉我，2010 年，他完成了自己耗时 10 年的“藏地三部曲”之后，一直在寻找新的创作方向。并不是非要超越或突破什么，只是为了证明自己还活着。对一个以写作为生的人来说，没有东西可写，就像没有仗可打的士兵一样空虚。

20 世纪 90 年代初期，范稳随几个北京的文化人到滇西参加一次笔会。

到了保山，当地人向他们讲述当年中国远征军在这里打日本鬼子的故事。一个北京来的作家朋友大为惊讶：日本人怎么也到了你们云南？一直以为云南是大后方呢。

生活在昆明的老兵李昌枢，曾经参加过台儿庄大战等许多重要战事，被人们称为“滇军活化石”，他的事迹在2012年被省内一家媒体报道后，一个退休的历史教师找到他说：没想到你们也打过日本人。

让范稳感到震惊的是：一段宏阔壮丽的御敌救亡的历史，怎么就不被人们知道呢？一批为国家民族生死存亡而浴血奋战的抗战老兵，怎么连作家和历史老师这样职业的人都不知道呢？

其实，到过滇西的人们都会被当年的抗日战场和云南人民为抗日战争所做出的奉献感动。

无论是腾冲的国殇墓园，还是松山战场，战争的遗迹历历在目。

历史的档案会让人伪作，但战争的记忆却不会被无情的时间淹没。

“我记得自己最早接触滇西抗战的历史，是在20世纪90年代前后，我去滇西出差时，看到了一套当地文史部门整理的关于滇西抗战的文史资料，其实从那时起，我才开始弥补在教科书中没有学到的历史。”范稳如是说。

“1999年我曾经徒步翻越高黎贡山，在一人多深的荒草和灌木丛中，还看到了当年日军的堑壕和坍塌的地堡，当地的人们无数次向我讲述起中国远征军的故事。但那时我的心思正在西藏和藏文化上，在藏区一转悠和接下来‘藏地三部曲’的写作就是整整十来年。不过滇西抗战史这个题材始终萦绕在我的心头。”

它或许需要一个契机，一次对写作灵感的激发。

2011年的秋天，范稳应邀去腾冲参加中国抗日远征军“忠魂归国”的公益活动。19具葬身缅甸的远征军士兵的遗骸，在官方的支持和社会各界热心人士的帮助下，幸运地被挖掘出来，隆重迎接归国。

称其为“幸运”，是因为二战时期为国捐躯在缅甸的中国远征军人数至少在10万以上。60多载春风秋雨过去了，这些为民族存亡而战死异国他乡的抗日健儿，几近被遗忘、被漠视、被冷落。终于在21世纪到来之后，这段尘封的历史才逐步被一些有良知的中国人慢慢打开。就像在一间尘埃密布的老屋，有人翻出一部厚厚的书，轻轻拂去上面的灰尘，小心翻开一页页发黄易碎的纸片。

一段段曾经被刻意隐匿的历史，一个个英气勃发的人物，慢慢向我们走来。

主办方邀请了一批还活着的抗战老兵，和范稳他们一起迎接他们的战友的忠魂。当这些衣着朴素、颤颤巍巍的老兵在腾冲国殇墓园站成一个方阵时，当他们苍老的目光迎回自己战友的骨骸时，当零落飘零的英魂终于魂归故国、入土安葬时，范稳见证了某种感天动地的震撼。

眼泪从天而降，悲恸自心而起。刚才还晴空万里的世界，转眼泪飞化作倾盆雨，密集的雨丝伴着人们眼中的热泪洒落大地。这雨中的葬礼似乎在唤醒人们不要忘记66年前那大雨如注里的战场，不要忘记那风雨如晦的世界里一个民族救亡图存的呐喊，不要忘记那些穿着草鞋就走向抗日战场的普通士兵……

那是范稳第一次走近那些像国宝熊猫一样珍贵的抗战老兵，他们被遗忘得已经太久太久，像不孝人家里被冷落在屋角的老父亲，讷言、落寞、凄楚、孤单、清贫，只生活在自己的回忆中，眼前的繁华世界与他们无关。

如果说一个人的人生经历就是一部书的话，那么，一个老兵呢？

对于一个作家来说，没有比踏勘旧战场和面对一个饱经沧桑的抗战老兵更能激发出丰沛的想象力和怀念英雄的崇敬情怀的了。

一群打过仗的老兵，站在时光的尽头，频频地向范稳招手。他感到自己有责任和义务把一段被遮蔽的历史再现出来。

由此，为创作《吾血吾土》，范稳蛰伏四年。其间，他查阅各种史籍，深入滇西地区，采访了多位抗战老兵，还远赴台湾、日本等地进行创作采风，并采访过小说主人公赵广陵的原型之一、“抗战活化石”付心德老人及其后人。

说到那些经历过战火的老兵，范稳感触万端地说：“我们总会想起那句名言：‘老兵永远不死，只会慢慢凋零。’这是一个怎样“凋零”的过程，可能没有哪个作家可以完整地呈现。”

范稳大约采访了20来个老兵，收集整理了50多个老兵的人生档案，涉及云南、四川、贵州三个省的抗战老兵。

当范稳走向那些可敬的老兵们时，发现他们最小的已经88岁（腾冲老兵卢彩文），最高寿的115岁（龙陵老兵付心德）。

面对他们，范稳只有“相见恨晚”的遗憾，大部分老兵都在90岁以上，一些人已经耳背眼花，口齿不清；一些人早已行动不便，意识模糊。当然也有思路清晰、腰板硬朗、眼神有力、军人仪表依稀可辨的老兵，他们的目光，尚能洞穿历史的尘埃，看到往昔战场上战友的身姿，他们心中的战场，仿佛硝烟还没有散尽，弹痕累累的胜利旗帜还在飘拂。

在对范稳的采访中，他谈道：

令人扼腕痛惜的是，在仅仅一年的采访中，我就目睹了两个老兵的“凋零”。昆明老兵李昌枢和龙陵老兵付心德，在我采访他们都不到半年的时间内，相继仙逝。

李昌枢老人送我的一箱他家乡的酒还没有喝完，还有这个老人家精心栽培的文竹，因为家徒四壁的他实在不知道该如何回报社会各界对他的关爱，就养了一盆又一盆的文竹，分给去看望他的志愿者。

似乎是，过去总是他受社会改造、受社会监督、向社会交代，虽然他为国家民族做了那么多，但这一点点来自人间真情的关爱，于他来说还不适应，还有些诚惶诚恐。他分给我的那盆文竹我一直养在书房里。在我写这部书时，我会时常想起这个参加过台儿庄血战、四次长沙保卫战等诸多大战役的老兵。尽管后来蹲了20多年的监狱，但他依然儒雅温和、风轻云淡，在清贫孤寂的生活中颇有“行到水穷处，坐看云起时”的豁达开朗，就像这盆素雅碧绿的文竹，平凡普通，小处见大节，静处涌绿波。可是当你听到这个96岁的老人还能清晰准确地复述当年在战场上励志杀敌的口号——“朝后死，遗臭万年！朝前死，为国争光！当兵的上了战场，早就把生死置之度外。发东西下来，就大吃大喝。钱不够，就问家里要。“这时你会感到一个铁血男儿身上的热血，并不因为年龄的衰老而衰减半分。

即便是百岁老兵付心德，我去看望他时他已经意识模糊，丧失了话语能力，只能成天躺在床上，下午阳光好时才由他快60岁的小儿子背出来晒晒太阳，像一个苍老的老婴孩，挣扎在混沌不清的世界，在绚烂的阳光下沉默无言，兀自默数死神的脚步。这个从淞沪会战一直打到滇西战役的河南籍少校医务官，堪称一部抗战历史的“活字典”，当时被人们称为中国最高寿的抗战老兵。他见证的历史，我们绝对难以想象；他经历的战火，足以让那些胡编抗战“狗血剧”的人汗颜。但是，那天的采访有一种令人感慨万千的失败。老人一言不发，只活在自己的世界里。所有的历史信息都来自老人儿子的转述——所幸父辈的光荣与苦难，会像血脉一样地传承下去。但最为神奇的是，在我们交谈的过程中，已经丧失了语言能力几年、形同植物人的付心德老人忽然用悲悯的目光望着我，含混不清地说："我打过日本人！"

就这一句话，感天动地，洞穿历史。

《吾血吾土》中的主要人物赵广陵的人物原型实际上是一个叫吴鲁的老兵。这个已经97岁高龄的老人现在蛰居在昆钢的一幢家属楼里。他当年是云大法律系大二的学生，临沧云县人。国民政府军政部到学校招收青年学子从军，因为那时日军对中国军队使用化学武器，许多士兵根本不知道如何防范，所以他就投笔从戎选择了"特科"——化学防毒专业，当时叫军政部"化学兵总队"，教官大都是留学归来的"海归"，后来"化学兵总队"并入黄埔军校15期。吴鲁一毕业就被分到第二战区，后来又回到家乡临沧打游击。抗战胜利后自动脱离了军职。那时他是一个很文艺的青年，喜欢文学和话剧演出，读了很多鲁迅、沈从文的书，思想也相当"左倾"，还差一点去了延安，因为他想去延安的鲁艺深造。那个时代的进步青年都憎恨社会腐败不公，向往延安和革命。20世纪50年代，他在昆明靠卖大饼办起了一个剧艺社，还将《阿Q正传》改编成歌剧在昆明演出。我采访他时他更多地跟我谈鲁迅和沈从文，这样的一个抗战老兵怎不令人肃然起敬？

在抗战爆发77周年之际，2014年9月18日，《吾血吾土》的新书发布会在北京举行。除文联、作协和出版社的领导之外，发布会还邀请了抗战老兵代表参与。

曾经参加过中国远征军第一次出征缅甸，败走过野人山，后来又终生滞留在缅甸曼德勒的老兵张富麟有一句让人刻骨铭心的话："我们不害怕死亡，害怕的是遗忘。"因此，"拒绝遗忘"是范稳想要在《吾血吾土》这本书里传达的一个主旨。

出版社方面选在"九一八"这个特殊的纪念日来首发这部书，是期望以文学之名，再次唤起国人对一段峥嵘岁月的重新记忆。也是希望国人牢记历史，不忘国耻。

当天邀请到北京抗战老兵卢少枕先生出席了《吾血吾土》新书发布会，这让范稳非常感动。老人当年正是西南联大历史系1944级的学生，毕业时他们那个年级的男生全部征召到军队充任翻译官或战斗人员。老人在发布会上重温了当年充满了青春激情的血与火的岁月，让与会者再次感受到了他们那一代人的家国情怀。一个记者会后对范稳说，听卢少枕老人回忆当年的征战经历，自己都忍不住要哭。

是的，每一个抗战老兵的人生命运史，都是我们民族的家国史。

范稳曾说，希望在此部作品中探寻的是中国文化强大而不可征服的独特魅力，并将此视为一个作家的责任。他对此解释道：

> 目前，对抗战历史的重新挖掘、发现、梳理、研究以及艺术表现方兴未艾。作为一个写作者，我首先秉承尊重史事的态度去学习，我不能为了政治正确，就回避历史的痛点；其次，就我目前所认识到的这场中国人民的伟大抗战，不仅有武力的抗争，还有文化的坚守。当年日本军队在战场上并不把中国军队当成实力相当的对手，但他们面对博大精深的中华文化，却是既心虚又暴戾。他们是翻手把老师打倒的学生，但又知道自己并没有老师那样深厚的学识和涵养。日本军人太知道军事征服中国易，文化征服中国难。他们在战争一开始就轰炸南开大学，洗劫北大、清华的图书馆、实验室，后来又轰炸迁到昆明的西南联大。闻一多、华罗庚这些国宝级的大师都差点死于日机的轰炸之下。
>
> 没有哪个国家的军队会专门对学府重地如此野蛮地痛下杀手，这种对文明、文化的摧残正是他们试图改变一个国家的民族凝聚力和文化核心的野蛮战争逻辑。
>
> “亡国亡种”是那个年代中国人的噩梦，也是每个不愿当亡国奴的中国人心中的警钟。战争被打败了还可以再来，“种”被改变了，文化被灭绝了，那才是我们万劫不复的灾难。
>
> 所幸的是我们的民族毁家纾难、抵御外侮的坚韧不屈和众志成城的传统美德，远不是日本帝国的战略指挥家们所能料到的。

画家黄永玉曾说：“一个士兵，要不战死沙场，便是回到故乡。”然而，在《吾血吾土》中，赵广陵不曾战死沙场，但在劫后重生中却也早已不见了故乡，这是一个士兵最大的痛楚。

其实对许多参加过抗战的老兵来说，远不是“战死沙场”或“回到故乡”那么简单。为国战死沙场是对人生画下的最完美的句号，战争的幸存者们却远没有那么幸运。我问范稳：“你写作时，与笔下的主人公一起经历了怎样的痛楚？”

范稳回答道：

抗日英雄本该荣归故里、衣锦还乡，但历史的错误却让他们在长达30多年的时间里有家不能回，或者头戴各种“帽子”生活在政治压力之下。在我采访的大多数抗战老兵中，他们的命运和李昌枢、付心德、吴鲁老人大体相似，他们打赢了抗战，是战胜了日本侵略者的骄傲胜利者；但他们在自己的第二次“抗战”——人生命运之战前却几乎都失败了。

先是几十年黑白颠倒的政治运动，然后是不可抗拒的衰老、贫困、孤独、病痛、乃至死亡，一步一步吞噬他们曾经勇敢血性的心。

在这一场与命运的“抗战”中，他们注定是悲情的失败者，但他们作为曾经的抗战老兵，没有倒下，没有丧失做人的尊严。他们活下来了，就是人生中不小的胜利，即便是惨胜也罢。他们是命特别硬的一群，枪林弹雨中摸爬滚打数年，天天与死神打照面，然后政治运动、劳动改造几十年。等世道清平，人间回归正义和理性，他们却老了。白发覆满了他们曾经不屈的头颅，世道摧毁了他们当年的理想和雄心。尽管老兵们终于迎来为自己正名的那一天，久违的勋章重新佩戴在他们佝偻的胸膛，鲜花、掌声、荣誉、关爱纷至沓来，但不知这是一种幸运，还是一种残酷？他们光荣的人生经历，过去不敢说，到他们能说的时候，又遗忘得差不多了，甚至不能说了。

就像付心德老人那样。从被迫性遗忘到自然性遗忘，前者是被政治打败的遗忘，后者是被时间战胜的遗忘，这个过程多么令人触目惊心。他们只是还没有忘记自己是一个老兵，没有忘记自己的军礼，尽管在他们行礼答谢社会的关爱时，已经不能挺直腰板、并拢手指，但他们作为一个老军人的骨头，愈老弥坚。他们颤抖着抬起右手行军礼，似乎在向我们表明：老兵永远不死。

世界参加过反法西斯战争的老兵，唯有这一群，最具别样的风采。

人们没有忘记这些为国家民族浴血奋战的老兵，这段历史就不会被遗忘。

历史就是这样一步一步地越走越近，它的真实常常在人的想象力以外。它可以被扭曲，被遮蔽，被掩埋，甚至被删除，但只要有一条小径通向黑暗中的历史，只要大千世界里有一个人拒绝遗忘，历史就是被碾压为齑粉，它的本来面目依然能够还原，它光彩夺目的那一面依然会在朗朗乾坤中熠熠闪光。

做客台北畅谈民族共处

初夏时节，范稳受台北市文化局之邀，从7月24日起在台湾进行一个月时间的文化交流。

8月2日，范稳在台北讲述自己的创作感想，畅谈大陆西南地区不同信仰的少数民族之间从冲撞到和睦共存的故事，引起台北文化界人士的兴趣。

在台北国际艺术村为他举办的创作分享座谈中，范稳表示，此行来到台湾，目的是采访当年在藏区纷乱中辗转来台的藏族天主教徒，他们对范稳“藏地三部曲”最后一部长篇的创作计划意义重大。他写作的《水乳大地》、《悲悯大地》，分别讲述了天主教传入西藏的历史以及藏传佛教对藏人命运的影响。这两部长篇已经由台湾的风云时代出版公司分别更名为《藏巴拉》、《藏三宝》推出。范稳在“叩开西藏的大门”这一题目下向数十位听者讲述他的作品，引起了台北听讲者的极大兴趣。

裹挟着台北归来的一路风尘，9月26日，范稳长篇小说《悲悯大地》作品研讨会在中国现代文学馆召开。雷达、白烨、张颐武、李敬泽、谢有顺等著名文学评论家出席。会上，众评论家对《悲悯大地》给予好评，雷达认为该部长篇小说标志着范稳由此前创作都市小说到藏族题材小说的成功转型。

《悲悯大地》是范稳继《水乳大地》之后推出的第二部描写藏区宗教、历史及民族文化的长篇小说。小说以两个家族近半个世纪的恩怨情仇为背景，讲述了一个普通藏族人如何成为人们眼里真正的英雄。

研讨会上，评论家们一致认为，范稳的这部新作生动展示了20世纪前半叶藏区生活的风情，构建了一个民族的精神世界和一个人的精神世界。

著名评论家雷达认为，在众多作家纷纷把创作题材投向动物或者情色时，作为一个汉族作家，范稳却将写作视角投向神秘的雪域高原，并探索出了一条独具特色的写作路径。“相对于范稳此前创作的系列都市小说而言，藏区题材的小说反而游刃有余。”

范稳消化着评论家的看法，同时也坚持着自己的看法：“外界很容易将我的作品与拉美的魔幻现实主义联系在一起，但我更愿意称它为神灵现实主义。”“藏传佛教有两千年历史，在这片土地上，神灵世界与现实世界已经无法分开。行走在西藏，一个正陪你进村的西藏朋友会突然感到害怕，因为他会告诉你刚才遇到的人能看到人的灵魂。”“一个普通的藏民会对着雪山自说自话，因为他深信山有神性，可以听懂。”范稳解释说，外界所说的魔幻主义，只是一种技巧，但是回到这片土地上，却是一种实在，是一种“观念即实在”的东西。

回忆四年的写作之旅，范稳仍庆幸着1999年那次的西藏之行。

“七作家集体走西藏，都到达了盐井，但我最终又一次返回。”盐井成为《水乳大地》最初的出发点，范稳解释，“这儿是藏东唯一的纳西族自治乡，又有西藏唯一的天主教村庄，这里许多人和事几乎不用加工就可以进到小说中来。”话说得如此轻松，但范稳还是花了两年时间在云南与西藏两头跑。他去西藏人的村庄一住就是十几天，还在盐井的教堂住过一个多月。既跟着藏族人去朝圣，也随着天主教徒做弥撒。“在现场的感觉和想象的现场不能同日而语，这是任何书本都不能给予的。”在北京的藏餐吧，范稳的藏族烙印发挥得淋漓尽致，喝酒喝得豪气冲天，对任何藏族话题一触即发。

在大地上行走和学习，在书房里阅读和写作

范稳的长篇小说《水乳大地》刚由人民文学出版社出版两个月，便迅速走红市场，在首印2万册基础上，又进行了第二次印刷。

在完成这部小说的4年时间里，前两年范稳几乎都是在藏区体验生活、做采访，平均每年要进藏四五次。

2001年，他独自一人到盐井的教堂生活了一段时间，每天看书、写作，帮修女们劈柴、买菜、修鸡舍。在藏区的每一次旅行中，他喜欢走村串户的感觉，喜欢骑马漫游在高山峡谷中的浪漫情调，喜欢睡睡袋，在藏族人的火塘边一夜宿醉到天亮。

粗略估计，他大约为写这部书跑了10多万公里的路。此外，他还拍了近万张图片，阅读了1000多万字的各类书籍、史料，以弥补自己藏族文化背景和宗教文化方面的不足。

以前范稳也写过以都市爱情、机关生活、家庭琐事为题材的作品，但

后来却越写越失望、越写越委顿。他说，那些小感觉、小波折、小悲喜剧，当时觉得不错，时间一长了，甚至要不了一年，就感到不过是一些重复的情感和杯水风波以及累赘话语的堆积罢了，没有波澜壮阔、大悲大喜、超出想象力的东西。

所以近年来他一直在云南的大地上行走，为自己的创作寻找出路。直到终于在澜沧江大峡谷的深处找到一个民族、文化和宗教信仰水乳交融的村庄，并从这个普通村庄看到人类文明进步的痕迹，看到信仰的代价和信仰的力量。他被深深地感动了。

范稳毕业后留在重庆当老师完全可行，但他选择了地质。因为他觉得自己没有生活，而在大学里写的小说，多是为赋新词强说愁的少年情怀。他羡慕那些生活阅历丰富的77级78级同校学生，而自己的生活几近洁净的白纸。也许从那时起，他就明确了要在大地上行走。

我以为大学就立志当作家的范稳，当年在中文系一定是个风云人物，没想到他告诉我，大学时他只做两件事：一是踢球，二是写小说。只是一篇作品都没发表过，四年下来，退稿信堆了一纸箱。

他走得很多，写得很慢。在被连续退稿五年之后的1986年，范稳发表了第一个短篇小说，自己尚未看到样刊，就收到了一沓厚厚的读者来信。来自读者的肯定成为支撑他日后写作的动力之一。而在此后近30年的写作历程中，他越来越觉得，这是自己应该干的事儿。

长篇小说《吾血吾土》全书共分五个卷宗，前四卷的开头都是“你老实交代这一段历史”。

范稳告诉我，他采访的20多个老兵，没有坐过牢的只有一两个。他们几乎都是经过几十年的劳动改造，经历批斗、“文革”结束才陆续恢复自由，也依然夹着尾巴做人。到2000年后，境遇才逐步好转。2005年，国民党正面抗战被承认后，老兵才得到官方的认可……很多老兵是流过眼泪的。

面对这些经历丰富的耄耋老人，仿佛走近了一部国家民族的苦难史和光荣史，也仿佛和遗忘在搏斗。这段历史现在才被刚刚打捞出来，过去水是浑浊的，现在水清了，水底下的宝藏逐渐显露，他希望打捞出来，让它们重见天日，还历史公正客观。

范稳最早写过校园题材、地质题材、都市题材，我曾问他那时候的写作是什么状态？是怎样走上“藏地三部曲”和抗战题材的创作之路的？

他回答道：“我1985年大学毕业后在地质行业干了5年，直到2000年去西藏之前，写短篇写中篇，也写过一两部长篇，大多数作家要经历这些积累的过程。我明显的变化不是来自内心，而是外界的感召。我关注藏民族文化的缘起是 1999 年参加‘走进西藏’活动。那是我第一次近距离接触藏民族文化，我看到了教堂，看到了传教士的坟墓。虽然那个时候对这段历史只是浮浅的认识，但是好像上帝在召唤我：你应该去写这段历史。我对自己比较满意的是，不论写哪种题材，我会把功课做足才动笔。这是学院教育的影响，读藏传佛教的书，读民族史、宗教史的书，如果没有读透，没有掌握相应的知识，我不会去写。这是我的写作习惯。”

“在大地上行走和学习，在书房里阅读和写作”，这是范稳一贯的文学立场。也是一种融会了佛教和基督教精粹的精神吧。

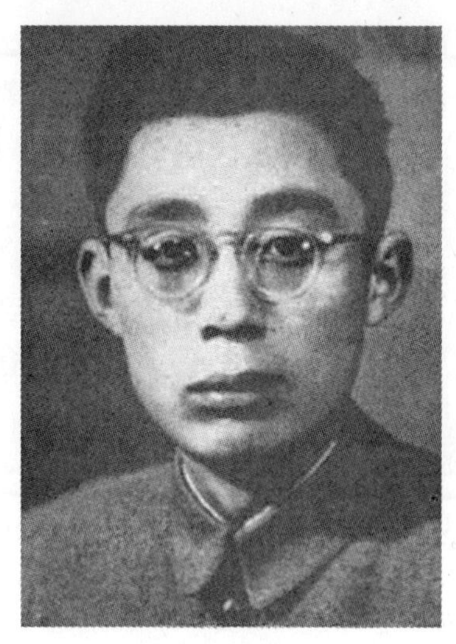

傅 仇

傅仇，原名傅永康（1928～1985年），出生于自贡市荣县城区河街小商家庭。1941年，因父经商破产而失学，以拉板车、卖纸花、当学徒、帮餐馆洗碗筷挣钱减轻家庭经济负担。1946年，考入资中小学教师练训班学习，毕业后任乡村教师和中学教员。

1952年转业后在四川省文联工作，先后任《星星》诗刊执行编辑和《四川文艺》诗歌组组长，后加入中国作家协会，从事专业创作。先后创作出版《森林之歌》、《雪山谣》、《伐木者》等10余部森林诗集和散文集，深受林场职工喜爱。组诗《走上地球之巅》荣获全国优秀诗歌创作奖。诗《夜景》、《蓝色的细雨》被译为英文介绍到国外。魏巍赞美他的诗“是诗人对伐木者的赞歌，也是伐木者对祖国忠贞的赞歌”。1986年5月28日，林业部、四川省人民政府授予傅仇“森林诗人”称号。

我走了，我还是一棵树

——“森林诗人”傅仇和他的诗

请记着今天大风雪的日子，
有一队伐木者告别林场。
让我们最后再看一眼，
我们的心窝发热，喜气洋洋。

我们今年春天上山采伐，
遍山是对天的云杉、冷杉、赤桦。
我们把宝贵的木材送给祖国，
建设铁路、工厂、高楼大厦。

青山披着鹅毛雪花，
刚好一年，就告别“森林之家”。
山上留下年青的幼树和母树，
我们请林墙来保护它。

胆小的獐子、大胆的金钱豹，
温驯的小鹿、肥美的马鸡；
别说我们已经走了，
随便来践踏我们的林区。

我们真不愿离开这里，
但我们还要去采伐新林区。
什么时候我们再回来？
最早也是一百年，一个世纪！

一个世纪，一百个年辰，
再走进这青山的已经不是我们；
而是一批批共产主义的新人，
电气化的伐木者，我们的子孙。

那未来的美妙远景，
怎不使我们沉醉动心！
让我们在这山上刻下一块树碑，
把我们的历史和预言告诉下一代人

这是1986年5月28日，被国家林业局、四川省人民政府授予“森林诗人”称号的傅仇的作品《告别林场》，是他1954年9月进入海拔3000多米的川西高原的原始森林体验生活时写就的诗作。

字里行间，我们不难看出，伴随着新生共和国茁壮成长的诗人傅仇的心中，解放区的天是明亮亮的天，这位伐木者的胸间，“心窝发热，喜气洋洋”，“那未来的美妙远景”，怎不使青春年华的诗人“沉醉动心”！于是，那些清新质朴、生机勃发的诗句，从他的心中喷涌而出。

“森林诗人”傅仇原名傅永康。1928年（民国17年）正月出生于自贡市荣县城区河街一个小商贩家庭。在旭光小学读书时，正值抗战时期，中华大地遍地硝烟遍地血。少年傅永康参加学校歌咏队，登台演唱《松花江上》；暑期组织慷慨激昂的“怒吼少年剧团”，下乡演出《牧童杀敌》。民国30年（1941年），年仅13岁的傅永康因父亲经商破产而失学，万般无奈，少年傅永康只好以拉板车、卖纸花、当学徒、帮餐馆洗碗筷挣钱减轻家庭经济负担。民国35年（1946年），傅永康考入资中小学教师练训班学习，毕业后任乡村教师和中学教员。

1950年1月，22岁的傅永康改名傅仇去重庆参军，参加剿匪和土地改革，并在重庆南桐煤矿下井劳动体验生活。虽然物质生活仍然清贫，煤矿井下环境也十分艰苦，他满怀着对新生共和国的无比赤诚，对未来充满了热望。

1952年，24岁的傅仇转业到四川省文联工作，先后任《星星》诗刊执行编辑和《四川文艺》诗歌组组长，后加入中国作家协会，从事专业创作。

1954年，为融入生活、深入基层，傅仇进入海拔3000多米的川西高原的原始森林体验生活，先后30余年。他从米亚罗到黑水，从马尔康到金川，从甘孜到阿坝，走遍了四川的所有林区。他体弱多病，仍长期与伐木工人同住木棚，一起上山伐木，晚间教他们学文化。工人病了，给他们熬粥、送茶水、寻医找药。九家棚沟大石包林区失火，他同工人闯入火海，扑灭山火。他曾任马尔康森工局工会副主席和副工段长。他先后创作出版《森林之歌》、《雪山谣》、《伐木者》、《竹号》、《伐木声声》、《珠玛》、《赤桦恋》等10余部森林诗集和散文集，深受林场职工喜爱，被称为“森林歌手，大森林的知音。”组诗《走上地球之巅》荣获全国优秀诗歌创作奖；《早上，好大的雾呵》这首诗进入香港出版的《中国抒情诗100首》，诗《夜景》、《蓝色的细雨》被译为英文介绍到国外。魏巍赞美他的诗“是诗人对伐木者的赞歌，也是伐木者对祖国忠贞的赞歌”。

1986年5月28日，林业部、四川省人民政府授予傅仇“森林诗人”称号。

傅仇的儿子傅耕回忆说：“父亲个子高，背微佝，瘦削，戴一副酒瓶底似的近视眼镜。尽管体弱多病，但写起诗来就不要命。”

> 早晨，好大的雾呵/我们的山呢？不见了/我们的森林呢？搬家了/是什么时候，或许半夜睡熟/我们的帐篷/就飞上了天空/抬头，不见阳光/低头，不见云朵/我们是不是在天空/不，我们是在海拔四千公尺的高峰/伙计们，起身吧/拿起锯子，提着斧头/去找我们的山呵/去找我们的树

这是“森林诗人”傅仇早期作品《早晨，好大的雾呵》的诗句。一个时代的诗歌画卷，是一个民族心灵史的缩影。当我们深情地回忆和品读傅仇那一代诗人的作品，同样会深情地回顾中国诗歌在新中国走过的前30年岁月，总结其艺术经验和得失，对于我们今天探寻其对于建构和谐文化与和谐世界必然具有重要的意义。

> 森林抱住一个月亮/针叶撒出万缕青光/一串串明明朗朗的珠宝/一串串星星，挂在树枝上
>
> 我听见树木在轻轻呼吸/嫩草在发芽，幼苗在生长/一根新针叶悄悄生出来/刺着飞鼠，在梦中抖抖翅膀

这是“森林诗人”傅仇心中的《夜景》。诗是心灵的产物，是心灵的写照，是诗人的心灵对生活和人生做出的反应；而诗人需要心静、需要韧性、需要默默地坚持，除此之外没有别的。我们不需要树立什么旗帜，不需要什么理论的指导。总之，我们不需要什么框框。思想与心灵的自由是我们创作出优秀诗篇的保证

哦！蓝色的细雨，/蓝色的细雨，/润湿了青稞地，/也润湿了我烦躁的心。/我愿多下几场蓝色的细雨，/我愿常听见森林的消息

今天，我们品读傅仇《蓝色的细雨》，仍然感到他那颗纯净的、青春的诗心。傅仇他们那一代诗人人生的经历丰富，有着丰富的写作经验，在诗歌创作的构思和语言上都有自己鲜明的特点，形成了自己独特的创作风格，为我们后辈诗人留下了宝贵的精神财富。

初夏时节，在四川日报社找到诗人傅仇的儿子傅耕。谈及他的父亲，他说“1985 年，父亲因肺气肿去世，享年 57 岁。之所以把他的墓选在玉垒山，是因为父亲只要去川西高原林区体验生活，都必经玉垒山。”

年仅 58 岁的诗人傅仇英年早逝，那时候的政府和民众非常礼待诗人，他走后，被安葬于四川省都江堰市都江堰景区。

诗人的墓碑上镌刻着这样一句墓志铭“我走了，我还是一棵树”。

谈起这句墓志铭的由来，诗人的儿子傅耕说，由于当时父亲生病走得很突然，家人商议后决定，从父亲最喜爱的一首诗《撒在森林的歌》中选出这句，墓碑上刻的是父亲的字体。家里人都觉得，“我走了，我还是一棵树”这句，最能体现他与森林同在的境界。1986 年 5 月 28 日，林业部、四川省人民政府授予傅仇“森林诗人”称号。在儿子傅耕的心中，父亲一生钟情森林与绿色，最终也安息在那“山如翠浪尽东倾”的八百里青城中。

王志杰

王志杰，1935 年生于自贡市富顺县。自贡市蜀光中学 1949 级学生，曾担任校学生会主席、自贡市学联主席。新中国成立初期选调共青团自贡市委工作；不久又调到中共自贡市委机关报《新自贡报》任文艺编辑。1957 年，他因一首诗惹下祸端，被打成右派，劳动改造 22 年后的 1979 年平反，恢复工作后任四川省作协《星星》诗刊编辑、副编审。

先后出版发行过《荒原的风》（1985 年）、《深秋的石榴花》（1990 年）两本诗集。2002 年病逝于四川省成都市。

诗人之死

——诗人王志杰冤屈清贫的一生

1980年3月，“文化大革命”过去的巴蜀大地，春意融融，万木复苏。

我怀揣一本草就的诗作去成都人民公园内的省艺术馆《群众艺术》编辑部拜访他。那时他刚刚从四川“101”右派队平反“改正”安置在《群众艺术》编辑部工作。我们一起谈诗，谈人生，我们就这样认识了，相见恨晚。

相识后我们便开始间或的见面。也间或在复刊的《星星》和其他一些报刊上读到他重返诗坛的新作。省作协《星星》诗刊复刊，通过副主编白航推荐，他调去《星星》诗刊社做编辑。总算到了一个能发挥他才能的工作岗位。

20世纪80年代的诗坛非常活跃，我也开始在全国各地的刊物上发表诗作。王志杰在《星星诗刊》做编辑时，我曾去成都他的家中登门拜访。

那天中午我们一起在就近的红星路口一家餐厅就餐，三杯过后，他忽然悲伤地说；“当初错行一步，悔恨终身，我爱人在我们右派劳教队受刺激太深，回来后病情加重，一直把我当成坏人。家，对我来说，也就是枷啊，从来不知家庭温馨是何滋味，不知哪天难负重荷之时，默默地倒下，了此残生。”我只好劝他说：“事已至此，只能面对现实，光悔恨是无济于事的，想开些吧！”

我实在说不出更好的安慰他的话来……

天才诗人王志杰以诗获罪，一夜之间遭遇放逐厄运

20世纪50年代初期，盐都自贡有“三才子”之说：即鬼才魏明伦，奇才李加建，天才王志杰。

王志杰出生于自贡富顺县一个普通职员家庭，姊妹9人，他排行第四。一家人全靠父亲的工薪维持生活。20世纪40年代末，国民党政权忙

于内战，经济萧条，物价飞涨，货币贬值，王志杰家里的生活窘迫不堪。

1949 年，15 岁的王志杰正在蜀光读初中。当年的蜀光，民主气氛浓厚，学运十分活跃。在哥哥姐姐的引领下，他积极参加这些活动，从中受到了自由民主思想的启蒙。

正是多梦时节的王志杰聪颖过人，学习成绩十分优秀，而且爱好广泛，喜欢唱歌，会玩乐器，写得一手好文章，性格热情奔放，对人十分亲和。所以，他总是很容易把同学们吸引在自己周围。

1950 年，解放区的天是明亮亮的天，新生的红色政权催人奋进。王志杰在蜀光中学激情洋溢，唱革命歌曲、跳集体舞、外出宣传，事事都抢在前头。

大家拥戴他，先是推举他任全校学生会主席，随后不久，又担任了全市学联主席。课余学习之外，他还要忙一大摊社会工作，成天不得消停。

组织上看重王志杰这棵好苗子，不等高中学业结束，就调他去团市委工作；不久之后，又调他到中共自贡市委机关报《新自贡报》编辑部担任独当一面的文艺编辑。

时代美好，自当饮水思源。他认真调查走访了自贡盐场工人运动中壮烈牺牲的肖、方二烈士事迹后写成的长篇报告文学被作为革命传统教育的教材，在市内各个中学演讲，深受好评。

春风得意马蹄疾。王志杰是性情中人，国家的革命和建设满园春色，他的心田繁花似锦，艳阳高照。情到浓时，他想抒发，想礼赞，想引吭高歌那个美好的时代。他开始写诗，家乡高耸入云的天车，跨越釜溪河上的铁桥，号志口内昆铁路工地上的焊花，滨江路沿岸五彩缤纷的万家灯火，无一不引发他的诗情，倾泻于他的笔端。

1956 年，苏联的政治发生雪崩，长期禁锢人们的意识形态开始受到质疑，独立思考、干预生活的意识和理念破门而入。

王志杰几年前就受过民主自由思想的熏陶，社会新潮自然引发他的思索。由此，他的诗作《给沉浸在会议室里的人们》脱颖而出：

一包香烟，一杯浓茶
一盆炉火，一串哈哈……
啊，可怕，可怕
你们满口废话
在会议室里虚度年华

工人将优质产品献给了祖国
农民献给祖国又一个金色的丰收
可你们献给祖国的是什么
一连串废话，一地的烟头
如果生命是珍珠
会议便是大海
它正汹涌着无情的波涛
将那闪烁的岁月
深深掩埋
沉浸在会议里的人们
瞧，你们的嘴唇已结上茧巴
会议是一个吝啬的穷鬼
它什么也不会给你留下
它绝不会给你社会主义大厦
给你的
顶多是一头白头

这是当时，也是后来多少年一些党政机关“会风”的真实写照。

诗稿送到编辑室，并没有变成铅字出现在报端。它异乎寻常地拐了个弯，径直跑到了市委办公室主任的案头上。随之，它又被作为毒草放进一期简报，秘密发送到全市县级以上机关、厂矿、企事业共达120个重点单位，作为当前社会“阶级斗争新动向”进行通报。

此后风云突变，全国各地参加“鸣放”的知识分子被“引蛇出洞”，按官方的数字，55万人因言获罪，被打成了“右派分子”并戴上“帽子”。

年纪不过22岁的王志杰难逃厄运，以诗获罪，被划为“极右”。

在“415”信箱的劳教营里，黑色的日子和畸形的婚姻

1958年，王志杰被送进了四川一个名叫“415”信箱的劳教营。

诗歌和理想，青春和爱情，统统离他远去了，他感到了心灵的枯竭。铁案如山，叫人窒息。他困在黑色的囚室里，只有一只小小的蚯蚓和他相伴：

每天，它从西边的墙垣爬下地面
又从地面爬上东边的墙垣
那么悠闲，那么缓慢
悠闲缓慢得使我疯狂

荒野里有一滴血
在刺尖上向下延伸
风，把它吹落了落进一个温暖的脚印
于是，泥土遇到了血肉的挑衅
荒野的冬夜有了歌声
沉闷如热玻璃的空气里
一个赤裸的舞蹈家
以献身之狂舞召唤风雨雷霆

于是，我的脉管里热血沸腾
如泥土下躁动的蚯蚓
如果没有了脚
我便匍匐前进
失去了手
索性用头颅耕耘

一只蚯蚓被脚踏进了泥土里，生命如蚯蚓一般搏斗。它何尝不是诗人的自画像啊！

1963年夏天，王志杰所在的“415”信箱劳教队被派到灌县都江堰筑堤。尽管那用各色大河石砌成的长堤，美如立体的彩诗，但在炎炎赤日下，诗情画意早从毛孔里流得一干二净了。此情此景，王志杰悲伤至极。

忽然一闪念间，感悟凌空而降：“一天的午饭后，为了休息，我随几个不安分的同伴翻墙越入毗邻的离堆公园，在一片楠木林下寻到了一间无人无书而且敞着的图书室。那儿的几列高大、结实的空书架，被我们当作了午眠的再好不过的三层铺。几乎就在我赤膊躺上书架的同时，历史授予我辈的那个特殊的别号一下子便从记忆里突现出来——‘活教材’。”

“第一次，这个包含着贬义、讥嘲的名字，没有使我反感。我甚至觉着这是生活在此时此地有意给予我的一种启示和呼唤。就是那天中午，我那仿佛早已死去的诗梦，不仅在那与我的肌肤浑然一色的书架上醒来，而且更加执迷了。”

这是20多年后王志杰对那段岁月的追忆。他说：“这次顿悟是我作为一个诗人的涅槃，我写作真正意义上的诗，应该说就是从这时开始的。”

从此，他一改过去柔婉的诗风，唱出了一个时代诗人的本色：

我是网和锁的叛逆
我是沉默和呆滞的对头
我是铺天盖地而来的透明的旗帜
我是吹得千年冰山战栗崩塌的号手

岁月无痕。

王志杰年轻时伟岸帅气，多才多艺，风流倜傥。暗地里，不知多少女生对他投掷过欣羡的目光。

自从头上有了一顶“帽子”，人妖颠倒，他的婚恋自然成了老大难。

开始，也曾有人向他介绍过农村姑娘，可人家有政治上的顾忌，他自己也不愿无端株连别人。诗人毕竟是诗人，尽管身处逆境，但他的心底还有一个“小资王国”，希望找一个心性相通，情趣相投的人结伴终生。

十年青春，在劳教队里悄然而去。

1967年，王志杰请假回成都看望妹妹。席间有位姑娘，身材高挑，皮肤白皙，满头秀发，配上一张瓜子脸，文文静静坐在那儿，眉宇间透出几许忧郁。家里人告诉她，姑娘叫王美珍，是他妹夫的亲妹。她高中毕业之后，遇到一些挫折，出现了精神强迫症状。不过性格很好，正常的时候，通情达理，善解人意。

“众里寻她千百度”，冥冥间，他仿佛觉得这是神灵撮合，还没把话听完，马上认定这就是自己今生今世的宿命。他从小性格善良、细腻，一副悲悯胸怀。人同此心，那姑娘现在不正是需要体贴入微的抚慰吗？他相信，只要有了他的呵护，她就会完全康复。经他一讲，家人也没说的，一桩姻缘就定下来了。

王志杰什么都考虑到了，偏偏忽略了他自己的处境。这时候，他的“右派”帽子尚戴在头上，自己的命运都掌握不了，怎么去保护一个弱者？

那年岁尽之际，王志杰收到电报，令其速回成都完婚。他向队部请准了假，便赶回成都去了。

1968年早春2月，一天午饭后，王志杰带着他的新娘，春风满面地回到了劳教队里。队友们起眼一看，那新娘确也貌美动人，白皙的皮肤，窈窕的身材，长长的秀发，一张瓜子脸，一双大眼睛，虽然神情有点呆滞，也算是美人胚子了，还是高中毕业生。

全队右派，都为王志杰能娶到这样一个才貌双全的妻子而高兴。爱美之心，人皆有之，就连日常对王志杰和他的难友们如狼似虎的管教干事接待时也表现得十分客气。当时王志杰所在的劳教队正在修建宜（宾）珙（县）铁路，"分子"们都住在同一间工棚里，没有适合小两口单独住宿的房间，中队部临时决定，将原来用作堆放工具的破茅棚充作新房。一般右派家属是绝难享此殊荣的。

夜晚，几位老朋友，准备了一些酒菜，加上王志杰带回的一些糖果糕点，摆了一桌庆贺他俩的新婚之喜。经介绍，当知道新娘王美珍是王志杰妹夫的妹妹时，大家更是祝福他们亲上加亲了。良辰美景，交怀递盏，给憋屈和悲凉的劳教队里平添了几分温情。

三杯之后，新娘王美珍忽然沉下脸来，不准王志杰再喝了。队友们说："今天是难得的好日子，你就让他多喝两杯吧。"她竟把酒瓶从队友手上抢了过去，摔到地上，摔得粉碎。大声吼道："不准喝就是不准喝，该陪我睡觉了。"

这吼声从一个才貌双全的新娘口中吐出，使队友们大吃一惊，无以应答。王志杰忙不迭地强装笑脸向大家道歉地说："美珍什么都好，就是经常性情冲动，请大家不要计较，多多原谅，欢迎大家以后再来喝酒。"

王志杰难堪至极。队友们怀着扫兴和疑虑的心情，走出了他们的住处。

从第二天起，关于这对新婚夫妇的传闻，便在队里传开了。

然而，劳教队里的景象毕竟叫新婚妻子王美珍感到恐怖和压抑。

王美珍要求王志杰必须时刻守候在她身边，只要离开了她，便会引起她的不安和不满，四处呼叫寻找。日里她出门时，或只穿内衣、蓬头垢面，或收拾打扮、穿着入时，全凭她随心所欲。右派队友们，时而惊叹，时而惋惜，议论纷纷。

王志杰所在的右派劳教队里，有一个规定，就是每晚临睡前进行训话，以体现无产阶级专政对阶级敌人的权威。

一天晚上，岳队长先作了"文化大革命"形势大好、不是小好的报告。然后由李管教点了十名反改造分子在队部门口低着头站了一排，进行批斗。忽听王美珍大吼一声："要文斗，不准武斗。"还大声说道："他们不听毛主席的话，不是革命派。"王志杰怕她再说出什么难听的话来，忙上前劝阻。谁知王美珍一把抓住他，拖起就走。还说："我们不参加，跟我回家睡觉。"会场一时大乱，岳队长只好宣布散会。

以维持专政机关正常改造秩序为由，管教代表队部，正式通知王志杰，立刻把他的精神病妻子送走。谁知半个钟头后，王美珍手中拿着已被撕成碎片、作为路费的人民币，走进队部办公室，扔在管教面前说："要走一起走，不然，我就长住在这儿了。哈、哈、哈、哈，这里比家中好玩，好玩……"

管教只好叫王志杰来把她带走。王志杰给管教干部反复检讨后，经队部特殊批准，队里给王志杰半月假期，把王美珍送回成都，结束了"101"队的一场婚姻闹剧。

王美珍回成都不久，王志杰岳父之孙不幸死于车祸，岳父老人气极，心肌梗阻，与世长辞。王美珍全靠哥嫂照顾。1968 年 12 月，美珍生下一子，无力哺乳，只好请乳娘养育。王氏一家老小，全靠哥嫂薪金养活。家庭生活已处于穷困无助的境地。

1972 年，宜珙铁路完工通车。省公安厅决定撤销"415"劳动教养筑路支队。四川"101"右派劳教队，调到永川新胜劳改茶场。为了减少负担，劳教队开始了大量清放工作。

队部考虑到王志杰的特殊情况，于 1972 年 10 月，首批将王志杰清放回家。那时的政策，清放的劳教人员仍属于人民群众监督改造的专政对象，只能在社会上做些粗重的临时工，还必须经常向公安派出所汇报思想改造情况。

家乡自贡已经无家可归，他只好回成都岳父家里暂且栖身。他没有成都户口，这就意味着没有一日三餐的口粮；没有职业，也意味着他和妻子没有生计。

从此，他在成都街头拉架车、抬石头、挖水沟、挑大粪、送煤球，什么都干。每天累得筋疲力尽，还要回家给妻儿做饭洗衣服。

停手就要停口，他终年不敢休息一天，尽心尽力，在屈辱和贫困中挣扎。

好在在"信箱"改造的日子里，摸爬滚打，泥里水里，什么都干过。他在街头拾破烂，拉架车，摆烟摊，但凡能赚点零碎钱的活，他都干。他学过石工，背上简单工具，走街串巷，帮人"做"石磨。一段时间，他弄了一张网，天天下河捕鱼，以改善一下三餐清水白菜的餐桌面貌。

王志杰还有一手车工绝活。当年《四川工人报》编辑部主任汪岗，很早就与他相识。正当王志杰最为潦倒的时候，他们在街头不期而遇。听了他的讲述，汪岗深为同情，便想起了自己一个朋友正经营着一个加工小作坊。经过一番介绍，王志杰先上门试用。由于王志杰的工件确实做得漂亮，由此便一直留用下来。尽管上班场地很远，每天都得早出晚归，但他也顾不得许多了。总算有了一个相对固定的生计。

劫后余生，总算挨到1979年“改正”，那顶可怕的右派帽子终于甩脱了，公正的历史还了他一个清白。

他两袖清风般地走进了省艺术馆，随之又满怀希望地归队到《星星》诗刊做编辑。从23岁的青年诗人变成43岁的诗刊编辑，绕了一个大圈，整整耗去了他20年……

20世纪80年代中期，浩劫过去，万木复苏。

诗人王志杰对母校蜀光中学一往情深。就在他平反归来不久，适逢1984年蜀光中学建校60周年校庆，他送给母校的礼物是一首《致母校》：

是你转动地球仪
第一次在我心上留下了
世界的投影
是你校园里的鲜花，林荫道上的梧桐叶
在我眼底，将岁月奴成一串圆轮
我由此大胆地推断出
路是圆的，人生是圆的
我由此在离你去远游的那个阴雨天
心上，才没有被盖卷那样沉重的阴云
生活终于证实了我的信念——
从春天出发总会走向春天
从单纯出发，定能回到单纯
这不就回来了么，我的母校
那个曾在一年级课堂
张嘴对着你，打呵欠的学生
让我在你校门前
飘不走的绿云下歇歇吧

脱下鞋来，抖尽四分之一个世纪的
风声、雨声……
我是你远方归来的游子
我来祝贺你的诞辰
我既未为你携来珍贵的礼物
也没有光耀你门相的显赫声名
只带着两袖清风，一腔勃发的活力
和一颗不断探求真理的良心
我头脑的太空世界是你造就的呵
在那儿，一些人看得很重，很重的
都变得很轻、很轻。

在《星星》编辑部的日子，环境改变了，领导和同事们都非常关心和帮助他。主编叶延滨甚至把分配到手的住房让给王志杰一家居住。叶延滨特意交代《星星诗刊》函授部同志："王志杰家庭生活比较困难，你们可以请他在函授部打一份工，让他增加些收入。"

妻子王美珍也日渐好转，天天小鸟依人般傍着丈夫，脸上渐渐有了笑意，也能够帮着丈夫做很多家务了。王志杰对妻子更是温存体贴，照顾无微不至，还时时在"精神"上开导她，给她讲很多世间的知识，使她感受到爱的温馨和家的温暖。

她开始崇拜他、依恋他了。不久他们又有了孩子，顺风顺水，日子本应该一天天好起来了。可妻子有精神病史，心理承受力很差，而政治运动"正未有穷期"，一有风吹草动，家里就会酿出轩然大波。于是，她的情绪起伏不定。

孩子一天天长大，让他终于尝到了身为人父的喜悦。可新的打击又劈面而来：儿子受到遗传，开始出现了精神病症状。

儿子结婚了，又生下一对双胞胎。这样，一个六口之家，生活重担压在王志杰一个人肩上。全靠他微薄的工资和稿费支撑。

年复一年，他要料理家务开支；日复一日，他要照顾两个缺乏理性的病人。夜深人静，他还要夜以继日，不停地赶稿，艰苦的工作与生活，严重损害着他的健康，而历史遗留给他的困境，始终无法解脱。日子，已让他实在支持不住了。

但王志杰毕竟是一位诗人，在陪伴着时常发精神病的夫人和儿子的间隙，他始终没有放下那支灵动而倔犟的笔。他写下了许多好诗，相继出版了《荒原的风》、《深秋的石榴花》两部诗集和长诗《高原》、诗论集《走向你的诗神》，还编著了辅导青年人写诗的诗评集《叶色青青》。此外，他把为诗歌而受难的经历，写成了回忆文章《十字架下》和《沉重的代价——我的诗歌创作生活历程》。

生活的艰难困苦，不仅让他的诗梦未死，而且燃烧得更加炽烈了。他在诗集《荒原的风》的后记中写道：“我渐渐相信起人有不死的灵魂来——那就是诗。因为诗，我才没有绝望、堕落，在那种极易绝望、堕落的时候；我才抹去了我的环境、劳动上的那重耻辱的色调，才从大自然感受了力与美……才有了人的尊严。”

特殊的经历和遭遇，使诗人王志杰与土地、原野之间有一种生命的联系，他的诗风也显得厚实、有力度。1991 年，他写出了的第一部长诗《高原》，同年发表。评家说它“是一个引人注目的诗歌现象，更是一个意味深长的精神事件。”

诗人牛汉也曾为王志杰写下这样的句子：“我们的命运相似/诗也有共同的脉息/几十年来/我们在不同的角落挣扎、奋斗/生命的枝叶上/都有风暴的鞭痕/我们有深深的根须/地壳裂变/我们也仍然是紧紧地贴着大地。”（见《荒原的风》代序）

王志杰在出版发行的《荒原的风》后记中写道：

> 由于一首小诗的祸端，1963 年的夏天，我来到灌县都江堰筑堤。尽管那用各色大河石砌成的长堤，美如立体的彩诗，但在炎炎烈日下，诗情画意早从毛孔里流得一干二净了。一天的午饭后，为着休息，我随几个不安分的同伴翻墙越入毗邻的离堆公园，并在一带楠木林下寻到了一间无人无书而且敞着的图书室。那儿的几列高大、结实的空书架，被我们当作了午眠的再好不过的三层铺。
>
> 几乎就在我赤膊躺上书架的同时，历史授予我辈的那个特殊的别号一下子便从记忆里突现出来——“活教材”。第一次，这个包含着贬谪、讥嘲的名字，没有使我反感。我甚至觉着这是生活在此时此地有意给予我的一种启示和呼唤。
>
> 就是那天中午，我那仿佛早已死去的诗梦，不仅在那与我的肌肤浑然一色的书架上醒来，而且更加执迷了。我决心写一本诗，以灵魂来取代我现在的肉体占据的位置。虽然，它的占有体积将极度缩小，

但我希望它仍旧像我现在这样坦露于架上。让人们从它的色彩、线条，可感的呼吸、脉动中触摸其中包含的粗犷、强健部分，各部分疏于营养不良而显现出的瘦瘠，以及黏附菸上的泥沙、岩屑以及散发的山野、江河气息，一眼就看出——那就是我。

我开始读诗、写诗，在踩着砾石拉完压路石滚之后；吼着号子，以冬瓜锤奏响大山之后；写好一本，逢到节日便被检查、收走之后……我原以为害了我的诗，渐渐成了拯救我的上帝。我渐渐相信起人有不死的灵魂来——那就是诗。因为诗，我才没有绝望、堕落，在那种极易绝望、堕落的时候我才抹去了的环境、劳动上的那重耻辱的色调，才从大自然中感受了力与美，把劳动视作了对生活，对祖国的一种义务、奉献，才有了人的尊严。

诗为人生美为人生——这写诗的出发点，来自我生之感受。

钟情于诗神缪思的王志杰在家庭生活的凄苦中挣扎，儿媳终于无法承受这般清苦的生活，和王志杰遗传了精神病的儿子离婚，一走了之，丢下两个半岁的孙儿，王志杰只能请人哺养。

如此一来，王美珍病情加重，王志杰只好把她送进精神病院治疗。一家五口，凭他的微薄工资是万难维持下去的。他便通宵写稿，四处兼课，燃尽了小小的血肉之躯，在贫困、孤独、绝望中苦度时日。

他终于倒下了。

他住院临终前两天，想吃苹果，托护士去帮他买时，还特别地交代说："只买两个小点的，我没有什么钱。"

2002 年初夏一个阴暗的日子，我在《星星》诗刊编辑部得知：王志杰因心脏病猝发，油枯灯尽，带着对爱妻爱子的无尽眷恋，结束了他的一生。

一个才华未尽的诗人，猝然告别了诗坛。告别了他的亲人和朋友。

一个没有得到过女人的爱抚、没有享受过家庭温馨的悲情诗人死了，把他扔进这无边苦海的是那场反右运动。

王志杰死了，享年 66 岁，死时没有一个亲人到场，一生清贫孤寂，死后默默无闻。

他孤独地离开了人世。没设灵堂，没有悼词，更没有亲人的哭声。

王志杰去世以后，他的哥哥把他的妻子和儿子，送进了精神病医院，两个孙女，由她们的母亲领养，他的家庭便这样散了。

一个最热情的诗人，整整一生，从没有得到过家庭的温馨与爱情的对话。

一个悲情的诗人，就这样默默无闻的化作一缕青烟，消失在无情的时空之间……

2003 年岁末一寒夜，诗人张新泉含泪写下了这首《王志杰周年祭》。

1

事情一多起来
就秋天了
谷子熟了，果子熟了，人也熟了
熟透了的你
终于痉挛着
倒了下来

你在床上挣扎的样子
多么像那株《深秋的石榴树》
心绞痛反复袭击你时
是胸中的石榴在爆裂吗

秋天啊秋天
整个季节的色彩
都浓缩进你那张
黑色讣告中了
杀人的秋天呀

2

为什么你的夜没完没了
大家的天都亮了
大家的窗帘都换了新的
为什么你还在夜里
在夜里以笔为烛

在夜里掺水熬粥
在夜里为妻儿分发药剂

那辆运载双胞胎孙女的摩托
是幸福还是苦难的坐骑
枯坐黯淡的台灯之下
你顶礼膜拜过的诗神
为什么不给你一缕
哪怕是淡淡的晨曦

你自喻为长夜里
食土的蚯蚓
但是诗人啊
蚯蚓也有出来
晒太阳的时候
你的日出呢，你的春花秋月呢
你倾斜的天宇，可曾有过
风和日丽……

夜深深啊，深到承受不住时
你只好拒绝了呼吸

3

几十年，就这么冷到结束
冷到临走之时
才想吃几个苹果
（你太穷，只能买小的）
冷到那把送行的火
来暖你，来烤你
冷到精神病院里的妻儿
漂流外省的孙女，从此
空宅般阒寂……

4

你在那边还好么
还瘦得又苦难又挺拔么
还忘情地唱那一辆
风雪中的三套车么
那边有苹果园么
园中有采果的女子么
那边如果有摩托
不妨选个晴天
回来看看

伍松乔

伍松乔，1948年出生于四川富顺县，先后就读于四川大学、中国传媒大学。1980年加入四川省作协，1999年加入中国作协。系四川大学新闻传播研究员、四川省社科院巴蜀文化研究员、省作协主席团成员、省报纸副刊研究会副会长、省文艺评论家学会副主席、省文化传播促进会副会长，四川日报高级编辑、副刊主编。

著有散文集《姓甚名谁》，游记集《随遇而乐》，随笔集《记者行吟》，评论集《媒体上的文化庄稼》，长篇报告文学《成都》、《羌之红·北川重生羊皮书》等。合著《寻找巴蜀红色故里》、《汶川地震七日纪》、《四川改革开放三十年大事记》、《中国书生宋育仁》、《川魂》等。主编《离离原上草》、《世纪之交的四川日报副刊》、《星光作证》等，合编《四川红色旅游丛书》、《“5·12”感恩丛书》等20余部。曾荣获全国报纸副刊特殊贡献者称号。作品获中国新闻奖、文化部文化新闻奖、冰心散文奖、巴蜀文艺奖、四川省文学奖、四川省社科成果奖、成都金芙蓉文学奖等。

情系新北川　大写羌之红

——作家伍松乔和他的《羌之红·北川重生羊皮书》

2008 年 5 月 12 日特大地震，四川北川羌族自治县其惨烈灾难举世关注。

“伤悲、绝望、泪眼，黑色瞬间，大地撕裂，满眼断壁残垣；喜悦、希望、笑脸，绿染山川，新居如画，处处胜似从前”——这是中央一家媒体对“5·12”汶川特大地震发生时与今天的沧海桑田之变的比较。

三载寒暑过去，遍体鳞伤的北川是如何站起来、走过来的？这片土地上又发生了怎样的沧桑之变？

一

这是四川出版界一次规模空前的亮相。2011 年 5 月 28 日，数百种地震题材的出版物亮相全国图书博览会，在哈尔滨，以“感恩·奋进”为主题的四川出版宣传活动已展开声势。

《羌之红·北川重生羊皮书》当日在哈尔滨书博会上首发。该作品系伍松乔历时两年完成，共有 38 万多字、上百张图片，是第一部零距离全景立体展现北川重生过程的文学力作。在发布会上，书中人物之一、在北京奥运会上以残肢舞步感动世界的北川“芭蕾女孩”李月，也亲到现场讲述灾后社会各界对她的关心和帮助。

多年来，我心中崇敬的记者出身的伍松乔，擅长对时事的理性判断和对大势的冷静把握，他的儒雅、宽厚、从容给我留下了深刻印象。直到现在，我仍然很难套用一般记者的标准去描述她，在他身上，文人的美好特质和记者的职业素养水乳交融，以至于他的敏锐观察和独立思考处处显示出与众不同的气质和品相。

作为北川重生史诗零距离、全方位的记录、见证与解读，《羌之红·北川重生羊皮书》为读者奉献出“5·12”三年后关于新北川的第一部全景报告文学力作。作品着眼于“5·12”以来发生在北川土地上波澜壮阔的当代奇迹，通过零距离、全方位的记录、描绘、解读，系统梳理了北川三年重生的轨迹，再现了新北川激动人心的新故事，凸显了世界瞩目的北川新县城从选址、规划、建设直至“开城”的全过程。由于作者具有真切深刻的体察感悟以及个性化的文学表达方式，使得作品达到思想性和艺术性的高度统一。

书的末尾，有一份共计八页的名单，上面列有“5·12”地震之后到2011年元月30日为止，北川出生的所有婴儿的姓名。他们如诗如歌的名字，向关爱北川的世人展示着自己坚韧生命的微笑，这是献给中华民族一束绵绵不绝的“羌红”。

伍松乔经过连续两年多时间的采访，先后30多次前往北川乡村城镇，目睹了新北川、新县城从播种、生根直至发芽、长叶、开花的全过程，把自己的感悟变成了一册38万字的厚重的书——《羌之红·北川重生羊皮书》。2010年夏天，四川人民出版社邀请伍松乔参与撰写“援建系列丛书”，访谈中了解到伍松乔著述的《羌之红·北川重生羊皮书》已经收尾，并已列入中国作协当年的重点书目，而且北京、山东的出版社已经向他伸出了橄榄枝。信息很快传到四川人民出版社社长解伟处。“要把四川作家的好书留在四川。”解伟亲自出马，以高质量和高水平来出版了此书。

《羌之红·北川重生羊皮书》的出版问世，对伍松乔来说，只是一个短暂的休止符，关于北川的书写他还会继续下去，“因为，在我心里，还有很多很多让人刻骨铭心的人物、故事。关于北川这片土地，还有很多可贵的精神资源值得去挖掘和呈现。泰坦尼克号沉没多少年了，关于它的故事还一直被讲述。关于北川的故事，更是远远没有结束。”伍松乔是这么说的，也是这么做的。眼下，他已经开始动笔下一部关于北川的书，“这将是一个风格比较随性的散文集，连名字都起好了，叫《北川九九》，我将写出99篇散文，而且‘九九’象征吉祥永恒。”

羌红是凝聚着羌族精气神的圣物，它象征吉祥与传承。羌族年年祈福、岁岁挂红的仪式历代相传。

伍松乔《羌之红·北川重生羊皮书》的问世，为中华民族在灾难中不屈前行的伟大史诗献上了一挂熠熠生辉的羌之红。

二

文化在中国，这些年似乎已经“筑底反弹”，让人欣慰。然而，眼下各地若干与“大”相关的口号、指标与项目，热闹得让人有些困惑。此时此刻，不由人不想起那些个在文化这行道跋山涉水几十年、在寂寞中自得其乐的文苑师友们，如长期主持《四川日报》副刊的伍松乔先生。他们的坚守与作为，对今天的文化建设不无启发。

伍松乔在任时期的《四川日报》副刊，在四川省乃至全国报纸副刊中卓立不群。全国报纸副刊研究会会长丁振海在其文章中还将松乔先生称为“媒体文化的标杆人物”，认为“松乔在全国副刊界有如此高的知名度和如此广泛的影响，绝非自我炒作，而是实至名归”，他“是副刊界有名的复合型人才，不仅是实践家，而且是思想者”。伍松乔本人多年来对媒体文化、报纸副刊的建设和推动，有国家级的“中国报纸副刊突出贡献者”称号为证。

一个报刊领军人物的重要性毋庸置疑，就像人们十分清楚邹韬奋之于《生活》周刊，李大钊、陈独秀之于《新青年》，郭沫若之于《创造》月刊的意义；以至坊间一直有一种流传甚广的说法：主编的风格即报刊的风格。

并不是所有的主编都能够形成自己的风格、造成相当的影响、达到相当的高度的。伍松乔始终保持着一贯的社会关怀，在重大问题上有独立见解，敢说真话，受到报刊界、文学写作界以及社会其他各界的尊重，其意见和见解产生了较大的影响。他的声望和成就，不是仅依赖于体制所赋予的官职头衔，而是来源于公众对他文化成就的敬意和人格力量的认同。

30年来，松乔先生关于媒体文化、报纸副刊、巴蜀文化的一系列文章的精华，大多集纳在《媒体上的文化庄稼》这部书里，那份殷殷之心、拳拳之情着实让人感动。他深入研究《副刊到底姓什么》；他着眼长远《中国副刊的跨世纪变迁》；他及时预警《危机重重的中国报纸副刊》。20世纪90年代之初，副刊事业突飞猛进，他喜形于色《副刊正当年》；而当世纪之交副刊面临山河易色、园林萎缩、水土流失的困境时，他心急如焚，连连慨叹《如何是好》，那份赤子之心跃然纸上。“我为副刊鼓与呼”是伍松乔数十年如一日的坚持，用他自己“套用”的话说，就是“反复讲，经常讲，要使广大群众都知道”。那就是“不放弃，不抛弃”。不放弃，说的是自己的坚守；不抛弃，指的是对事业、对他人的承担。这其实是一种核心价值观，这在松乔先生那一代知识分子身上体现得最为充分。

“报纸的副刊是一个脑力激荡的磁场，迸发出一个民族文化的最大潜能。”在赞扬松乔先生的文化自觉与文化担当的精神之外，我想还有一点也是非常重要的，即他的专业建树。

要做成一件事情，是需要一点精神的；但在现代社会，仅仅有精神或热情并不够，还必须具备专业知识和独到见解。专业意味着权威，而专业来自实践与思考的积累。作为一名有丰富经验的资深媒体文化从业人士，松乔先生在对媒体与文化、副刊的性质及其现状与前景等一系列问题的长期关注与研究中，已经具备了卓尔不凡的独到见解，取得了众多让人尊敬的成果。在松乔先生的《媒体上的文化庄稼》这本带有为自己作某种总结的著述中，这种专业见解占了相当大的比例。

伍松乔先生多年来笔耕不辍，于今尤健。他的笔是两支：新闻与文学。在难计其数的媒体作品之外，他出版有散文集《姓甚名谁》、游记集《随遇而乐》、随笔集《记者行吟》、人文地理集《寻找巴蜀红色故里》、评论集《媒体上的文化庄稼》、传记《中国书生宋育仁》等十余部专著，还主编了《离离原上草·四川日报文学奖获奖作品集》、《应变与超越·世纪之交的四川日报副刊》、《星光作证·中国艺术节》、《大爱长歌》等30余部编著。

德国汉学家顾彬对当代中国作家的批评，曾引起一些作家和学者的争议。不可否认，文学界确实有太多凌空蹈虚、回避民间疾苦、不问苍生问鬼神的作品。看多了这一类的文字，转而读一读松乔先生的作品，有一种接地气的感觉。写作的现实性和对社会、民生、民心的关注，是记者写作的最大特点。他的《关于纪实散文》、《写实的魅力》和《散文创新四谈》，可视为他散文写作的夫子自道。其中，对客观世界和自我心灵之间的关系，对于文坛刮起的“保持距离”、“淡化生活”等等风气，他有着自己精准的认识和清醒的把握。所以我们不能单纯认为，松乔先生对现实的关注，只是其职业性质使然，而是出自他的文学观念和写作理念，是有着深刻的理论自觉和理论支持的。松乔先生获得媒体作品最高奖“中国新闻奖”的杂文《幸好康熙没有“再活五百年”》、报告文学《重新选择苏东坡》，获得“冰心散文奖”的《钓鱼城的悲壮与豪迈》，获得“四川省文学奖”的《记者行吟》等为人所称道的佳作，绝非无根之木，实乃水到渠成。

松乔凭借自身资深媒体作家的敏锐和巴蜀文化学者的严谨，历时两年，屡进北川，遍访现场，大处着眼，细节入情，潜心写作，终于在“5·12”三年后推出了关于北川重生史诗的首部全景报告文学《羌之红·北川重生羊皮书》。让人惊讶的是，这部近40万字的“大部头”中，上百幅图片，竟没有一幅“领导”；而结尾详载5509名“5·12”后北川新生婴儿的全部名单，则实在非同一般！这样的全景记录极难驾驭，“规定动作”与“自选动作”的把握很考验手艺。他以一个民族在北川的“死去活来”为着眼点，通过真实的客观体察、深刻的宏观把握与个性化的文学表达，使全书在作为时代记录文本的同时，兼备了充分的历史感和可读性，“气”、“势”皆备，“韵”、“味”浑然。

松乔先生的作为是多方面的，在对本土文化的建设和传播方面更是功不可没。

直到现在，他的关于锦江的正名、关于旅游资源争夺战中四川的得失等等作品都还在持续产生着影响和作用。而他对巴蜀文化的盘点，无疑给了各地官员很多启示和思路。在四川的很多文化课题、社会问题上，松乔先生都给予了及时的发言和重要的意见。恩格斯有一句名言：“一个人在文学上的价值，常常不是由他自己决定的，而是在同整体的比较中测定的。”记者写作，尤其是松乔先生的写作，就是这样在与众多写作者的比较中而彰显出其可贵价值的。

在社会变得如此多元、多元得几乎纷乱与庞杂的今天，媒体成了现代社会的核心，成了人们感知世界的最重要的方式。尼采这样形容现代社会与媒体的关系：“读报取代了每日祈祷。”所以，媒体成了现代社会的教堂，媒体写作者成了这个时代的牧师。即便从纯文学的角度回顾历史，四川文坛的老、中、青作家可以说皆与媒体缘分深厚，几乎所有人都在四川日报副刊上刊发过作品，不少人甚至是处女作。

四川媒体文学的成就能在全国占有突出的地位，一个重要的原因就是因为四川拥有实力雄厚的记者作家群。据不完全统计，四川省作协会员中有上百名媒体作家、十余名中国作协会员，多人担任了各级作协的领导职务。媒体作家中多数从业于报纸副刊，他们在执着于自身的编采业务之外，还大显身手，创作出大量各具特色的个人作品，并获得众多奖项。

副刊的生产力主要来自于副刊编辑、记者和副刊的作者群。媒体文化有标杆。就个体而言，需要在文化与新闻领域修炼多年才能达到相应境界；就群体而言，需要长期凝聚才能造就一支好队伍。一个卓有影响且为读者喜闻乐见的副刊，必须在作者名流之外，培养自己的编采名家，开创有自家特色的名刊、名栏。

三

作为后“5·12”北川重生史诗全记录、新北川第一部零距离全景报告文学，《羌之红·北川重生羊皮书》全书共分八个板块，内容囊括了人们欲知而未知、知之不详的全部内容，其中包括抗震救灾及灾后重建中的国家魄力；灾区干部在灾民与救民双重角色中“悲而壮”的角色担当；普通民众“草根”本色的坚忍顽强；“山之东”对“川之北”的千里驰援；中规院集中国家规划界合力的运筹帷幄、智慧碰撞；全国党员、人民子弟兵、志愿者的赤子情怀，港澳台同胞和海外华侨的拳拳之心……合力造就奇迹，正如作者在书中使用的“新北川创世纪”一说，这是21世纪人类搏击灾难的北川实践，这是从一个民族的灵魂中迸发出来的“新北川精神”。

通观全书，在秉承史笔宏观、真实、大气的同时，作家真诚的人文关怀与富于个性的文学表达，使作品葱茏绘染，呈现出生命的质感与温暖，弥漫着感人的力量。

我们将作者故乡川南清代名家赵熙“有足纵横八万里，将心上下五千年”的名句，用来比拟本书的底蕴与作者写作的胸襟、气度，十分恰当。

“5·12”后，作者屡进北川，深为中国力量、四川精神和北川意志感动，在书中《写在前面》里，他称自己只是充当了“同期声般的一个见证者、记录者的角色，甚至只是一个速写员。”其实，字里行间，作为一个热爱北川的思考者、行动者，作者的“隐形翅膀”处处飞翔，其心跳与新北川重生的步伐处处共鸣，构成了本书的特殊感染力。

异地重建、白纸新绘的北川新县城可谓是史无前例，并无任何模式可依，作者对此倾注了极大的关注，在多个篇章的不同侧面进行描述之后，还特地以第五章《北川范本：一座传世之城》为读者作专门“导游”与解读，条分缕析地勾勒新县城的外部轮廓和内部架构，进而探索科学合理的造城新路径，为中国城市尤其是小城建设梳理出一部标杆式的“北川范本”。

凡此种种，生成全书的恢宏大气。如此庞大的内容体量建构在缜密的逻辑体系与丰富的形象生成中。“气”“势”交融，“韵”“味”浑然，引人入胜。精心选择的多幅北川标志性大彩图与百余张插图，更直观地演绎了“天翻地覆”的重生之义。

本书的首尾，耐人寻味，显示了作者的匠心独具。“引子”之中，作者将镜头对准北川中学一个的普通羌族女孩与她的四位同学，在他们两年多的求学路上，不断穿越“生死双城”，扑入眼底的变幻影像真实记录了“沧桑巨变”的深刻内涵。无独有偶，在文末的《不结束语·他们》中，5509名北川“震生”、“后震生”婴儿的全名单，相比电影《唐山大地震》结尾与纪念墙上呈现的遇难者名录铭刻历史的悲怆，本书独辟蹊径，着眼于对未来的期盼与祝福，新生命、新生活的气息扑面而来。

《羌之红》始终保持一种平凡的守望——关注北川“草根”力量。北川普通民众重新站起一路上的心灵、生活、事业的重建历程，缘于民族历史的DNA，他们勇于面对灾难的信心和勇气、辛劳与智慧，是北川得以重生最坚实的基础力量，正如作者所言：“离离北川草，恰似这里普普通通的父老乡亲。正是它们一寸寸、一尺尺的蔓延，染绿了大难后的三千平方公里土地，构成新北川版图最伟大的底色。”

何以言志？唯有羌红！

北川是我国唯一一个羌族自治县，新县城的规划“羌”味浓郁。“羌”味浓郁的新建农房上的袅袅炊烟，羌”味浓郁的新校园操场上高高飘扬的五星红旗，羌”味浓郁的新建县人民医院高耸美观……这一栋栋的建筑物犹如羌族文化鲜明的一件件特殊的“艺术品”。

从绵阳城区出发，经永兴，过宽阔平坦的辽宁大道，行约40公里，至永昌镇永昌桥，即进入北川新县城。

现在的北川已发生了脱胎换骨的变化。绵阳西北方向，群山与平坝之间，美丽的安昌河畔，一座独具魅力的新县城已经崛起，这就是举世瞩目的北川新县城。

北川新县城边上矗立着既现代又有民族特色的新北川中学，校舍的墙壁和屋顶都以羌族服饰中最常见的红、黄、蓝、绿、黑五种颜色粉饰。站在学校门口，可以看见37米高的北川第一羌族碉楼高高耸立。随着5000多套安居房的完工，3万多名老北川居民在2010年底开始陆陆续续乔迁于此。

短短三年，在这块破碎的土地上，如此庞大规模的灾后重建工程就基本完成了，而且实现了跨越历史的大变化，难怪几乎所有到灾区来的中外人士，无不惊叹：只有中国，才能创造这样的奇迹！

“东海之滨，遥望西南。公共绿地，风雨廊桥，艺术中心……1000人次的专家学者参与设计，218个项目同时启动，一年多时间，它从破土到竣工。风雨后的彩虹，带着泪的微笑，它是一座城市，一座羌族文化特色浓郁的城市，更是一个温暖的家。凤凰涅槃，浴火重生，它是新北川。”

北川新县城在北京电视台和时尚传媒集团举办的时尚大典上荣获2010“年度时尚城市”大奖。

北川新县城的重建创造了新中国建城史上的“奇迹”，成为“5·12”特大地震灾后恢复重建的一个标志、一面旗帜、一个亮点。

伍松乔先生说，在北川两年时间里从官员到百姓，他采访了不下千人之多，才成就了他这部名为《羌之红·北川重生羊皮书》的书。

读罢这部书，掩卷而思，作品中一个个鲜活的人物仿佛就在眼前。

“北川奇迹”与“中国力量”，这是一部写在汶川特大地震三周年之际献给广大读者最厚重的礼物。

三年的时光可以跨越悲伤，三年的时光可以铸就奇迹。灾后重建的“北川奇迹”，让全世界看到了血脉相连的中华儿女，在灾难面前，万众一心，心手相连，凝聚成强大的“中国力量”。

“5·12”特大地震作为一个作家写作指向的事件，无疑是一个重大题材，其中包含的文化信息量肯定会因其巨大的灾难信息量而显现出空前的价值。一部人类史，就是一部灾难史，更是一部重生史。作者牢牢地把握住了这个切入点，通过零距离、全方位的北川重建历程，在记录中见证，在见证中解读，不断地探寻着人类在巨大灾难中的重生密码。如果说，“从悲壮走向豪迈”、“中国力量”、“中国奇迹”，是我们重生之后，热情洋溢、气壮山河的诗意表达，结构于《羌之红》当中那些朴实无华、冷峻深刻的记录、见证和解读，就是探寻生命重生密码的独到哲思。

从死亡之城到再造之城的往复中，我们能够解读出生命缘何总是在灾难深重中生生不息的密码。

从“再造一个新北川”的创举中，我们能够解读出制度选择和国家力量的密码。

从“光明和黑暗的角力”的选择中，我们能够解读出人性在善与恶的挣扎中光明终将战胜黑暗的密码。

在“山之东，北之川”的援助中，我们能够解读出民族尊严和民族团结的密码。在“一座传世之城”的形象和向往中，我们能够解读出希望作为生存力量的密码……作者从头至尾饱蘸着一腔激情、一片深情的文笔，同时为我们解读了“真情才有好诗篇”的文学写作密码。

这是四川2011年出版的一部值得一读的好书，它不仅仅是一座城市从苦难中重生的羊皮书，它更是一次心灵叩问生命，以及希望叩问未来的问卷。

展阅《羌之红·北川重生羊皮书》，这部近40万字的煌煌著作可以感动北川、感动时代，体现了作者的大缘、大情、大真。

汶川特大地震后，诗人、作家、艺术家的良心被震撼，尽管汶川是这场大地震灾难的符号，但地震最惨烈的却是北川，而地震后重建一座新县城的亦只有北川！“家家戴新孝，户户垒新坟”、“十步之中定有伤痕，一桌之内必有悲情”——这便是大地震后北川的写照。基于对北川的大缘、大情、大真，松乔的如椽大笔便沉重地落在北川这块土地上。他把北川的山山水水作为诉诸笔端的客体，他把北川的男女老少视为心灵对话的知己，故而使其作品闪烁出人性的光辉，恢复了几近中断的北川记忆，展圆了一个关于北川“劫后重生，死去活来”的主题。从而，使这部作品具有特殊的价值判断和“报告文学”的真正意义。

四

2008年5月12日下午两点，北川将举行一个“大禹文化研讨会”。

这个会议最该出席的人就是伍松乔。他从几年前轰动全国的大禹故里之争开始关注北川，先后和北川学者谢兴鹏联名发表了一系列大禹文化的研究文章，其中，《在北川朝拜大禹》一文，以翔实史料和严谨考证，为大禹故里之争投了重要的一票。2007年，他还牵头省社科院专家团队对北川的经济文化进行全面考察。

原本不知道是死神相约，收拾好的行囊扛起又放下，只因一个更重要的会议，伍松乔便婉辞了好友谢兴鹏的邀请——出席5月12日下午两点的北川大禹文化研讨会。

当日下午2点28分，山脚下的北川县文化馆被席卷而下的山体完全掩埋，与会专家学者无一生还。

在关于北川重生的描述中，伍松乔确立了一个内在的逻辑结构——国家行动、本土作为（干部、民众）、山东援建、传世新县城、新北川软硬实力等等，他认为，如果缺少任何一方面，便不足以表达它的复杂体系与庞大“体量”。如果没有每一方面来龙去脉的概况及其重点的述说，也是不完整的见证。他希望能提供一个新北川发生轨迹的缩影，希望能纳入最新的情形。

“我万分珍惜自己和北川的缘分。早在地震之前，自己就与北川、北川的朋友有了交往并留下美好的印象。‘5·12’后，小心翼翼地走进北川，一次又一次，前世今生，时空交叠，新旧撞击，真有一种梦幻般的感觉。”

在北川，有两股支撑起“人”字铮铮铁骨的悲情力量——北川干部和北川草根——不容小觑，绵阳市副市长、北川县县长经大忠曾说过：“我们从废墟里爬出来，就再也没有倒下过!”是他们塑造了大写的北川人的形象。

可是，他们肩负着难以承受却必须承受之重，他们要“再造一个新北川”。因此，伍松乔呈现的涅槃北川，便极富思辨色彩，以人性化的反思和关照，来体现北川干部在光明与黑暗间拔河的艰难抉择，在塑造一座钢筋铁骨新北川的同时，更塑造了这群坚实的北川“脊梁”。

破碎山河之上，“离离北川草”凭借“春风吹又生”的坚韧，染绿了灾难后的三千平方公里土地。地震发生后，世人的眼球总会聚焦到被媒体“挖掘”出的热点人物身上，比如“芭蕾女孩”李月、“敬礼娃娃”郎铮、“生死恋人”郑广明和贺晨曦等。其实，还有无数平凡中彰显伟大的北川“草根”也焕发出勃勃生机，许多人冒着余震便返乡自建家园，吉娜羌寨的集体婚礼、家产丧尽再创业的千万富翁、无数北川学子在身心重创下成就梦想、震后灾区唯一坚持巡演的北川羌族民间艺术团、誓将羌族文化传承到底的“星星之火”、一年三劫的北川女“猪倌”龚兴兰……伍松乔的目光始终追逐着这份果敢执著，透过这些人对家园的渴望、对生活的不懈追求，传达出一个永恒的话题——生命价值。

伍松乔以行吟记者的身份亲自采写，以读者的角度解读北川，以作者的身份记录北川，更以学者的身份关注北川的后续发展，这份严谨和执著实属不易，正如作者所言：这是一部融入了真心、真诚、真实的“真品”，塑造了一个有血有肉、立体丰满的大北川。

就作品本身而言，虽然是洋洋近40万字，但切口却很小，以一位地震中新生的中学生母小艳作为“引子”，由她穿越的23公里路上的“三城演义”作为“线”，串出了一个极其宏大的主题，把北川和羌族这两个极其厚重的“名词”有机地和盘托出，既亲切，又厚重；既大气，又机巧；既文学，又写实。一气呵成，大快朵颐。

书中不乏这样的“引子”，一些看似很小的事和人，在伍松乔的笔下往往却起着画龙点睛、承上启下的作用，这些很小的人物与零碎的事件与整个北川大背景有效地融为一体，达到融会贯通的功用，从而收到融为一体之效果。

大开大阖，收放自如，情景交融，环环紧扣。每每读到这些“零碎”与“整体”的无缝对接，都会让人掩卷回味，拍案叫绝。

正如伍松乔在书的序言中介绍其内在逻辑结构时，所说：“新北川崛起的基本力量，是它的‘气’与‘势’；表现与推敲讲究的另一层面，则是‘韵’与‘味’。”我们的视野和情绪，往往随着文字的转承起合，游走在“气”与“势”之中，徜徉在“韵”与“味”之间。

“心若在，梦就在，天地之间还有真爱；看成败，人生豪迈，只不过是从头再来。”从来没有一座城市，在它出生之前就被寄予如此深切的期盼与渴望。唯此北川！

而今，退休闲居成都红星路的伍松乔，喜欢坐在靠窗的书桌边，遥望北川方向的天光云影，在幽静的气氛中沉思、作文。从他家客厅的落地窗望出去，静谧的远山时隐时现，窗下的林间常有飞鸟振翅而过，充满生命力的锦江永远静静地流淌。

和松乔相向而坐，畅聊他的传媒人生，他于言辞中所折射出的新闻人的沉稳睿智、文人墨客的学识沉淀、诗人的雅致韵味、演讲家的缜密思维、对事物鞭辟入里的解析无不让我心生仰慕。

从 1969 年“上山下乡”插队落户富顺到 1988 年调到《四川日报》，近 20 年的工作之地，给他的人生经历画上了重重的一笔。

“问耕耘亦问收获，耐寂寞且耐热闹”，松乔先生自 1980 年开始从业媒体文化，曾经有过若干机会与诱惑去尝试别样的精彩或无奈，终究还是选择了从一而终。

我想，这该是松乔先生一生执着追求的风范吧。

郑单衣

郑单衣，1963 年生于四川自贡市，“文化大革命”期间上完小学和中学，并开始写诗。

1981 年考入西南师范大学化学系，并开始发表诗歌。适逢 20 世纪 80 年代文化运动和现代主义运动，活跃于学生社团，1985 年组织重庆市大学生联合诗社，主编社刊《大学生诗报》和《现代诗报》。

1999 年后定居香港，任职报馆编辑。2003 年至今，自由写作。曾应邀前往欧美进行朗诵和演讲。曾获“首届一行诗歌奖”（纽约）。著有《夏天的翅膀》（1984～1997 诗选，汉英对照，罗辉译）、诗集《蔚蓝色天空的黄金》（1995 年）、《郑单衣小说集》等。逾 30 种诗选集收录郑单衣作品。

郑单衣栖居的诗意时空

——自贡籍著名诗人郑单衣其人其诗

人的出生地对其先天禀赋和后天才情都有不可估量的影响，这在作家和诗人身上表现得尤为明显。一方水土养一方作家。京都市井诞生了老舍的《四世同堂》；吴越的豪气造就了文豪鲁迅的笔墨风流；典型的川西风物，又孕育出巴金笔下四川故园的遗韵。童年所在地的文化风情潜移默化的浸润，对于每个文化大师来说，是何等的重要！如湘西之于沈从文，沫水若水流过的乐山沙湾之郭沫若，漠河北极村之于迟子建。还如俄罗斯广袤苍茫的大地孕育了康·帕乌斯托夫斯基、玛丽娜·茨维塔耶娃、肖洛霍夫、普里什文……

四川盆地的丰饶与温润，自成一体的格韵，物华天宝，人杰地灵，经历上千年发展，不仅积淀形成了丰厚独特的巴蜀文化，域内众多的青山与江流灌注还造就了一代又一代的诗家词客；其内心感觉的锐敏、激情的迸发、感情的炽烈丰富、山川风物潜移默化的影响，成就了古往今来多少的清词丽句和锥心泣血之作。

而今在中国诗坛颇有声名的郑单衣是四川自贡人。

地处川南腹地的国家历史文化名城自贡，境内群山叠翠，蕴秀含珍；人文荟萃，民风淳朴。以其特有的风采和格韵，卓立于中国城市之林。享有千年盐都的盛誉，又有恐龙之乡的美称，亦有南国灯城的盛名。

已逾天命之年的郑单衣，是一位在非传统场合声名显赫的中国诗人。

20 世纪 90 年代，他在大学、咖啡店或酒吧朗诵，每每有成百上千的诗歌爱好者蜂拥而至。“郑单衣的诗风格清新，意象惊世骇俗，却没有某些西方当代诗歌煞费苦心的冷嘲热讽与自我放纵。他的诗，既因其奇妙而动人，又因其深邃的隐喻而引人深思。”这是香港华文奖提名诗人对郑单衣的介绍。

《夏天的翅膀》让郑单衣一举成名

郑单衣的诗风格清新，诗美魅力四射。比如他在《北方日记》中写道：

我身上的那些自行车乃去掉了灵魂的
马群呢，在林荫道
人群离地，穿梭，像幽灵在飞……
雾。我们置身在彼此的雾里

在《我向往一个地方》中，诗人言简意赅地写道：

我向往一个地方，与我的命运
和解，那儿的一切
已安排停当。整个四季
我都住在那儿

有时候，他的诗则准确捕获了古典的优雅与含蓄，如《玫瑰花浴池》：

这儿是散步在林间的灯笼和马
这儿是晕倒在丝绸里的
温柔的玛利亚
我们叫你玫瑰，是因为低垂的马头
正弯向自己午夜的心扉
我们叫你玫瑰
是因为幸福的灯笼
如此渺小的躯体中
也有火焰在扑动！

目前旅居香港的中国诗人郑单衣虽然从小就爱诗、写诗，而且出入于古今之间，但受访时却对记者说，他并不喜欢别人叫他为“诗人”。一方面他学的是化学，又倾向理性思维；另一方面，他出生于中国的四川，毕业于西南师范大学，从 20 世纪 80 年代开始，虽然他写诗、写小说，但和中国诗坛、文坛的主流格格不入。

他的诗人身份和诗名，是 2000 年在香港出版了他生平的第一本诗集《夏天的翅膀》后才广为人知的。

据说，厚近 300 页的诗集《夏天的翅膀》是因为靠了英译才获得肯定。译者罗辉，目前定居加拿大，是一名从事文学翻译与研究的中国博士生，他是在北京聆听了郑单衣的作品朗诵后，深受感动，于是用 5 年时间翻译郑诗成英文。

《夏天的翅膀》内容分成八部分，创作日期从 1984 年到 1997 年。

《夏天的翅膀》（加拿大 SIXTH FINGER PRESS 出版）共分八辑，收选诗人 1984～1996 年主要的诗歌作品 106 首，多伦多大学东亚系学者罗辉译成英文后在香港、伦敦和多伦多三地出版。罗辉的英译本，不仅把中国现代抒情诗介绍给了西方读者，更使得中国内地和香港的评论界重新关注和审视郑单衣，并使其作品声名远扬。

诗歌评论家、诗人，河北师范大学文学院教授陈超这样评价《夏天的翅膀》的面世："这是郑单衣诗歌第一次正式结集，透过香港国际文学节产生的影响，引起中、英、法、德逾 40 家媒体关注，成为近 20 年来最为轰动的中文诗集之一。短短数月内，它不仅使郑单衣成为中外诗坛关注的焦点，更迫使大陆诗界重新反思创作与批评的得失。"

这简直是一个奇迹！作为一位杰出的诗人，郑单衣用 20 年时间才在香港出版了自己的第一部诗集，其中富含的意味，不只是他的个人坎坷，更像是对一个麻木、蒙昧时代的有力讥讽。当然，也昭示着一个真正的诗人的审美高傲。

这位忠诚于艺术、眷念生命、心地格外敏感和善良的诗人，在旷日持久的写作中，彰显了一个纯粹艺术家的缄默的力量，捍卫了诗和诗人的尊严。

从郑单衣的个人资料看，他先后已完成的作品包括诗集 5 本、小说 4 本。他说，其实这是指已经完成手稿的数目，并没有正式出版过。原因是，中国没有人愿意出版他的书，他的作品流通的唯一方法是通过复印。因此，《夏天的翅膀》既是他的一本作品选集，也是一个合订本，包含了过去 15 年来未出版的若干本诗集在内，出版的意义在于：见证了郑单衣在不同时间与地点的写作和生活。

对于自己的作品，郑单衣说，诗作都不是印刷出来贩卖的，它们像地里长出来的土豆、菜蔬和花卉，你采摘它们、收集它们，然后再分送它们。通过邮局，通过自己和偶然路过的远方的朋友的手和口袋去到别处。对他个人来说，那是一些不断分发出去的个人小诗集。

谈到诗集形成的过程，郑单衣说，实际上，那也不太像是印刷品，而像一种手工艺品；印、做都可以，自认是把个人最好的诗弄成一本书；薄薄的一小册，有时是 10 首诗，有时是 25 首诗；有时 10 本、25 本或 100 本，有时只做 1 本。

幸亏旅居多伦多 Annex 的罗辉煞费苦心清除重重障碍，才使这颗本有可能被埋没的诗歌新星大放异彩。

而今的郑单衣深受国际文坛瞩目。中文文学界冠之以“新生代重要诗人”之名，批评家更将他与文学雄狮——狄兰·托马斯、勒内·马利亚·里尔克相提并论。在最近的“香港国际文学节”中，郑单衣被媒体作为焦点人物进行了报道，影响巨大的《南华早报》甚至动用了整版。

才华横溢的罗辉来到多伦多大学之前，在美国印第安纳大学比较文学专业获得了硕士学位。而上印第安纳大学之前，他曾在中国国内从事杂志编辑、写作及纪录片和广播节目的制作。他于 1997 年制作的教育系列片，讲述的是一些外国家庭在中国的经历，现在仍在中国电视上播出。

能有机会在多伦多推出这部双语诗集，罗辉感到非常高兴。“这里华人很多，”他说，“我也希望这些诗歌的翻译能够促使更多的人去领会中国诗歌。”

郑单衣的诗路是“由古入今”。他在少年时代学写古诗，喜欢的诗人是以唐宋为主，后来又改为魏晋南北朝的阮籍。至于白话诗人，郑单衣推崇 20 世纪 40 年代的穆旦，认为穆旦从缅甸回来及逝世前的诗写得最好。谈到台湾的诗人，郑单衣选的是痖弦及郑愁予两家。他最惋惜的是中国当代诗人海子，认为如果诗人再活多 20 年，作品很可能有另一番面貌。

他也认为，一个诗人在 25 岁以前应该努力研发创作形式。美国诗人艾略特说，16 岁必须形成自己的风格；中国的王小波 20 多岁时便已经写出很好的作品。

郑单衣说：“中国的作家、诗人过于具有集体意识而不注重个人的追求；他们假定什么是小说和诗，然后才来创作，像胡适和新文学运动，就引来大家的跟从、尾随，导致作品彼此雷同，毫无个性可言；诗人能够像李金发那样特立独行的不多。”

他认为中国诗人缺乏思想和个性，原因是，百年来中国的政治和社会始终动荡不安，人人自顾不暇，无法宁静地停下来想全世界和人类的问题，不像西方的文学家，已经能够做到把人类所面对的问题哲学化和寓言化。

郑单衣说："每天，当我工作至午夜，就会想到诗歌。唯有诗歌才能把我从这种后工业时代的静态的、闪闪发光的死亡状态中拯救出来。"

如此纤细的感觉与诗人内心世界的丰富大概密不可分吧。郑单衣的抒情特质令人着迷。

郑单衣注定是一个深情歌唱的人，即使他的歌唱有些悲愤有些哀怨有些迷离。不知道"又有多少怨尤，在弄着一件单衣……"

诗人的名字常让我想起周邦彦"正单衣试酒"的诗句。"单衣"和他的名字是否有着必然的联系？

他的诗是一条回归心灵家园的路

盐都自贡有关"盐泉"的传说家喻户晓。读单衣的诗集时，你会发现他的诗中常常出现盐的意象，这使我们不期然地想到，他出生于盐都自贡，在他的心中大概也有一个关于盐的传说吧！进而联想到他的诗，像一口盐泉，每一首诗都有浓厚的生命盐分。

我们这个时代真正的诗人已经死了，却不少一些欺世盗名之徒挂着诗人的桂冠招摇撞骗，炮制的不过是附庸风雅、无病呻吟、酬酢应景的货色，他们的诗，不缺少虚假的感慨，却缺乏真实的感情；不缺少谄媚的奴气，却缺乏文人的风骨；不缺少自恋的呓语，却缺乏自省的勇气；不缺少自我的膨胀，却缺乏真我的张扬。

郑单衣1999年后定居香港。然15载寒暑，尽管他也要面对生存的胁迫，但他始终栖居和浸淫在自己的诗意时空里，他说："我长期生活在与职业写作没有关系的环境里，培养出一种习惯和能力，我不把写作作为谋生的手段。我是学理工的，教了八年化学，然后又转教中文，做研究等，我前后做了13年的教师，来香港后做报纸、做财经新闻。职业与我的写作早就构不成抵触，完全是两回事。我的生活，我的内在最真实的自我进入诗歌，那个不真实的自我就去工作。我有这样的经验，所以不像20世纪90年代经济大潮冲击下的很多作家那样惶惑。我和我自己也构成了一种平行关系。"

刚去香港的时候冲击还是很大，突出的是语言障碍，不会说广东话，不会说话就像失语症一样，你不能融入，不能和人沟通。约有三个月是最困难的。单衣学东西很快，很快就可以很流利地进行交谈了。然后要找一份新工作，这和在大学的悠闲是两码事，他每天要在一栋大楼里待八到九个小时，这是合同规定的，即便没有工作也必须在里面，它是打卡的。

他说到香港最初是在家里有一点点工作做，后来就去外面的公司做就是去做财经，香港的、大陆的、台湾的，还有外国的新闻，还要负责香港的地产。他教化学跟文学没有关系，把化学改成财经，并没有失落感。他就是要靠这份工作赚钱，否则就不可能去做他想做的事了。他很主动地面对这种压力。先学电脑，之前对电脑完全陌生，学了一个星期，他的朋友送了一台电脑给他，然后他把自己关在一个房间里“自学”。朋友们认为他可能干不了一星期，结果一干三年多。生存真是一种值得骄傲的本能。

“我不是那种天天坐在那里写诗的人，真正花时间的是阅读和思考，我基本上没有时间像原来那样阅读，每天下班后都有被掏空了的感觉。我在贵州就有大量时间，甚至可以频繁地睡懒觉，但我不懒。我的痛苦不来自怎样安顿自己的肉体，而是一种很内在的孤独。那部分自我是很痛苦的。我真希望这不是在采访，而是一起谈诗，谈诗人和生活，谈一首诗是在何种情况下写的，为什么要那样写等等。我一直追求这样的生活，做了很多年准备，就是想去过这样的生活。”

诗歌界不少大家对郑单衣的欣赏正在于他对诗、对生命的那份执着，且以其创作实践证明了他不同凡响的格调。从他的《诗》这首作品中，我们可以看到他的诗歌观：

> 我撕开纱布绷带/我撕痛苦的皮给你看——/瞧，这就是/诗——正在变红的这只鸟/羽翼丰满，肌肉结实，包扎着骨骼/声带白银薄如蝉翼/整个地……再瞧/那天上的发育/以及，有力的她留在纸上的深深爪痕……

真正的诗就应该是这样的，撕开人生的纱布绷带、撕开生命中痛苦的皮给人看，而且，诗是新的生命挣扎奋起而留在纸上的爪痕。

我一直深信，诗不是“写”出来的、“作”出来的，诗只能是生命的记录，是用血和泪酿成的，当生命的欢悦、喟叹、哀鸣、愤怒形诸文字时，那就是诗。除此之外，便没有诗，那些用虚情假意作出来的诗，只能是文字的垃圾。

从单衣的诗中，我们可以看到一个寂寞、痛苦的灵魂。还可以看到一个诗人20年的心路历程。这样的诗只能出自孤独的灵魂。对于一个有艺术精神的诗人来说，这种孤独是必然的也是必要的。只有内在的力量、感情才可产生激荡人生的诗篇，那些迷失于人群中的耐不住寂寞的人岂能听到内心的声音？

读单衣的诗，我感触最深的是，这些诗都是“内出血”留下的痕迹。从这些诗中，我看到了一个诗人被撕裂的灵魂，听到了一个诗人内心深处的哭泣与呐喊。

这是一个在理想与现实、希望与绝望、生存与死亡的两极困境中挣扎的灵魂，在两股力量的撕扯下发出的声音。这些诗同时又是诗人止血的盐，医治生命的创痛，涂敷他流血的伤口，抚摩他孤独的灵魂。

单衣的诗所蕴涵的生命铁质、盐分，不是靠读书穷理掺和进去的，而是从个人生命体验中分解、透析出来的，是生活的榨汁机榨出来的眼泪——没有“一滴虚假的泪水”。在《夏天的翅膀》等名篇中，我更深深感动于诗人一颗飞升的心、一种超越的境界——“啊，再高些，让我们临空俯瞰。你看人世/那些渺小的心灵，蠕动着，那儿，你看——/我们命中的家园。”

“插上一双夏天的翅膀！让你领着，像团火/收集夏日飞逝的阳光。为一支歌/啊，我的翅膀，你看我离地，腾空，选好了/方向……”

单衣的许多诗都表达了这样一种飞升的喜悦，在那乐天的表象之下，我们又不难看到其中深埋着一颗悲观的心。这就是单衣的诗所暗蕴的张力。

单衣说得好：“诗，是我们的内在祖国，现实永远是诗人的异域”。他的诗是一条指向回归心灵家园的路。在我看来，单衣像他诗中经常出现的“梦游者”一样，他生活在梦境之中，而不是生活在现实的“异域”中，世俗的生活只会窒息他的想象力，他的创作基于一种强烈的近于疯狂的内驱力。从他的诗中，我们看到的是尼采所高扬的那种酒神精神。作为一个有创造力的诗人，他的作品也显然与众不同，他从来不用别人用惯用熟用滥的意象，只用出自其心灵的隐喻物，如石头、鱼、鸟、乌鸦、盐、血、秋天、夏日等。

他的诗，是以一种有异于我们常用的意识编码符号发射出来的心声。

单衣是我的同代人，我们有着共同的生活背景、文化背景，从他的身上，他走过的路，可以看到一代人的影子和足迹。也许，诗人在现实社会中是彻底的失败者，注定要生存在困顿中，甚至被人视为异类，但诗人拥有的是一个澄明的精神天国。

将那个声色犬马的世界，留给那些醉生梦死的凡夫俗子吧。

诗，其实无处不在，只要我们真诚地活着，就已经是在用生命写着一首诗。在通向文学圣殿的路途上，诗人酷似圣徒一般的殉道者。

就其非凡的洞察力和表现力而言，他是个天才；就其对艺术的虔诚追求而言，他是最驯服的“奴隶”。

中国新诗的发展是伴随着对西方文化话语的主动借读和被动接受而发展的，但自身一直缺乏稳固的批评立场，导致了在经受西方后工业社会科技浪潮而来的后现代文化精神全面浸润的当下语境下，整个诗歌系统的失衡和欠缺。

新时期以来，朦胧诗潮在主体精神上对传统的反叛很快便被权利话语纳入主流文化的视野，从而获得了社会审美的胜利。

作为对朦胧诗矫枉过正的结果，第三代诗人彻底消解了崇高，回归了民众，却带来诗意丧失的恶果。

在中国当代诗坛上，在轰轰烈烈的诗歌运动中，在流派和山头频起的口号声中，郑单衣显然不是一个炙手可热的人物，当然也不是一个抛出奇谈怪论的人物。从媒体意义上说，郑单衣是个沉寂者，偶然能发现他的一些诗篇，比之那些连篇累牍发表诗作和诗论者，他实在是显得那么安静、寂寥。

对一个诗人而言，在写作着，就是一种良好的状态。因为诗，就其本质而言，是个人的，哪怕它负载上了一些本不该其负载的东西，它还是呈现个体生命的某种状态，由此体现一些普遍性的东西。写作更多的是种独立的个人行为，带有明显的个人特征。

资讯发达的现代，媒体的运作是会在短期造出一些响当当的名字，但可悲的是，这些“响当当”只是被人作了一种工具以达自身目的，当然他们也获得了可观的名利。

真正的艺术家肯定是耐得住寂寞的人。

郑单衣的沉寂，我以为是接近了生命之于诗歌的本然状态的，他一直保持着特有的抒情气质，在他的诗中几乎没有20世纪诗歌中常见的学识的渊深和不测的玄思。

郑单衣自言，就写诗而言，他比较同意所谓“情信辞巧”的旧说。这使他的诗表现出一种令人着迷的抒情气质。

“哦，有多少珠帘在这时幽闭/又有多少怨尤，在弄着一件单衣”（《凤儿》）。这两句摄人心魄的话，初读以后一直萦于怀中，久久盘旋。文字的珠玑熠熠生辉。“怨尤”在此已变作动态性状“弄”的主语，别有意味。

文字是雅洁的，泛着一丝淡淡的孤寂的清辉。

“今夜，我贪婪的凤儿是只狐狸”，一种无法言说的东西陡地在心里升起，语言是平实的、看似不经意的，内里却蕴蓄着心中的深情。

诗人之所以称为诗人，就在于他能挖掘出一般词语的潜在力量，诸如用暗示、隐喻等手段使词语发挥其最充分的作用。

诗人写诗不仅是诗人演奏词语，而且要词语创造诗人。

著名诗人郑敏曾这样评论郑单衣的诗集《夏天的翅膀》：“这是一部中英文对照诗集。罗辉先生的译文极为传神，自然，冥冥中有一种引导读者深入诗人难以言传的诗情和意境的魅力。在英汉两种相差几千年时间和几万里空间的语系间，罗辉先生竟能找到如此的意会神通，交映成辉的翻译之途，实在令人惊讶。”

“我喜欢读他的诗，是因为他的诗是用他的热血和痛苦写成的。他的诗有青年的澎湃生命力，和丰富的理想被撞得鼻青脸肿时的纪录。这也是人类进入现代历史的共同经验。急促的节奏，叠加的意象，优美的细节，荒诞不定的指向，使郑单衣的诗作成为当代抒情诗的一种类型的代表作。我看重它的另一个原因是，它以复杂的多义性满足了批评与阅读的空间诉求。”著名诗人徐敬亚对郑单衣的诗如是说。

诗歌评论家、诗人陈超对郑单衣的诗也有如此高的评价：“郑单衣的诗最显著的特征即强力抒情。这也是其屡遭排斥、误解，却又为少数真正的行家所赞叹的地方。抒情，乃是汉语诗歌的根源之一。郑单衣的诗歌特性，或者说他对现代抒情诗的贡献，就是在整体的浓郁的情感氛围中，巧妙地包容了本真的身实感、经验细节、潜意识冲涌、生命记忆，乃至自我盘诘与争辩。然而，最重要的，还在于他的语言天才——冷静的词语塑型与控制能力，和对诗意空间的结构能力。这些饱满、具体而鲜润的诗歌，让我们看到了一个有魅力的“文学性个人”对生存、生命、母语的虔敬和极富原创精神的命名。

读郑单衣的诗，我会感到读诗是对人生的一次赐福，或许诗人的命运常会充满颠踬，但说到底，诗是给人安慰的，是让人迷醉的美酒佳酿。

使人心动不已的《南方都市报》访谈

2003年炎夏时节，《南方都市报》记者对郑单衣作了一个题为“传统离现在有多远”的长篇访谈。这篇访谈至今仍彰显着郑单衣的诗美观。

记者：一提到你，人们会立刻想起一个词——抒情诗。在商业社会做一个抒情诗人感觉如何？

郑单衣：我只按自己的方式写作，从不在乎别人怎么写怎么说。我在乎的是，诗的好和不好及其原因。在商业社会作一个诗人，虽然生存压力更大了，但写作对我来说依然是件快乐的事。

记者：有人认为抒情诗是柔软的，在这个日益理性和冷漠的时代，面对我们现在这个颇为复杂的社会，“抒情”被认为是无力的，你怎么看这个观点？

郑单衣：对我而言，时代社会的冷漠和复杂并不起始于某年某月某日某人某事，它从来也不曾简单过。因此诗人面对的不仅（岂止是）现在，他还必须面对过去或将来的冷漠和复杂，否则怎么会有诗人去写“京口北固亭怀古”呢？所以，我不知道诗人一旦合了时宜会是什么样子，却清楚地知道自己从来不合时宜。这起因于自己梦想找到一种现代汉语，它是柔软而流动的，像外溢的泉水和奔涌的江水一样。那样的语言，正具有我所理解的诗歌的全部力量。我当然不否认语言还有其他形态的力量，类似于板斧有板斧的力量，口号又有口号的力量。我只好去找自己的力量。

“日益理性的时代”是什么意思？在我看来却正相反，这是一个日益疯狂的时代。比如，做什么事都一窝蜂，理性从何说起？在我看来，写作才是时代理性之一种，因为它是抵制疯狂最直接的手段，是感受能力和思考能力的直接后果，同时更是个人才能的证据所在。诗乃修为，追求的是语言和生命的自足，写作企图抵达的正是这种自足性。

记者：继承民族文学传统一直是我们的口号，你怎么看？如果要继承，如何继承？我们应该从古典文学中吸取哪些营养呢？

郑单衣：汉诗讲的是“境界”。虽然我们不再用五七言的形式来表达，但是同样可以用白话去表达那种境界。我们说诗人讲修为，就是要让心灵达到某一种境界。当你达到那种境界，文言、白话，又有何妨呢？哪怕不用语言来写诗，举手投足也可以表达那种境界。被称为“诗”的东西就是这样。从这个意义上说，光喊继承传统，还不如简单些，叫“修身养性”更准确。有这么个故事，一个钢琴家落难，钢琴没有了，他就在木板上画了一个琴键，看他的指头动作，一样可以知道他的音乐、他的境界。

记者：不少古典诗歌之所以至今仍然流传，我想有两个方面的因素特别重要，一则是不故弄玄虚，简洁优美；二是朗朗上口，可歌可诵。你的诗歌似乎也有这样的特点。当代中国诗歌日益小众化，是否与这些传统的割裂有关？

郑单衣：诗歌日益小众化很正常。首先，我认为诗的读者几乎是一个恒量，不怎么变。读者可遇而不可奢求。任何人都有阅读资格，差别在于领悟能力。

记者：20世纪90年代以来，学术界大量引进、翻译西方的文学批评和创作理论，也出现了一种以西方的标准和原则重新来审度中国的文学创作的现象，你怎么看这种现象呢？

郑单衣：中国知识分子最缺乏的就是独立思考的能力。文学肯定有标准，作家写出作品，并不是为了送去文学品质检查所打印，迎合标准。每个人手里都可能拿着一把不同的尺子，怎么办呢？所以我曾鼓励诗人把作品阐释权收归己有，拒绝那些胡言和乱语。朗诵就是最直接的拒绝。

记者：你曾经说过，盲目迷信西方一个很重要的原因就是现当代中国文学缺乏经典，缺乏可以成为里程碑和尺度的作品，那么，面对这个情况我们该怎么办？中国文学要走向何方？我们要向古典文学寻求标准吗？

郑单衣：当代中国文学缺乏经典，指的是，我们的积累不够。好作品有，但量不够。所以，好作家的才能里才有真正的方向。我们当然要向古典文学寻求标准，但不一定采用古文写作。

记者：以前诗人喜欢三五成群，凑在一起吟诵诗歌，现在这样的聚会少了。而一般的读者甚至爱好者也觉得离朗诵的距离相当遥远，你怎么看这个现象？

郑单衣：朗诵把诗人带出自己的小天地，是种很好的交流机会。朗诵就是交朋友，一起度过快乐的一、两个小时。

记者：在跟国外诗人的接触中，你感觉诗歌在国外处于什么样的位置，诗人们如何处理诗歌和生活？

郑单衣：诗人在哪儿都是不好过的，但诗人们总能找到自己的面包。如何处理和生活的关系也是因人而异。相对来讲，他们没有中文诗人那种文化负担，比如文学使命之类。也不会成年累月地把里尔克、布洛茨基等挂在嘴边。和他们交往非常轻松。

诗人周伟驰这样评价这次访谈：“2003 年 7 月 15 日，郑单衣答南方都市报的记者问，有这么一答，使人心动不已：“中国知识分子最缺乏的就是独立思考的能力。文学肯定有标准，作家写出作品，并不是为了送去文学品质检查所打印，迎合标准。每个人手里都可能拿着一把不同的尺子，怎么办呢？所以我曾鼓励诗人把作品阐释权收归已有，拒绝那些胡言乱语。朗诵就是最直接的拒绝。”

第二辑

枝繁叶茂

ZHI FAN YE MAO

王孝谦

王孝谦，男，汉族，1964 年 5 月生于四川富顺，民建会员，经济管理学研究生，中国作协会员。曾任富顺县农业局经济作物站副站长、富顺县石农乡乡长助理、共青团富顺县委副书记、县工商联（总商会）会长、副县长等职。曾挂职任南京市溧水县（现溧水区）县长助理，现任自贡市政协副主席、市工商联主席、市总商会会长。

有作品收入《中国新文学大系（1976—2006）》及《中国当代小小说大系》、《中国散文大系》和加拿大大学教材等。小小说集《永远的标记》被列入“中国小小说 50 强”丛书并获 2009 年度“冰心儿童图书奖”。作品还曾获四川省“五个一工程”奖、全国微型小说（小小说）年度评选一等奖和《散文选刊》全国征文一等奖等。已出版小小说集《痴圣》、《永远的标记》、《魔椅》、《似曾相识的冬季》，短篇小说集《危房》、长篇小说《酒话》、散文集《人生如茶》、报告文学集《越过丘陵》、随笔集《神奇的仙市古镇》、剧本《君子魂》等。

日暮乡关何处是

——小说家王孝谦从《魔椅》到《酒话》的嬗变

2013年初春，桃红柳绿。

作家王孝谦继四川文艺出版社“百年百部微型小说经典”丛书《魔椅》出版之后，又捧出了他的第一部长篇小说《酒话》。以睿智简约的小小说饮誉文坛的王孝谦，由此在小说创作上完成了一次由“小”到“大”、从“短”到“长”的文学跨越和嬗变。

长篇小说素来是衡量一个城市文化和一个作家创作水准的一项综合性指数，它不仅是一种体量的跃升，更是一种视界的扩大和内涵的丰满。《酒话》的面世，不失为作家王孝谦阅历饱和、创作成熟的征兆。《酒话》用调侃的笔法描写了一个严肃的话题——经济发展与文物保护的矛盾。深刻描绘了官员与老百姓及媒体人、自由职业者等对经济发展与文物保护的不同态度与作为，塑造了国家公务员何明田、卢芳菲、文洁、方箐、林艳及平民百姓痴人李良等极富个性的典型形象。

《酒话》还是一部历史文化保护与利用题材的好小说，它折射出当今多元化社会下的人性光辉与对真善美的追求，展示了文物保护的艰辛、曲折与无奈。小说描绘了“银州”厚重的历史文化，彰显出对历史文化保护的深层次思考和其任重道远的期盼，也不失给当政者和广大读者奉献了一部鲜活生动的历史和文物保护教材。

一

知道王孝谦是20世纪90年代初期，那时自贡的微型小说创作很活跃，孝谦和市里几个志同道合的文友们成立了自贡市微型小说学会，还办了份《微型文学报》。

那时王孝谦曾在中组部、中央统战部的安排下，被委派到江苏南京溧水县政府任县长助理。他到了江苏，在南京与凌焕新教授、沙黾农、滕刚、戴珩、石飞、满震、雅兰等一拨微型小说作家、评论家相聚，切磋微型小说创作。那一行对话，孝谦的儒雅、睿智、大气、稳重，给各位留下了不俗的印象。不过那时的孝谦给人印象最深的还是他的微型小说创作。

他在富顺县当副县长时，竟然创作了一组“厕所题材系列”的微型小说，题材新鲜，立意深刻，人物立体，引起了读者与评论家的关注，有多篇被选载、转载、评论并获奖。一个天天东奔西颠的副县长，能在百忙中挤时间写小说已是难得，能写出特色更为可贵。孝谦在第一本微型小说集《痴圣》之后，又一部小说集《危房》问世，收录在这本集子里的49篇作品，题材涉及的面更宽泛，不仅有官场的众生世像，也有百姓的饮食男女；不仅有现实生活题材，也有故事新编等荒诞派题材。孝谦更多地是关注各种不同阶层、不同身份人物的生存状态，关注他们的所思所想、所喜所虑，他的笔触甚至涉及了婚姻、伦理等人性本质的问题，作品颇具一定的深度、厚度和力度。

微型小说篇幅小，不能展示宏大的社会内容，可它灵活机智，可对特定的内容进行关注，可对社会生活的一“点”进行特别的表达和书写。

孝谦反映乡镇干部工作和生活的微型小说，不少写得鲜活生动，魅力四射。他的《乡长》通过前后两任乡长对待殡葬改革的不同态度，写出了人物不同的命运，令人感慨万千心潮起伏。《危房》一方面揭示了官僚主义的危害；另一方面，对从事危房改造的政府职能部门负责人的尴尬处境给予同情，同时对有关部门只打苍蝇而不打老虎的行为表示愤慨与谴责。贫困地区中小学危房事件频频发生，屡屡见诸报端，成为公众关注的焦点问题，引起全社会的广泛关切。作者曾担任县级领导干部，深知其中的内幕并有深切体验。因此，选择这个题材，既表明了他强烈的社会责任感和高度的忧患意识，也昭示了他过人的胆量与勇气。

擅长运用鲜活的细节，表现人性之美好纯洁的《永远的标记》，把守岛战士们丰富而复杂的内心世界真实地展现在我们面前，使战士们血肉丰满、个性鲜明，还战士们的本来面目，让我们更进一步理解与认识了新时期最可爱的人的精神世界。《徐记发店》中徐二剃头的绝活让许多人受益，最大的受益者是屠户金三。几十年后，徐记发店生意日益清淡，没过多久就关门了。绝活由盛而衰的原因，让人感慨万千浮想联翩。《富顺香辣酱传奇》语言精练浓缩，生动传神，读之满口余香，回味悠长。

人生经历的丰富是文学创作宝贵的精神财富与创作源泉。但孝谦说他经历过的生活不会很快搬入作品，而总是让其沉淀，像一瓶酒变得陈香之后再打开，味道总是更好。

他似乎总有一种社会责任感，在作品中或明或暗总想承载点故事之外的东西，这就是他的小说个性，所谓“人人心中有，个个笔下无”是一种不易达到的境界。

“我总在攀缘，我希望有人记住曾经读过某篇东西，记住一丝动人的亮光，而不必记住我这个人”。王孝谦如是说。

孝谦身在官场，又心系百姓，所以他有着得天独厚的创作优势，他小说的主人公，既有官场中人，更多的是生活在社会底层的普通百姓。由于他长年工作在基层，不仅十分熟悉老百姓的生活场景，而且对他们的行为方式、心理、个性、习惯、特点更有透彻的了解。因此，他笔下的人物，大都个性鲜明，既真实感人，又鲜活生动，让人难以忘怀。他的官场小说大多写得舒缓与平实，绵里藏针，针砭时弊不露声色，蕴藏着丰富而深刻的人生哲理。

王孝谦在微型小说文坛，已卓然自成一家，有了区别于他人的个性，也就有了自己的位置。他的微型小说不但走出了自贡，走出了四川，也走向了全国，甚至走出了国门。

二

孝谦经历过基层、区县和市级领导岗位等多种政界职场的长期历练，他以领导干部的凝重思考与业余作家的敏锐目光，兼具火热的心灵与冷静的头脑，把历史转轨时期的现实生活观察得纵深宏阔又细致入微，继而在工作之余和休假时段，用寸寸光阴去码成一座巍峨耸立的文字山岳，给读者提供了一大片多角度多维度的文学风景。

孝谦在一个轻松而调侃的书名《酒话》下面真实描写了一个不可回避的严肃的话题——经济发展与文物保护的矛盾。“一个没有历史的民族就好比一个人失去记忆，一个古建筑就是一段凝固的历史。”什么时候那些久远的历史记忆能够被人类珍惜、珍藏，什么时候人类就搜寻到了自己的脉搏。

孝谦在富顺县城生活工作了 20 余年，曾在县政府分管过文化文物工作，且一直致力于文学创作和文化活动策划组织工作，应该说参与和见证了全县文化事业发展方面的若干个大事件。因此，尽管一个很难写作的话题，因早就烂熟于心，在他的笔下就如行云流水了。历史与现实，文物保护与城市建设，个人政绩与经济利益，婚姻家庭与伦法道德交织一起，让人饱览了一副人生世像图。

《酒话》的故事情节主要在银州县域展开，那是作者目光中一个个非常熟悉的场景和记忆中一段段非常深刻的经历，经由他一管才华横溢的笔舌转换成亦真亦幻的精彩故事。小说中的人物形象生动，情节跌宕起伏，细节叙述栩栩如生，文物文化表述巧妙精辟。

文物保护与经济发展，历来都是一对矛盾。小说中文物保护虽然艰辛无奈但在曲折中向前发展并催人奋进，其主题立意应该值得充分肯定和认可，其故事情节与当今现实状况十分吻合默契。你看，何明田不是由副科升为正科了吗？李良不也最终吃上了“低保”并被何明田呼吁予以表彰吗？“银州文庙”成功申报为国保，“友爱古镇”成为国家级历史文化名镇，“西湖、江家巷”片区保护性整修启动，王向东着手打造“夺锦州”，“裸童之谜”研讨会和豆花文化旅游节如期举行，国家、省、市领导与专家学者和新闻媒体一直在关注“银州”文物保护，就连文物大师、国家文物局专家组组长罗哲文也将目光投向“银州文庙”……

《酒话》中涉及两任县委书记李友善、王保华，三任政府分管领导文洁、卢芳菲、何方洁，以及众多文化、文物管理干部何明田、林艳、方箐等，还有似痴似智的小人物李良，构成了一幅幅令人过目难忘的世相图。头头是道的言辞掩饰下的龌龊行径，翻云覆雨玩弄于股掌下的钱权交易，李代桃僵的阴谋算计，公务与私情交织的同事关系，在废墟与宫殿间的辛苦奔走，饮食文化与酒桌段子穿插的尘世交际，轰轰烈烈场景中的黯然伤情，无怨无悔的追寻与不计个人名利得失的苦斗，都是无阅历无才情者凭空臆想不出的精彩手笔。而小说的隐形主题则是文明与反文明的较量、坚守与放弃的选择、无私与贪婪的抗衡、正义与邪恶的对阵，这正是当今社会无处不在、无时不在的矛盾和问题聚焦点，它当然也是作家内心的隐忧和警觉的艺术呈现与公开传递。

难能可贵的是，《酒话》没有回避现实问题和社会矛盾去轻描淡写，而是大胆披露了官场中异彩斑斓的酒色财气，以及良莠不分与是非颠倒的荒诞现实。

不抱怨生活，不粉饰生活，使孝谦的这一部小说具有一种令人钦佩的艺术特质。在作者笔下，没有一个人物是完美无缺的，也没有一个角色带有极端化的夸张，而是极注意把握描写的分寸感和形象的立体感，即使人物对话中的调侃亦讲究收放得体，绝不至于陷入流俗的低下与漫画式的轻率，这折射出作者大度淡定的心态。

从小小说起步，由短篇、中篇走向长篇小说创作，是不少成名作家已走过的路径。王孝谦身为自贡市级领导，一直以平易近人不事张扬的质朴风格出现在人群中，长期为地方经济成长与繁荣默默无声地辛勤劳作着。而业余之时，他又在小说创作上斩获颇多，国家级、省级获奖接连不断，其小小说专辑《永远的标记》2009 年曾获冰心儿童图书奖。《酒话》是他创作的第一部长篇小说，即是文字生涯的一尊里程碑，也是自贡市文学创作的一个可喜收获。

《酒话》绝非是语无伦次的“胡话”，而是“酒后吐真言”，它贯穿着作者关注地方文化事业和文物保护的赤诚情思与忧患意识，是一次追溯经济社会发展脉络的理性、深刻、大气的环眺、展望与审视，而故事中涉及的众多人物亦是推动历史文明生生不息繁衍不绝的传承者和创造者，无疑作者把发掘文化、守护文化、发展文化、弘扬文化的希望寄托与他们。

三

故乡是用来怀念的，而文字将拉长这种怀念。

创作小说之余，孝谦也有笔墨于散文。他非常注重散文的选题，主题的提炼、文章的谋篇布局，却又让你看不出刻意的做作、斧凿的痕迹，更没有那种令人望而却步的“八股”味，看似信手拈来，却又意味深长，发人深省。

王孝谦的散文里涉及的人和事非常多，林林总总，方方面面，童年生活的快乐、青年生活的执着、中年生活的沉思，以及到国内外旅游和考察的所见所闻所思所感，甚至对于富顺这个小小而古老的文坛人物近乎白描式的记录，在这些众多的篇章中，他的笔触及到了很多不同年龄、不同文化、不同职业的女性，作者通过对这些女性的观察和描写（大多看似随意实则有意），不自觉地体现了他的情感取向、价值观念和审美趋势，隐隐地传达了社会嬗变、道德转型的潜流在不同层次的女性世界引起的涌动，进而深层次地涵盖了作者独特的心理与社会道德观念的背离磨合与渐趋一致，其间，作者固有意识的稳定性与现有意识的强制改变产生了持久而近乎悲壮的对抗与认同。这个过程是痛苦的，然而却是最有意义的，孝谦在他的散文里无可辩驳的实践了这个过程。

作者在他的文字里所关注的女性大体上有四类：一是以他的祖母为代

表的血亲类长辈；二是他的妻子；三是他的同学和孩提时的女性玩伴；四是以导游小姐为代表的职业女性。

作者在他的一篇名叫《远去的童年》一文中，用平静的口吻叙述了两件小事。一件是在饥饿年代偷偷把烧得半生不熟的豌豆装到荷包里，“回家摸给祖母和妈妈磕磕牙”，这是一个农村孩子在饥饿的岁月里表达爱的最古老、最直接的方式，是特殊年代的特殊孝心，孝谦从小就有孝心，孝谦在以后的人生历程中对女性的尊重与理解，对妻子近乎母亲般的顺从与歉疚便源于此。另一件是祖母攒着分分钱为他买皮带，而他临时却希望买钢笔，结果皮带、钢笔连同祖母的蒲扇都没有买成。后来，他用捡狗屎得来的一角二分钱给祖母买了蒲扇，而祖母也悄悄给了他一支钢笔，他拿着时“就像握住了一把百炼成钢的宝剑”。许多年后，他反而为没能用过祖母买的皮带而终身遗憾。是的！我也曾给我的祖母买过廉价的“春耕”烟，祖母也曾经攒钱为我买过塑料扣子的小皮带，可这一切都不再来了，永远不会再来了，孝谦的祖母和我的祖母都早已入土为安了！作为那个时代的农村孩子，孝谦那么早就用实际行动去爱，从不无偿的索取爱，这一点在孝谦以后的人生岁月里比比皆是，亲戚、朋友、文友来了，他都要一一热情接待，在刚工作的岁月里，没有钱也要招待朋友。他没有想到过索取，他只是付出了真诚。可以这么说，孝谦童年身边的祖母和母亲，勤劳善良、终生劳累，默默无闻、关爱儿孙，他们的爱简单明了。这类女性形象，奠定了孝谦为人处世的基本风格，也培育了他细腻的感情、丰富的人性。

孝谦在《奉献，幸福的源泉》、《感觉模糊》、《29 岁不潇洒》、《我做丈夫》、《陋室特备忘录》、《逛街》、《感受亲情》、《做点小事》、《放飞的气球》等篇章里都直率地写到了他的妻子，妻子的宽容与责备，妻子的任性与豁达，妻子的勤劳与善良，妻子的一言一行、一举一动在孝谦的作品里都鲜活亮丽，感人至深，孝谦懂得怎样爱他的妻子。他尊重女性的精神，自童年以来至此阶段达到成熟。

对于他的女同学和孩提时的女伙伴，孝谦在《竹梦》中描绘的小岚姐，一个在商品经济大潮中敢于向传统挑战的农村女性形象，中国农村妇女多少年来只把希望寄托在温饱阶段，而孝谦笔下的小岚姐却说服大家砍掉没有多少经济价值的竹林，对准市场改种葡萄。这是一位带领农民致富的新型农村女性。在他的另一篇名《小河边有我的童年》的文章中，再现了他的童年女伙伴的梦幻形象。是晓翠，还是小岚，作者或许也不知道，但是，作者和她们都有一种共同的“乡思病”，都对牛儿竹掩映下的镇溪河水脉脉含情，体现了作者对真挚友情的追求和对故土发自肺腑的眷恋。

作者笔下的职业女性，出现在很多篇章里，分布于作者生活的各个时期。在《童年忆事》中的工人小阿姨王生趣，喜欢小孩子，“常给我东西吃，还给我买小皮带，”作者不敢画生趣阿姨，“怕把她画丑了”。《山村夜话》中的老实农民文庭富的妻子，干了拐卖妇女儿童的事儿，最终也被拐卖。《蔗乡情》中胡老汉的女儿秋平，是一位心地善良追求自由幸福的农村女孩儿。作者在旅途中接触到了不少导游小姐，有好多位都出现在作者的文章里，她们为时代、为经济所驱使的种种心态无不淋历尽致。《竹海烟雨》中辍学采笋的小姑娘，商品经济下，代表《傣家意识》的傣家姑娘，《飘花时季》中三位在京没有找到工作仍热情开朗的四川姑娘。

作者关注这些众多的女性，关注她们的苦乐、爱恨、抗争，其间倾注了作者对女性细致的观察、无比的理解与深深的思考。马克思说，妇女解放的程度是一个社会文明的天然尺度，作者在他的字里行间，表达了对众多的女性追求生活自由、情感丰富和思想解放的由衷敬意，深刻地呈现了作者对文明愿望的渴求和对人类细腻精神生活的坚守与呼唤。

读孝谦的散文，能读到一股淡淡的乡愁，或许是山冈上的那轮明月，或许是那清远的笛音，或许是那暮色里的野风。“故乡”这个形象总是浅浅地隐匿在文中的各色形象之后，淡淡地，解不开，化不去，也送不走。于是，在孝谦散文的优美韵律中，总是有一片辽阔的原野，在文字的另一端默默守候。

文学是“人情练达”，是“世事洞明”。作为一个写作者，我们无论如何不愿、也不敢放弃对于写作的信念——让书写去对抗时代的衰微；让想象打开思维的边界；让自由为这个世界的苍白增添一份深刻的力量。

日暮乡关何处是？而孝谦，正是那“烟波江上有人愁”之人吧。

陈 刚

陈刚，四川自贡市人，出生于1963年10月。四川省作家协会会员，四川省戏剧家协会主席团成员，四川省书法家协会会员。20世纪80年代末迄今，先后在国内报刊发表小说、散文随笔及其他文艺作品近百万字。

散文曾获得中国散文学会举办的全国散文征文奖，入选《当代四川散文大观》。

出版有中短篇小说集《我们的时光》，散文随笔集《一缕墨痕》。

一缕墨痕见精神

——关于陈刚的散文

散文的资源在哪里？在历史中？在书本上？还是在时尚的话语里？

静谧的秋日，蜗居斗室，集中品读了陈刚的散文集《一缕墨痕》一书中的诸多作品后给我的感觉，散文的资源不是在那些地方，而主要是在山川、河流、土地、天空等自然界，也是在作者的心里。

每个人的童年时代和生长环境，都离不开自然的滋养。换句话说，你从小喝了哪儿的水，吃了哪儿的粮，呼吸了哪个地方的空气，你记忆的血液里就长期流淌着那个地方的因子，不管你走到哪里，你就一辈子与那个生你养你的地方有着割舍不开的情愫。作为一个写作者，你要尊重自己的记忆和情感，要顺其自然，拿起笔来，你当然会写到故乡的一切。写着写着，你就会两眼发潮，不能自已。

一

陈刚也是一样。在他《一缕墨痕》中的一篇重要散文《乡情》，这是一篇记述帮乡工作组告别乡亲，作者内心受到很大触动的短文。文章从离别时的惆怅落笔，写给乡亲们题赠春联，开欢送会的情景；写乡亲们由心存疑虑到依依不舍；写离别之时毫无倦意，“打了几圈牌，等到酒剩下空瓶，花生只剩空壳的时候，大家才相互告别。这时，远远的，公鸡已打鸣了。”

如此平朴老道的文字，如此真诚淡薄的情怀，作者承袭沈从文、汪曾祺一脉，从容、雅致、书卷、性灵，追求自认随意的诗化特色，这在当下纷纷攘攘的文坛中不骛时尚、不赶潮流，能够静下来从文章的基本功做起，实属难得。

陈刚醉心于文学当属20世纪80年代末期，从那时以来，陈刚一方面认真研读先秦散文到明清小品，一方面广泛考辨从近代到当代的中外散文作家名作，在散文传统的继承与传新中找到自己的定位。他在总体上追求散文情、趣、意的统一，但决不拘泥于某种固定的模式，在他的《一缕墨痕》中的叙事散文、文化散文、历史散文、随笔、小品、杂感、札记、笔记、序跋等可谓各具风姿，相得益彰，犹如一位武林高手，使用起刀枪剑戟等不同武器来，无不得心应手，令人叫绝。

陈刚青年时期在自贡粮食部门做团委工作，那是文化中兴的20世纪80年代，他坚持业余文学创作。致力于短篇小说的创作，时有作品散见于省市报刊。90年代末，他调到市文联工作，那段时间他发表了不少引起读者关注的小说作品，以后，他调到了市文化局、广电局工作。仍持之以恒地笔耕不辍。

读过陈刚先生的小说，能感觉他作品中有一种独特的生活质感，我想这是与作家独到的创作理想分不开的。陈刚在粮食部门工作多年，后来又下派到农村和企业，接触过许多企业和工人，所以他极为熟悉基层群众的生活，理解社会的变革和经济发展给每一个普通群众的生活和情感带来的极大的震荡。所以，他小说的文笔字里行间都能“接地气”，都能触及到社会各界平凡人的内心深处，让读者为之动容。

二

品读陈刚的散文随笔集《一缕墨痕》，真有一种愉悦的感觉，作家近20年间发表的散文随笔作品精选，这些作品内容宽阔，篇幅精粹，行文睿智，情感凝重，思考深邃，给了我很多的感触。

陈刚先生把他的这部散文随笔集，按“艺文漫笔”、“乡土风情”、“情感人物”和“艺坛唱和”分为了四辑。我认为在这些作品中，不管是什么题材的创作，陈刚先生都倾注了自己像土地般厚实的真情实感，都表露了自己对社会和人生的坦诚心迹，都融入了自己艺海博学的美学素养。所以，我认为陈刚先生的散文随笔很有特色，真值得一读。

我一直认为散文园地应该是一片清凉之处，因为这里是在生命之路和创作绿茵中一枝充满生机的绿叶。这些年在与陈刚先生的接触中，我感觉到他已把写作当成了一种人生。

20世纪90年代的散文勃兴之势，旷日持久的躁动和喧嚣，肯定会影响每一个散文作家的心态意绪，而唯有那些坚持独立思考并具有独特的文字禀赋的人，才有可能沉静下来审视古今、切入当下，秉持具有个人特色的审美理念和言说方式。

他忠实于自己的审美经验，追求散文的本真之美；忠实于自己的审美情感，追求散文的诗意之美；忠实于自己的审美趣味，追求散文的性灵之美；忠实于自己的审美理想，追求散文的意蕴之美，形成了自己衔华佩实，质文并茂的美学风格。

陈刚紧步巴金后尘，极为崇敬“自称要接受上帝审判”的卢梭，毫不隐晦地“把自己的思想晾出来”，“把心交给读者”。于是我们在陈刚的散文里看到了真诚和真实，看到了与读者平等的交流。

散文的真实，来自于作者直接的审美经验。陈刚的散文大多来自于他自己审美感受的直接性，无论在个人经历、文艺鉴赏，还是亲人故往、朋友过从都是真实可信、确定无疑的。这种真实，决非过去教科书上所讲的对生活真实进行提炼加工的艺术真实，更非由一种先验的理论推导出来的逻辑真实，而是切切实实的个人经验，直接抵达生活和生命的本真。

陈刚的散文重情，忠实于自己的审美情感。他总是从内心、情感的最痒、最疼处说起，当情动于衷而形之于文时，往往笔之所至，一气呵成，成自然流淌之势。在《生命的华章》中，陈刚记述了自己酷爱音乐源于早年偶然听到一把胡琴演奏的《二泉映月》：“绵绵不尽的乐句如同惊蛇入草一般嗖嗖地贴着地皮穿透墙根荡进我们的耳鼓，叽叽喳喳的课堂变得鸦雀无声……”全文重在传达自己的情感经历：调皮的中学生像哲人一般凝神静思，用心体味那如泣如诉如梦如幻的琴声；自己巧舌如簧地鼓动弟弟卖掉积存的小人书买了一把二胡，以后又买了上百张碟片；多年以后，听说小泽征尔听《二泉映月》，竟跪在了地板上泪流满面……情绪层层递进，让人动容。文章最后写道：“音乐是人类共同的语言，音乐最能安慰那些人生凄凉的苦人儿。他们在强大的国家机器面前，对于自身的种种悲苦无以抗争，当他们把这些不幸诉诸音乐的时候，那些抽象的音符就有了灵气，让我们感动，而成为我们共同的经验和财富，让不同肤色的人们刻骨铭心，奉为经典。”

是的，当一曲悠悠的信天游从耳畔响起，当一阕延安的武鼓擂响，当悲怆的秦腔吼起，当苏州的评弹奏响……各地的民俗如篝火般熊熊燃起，我们的心也便在燃烧的激情中，飞升成一片炽热的豪情。

白话散文诞生之初，周作人就把抒情作为散文的三大要素当中的第一要素（其余两个要素分别为幽默、叙事）。现代散文发展到今天，如果抒情全被禁绝，剩下了无诗意的文字，那将是何等尴尬的局面。

正如陈刚在《了无诗意》一文中所指出的那样，“诗意的失落正是内心情感的失落，诗意的失落让人心变得隔膜，世界变得陌生”。在本书的众多篇什中可以看到，诗意来自于内在的激情于张力，来自于对往昔苦难的深情回望，来自于对凡俗平静生活中的不平静。这恰巧证实了荷尔德林的名言，“人充满劳绩，但还诗意地栖居在这片大地上”。

类似的例子在《一个人和一座城市的某些片段》等文中决不鲜见。在陈刚的早年记忆里，“从光大街到新桥……那一条街几乎称得上自贡城市最为美丽的景观”，“特别是那一座罗马风格的椭圆形建筑，不知是干什么的房子，让人觉得十分神秘 。后来我读《水浒传》，老是想象宋江和阎婆惜就在那样的房子里演出了许多浪漫的事。”严格地说，当年的光大街在自贡算不得最美的景观，那座罗马风格的椭圆形建筑，具体位置应该在新桥对面的基督教福音堂，宋江和阎婆惜怎么会住在罗马风格的建筑里呢？但是，谁又能去责怪一个少不更事的孩子对这陌生环境的遐想呢？正是这一系列“错位”，复活了作家孩提时的印象，使文章灵动而又机趣横溢。

蕴思含毫，游心内运，放言落纸，不拘格套，写出自我的个性或性格，见出自我的神韵和气度，正是散文性灵美的精髓所在。

三

自然，是一本博大的线装古书，她的深邃与优美，吸引了多少文人墨客为之讴歌。流传千古的大江东去的绝唱，飞流似银河的庐山瀑布，杏花春雨的江南美景，风吹草低的无际辽阔……都令人遐思神往。诚如斯言：

岁月之剑斩断了帝王将相的长碑大碣，锈蚀了歌德扬名的夏鼎周彝，但那些脆弱的纸张却跨越时空留存下来，散发着穿透古今的墨香，这是历史的选择，是生活在今天的人们的幸运。

那一抹墨痕从殷墟龟甲的刀锋流淌出来，从蒙恬制作的第一枝毛笔流淌出来，淌过了周秦汉唐、五代十国、宋元明清，依然氤氲一片，墨色如新，我们不禁惊讶于中华文明的恒久魅力。

这一缕墨痕形而下和形而上的意义指向，恰似《一缕墨痕》中的众多篇什，在极为传神的生动表达中，承载了极富个性的理性思考，从而孕化出陈刚一片绚烂多姿的散文天地。

韶华流逝，而今陈刚已近天命之年。陈刚的文学创作始于散文，而后在小说创作上投入了较大的精力，并且取得了不菲的实绩，为不少名家所赞赏。他的散文写作则多是在紧张繁忙的工作之余，断断续续、即兴为之。

散文集《一缕墨痕》，收入了散文作品 80 余篇，展现了作者近 20 年来的散文创作风貌。大凡在报刊上领略过陈刚散文的读者，都会对其真诚亲切的叙述、老到儒雅的文笔、收放自如的视野、阔大谦和的气度留下深刻的印象。

是的，和陈刚聚首，我们都喜欢纵论天下是是非非，笑谈人间喜怒哀乐；偶尔在真实的现实生活中欢聚一堂，入夜，又都会徜徉于如诗似画的山川，将自然的美景与灵动的诗句结合，物化为飞珠溅玉、玉润灵山的文字，陶冶我们的性情，荡涤我们的心胸。

是的，仁者爱山，智者乐水。徜徉于如诗似画的山水，也便有了望峰息心的感叹；面对浩渺的洞庭，也便有了“先天下之忧而忧”的抱负与胸襟；面对夜色欣然入户，也便诗意地写下“庭下如积水空明”的绝句。

三间草堂，因杜甫而不朽；一座枫桥，缘张继而名扬；那跨在江南水乡不老的双桥，假画家逸飞之手，而有了灵动的力量。

读陈刚的《一缕墨痕》，你会感觉尘埋黄沙下的敦煌，因行者而无疆；西湖断桥，因白苏而辉煌。白帝城托孤，令人潸然泪下；桃花潭水的清澈，照耀着李白的洒脱与豪放。一代忠良执旌杖，七下西洋展国芒；武穆青冢西子月，苏州园林盖世双。自然因有了人文，而更加厚重。

读陈刚的《一缕墨痕》，你会知晓放眼寰宇华夏外，世界名胜会扑眼而来，康桥水波染荇绿，巴黎铁塔放华光等。边走边赏，边赏边唱。自然的美景与灵动的诗句结合，经过岁月的积淀与流芳，历史、自然和人文也便融为一体，物化为那飞珠溅玉、玉润灵山的文字，陶冶我们的性情，荡涤我们的心胸。

读陈刚的《一缕墨痕》，你会领悟行万里路、读万卷书的哲理。我们在读书中，也就有了发现美的眼睛，捕捉住了伴随我们一生的优美风光。

读陈刚的《一缕墨痕》，如同和一位智者交谈，它精深的哲思，让我们叹服。同样，徜徉于自然风景的美文中，也会让我们在作者灵动文字的引领下，览山阅水；放飞自己的心灵与歌唱的同时，也培养了自己的审美情趣与文学素养。

大自然鬼斧神工的山水钟灵毓秀、风情万种。自古以来，文人墨客总是投身于自然山水之中，怡情悦性、吟哦歌咏。美丽的山水与多情的文人结合的结果便是那一篇篇传诵千古的山水美文。

“登山则情满于山，观海则意溢于海。”

当我们穿越陈刚《一缕墨痕》中那些散文作品的表面语境，不难发现，其中蕴含和表现的正是一个文化人卓尔不群的人格精神。

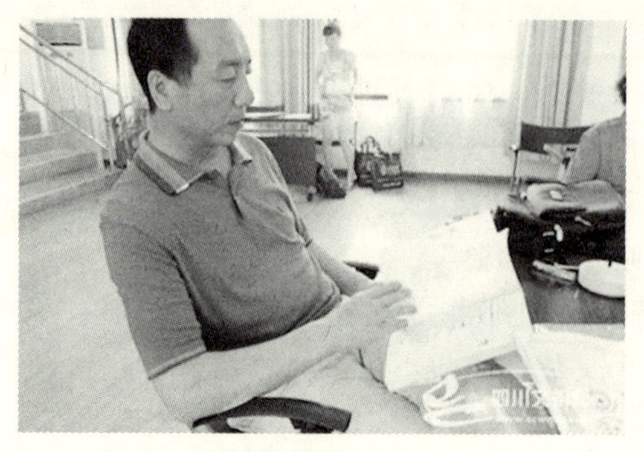

武志刚

武志刚，原籍黑龙江明水。笔名：止戈，男，生于1957年，中共党员。1975年赴黑龙江省明水县乡村插队务农，1982年毕业于哈尔滨师范大学中文系。

历任四川省自贡晨光子弟学校教师、宣传干事，自贡市文联副主席、编辑部副主编，自贡市作家协会主席，巴金文学院创作员，文学创作一级。四川省作家协会全委会委员。四川省电影家协会副主席、省文联创作中心主任等。1994年加入中国作家协会。曾为四川省质监局《巴蜀质量跟踪》杂志社副总编。

1984年开始发表作品。著有小说集《肓马》等各类作品300余万字。现从事小说和影视文学创作。短篇小说《干姐妹》获四川省第二届文学奖，《落日》获首届期刊优秀稿奖和沃野征文奖。有8部电影和5部电视连续剧拍摄完成和播出。3次摘取中国电影剧本最高奖“夏衍杯剧本奖”即原“中国电影文学奖”。

于2013年7月15日9时13分在成都华西医院病逝，终年56岁。

回首前尘恍如梦

——记影视文学双栖作家武志刚

2013 年 7 月 15 日上午 9 时，影视文学双栖作家武志刚因患病辞世！闻讯悲泪纵横。次日，作家廖时香含泪写下了《一缕青烟——双壁的那一半碎了》：

> 昨日酷热，地气通宵未回凉，一早就得开空调。十点过后才想起手机。刚打开，扑面一条短信，霹雷一声，把我击傻了。发哥的信息：“志刚已于今晨去世，我正在赶往成都途中。”一天什么也做不了，志刚的影子在眼前漂浮。上世纪从八十年代到九十年代末，我和志刚一直是这座城市的小说双壁。
>
> 魏明伦说，“武志刚，廖时香，伯仲之间。”
>
> 诗人沈重说：“武志刚以诗写小说，廖时香以小说写诗。”
>
> 四川省作协同时为我俩召开小说作品讨论会。一些评论文章也总习惯将我俩并列对比着评说。

往者已矣，回首前尘恍如梦！留下我辈伤痛的心在长夜里怔忡不安。

他笔下的一个个生灵，呼唤着民族的血情精魂和生命意识的觉醒

20 世纪 80 年代中期，那是个文化中兴的时代。因为爱好文学并发表了作品，武志刚从自贡晨光子弟学校被选调到市文联任文学编辑，我从市水利部门被选调到《自贡日报》社任副刊编辑。因爱好和职业之故，我们常碰在一起聊文学。

我知道他从松花江边的黑土地上悄悄走来，行吟在沱江之滨的浅丘低谷。他像沉思默想独往独来的幽灵，用那支从呼兰河畔带来的笔轻轻地叩击着文学的大门。

1984 年，他大学毕业分配到自贡晨光子弟学校任教。业余开始文学创作，在《自贡文艺》上发表了第一篇小说《看着我的眼睛》，并因此获奖。然而，黑龙江文学界尚不知道他，四川文学界也不了解他。直到 1985 年《小说选刊》9 月号转载了他的小说《干姐妹》；1987 年黑龙江《人间》第五期发表了他的中篇小说《黑土地》，同年四川《现代作家》第四期又发表了他的中篇小说《盲马》。

随着他的名字在文学期刊上反复出现，文坛中人才纷纷传言：四川出了个武志刚，东北来了个武志刚。武志刚究竟算四川作家还是黑龙江作家？我们且不去管他。只要读他的作品，眼前便会出现松花江流域古老而年轻的土地，土地上悲凉而喧嚣的村镇，村镇里沉滞而变幻的人生，人生中陈旧而新鲜的故事。而沉郁低昂的主旋律，就像那黑土地和草甸子上盘旋蒸腾的地气，从世世代代的贫困仇怨中，从祖祖辈辈的屈辱抗争中，缓缓地升华汇聚。

武志刚的小说创作始于 1984 年，他创作发表了短篇小说处女作《看着我的眼睛》。1985 年借调到自贡市文联《盐泉》编辑部，与廖时香结下友谊和并成为竞争对手，被誉为盐都小说“双璧”。这一年四川《现代作家》第七期头条刊登了他的成名作《干姐妹》，后被《小说选刊》第九期转载。

1987 年黑龙江《人间》第五期发表了他的中篇小说《黑土地》。同年，《现代作家》第四期又发表了他的中篇小说《盲马》，1988 年获第二届四川文学奖。

1988 年 3 月，由自贡市人事局作为引进人才，正式调自贡市文联，任《盐泉》编辑部副主编。1988 年 8 月，担任《盐泉》编辑部副主任，主持刊物工作，后《盐泉》更名为《川南文学》，于 1990 年停刊。

1989 年 5 月，四川省作协、《现代作家》编辑部、自贡市文联联合主办“武志刚廖时香作品讨论会”。1990 年，四川文艺出版社出版发行了他的中短篇小说集《盲马》。这一时期，是武志刚小说的创作初期，可以说是出手不凡，一举成名。以《干姐妹》、《黑土地》、《盲马》为代表。他实现了对反思文学到寻根文学、现实主义到现代主义文学的模仿和跟进，开始形成了自己的独特思考和写作风格。

1991 年《四川文学》一期推出“武志刚小说专辑”，刊载中篇小说《日子》，短篇小说《周末》、《对岸》，并配发创作谈《平平淡淡》。《短篇小说月刊》发表了他的《笑村长》，附作家小传和照片；《青年作家》

第四期头条推出了他的中篇小说《盛夏》；文学刊物《二十一世纪》头条推出了他的小说《水晶》；《蜀南文学》第三期头条发表中篇小说《故园》（后被上海《萌芽》刊载）。1991 年，武志刚被评为四川省新时期十大青年小说家。

1992 年 5 月，自贡市作家协会成立，武志刚任主席。1993 年廖全京著《绿色的家园感——四川青年作家创作现象研究》，将其列为我省重点研究作家。1994 年加入中国作家协会。

这个沉默忧郁的偏居川南自贡的作家，用他笔下的一个个、一群群生灵，呼唤着民族的血情精魂，呼唤着生命意识的觉醒。

评论家王发庆称武志刚的小说特色可以用四个“融合”来加以概括：即北方的粗犷博大与南方的精微细腻的融合；直接经验的记述与间接经验书写的融合；传统的现实主义与本土的现代主义的融合；经典作品的借鉴与独特的艺术表现的融合。

他一举成为摘取全国电影剧本最高奖三连冠的唯一得主

2001 年 11 月，武志刚调四川省质监局，担任省质监报刊副主编。2003 年 3 月，调四川省文联工作，担任《四川文艺报》编辑，后任省文联创作中心主任。

调入了省文联，他似乎沉默了几载寒暑。

谁知小说家武志刚弄起了影视文学。并且出手不凡。

武志刚首获夏衍杯优秀电影剧本是他的电影剧本处女作，那是在 2008 年 2 月 20 日，国家广电总局电影局在北京友谊宾馆向社会和媒体公布 2007 年度夏衍杯优秀电影剧本征集评选结果。在全国电影编剧参加角逐的 648 部电影剧本中，经国家级专家评委四轮严格遴选、客观公正的选拔，最终以投票方式产生 15 部优秀电影剧本，四川省文联一级作家武志刚创作的电影剧本《城市里的蒲公英》最后胜出，红榜题名，获“2007 年夏衍杯优秀电影剧本政府扶持剧本奖”，是四川省唯一获此殊荣的编剧。武志刚赴京参加了颁奖晚会，上台领奖并发表获奖感言，与中宣部文艺局、国家广电局领导、资深专家及国内一线电影编剧们座谈联欢，并与国家广电总局电影局剧本中心正式签订了委托拍摄代理合同。

2011 年 2 月 15 日，国家广电总局电影局在北京广电国际酒店隆重举办 2011 年元宵节中国电影编剧联谊会，向社会和媒体公布“2010 年夏衍杯剧本征集”评选结果。

“夏衍杯剧本奖”即原“中国电影文学奖”，是中宣部批准设立的国家级政府奖，为中国电影剧本最高奖，自2006年起每年举办一次，面向全国，旨在提升中国电影产业质量，为全国各电影生产机构提供精品剧本。此奖项一直为全国电影编剧高度重视，被誉为中国电影编剧的奥斯卡奖。

武志刚此次参评的电影剧本《杨柳村里的年轻人》，经过专家和评委层层评选，从全国电影编剧参加角逐的1197部电影剧本中脱颖而出，获得2010年夏衍杯创意剧本奖。

此前，武志刚的《生生不息》和《城市里的蒲公英》已两次获夏衍剧本奖，三次获奖，使他一举成为摘取全国电影剧本最高奖三连冠的唯一得主。在京期间，已有几家影视机构前来洽谈合作。

《杨柳村的年轻人》一剧围绕一头失而复得的母猪归属权，讲述了杨柳村原本要结成亲家的沈、葛两家互不相让，打起了官司。最终通过给母猪检验DNA来确定母猪的主人。在大学生村官王帅的调解下，两家人冰释前嫌，一对恋人也喜结良缘的故事。

2011年4月26日下午，武志刚的另一部“5·12”汶川地震题材影片《大太阳》媒体通气会在成都举行。《大太阳》制片方携该片小演员——汶川地震小英雄林浩共同出席。据介绍，该片由导演杨亚洲指导，并集合了倪萍、刘佩琦、蒋勤勤、吴军等著名演员。《大太阳》根据作家武志刚创作的电影文学剧本《生生不息》摄制，该剧本以四川地震灾后重建为背景，塑造了一位平凡而伟大的农村母亲形象，体现出了四川人民乐观积极、坚忍不拔的精神，通过灾区人民心路重建的历程，展现了中华民族生生不息、千百年来历经各种艰难险阻，依然不屈不挠、勇往直前的精神。通气会上，国家广电总局剧本中心副主任、《唐山大地震》编剧苏小卫将该剧本推荐给长影集团，四川省文联决定与长影合作拍摄并起名为《大太阳》，后来又和导演对剧本进行几次修改，把以前的副线上升为主线，增加了小林浩、水婆婆等之前没有的人物，增加了四川元素，并对主题进行开掘。

“这是一部温暖的电影，表现了四川人在大灾难之后的心灵重建，大灾难改变了我们对生活、生命的一些态度，甚至改变了我们的人生。”武志刚说。该片拍摄行程恰处于汶川“8·14”特大泥石流灾害时期，剧组全体人员没有一个人在中途退出影片拍摄，最后圆满地完成了拍摄任务。《大太阳》于2012年5月4日在四川上映，5月6日在全国正式公映。

多部作品的拍摄和播出，他成为影视编剧界的一匹黑马

近年来，武志刚凭着深厚的小说创作功底闯入影视界，辛勤创作，已有8部电影和5部电视连续剧拍摄完成或播出，成为中国影视编剧界的一匹黑马。

2012年，由长影集团和四川省文联等共同出品，著名导演杨亚洲导演，倪萍、刘佩奇、蒋勤勤、吴军主演，表现四川灾后重建的大制作电影《大太阳》（《生生不息》），已被国家广电总局列为建党90周年重点献礼片，在全国各大院线上映后不久，由武志刚编剧的大型电视连续剧《汶川儿女》后期制作也随之完成，在央视和卫星台播出。省文联近年加强重大题材和重点作品创作，出作品出人才，对武志刚的创作一直密切关注并支持。2011年，武志刚被四川省委、四川省政府批准命名为四川省影视学术带头人，由此填补了四川省文联机关一直没有省学术带头人的空白。他第三次摘取中国电影剧本最高奖，成为“夏衍杯”全国获得三连冠第一人，提高了四川省电影界在全国的知名度，也为四川省文艺界争得了荣誉。

武志刚自20世纪80年代开始小说散文创作，作品丰富，影响较大。《干姐妹》、《落日》等小说作品多次为《小说月报》、《小说选刊》选载，多次获奖。

90年代后期，武志刚调入省文联后进入影视文学创作，已有100多集（部）影视作品问世：根据山西著名作家张平的《法撼汾西》并合作改编的电视连续剧《在法律面前》在央视播出；合作编剧的20集电影连续剧《风月客栈》在四川省电视台播出；原创并独立编剧的38集长篇电视连续剧《自流井》（又名《大盐商》），由香港勤加缘集团著名作家梁凤仪投资并担任总策划，已在国外和上海、大连、山东等百余家有线电视台播放；担任第一编剧的30集全球首部反映客家人的电视连续剧《滚滚血脉》，由上海飞迈影视公司投资拍摄。在创作电视剧的同时，武志刚又进入艺术标准较高的电影剧本创作，已为央视电影频道创作电视电影《抗日冲锋队》、《大国手》等五部，为电影制片厂及影视机构创作胶片电影剧本《透水》、《春风化雨》、《兰子》等。

2012年初，武志刚还应四川省最大民营影视公司天音文化传播公司

（华谊子公司）邀请，担任320集中国首部反映社区生活的互动情景剧《新邻居时代》第二季总编剧。由于他在影视创作方面的实绩和影响，已被四川大学特邀为影视专业客座教授。

《自流井》以19世纪中叶至20世纪初的自贡大自流井为背景，讲述了主人公吴冀鹏由“流浪青年—沦落苦工—成为盐枭—筹资打井—卖身求荣—勤勉小盐商—盐业大鳄—富甲全川乃至中国最大的手工业工厂厂主直到家业衰败”的人生遭遇。这部剧的策划人是香港作家梁凤仪，于2004年暑期在四川和横店拍摄，又名《大盐商》。后来考虑到形似的名字太多，改为现在的名字。

《滚滚血脉》原著是中国第一部反映客家人生活的长篇小说，由作家出版社出版后，引起热烈反响，曾在世界客属第12届恳亲大会上作为献礼作品被隆重推出。同名电视剧着墨于四川“湖广填四川”、“客家人上四川”的重大历史事件，深刻地展现了成都洛带客家聚居区中的客家人，以及世界各地客家人古往今来的生存奋斗、生命颂歌以及他们感天动地的爱恨悲欢故事，这也是我国首部客家题材电视剧。

《滚滚血脉》也是一部史诗式作品，时间跨度达300年。作为一部史诗式长篇电视剧，《滚滚血脉》的大结局十分光明，以2005年10月18日在洛带举行的世界客属第20届世客会作为全剧大结局，这是个真实的事件。为何以此作为全剧大结局？武志刚自有一番理由。他说，成都洛带东山客家人，明末清初从广东、福建、江西等地，不远千里迁往成都东山洛带及其周围地区，在此勤耕苦作繁衍生息，浩荡血脉在历史长河中滚滚向前。2005年10月18日，在洛带举行的世界客属第20届世客会具有十分重要的历史意义：成都洛带客家人从此不再偏居一隅，全面融入全球客家大家庭，开始与世界对话、与时代并进。

大结局再现了成都洛带客家人如何以饱满的热情期盼、迎接世客会，以艰苦奋斗的精神造就东山镇，使东山镇旧貌换新颜，以及成都东山客家人与世界客家大融合、大交流的历程。“《滚滚血脉》是一部地地道道的成都故事电视剧，无论从筹拍主体、原著故事还是主创人员、主要投资者来说，都是原汁原味的成都造”。该剧推出后引起了海内外影视界的浓厚兴趣，有福建、浙江、广东等地多家省、市电视台购买了地区播出权，海外销售推广也比较理想。编剧武志刚介绍说，全剧叙述了一个比日本阿信还“阿信”的柔中带刚的客家女人不平凡的一生。当问及该剧与《闯关东》的区别，武志刚直言该剧风格柔美，“导演刘立立与琼瑶是好姐妹，这个剧的风格就是温婉、柔美，没有太多武戏。另外，港台导演都有一个特点，那就是擅长为演员量身定做角色，我们的剧本也是反复磋商，边拍、边写、边修改，力求精益求精。”

30 载痴情于文学，武志刚从未懈怠过，是对文学的敬畏造就了武志刚。首先表现于 30 年始终不渝的追求，其次表现为对名利的淡薄，再次表现为对文学界同人的友善。实事求是地说，武志刚已经取得了丰厚的创作实绩，但他并不自满，更不以此骄人。在他的案头和电脑中，还有庞大的创作计划。如今，他英年早逝，他是累死的。他把自己的整个生命奉献给了他敬畏而钟情的文学，他的名字将与他的作品同在！

廖时香

四川富顺县赵化古镇人。国家一级编剧，四川省作协全委会委员，自贡市作协副主席，《蜀南文学》副主编。巴金文学院聘选作家。两届自贡市政协常委。首届自贡市优秀专家。

中短篇小说集《乐胆》获第二届四川省文学奖。现代川剧《人迹秋霜》获中国人口文化奖剧目银奖、田汉戏剧奖、巴蜀文艺奖、中国川剧节七项大奖、四川省重大文艺成果奖、四川省五个一工程奖等。川剧《刘光第》获全国地方戏曲展演优秀剧目奖，中国川剧节全部奖项，四川省新剧目展演优秀剧目、优秀编剧奖，四川省五个一工程优秀作品奖。大型歌舞剧《盐泉》获中国舞蹈“牡丹奖”提名奖，剧本获四川省五个一工程奖。

古装川剧《焚香》系四川省首届重点剧本；五幕歌剧《盐都传奇》，由自贡市歌舞团排演。有影视剧作《我不回家》、《许茂和他的女儿们》、《好大一棵树》、《东方欲晓》、《母亲，母亲》等。近期已经完成30集电视连续剧《昆明往事》改编工作。目前正创作大型舞台剧《还我河山》。

文坛艺苑任驰骋

——廖时香的小说和他的影视戏剧文学

2013初春，新年的气息拌和着喧嚣的市声弥漫在盐都古城新区的大街小巷。

由自贡剧作家廖时香担任剧本统筹的电视连续剧《母亲，母亲》在央视一套热播。这部由安徽广播电视台华星传媒投资有限公司、国龙联盟投资股份有限公司、江苏广播电视总台、重庆笛女阿瑞斯影视公司联合出品的电视连续剧《母亲，母亲》，汇聚了袁莉、斯琴高娃、胡亚捷、申军谊、黄曼等众多明星加盟，讲述了家国命运下一位坚强母亲的成长与蜕变。一展历史沧桑画卷，泣国人命运之歌，堪称史诗品格。

剧作家廖时香2011年应邀担任《母亲，母亲》剧本统筹，撰写全剧提纲，负责人物设计和故事情节及前部分剧本创作。《母亲，母亲》继2012年在东方卫视、安徽卫视、山东卫视黄金时段首轮热播后，于去年12月27日登陆央视一套，每天三集连播，受到观众好评。

腊残岁尽，长期在外舞文弄墨的廖时香回到自贡，自贡电视台要给他做一期访谈节目，大致如央视的《艺术人生》一类节目。时长大约80分钟，分为上下集播放，内容是围绕着他自2008年以来的舞台剧、电视剧创作，还有个人生活的变化。因为他的创作成效大多展现在这几年时光里。

一

时香出生在四川沱江边的富顺县赵化古镇，少年时光在小镇街巷里度过，青年时代随戏班浪迹于西南各省。借用《史记·游侠列传》的说法，“闾巷人也”。一方面，他从小濡染于市井的平民环境；另一方面，又接触到古今中外文化，这造就了时香特殊的文体，即市井语言与古典语文的绝妙整合，庄谐并用，寓庄于谐，俗语与雅言经纬相织，想象奇诡，所形成的语言爆发力，摧枯拉朽，往往出人意表。世俗经验与社科方法、平民立场与家国意识，这两个方面、两种价值序列，往往能左右并重、上下兼顾而并不偏废。这大约也可以追溯到他早年的环境和经历。

20 世纪 80 年代初，“文化大革命”过去，政治经济复苏。时香因写小说被调入了市文联。

独特的人生经历使他厚积薄发，短短几年间，就发表了大量的中、短篇小说，先后三届被聘为巴金文学院专业创作员。

他的中篇小说《乐胆》由《小说月报》转载，并由四川文艺出版社出版。1988 年，廖时香荣获第二届四川省文学奖，小说《乐胆》入选四川省“建国 50 周年文学作品选”。

在廖时香从容不迫地给人们弹奏《乐胆》的前两年，文坛曾冒出个阿城，给我们讲了则《棋王》的故事，读后叫人回肠荡气；偏居川南的自贡冷不丁地钻出个廖时香，从容不迫地给人们奏了曲《乐胆》，（见《人世间》1986 年第五期）。在当时众多小说流派弃旧图新，小说技巧争奇斗妍之际，《乐胆》采用了中国文化中琴棋之道的传统题材，朴素得近乎古老的叙述方式，简洁单纯的情节线索，雅俗共赏的语言文字，苦乐相伴的人生世相在小说园林中开出一片美学新地。

它像一支旋律平缓而沉积着世代人生平凡内容的古老谣曲，于古朴苍凉中引发着普遍的审美共鸣，带给人无尽的韵味。

由于廖时香在许多小说中表现了剧团和江湖艺人的生活，深受戏剧界人士的喜爱，许多人都萌生了请他创作剧本的想法。在戏剧界朋友的多次劝说下，廖时香终于迈出了尝试性的第一步，开始创作大型舞台剧《人迹秋霜》。

对于舞台剧来说，舞台上的每句对白、唱词，都必须担负多项功能，要同时表现人物的性格、心理、气质，要在人物之间形成交流和矛盾冲突，推进整个剧情的发展，所有的故事和人物在规定的时间和场景内要尽可能地自然呈现。舞台戏曲剧本对作家提出的第二个重大挑战，是作者必须具有良好的古典文学修养，尤其是格律诗词，还要大量吸收民间艺术营养。因此，很少有人能胜任戏曲剧本的创作。

剧本初稿出来后，廖时香把剧本上交到文化局就没多去过问了。

文化局通知召开剧本讨论会那天，廖时香像以前一样，对自己的作品没有自信心，“不想去丢那个脸”，找个理由不去参加会议，被子捂着头睡懒觉。文化局一次次地打来电话催他，他怎么也不答应去，最后实在没法了，才拖拖拉拉地躲闪着溜进会议室。这时，已迟到一个小时了。

出乎意料的是，与会者一致认为《人迹秋霜》是一部可以投入排练的一部好戏。时任四川省文化厅厅长的张仲炎表态：既然这个戏可以排，就先排起来再说，要想先修改好了再排，就永远修改不好，永远排不了，更上不了台公演。

后来，《人迹秋霜》荣获一系列奖项：田汉戏剧奖、中国人口文化奖银奖；饰演男主人公祁元发的自贡市川剧团演员陈述根荣获最佳演员奖，导演任庭芳荣获最佳导演奖。此后，《人迹秋霜》还荣获四川省“五个一工程”奖和四川省重大文艺成果奖。

二

1992年后，小平南巡讲了一番话，广东媒体发表了一篇《东方风来满眼春》的长文。由此，中国社会又全面转轨，威权政治与市场经济挽手并进，住房改革、国企改革、医疗改革、教育产业化、贫富分化、腐败问题、消费文化以及全球化、城市化、私有化等中国20世纪90年代的特征，悉数呈现。到90年代后期，伴随亚洲金融危机，国内经济衰退，企业破产重组，工人大规模下岗，农村凋敝，“三农”问题凸显。一路走来，直到今天。

和众多20世纪80年代痴迷于文学的人们一样，一定存在不可抗拒的、更强大的力量，使这些文学人脱离了原先的轨道。

正是在这种召唤之下，时香一发不可收拾，潜心剧本创作。先期呕心沥血的小说，成了时香的余墨，而我却视之为他戏剧创作在语言、意象和观念方面的某种准备。

青年时期，廖时香曾在富顺川剧团等团体工作多年，他擅长弹三弦、琵琶，有一定的舞台经验，并且善于学习。耳濡目染之下，廖时香培养出很好的舞台感觉。但仅仅是这些生活体验，还不能让他成为合格的剧作家。

当廖时香的《人迹秋霜》排练时，著名川剧表演艺术家、导演任庭芳给演员们说戏，批评其中一名演员，说他总是踩不到点子上。

一旁观看排练的廖时香顿悟“要踩到点子上”，所谓点子，就是形体和内心的节奏。剧作家写的剧本也要踩到点子上，舞台剧从整体到局部，无不在节奏点子中。戏曲剧本不能像话剧影视剧那样生活化，它的唱词、道白，都要像音乐一样讲求节奏。

舞台剧非常束缚剧作者的创作。但廖时香在这种束缚人的创作中反而找到了创作的自由，游刃有余地驰骋在舞台剧的创作中。

为了保持自己韵味浓郁的语言状态，廖时香经常写一些旧体诗词，还有诸多赋文镌刻在自贡风景名胜地，如《自流井老街记》、《东方广场赋》、《尖山赋》等。

2005 年，廖时香创作了大型近代川剧《刘光第》。国内知名导演、著名川剧演员任庭芳欣然担任导演。

该剧表现了自贡人民引以为骄傲的英雄前辈、戊戌变法六君子之一的刘光第生平光照青史的多个涉及多起重大历史事件的时刻，出场人物众多，渲染出浓墨重彩的历史画卷，弥漫着磅礴的史诗气韵。战友情、夫妻情、君臣情等多条情感纠葛贯穿其间，矛盾冲突血影刀光。全剧跌宕起伏，愤书《甲午条陈》呼唤改革投入变法伟业叱咤风云，酣畅淋漓地展示了这位政治家、改革家、诗人、书法家特立独行的传奇人生和丰沛情怀。

该剧由自贡市川剧团演出，先后荣获全国地方戏曲展演优秀剧目奖，四川省新剧目展演优秀剧目，优秀编剧奖，四川省五个一工程优秀作品奖。剧本由中国戏剧家协会《剧本》杂志发表，获巴蜀文艺奖剧本一等奖，还入选四川省舞台精品工程，入选改革开放 30 年四川优秀戏剧作品。

由于廖时香的剧本得到戏剧界推崇，著名川剧演员梅花奖得主崔光丽经作曲家廖忠荣的推荐找到廖时香，希望为她量身打造一部戏。为了向廖时香印证她的表演艺术水平，她还随身带来自己舞台表演用的服装，想向廖时香表演她绝妙的水袖功夫。那天，由几位朋友陪同，崔光丽与廖时香在自贡一家餐厅见面，谈到兴起，崔光丽随意唱起川剧《岁岁重阳》中的唱段，她声音优美动听，一时之间，餐厅内外的人都涌来看她表演。

省川剧院的领导有意引进廖时香作驻院编剧，但他不愿意离开自贡。廖时香承诺为崔光丽量身打造一部精彩的舞台剧，遂创作了大型古装川剧《焚香》。该剧发表于四川省文化厅《戏剧家》杂志，被评为四川省首届重点剧本。因为《焚香》，廖时香成为了四川省文化厅首届签约剧作家。

当一个人把所有精力都放在一件事情上的时候，无疑，他对别的方面就会有“白痴”的盲区。廖时香也如此。在现实中他非常精细，对生活有清醒的理解，完全没有一般文化人那种书生气，但另一方面脑子却沉浸在自己的艺术世界里，对一些生活琐事稀里糊涂。他完全没有兴趣关注身边是是非非的生活琐事，那些对他来说都无所谓。

2006 年夏天，廖时香偶然结识了重庆著名影视剧制作人傅晓阳，应邀参与撰写43集电视连续剧《许茂和他的女儿们》的编剧工作。

不久，傅晓阳开着一辆宝马车到自贡与廖时香商谈。在自贡高速公路出口，他打电话给廖时香问在哪里见面，廖时香想了想，自己对自贡市熟悉的地方只有东方广场，便约在东方广场见。那一次，他才知道什么是宝马车。

廖时香告诉记者，他从来弄不清自己有多少工资，也从来不清楚工资的组成部分，懒得去管，总之不会错。几年前，当时的自贡军分区吴政委请廖时香去商谈一个文艺项目，出来后他竟然不知道如何回老城区。为了弄清楚自己生活了20年的城市，干脆步行找回去了。

但廖时香的剧本却是一部接一部。自2005年至今8年来，他已独立创作或加盟创作出12部戏，其中6部舞台剧，6部电视连续剧。当年的35集电视连续剧《我不回家》由四川电视台摄制，已在山西、陕西等多家卫视黄金时段播放；43集电视连续剧《许茂和他的女儿们》，由重庆市委宣传部、重庆笛女阿瑞斯影视传媒公司、湖南电广集团等单位联合摄制，已通过央视一套审查；24集电视连续剧《好大一棵树》，由重庆市委宣传部、重庆笛女阿瑞斯影视传媒公司等单位摄制，已由央视一套节目备播，央视三套多次预告；26集电视连续剧《东方欲晓》，由廖时香担任编剧，重庆笛女阿瑞斯影视传媒公司筹拍。剧本获得李准等专家高度赞誉。

经过两个月紧张彩排，由自贡市歌舞剧团担纲演出的大型原创五幕歌剧《盐都传奇》，于2012年11月正式向自贡市人民公演。该剧由剧作家廖时香编剧，韩万斋作主题曲，融入歌舞剧和音乐剧元素，展现盐场普通劳动者的创业故事，讴歌盐都人民的大义大爱、勤劳勇敢、坚韧不拔的美好品德，作为中国共产党十八大的献礼剧目，向盐都市民汇报演出。

《盐都传奇》是作家廖时香继歌舞剧《盐泉》编剧之后的又一力作。主要描述的是：盐商富家小姐盐妹子，抛弃荣华富贵，和山匠梅泽郎带领盐工上山寻觅盐井的故事。两人在寻觅开凿过程中相识相知相恋……此时，爱慕盐妹子已久的管家向梅泽郎提出挑战。盐妹子的母亲承诺，两人谁先找到一口好井便将女儿许配给谁。就当梅泽郎找到好井之时，管家从中作梗，偷取了梅泽郎的劳动成果。无奈之下，盐妹子与母亲断绝关系，与梅泽郎私奔。两人在十年里将爱情与未来寄托在寻找新井上，盐妹子见工人们夏顶烈日，冬战严寒，照样打井不止，未免心中酸楚。于是卖了金簪子，请大家吃顿好酒好饭准备散伙。工人们吃罢饭，说为了盐妹子甩开膀子再凿一阵。没想到，奇迹发生了：没凿几下，井底就冒出了白花花的卤水……

《盐都传奇》全剧的高潮就出现在第四幕《穿井》中，盐工们的形象也在这一刻得到了升华。该剧是一部励志剧，讴歌了盐都人民的大情大义大爱，歌颂了盐都儿女坚韧不拔的精神和举世罕见的智慧，是一部值得欣赏的舞台剧。

该剧是廖时香为自贡市创作的第二部歌舞剧。5 年前，廖时香应邀撰写了首部大型歌舞剧《盐泉》文学剧本，演员们精彩的演出获得中国舞蹈"牡丹奖"提名奖，剧本获四川省五个一工程奖。

目前，廖时香已经为云南改编完成 30 集电视连续剧《回望昆明》。

三

文学评论家王发庆说，廖时香有很多特点，拥有古今中外的文化素养，天性洒脱幽默，性格善良沉静，做人非常低调，这对他作品风格的形成有着显著的影响。

是的，廖时香是自贡继魏明伦之后获得最多文艺奖项的本土作家，是中国首届西部文博会专版介绍的四川文学艺术家，也是首届自贡市优秀专家。

廖时香认为，自贡文学艺术经过了两个高潮时期。第一个时期就是 20 世纪的 80 年代，那时自贡文学艺术空前繁荣，可以称之为自贡文学艺术的黄金时期，他主要从事小说和散文创作。第二个时期，即是跨入 21 世纪以来的 13 年，他把这 13 年划分为自贡文学艺术的白银时期，他主要从事剧本创作。他自己之所以有这种转化，从外因来看，只是一个偶然的机遇；而从内因来看，则是美学观念从量变到质变、最终蜕变的过程。

在剧本创作实践中，廖时香表达出了这样一种观念：文学应该是大文学，不是单纯从体裁上划分出来的小说散文诗歌才属于文学范畴，文学应有一种宽广的海纳百川的接纳能力。在纯文学寂灭的时候，一个有能力的作家完全可以冲出涸辙，成为多面手，在另一种艺术领域里耕耘，把自己的创作优势融入另一种艺术形式中，使创作和作者都相得益彰。

许多戏剧界人士和观众公认：廖时香的戏剧作品着有非常鲜明的文学性，为剧本创作注入了更多的文学元素，这些文学元素多少能消除人们认为一般传统舞台剧粗俗、简陋的感觉，在艺术风格上具有浓郁的唯美主义倾向。他的电视剧本最初吸引制片人的，不是故事情节，竟然是字里行间营造出来的语言韵味。

廖时香说，在当今社会，一个作家应当通过自己的文字劳动，获得相应的经济报酬，过上有尊严的安定生活。他非常反感“作家是贫穷的职业”之类说法，认为这是抱残守缺者逃避现实的自我安慰。

由于常年从事繁重的写作劳动，廖时香极少在公众场合露面，他切身体会到：当一个人真正沉浸在劳动中时，他自然毫无兴趣宣扬那些假大空的废话，不想与光说不练的人为伍，更不愿以虚幻的崇高去误导别人。

他说：文学写作不好玩，他只要作好他自己，不把自己当作家，只把自己看成一个踏踏实实的文字劳动者就行了。

尽管廖时香已有《刘光第》、《盐都传奇》等表现家乡题材的作品，但他依然非常愿意、非常期待为家乡的文化建设发挥自己的特长，更多地谱写对家乡的眷爱。

2010年，他用两个月时间完成了40万字以皱容为主要人物的电视剧本《东方欲晓》的创作。

邹容是中国近代史上一位奇特的英雄，他的人生短暂而辉煌，他的《革命军》100多年来一直警钟般鸣响在人们的耳边。他的经历和精神无疑是近代史题材创作中的一个独特资源。

这是著名文艺评论家，中国文联副主席，中国电视剧艺术委员会主任，国家级文艺奖项评委李准关于剧本的评论这样写道：

> 廖时香创作的剧本《东方欲晓》以反封建专制、自觉担任为民族开创未来的神圣职责为精神指向，主题昂扬并有较强的现实感染力和激励作用。
>
> 编剧有良好的编剧能力，全剧故事精彩而又动人，尤其长于用人物性格的刻画和用人物之间观念、情感、利益、性格冲突去推动情节发展。人物和人物关系设置巧妙，出戏又有深度，叙事张力强并多悬念，剧情跌宕起伏，许多戏剧冲突收一唱三叹之效果，令人回肠荡气。
>
> 编剧致力于“表现人物在历史中应有的状态”，探测“人性中幽昧的深度”，这方面的追求不仅丰富了人物，深化了情节，在人性深度追求上作出了可喜探索，也赋予全剧以多彩的历史和民族、地域文化意味。
>
> 编剧在创作中激情灌注，自始至终把焦点对准人物的情感波澜，有着以情动人的优势。剧中邹容与撷芬、陈鼎的三角情感关系，邹容

与小彩红的情感关系，邹蕴丹与翠香的情感关系，都很独特而又动人，为本剧增添了一大看点。

邹容的形象独特、鲜明而又血肉丰满。他的血性、坦荡、无畏、执着、智慧，他的偏激、脆弱、天真，都写出了力度。章太炎的形象有光彩，陈鼎的形象有深度，小彩红的形象有强烈的底层命运感。邹子璠、陈撷芬、刘华廷、吴稚晖、邹蕴丹、那泰的形象以及陈海鲲、姚文甫、翠香、甘老好等形象也都各有精彩处，给二度创作中的表导演提供了很好的基础。

单就一个文学剧本来说，这是一个下了功夫的剧本，是一个有水平有特点又好看的剧本。如果二度创作跟得上，可以预期能拍出一部好看的有品位的片子。

2013 年春夏之交，廖时香全身心投入了舞台剧本《还我河山》。

按原来的选题设计，本剧应大力宣扬自贡盐商献金抗战的爱国精神，赞颂冯玉祥将军的爱国情操。廖时香暗自思忖：这样一个鲜明无误的主题，还有什么值得深挖的？无论编剧下多大力气，写几个积极捐献的爱国人物，写得再多么花团锦簇也不过是罗列好人好事。

进入剧本创作阶段，艺术规律警醒时香：原有构想必须更改，否则再怎么下功夫，也难以成为一个真正的戏。纠结月余，时香豁然开朗：我的主攻方向，是在那个特殊年代选择典型盐商，着力挖掘他们的经历、心理、个性，他们从旁观战争到遭遇战火毁损，到主动奉献的觉醒过程，表现出同类群体普遍的生存常态。

酷暑夏日，时香伏案半月，采用低平的视角，抛开高亢的调子，只为了让观众信服、感动和思索人生的价值。超越一时一事的束缚，释放出绵延无尽的永恒人性，廖时香沉浸在《还我河山》的创作之中。

他放弃了冯玉祥将军作为主要人物的设计。以剧中人物颜三慎的核心唱段“兴家先保国，有国才有小家业”为主旨。他在创作中拒绝拔高人物精神境界，剧本内容沉重严肃。为避免压抑，他力求贴着人物性格心理走笔，台词唱腔尽可能还原他们的生活语言，达到庄重与谐趣并存，深沉与鲜活共生。唱腔也尽量只在情绪浓烈时出来，让全剧节奏流畅明快。

2013 年 11 月，川剧《还我河山》剧本创作杀青。12 月组织省市专家对作品进行讨论。2014 年春节过后，自贡市川剧团进行排练。目前看过剧本的人都认为，这是廖时香迄今为止最精彩的舞台剧创作。

李 华

李华，四川省富顺县人，中国作家协会会员。四川省作家协会主席团委员，四川省自贡市作家协会主席，自贡市文联原副主席。1976 年始发文学作品，现已出版、发表各类文学作品 300 万字，曾获“陈伯吹儿童文学奖”、“海南省优秀图书奖”、“浙江省优秀图书”、“四川文学奖”、“四川省优秀儿童文学奖”等，参加过中日儿童文学座谈会，海峡两岸童诗、童话座谈会，并两届被聘为四川文学奖终审评委。

李华的诗盐志

——李华的创作转型和故土情结

国家历史文化名城自贡，雄踞川南，钟灵毓秀，物华玉宝，人杰地灵。以盐之都、龙之乡、灯之城、食之府蜚声中华大地。

作为世界上最早进行工业性开发的盐都，自贡始于东汉、兴于唐宋、盛于明清，抗战时期达到顶峰，赢得了盐都美誉。从此，为民族血液输送养分、为民众生活调理滋味。其顿挫钻井技术，被称为“世界石油钻井之父”，成为中国“四大发明”之后又一大发明。

与发达的工业文明伴生的是独具特色的地域文化。两千载井盐历史、八百年彩灯文化、亿万年恐龙遗址、三百年川菜源流，展示着世界最古老井矿业都市最厚重的盐文化遗存风采。

一

2009 年 7 月 31 日，自贡市举行了“乡情如酒：李华诗歌作品研讨会暨乡土文学创作座谈”。自贡市委常委、秘书长谭豹，自贡市文联主席刘蕴瑜参加了研讨会。

李华现为自贡市作家协会主席，已出版各类文学作品 36 部，关于本土文学，已出版《名城自贡》、《民间语盐》。

“作为一名土生土长的自贡人，我自始至终保有‘自贡情结’。”谈起自己的诗集，李华如是说：“老自贡一天天在消失，新自贡也说变就变，怎么来记录这一切？怀着这股浓烈的‘乡土情结’，我创作了这本诗集，更是对故乡的一种倾吐，也希望阅读的人增加对自贡的了解，有所收获。”

讨论会上，省作协、各地市的不少文学专家对李华的作品给予了高度关注和肯定，“在李华的作品中，他用质朴的语言方式表达了尊崇的心意，让人阅读起来格外真实、动人，”省作协副主席、秘书长曹纪祖认为，作品很好地展现了自贡这座城市的民风民俗及文化内涵，具有强烈的时代感，对自贡旅游、文化起到了很好的促进作用。

近几年来，李华立足本土，完成了系列作品：《名城自贡》、《民间语盐》、《沿着自贡诗歌地图》，受到社会广泛关注好评。

李华曾以儿童文学创作的丰硕成果赢得了作家桂冠。他的《小鸟喳喳》、《孤鸟》已成为儿童文学精品。可就在儿童文学可以赢得较好经济效益的新世纪，李华却悄然告别儿童文学，倾情于城市发展史和人文积淀史，从深层面去书写和吟哦社会。

李华诗人气质很浓，早在20世纪80年代初，他的富顺老家县文教局就召开过一次专门会议，就他的一组朦胧诗展开过争论。从那以后，我们看到李华的作品多是儿童文学作品。

从写诗到写儿童文学应该是李华创作的第一次转型。近年的创作则是他第二次转型。两次转型，都源于作家的自身气质，充满主体精神的自我矛盾和解构。

盐都自贡在历史上曾经十分辉煌。每当民族历史行进到关键时期，自贡都最勇于担当，上联中国皇帝餐桌，下养西部几亿人口，是中国不可或缺的重要生命场。上千年的盐业发展衍生出厚重的盐文化体系，成为中华民族优质文化的重要组成部分。而我们有些作家总是去追求时髦的流行风，认为写地方的东西没有影响力。殊不知越地方的可能越有特色，也可能越是世界的。

自贡最缺乏的是反映本地风情和时代精神的大气作品。

李华本土作品中传达出浓厚的盐都情结，反映了他精神家园的认可和返璞归真。近几年来他心无旁骛，尽可能从盐文化的窖藏层去发掘整理，把自己认可的盐文化精髓形象地展示给世人。

初读《民间语盐》，便感觉书中弥漫着一种粘着而浓郁的泥土香兼盐巴气息。文化研究者们总是想从微观中提炼宏观的东西，而作家则是留心那些细微的生命元素。李华正是通过散在四荒八野的盐文化细节，从根本上去复活，去形象，去原生态，使得每一种盐文化集群都能立体行走，展示各自的生命态。

细读《民间语盐》，感觉李华就像诚挚的收荒匠，把走街串巷收来的古物件一股脑儿带回家，以诗人、作家和画家的灵性眼水去淘汰伪劣，刮垢磨光。有人说李华作品是寻根文学的翻版。是的，李华是在寻根，但不是寻根文学的简单反转。他的寻根不是作秀，而是满怀崇拜式的虔诚。看看《民间语盐》中，哪一个章节不关联着盐都的家短里长？在《盐都喝酒》、《食牛一族》、《前后盐都知多少》、《腰门时代》、《怀念僚人》、《滋味》等叙述文字里，不难体味到作家骨髓里的故土情怀：

> 本以为从自贡到盐都，好近好近，近得就是挂块城市名的牌，可蓦然回首才发现，这样的路好远好远，远得一个城市名远远不可以承受之重……曾经不吐不快的井，说沉默就沉默了，残存的，已经化为沧桑的井眼，把眼望天，聆听哪怕是世界杂音中一掠而过的，呼唤盐都的那缕轻音。那些卸甲的井架，完成最后的叹息，已查不出它们姓甚名谁……

字里行间，抒发了作家对故乡厚重的历史情感。

二

几年前，一位网友贴出国家一级作家、《诗选刊》编辑部主任，女诗人赵丽华的12首废话诗，它们的字面意思非常浅显，就像是将日常生活中的大白话断行。随后，这些诗风靡各大网站，被网友们疯狂抨击和迅速模仿，并将这类诗命名为“梨花体”。网易文化频道也由此制作了一个“作诗机”，声称只要输入几个关键词，就可以诞生一首“梨花诗”，为全民作诗推波助澜。

随后，具有相似写作倾向的诗人杨黎发表博客文章，鼓励赵丽华站出来。

接着，杨黎组织“支持赵丽华、保卫诗歌”朗诵会，诗人苏舒菲突然脱光衣服“裸诵”。这一举动使得朗诵会被迫结束，苏舒菲脱衣照也在网上广泛流传，引起巨大的不解和谩骂。媒体和观众从对“梨花体”的关注转到对诗人形象的关注，以及对诗歌本身的问题、诗歌与大众的关系的关注。

诗坛里“混”的人鱼龙混杂，致使网民把矛头指向整个诗歌界。

诗歌被恶搞了。许多从来不读诗也不写诗的人也加入了“梨花教”，突然有了“表达欲望”和“创作热情”。有网友在模仿作《哦》中写道：“哦/我/看了/笑翻了/看完了/才发现/我也可以是诗人的/因为——/我会用回车键”。

在绝大多数普通人心中，“诗歌”和“诗人”的概念都是万般神圣的，而当人们突然发现在“现代诗歌”和“现代诗人”身上都找不到这种神圣感觉的时候，恶搞成为必然。

在推出散文集《盐都语言》后，李华又推出诗集《沿着自贡诗歌地图——我的诗盐志》，其实是对他钟爱的盐文化的进一步拓展，他让文字都带上咸味，已经属于特色文学。

《沿着自贡诗歌地图——我的诗盐志》是一部选题诗集，它显然经过了一番用心良苦的筹划、艰辛的写作和精细的集纳。

李华这部诗集是献给自贡建市70周年的礼品诗，收入的65首诗就像65朵礼花、65个乐章、65幅图画，字里行间浸透了对城市的深沉热爱。

对李华的这部诗集，社会反响呈现多元化。褒和贬不绝于耳的并存，或许在某种程度上来看，也不失一种创作上的探索吧。

在《沿着自贡诗歌地图》里，作家的故乡情结依旧浓烈，然而却是以一种新的角度来倾诉，用韵语唱出了对故乡新的赞美。作家的审美视角已经越过历史的天空，自然而然与现实时空链接了。此时，你不可能再武断地说这些作品是单纯的寻根文学了吧。李华的故乡情结既有怀古的，也有现世的。李华追寻故乡的文化精神犹如在追寻人生的终极目标。他钟情盐都文化，痴迷盐都文化。故乡情浓似水，汩汩地从作家胸中流淌到方格内，流淌到键盘上，流淌到读者心田里。

盐都自贡，是李华身的归宿、情的渊薮、爱的巢穴。他已经把自己的悲欢离合了交付了这座城市，融入了这座城市。所以，这城市的大街小巷，一景一物，古今掌故，风俗人情，生产生活，都事无巨细地荟萃在他的诗行中。最可贵的是他在这座城市里的行吟说唱，没有恋栈在高台华宅，而是徜徉在下里巴人出入的民间。他既弘扬主旋律，也广采山野风。无论是人面桃花、茶肆闲话，还是风流风云、世俗交友、旧韵新声，都在他的笔底缠绵情丝万缕。他俯仰古今，往返远近，双眸闪烁着陶醉的光芒，真个是爱到深处成诗行。

在《替江姐守好故土》一诗中，他激情难平地吟叹：“替江姐接受好故土/江家湾的老乡/不敢忘却/那面含泪刺绣的红旗/每天把好锄/深翻着共和国的土地……”这里，一颗诗心的英雄崇拜情结，化作了一片扩散不休的敬爱涟漪。

在《咋了　老子娶的就是这种婆娘》中，他把体力劳动者称心如意的幸福感表达得淋漓尽致：“既然成了她老公/那就老老实实接受侍弄吧/要不了多久，你就会忽然发觉/咦　腰板直了　胆儿壮了/再重的盐担担压在肩上/桩子稳得起　不摇　不晃……”那放下扁担回家的天伦之乐的壮汉形象，栩栩如生地跃然纸上。

热爱家乡、热爱生活，使李华的心灵格外滚烫，诗句里充溢着蔑视冷漠、冷酷的高傲。读过李华的诗集，不难理出贯穿始终的主题：那是一条激荡颤动的爱之心弦。

三

诗歌自民间而生，不知何时成了小众的玩器，而最终它的再生与复兴，还将自大众凝视的目光里汲取新的生命之源。

相当长一段时间，诗集成了最不畅销书，甚至许多报刊把诗歌关在门外。这不该怨怪读者的平庸，而实在怨怪作者过于“高贵”。

李华的诗集，做出了由文本向人本、由文房向文化、由沙龙向民间靠近的不懈努力，他亮出了自己“诗盐志”的旗帜，试图使自己的诗歌有地方特色和乡土气息。显然，他考虑到了自己作品可能征服读者、可占有市场的“量”，他在追求最大化的读者群和最大化的市场圈，一览他诗集纳入的篇什和诗篇表现的内容，就足以了然在心。

李华做出的努力，已经取得了相当的成绩，请读《今夜登龙凤山　有戏》里的描述：“我要选个最好的坐向/欣赏城市布下的万家灯火/想象每户人家/那种亲密如常的细节”，作者的笔下写实了自己的陶醉和希望：“我要把世间一切/全往好心情上引导/丝丝入扣　妙趣横生/万般愉悦”。

他在观赏风景，也在观照艺术。

细读李华的诗集，你会觉得它的篇什，不但异彩纷呈，而且囊括的世相容量很大。且看，在《像自贡这样的城市》里，作者似乎欲制作城市的史诗；又看，一首《崇敬一位号子收藏家的满头白发》，作者似乎在描述一个人的命运。再看，而《高敏时代就这样自然到来》一诗，作者似乎在弹唱一支赞歌。

李华像写论文一样写诗，像写小说一样写诗，像写散文一样写诗。他走进了阅历丰富的生命秋季，不只在收获果实，也在尝试做反季节的耕耘。这样，他的诗集便成了一个特殊的试验农场，他从不同的角度论政论文，品酒品人，赏景赏戏，追古抚今。他的诗与时下流行的“现代派”、“先锋派”等诗人化“实”而“虚”的高深手法迥异，他不寻求那种读者不知所云的玄妙，而是像成熟的稻穗朴实地展示出沉淀，给人最直观的审美印象。

李华在《今天心情不错》中写下：“我要领略咎由自取的折磨/隐去这身虚浮的轮廓/权把宠辱一并输入存折/直抵真实/颠覆所有的矜持与羞涩”，不妨说是他探索诗道的自我写照。

李华无疑是试图创作大众化的现代民歌，用世俗的语言来描绘世俗的场景，在《隔壁住着张花脸》一诗里，他这样讲故事：“对了　张花脸不只是唱戏/还要倒尿罐　倒渣渣/扯起他那个沙喉咙乱喊/二娃　你狗日的跑哪耍去了哟/还不给老子滚回来爆肚子”。这样的诗歌，分明表现的是一幅鲜活的世相图。

李华以《民间语盐》的姿态，表现了自己对故乡的深情吟哦：“谁把我心灵深处的盐卤汲了出来/谁把我五味杂陈熬炼成纯白色结晶/谁把我柔弱固执个性摆上了色彩斑斓的货架/谁把我调教得如此稀少如此知趣　如此/自我安慰　有盐有味/自贡　我真的无话可说/生于你怀　我就是你/坐不改姓　行不更名的/儿子”。品味这些文字，你一定深切感受到他对故土的书写是刻骨铭心的，是呕心沥血的，是一个有责任感的作家必不可少的作为。他在《北京　北京》一文里如实写道：“在这块生生息息闭着眼睛走路也撞不破鼻子错不了人家门户的盐卤之地，我不知为多少人的远走高飞送过行”，“我只配是在生活常态中温吞水似的度日如年，慢慢咀嚼感受体味所谓的酸甜苦辣”，“每天檀木林五星街沙湾加上汇东汇西什么的，以及后来的光大街马吃水一时之间竟成了我的必修课。它们联合成365套组合拳24小时不间断考验我的意志和耐力。同时也是在处心积虑地培养我的长留之情。我服了。彻底地服了。”一个作家对居住地的彻底臣服应该说是一笔巨大财富。鲁迅的三味书屋，沈从文的湘西，肖红的《呼兰河传》，都是故土情愫的文学经典绘本。但愿李华，在这一点上渐次磨砺出自己的文字光辉。

重庆出版集团常务副总杨希之在评及李华的诗集《沿着自贡诗歌地图——我的诗盐志》时曾写道：“我觉得，从浅的方面说，它是‘关于盐都的记忆’；从深的方面讲，它则是一部小小的‘史诗’，是我们走进自贡、走进自贡人心灵的钥匙和‘地图’。”这个评价不是溢美之词。

四

自贡因盐设市，拥有悠久的历史和深厚的文化底蕴，仅仅两千载的盐熬制，就有永远道不完的话头。天车直指云天，盐卤备受煎熬，担夫如蚁，人流如织，“作为一种现代文明的标志，一种文化的固定载体，一种时代的见证，一种城市的特定指向，它登高远望，独秀于城市之林，光彩夺目，熠熠生辉。”（《民间语盐》）作者认定了自贡，深情了自贡，或许还拔高了自贡。因为自贡在他，就是全部，就是遥远和现实，就是日日夜夜，就是血脉家庭。

他是自贡的后生，城市的古典与现代、生机与凝重、坚守与接纳就这样纠结缠绕在作者心底。总的来说，作者笔下的自贡是一座消失过后被呼唤被重新描述的自贡，它的辉煌只闪现在字里行间和分行排列中，只闪现在作者极大的深情和遐想的延展里。李华的作品凸显的就是自贡人和这座城市的成长史和心灵史。

先看题材的丰富性。《民间语盐》和《沿着自贡诗歌地图》涉及的题材十分丰富，包罗万象。作家从远古写到当下，从富顺写到沿滩、仙滩、三多寨、西秦会馆、张家花园、张爷庙、龙凤山，从豆花到泡菜、火边子牛肉、提兜牛肉、牛屎巴，从自贡原生居民僚人到借地而谋生的地主、资本家、刘四娘、卖膏药的、民间艺人和血脉相连的家人，从优秀的历史人物到革命人物、当代人物。他们共同编织了一个立体的多元的叙事空间。

叙事散文《五妹》以家人为题材，再现了特殊时期那种看似淡远而又浓烈的血肉亲情。“我”对五妹的回忆有温情的流露，有对现实的愤恨和无奈，流露出“我”来自灵魂深处挥之不去的忏悔心理。

《回望少年》如同一首长长的散文诗，用一幅幅鲜活的图画，情真意切追忆着少年记忆中难忘的生活片段，韵味悠长，回味无穷，将难忘的人、动人的情、可爱的乡土、心酸的往事凝固成了永恒。

而在《沿着自贡诗歌地图》中，诗人从单一的亲情荡开，把心交给了背景，在过去和现在熟悉得不能再熟悉的背街背巷，看见“那些被喝成了碎牙状的茶船/挤在茶垢黝黑的筲箕里/依然保持着如痴如醉的状态”。因此，诗人觉得“有些早就遥远得不能再遥远的事/有些甚至早就支离破碎的事/太需要谁去担当浮想”（《像自贡这样的城市》）。于是诗人沿着自己为自贡描绘的“诗歌地图”出发了，走向远古，看见“我们的恐龙/把痛苦贡献出来/成堆地贡献出来”（《脚，一步步向远古移近》）。诗人来到盐井旁，看见“杉木井架立于盐都/立久了　立精了/立得一辈子不放声/还以为自己天生就缺失声带”。这时，诗人见到了一位满头白发的号子收藏家，终于听到“是他/那个吸过劣质烟的歌喉/让高粱酒浸泡过的歌喉/喷出了久违的号子/原汁原味的/属于盐都独有的号子/再次为这个城市播放了/带声的记忆”（《崇敬一位号子收藏家的满头白发》）。

题材的丰富为主题的多样和深刻奠定了基础，作者深情的爱和独特的语言为自贡这片神奇的土地书写出了丰富的精神内核。

流淌着力量的风俗画卷，是作者掌控作品成功的重要途径。与乌镇的乌篷船和湘西的吊脚楼不同的是，自贡是一处“堪比欧洲/不　甚至超越欧洲不知多少倍的大工厂”，它“如此悄然独特　轰轰烈烈/人头攒动　摩肩接踵/人人不再做无聊悠闲/而是劳作　发财/用汗珠和脚步/组合农业国变奏曲　一章章/浑厚　激昂　跌宕起伏”。“山西客坐不住了/陕西客也坐不住/所有梦想者/不管南方的　北方的/骡马们就这样上路了/于是　浩大的这们　那们/一路风尘　一路坚韧/汇聚在杉木做成的井架下”（《怀念自贡　怀念自贡资本家》）。井架和盐卤让无数农人成为篾匠，篾匠也成了城市的风景。“他们也决然想不到/蔑刀会有这么大的力量/会把城市剖开/剖成一节一节/最后又由他们自己来接通/盐都　实际上/就从他们默不作声劳作那一天开始/就算被占领　被统治了/漫山遍野都是他们的杰作/他们一直把这一切/做进汉语言学家的词典/从此一种叫枧管的工具/被发明出来/登上大雅之堂/竹器时代　就这样盛装盐都/输出盐都”（《令篾匠占领盐都》）。枧管把盐卤输送到每个灶、场，盛进遍布城市的锅里，火让卤水破茧成蝶为纯白色结晶和上乘碎银。在这个城市“火是它激情的灵魂/它把每一灶燃烧演绎成硬道理/这座城市腰缠万贯的时候/是火最旺盛的时候/是燃烧点达到最充分的时候”（《燃烧也是硬道理》）。

盐锅已不止是城市的风景，它与火一道成为城市的灵魂。“城市一下就热闹起来/到处都翻滚着煮沸的声音/噼啵　噼啵/盐都交响曲其实就是这样/伴着锅们无休止欢闹/激昂式拉开序幕的/半城以上的汉子/便裸了上身/忙不停地观火　添火/完成过场及搅拌的各种规定动作/有人因此说/锅们对盐都/是主宰　是掺和/反客为主/统领着每个灶　场/连同统领每一粒汗水/和每一声呼吸/还有那条曲曲弯弯的盐井河”（《锅们的城市》）。谷草是这座城市的另一道风景，这是“一个多谷草的城市”，“城市床在呼唤它　想它/还原田野　还原收获与牧歌//城市牛也在想它/只要是还能亲近谷草/做一条绵榨的城市牛/才耐得住寂寞。”它还“蜕变成脚下船/那些穿了草鞋的盐担担/一个个健步如飞/硬是把一所前所未有的盐都/给担了起来”。草鞋成为城市的动力及足迹，无方向状对外辐射。干活累了，就到井场角落刘四娘的酒店喝酒，直喝到月上树梢，酒醉人酣，都说刘四娘的酒好喝。顺道再去王妈的泡菜店买上点泡酸菜、泡海椒、泡苦瓜、泡豇豆、泡大蒜、酱萝卜笼、豆腐乳、甜米酱等。有空到竹棚子喝喝茶，到川主庙听听戏。积存好精力到马房街赶骡子，到釜溪河撑船，于是“一河盐船/撑得釜溪河/整天咿咿呀呀”（《盐韵》）。草鞋去到的所有地方最终目的都是为了指向一点，指向盐场旁的家：“与井架为邻的女人/才算是真正自贡女人/真正的自贡女人/每一天都一如既往地/把与生活有关的水/泼进寂寞无语的盐场/藤萝就这样被滋润了/草棵就这样被密布了”“洗净的五颜六色的衣服/被晾进盐场的时候/一副共生共长的自贡和谐图/才算徐徐展开”。

“观风俗之盛衰”，是中国诗歌的文化传统。作者笔下的自贡风俗画卷昭示的是这座城市的明朗性格，凸显的是这座城市的雄性魅力特征，渲染的是这座城市的硬派和力道，吟哦的是这座城市的朴实善良和温情豁达，展现的是这座城市的和谐宽泛，以及纵深绵延。

除此之外，李华对土地、资本、发展、幸福等的沉思和追问也引人深思，不容忽视。作者朝拜文庙时，“又想起肖地主/想起一地稼穑和纵横阡陌/想起东方这个农业国/有关地的宏大叙事/同时也想起一句旷世追问/苍茫大地　究竟/需不需要谁去主沉浮/假如我们都缺少做地主那根神经/或者都不去做地主/历史　会是什么个样呢。”“地哦　在你之上/哪一条才是我们的必由之路”（《寻找那个姓肖的地主》）。

诗句中有对土地的慎辨、对传统的反观、对发展的诘问，有着强烈的政治考量和批判，警醒着个体和权势行为善待土地和构建人与土地的和谐关系是总的基调，意在礼赞劳动和财富。作者尽情凸显的是这片土地上曾经有过的财富神话，点染的是资本在这块带农而生的土地上产生的种种传奇，写意的是建立在大量手工业基础上的中国内陆工业初期的盛况。

在艺术表现上，李华也能酝成自己的风格。诗评家曹纪祖说“李华的诗生动传神，包孕哲理，叙述式的抒情中，颇多灵气。是灵气给文字以生命，使作品魅力无穷。是灵气让写作常写常新，永远让读者收获感动。

一个作家，究竟有多少故土情愫，这是评论者无法估量的。作家选择什么样的时机对故土情愫进入缅怀、仰望并自然流露、倾吐，也是评论者难以确定的。唯一能确定的是，李华的乡土叙述是水到渠成，厚积薄发的。

作家意西泽仁在《序李华诗集〈沿着自贡诗歌地图〉》说“李华把他的这部诗集称为‘诗盐志’，很有意思。看得出这是一部有准备、有积累、有思想、有追求的诗集，李华为此付出了许多心血。”“他的诗给人一种凝重而大气的感觉。”

诚如诗人曹纪祖所说《沿着自贡诗歌地图》是“献给家乡的一份心灵厚礼”。

李自国

李自国，笔名西村。四川富顺人。中共党员。先后毕业于四川省宜宾卫校中医士专业、大学汉语言文学专业，法学研究生学历，1988年就读于鲁迅文学院第四届作家班。现为《星星》诗刊副主编，副编审。

1982年开始弃医从文，1994年加入中国作家协会。著有诗集《第三只眼睛》、《告诉世界》、《遥向你的花季》、《场——探索诗选》、《水洗的歌谣》、《大海的诞生》、《深埋记忆的挽歌》、《生命之盐》，评论集《西村诗话》等9部。诗集《告诉世界》获第二届四川省文学奖。其作品在全国性诗歌大赛中获奖30余次。

诗人李自国的第三只眼睛

世相迷离，聚散无常。1989 年 8 月下旬，我与时为自贡市文联的编辑、青年诗人的李自国同在《星星》诗刊“江油诗会”上写诗、谈诗。意气风发，斗志昂扬；指点江山，激扬文字。那月，我们在《星星》诗刊“四川诗人 20 家”的栏目中同台演出。

年华如水，逝者如斯。一晃，25 载寒暑倏忽而过。今天的李自国，已成长为享誉八方的中国诗人并成长为享誉中国的一家重要诗刊的主要负责人。

考量诗人李自国的成长之路，我愈发坚信，如果一个人真正立志要成为一位诗人，则必须矢志不移、严肃认真，倾其一生地去写。李自国对于诗歌本质的理解、丰富深邃的诗学修养，让人折服。像我珍视诗歌一样，我非常珍视诗歌对于一个人命运的影响，一个来自川南山乡的少年，一个普通的人，因为诗歌而变得生命丰富，硕果累累，有所作为，精神高远。

他在寻找诗意的同时也在诠释自己的生命

李自国出生于川南富顺的“一个比《清明上河图》不知早多少世纪的、伫立万座山坳之巅的万坳小镇”。那里土地肥沃，盛产水稻和酒，镇子里的碾米房、铁匠铺、酿酒作坊，一代代延续下来，使民风古朴、乡风纯正。

但从李自国认识它时，这片故土和故土上的乡亲就生活在“人民公社”里，和中华大地广袤的乡村一样，“大锅饭”的生产耕作方式，频繁经历的“运动”和“革命”并没有改变他们祖祖辈辈的贫困。

父亲是享誉乡俚的大夫，在中医内科和针灸方面在当地无人不晓。唯一的嗜好是酒。父亲生性刚烈，脾气暴躁，发怒后的“敌人”是屋里的家具，但扔出去不到五分钟又捡回来。靠着父亲可怜的薪水和母亲的手工活，养大了李自国兄妹六个，这在那个年头已是惊人之举。

这一切自然影响着儿时和少年的李自国——父亲的德行、孤傲，酒后的冥思。

14 岁那年秋天，李自国离家出走。一条从宜宾开往凉山的江轮把他送到一个陌生的、木板搭成的村落——雷波森工局 213 林场。

沦陷的少年时代，就从李自国流浪的心迹中开始了。

缘于生命的爱，大凉山使李自国感到神奇，“谦卑”的人多么需要伟大的压力，就像那些翻不完的高山、荡不尽的原始森林。

白天，在伐木、开山放炮、架桥铺路的劳作中，李自国似乎脱离了自己，那时感到孤寂难耐的是黑夜。当他静下心来在擦亮的油灯下写日记，劳顿一天的工友们，已横七竖八地瘫软在地铺上发出打呼声。只有这样的时刻，他才看清了倒下的自己！

凉山浪迹归来，待业的痛楚，又驱使他去富顺县青山岭林场、龙贯山林场卖苦力。时间之伤是难以复痂的。垦荒、栽种、修枝、采伐等林区生活几乎都磨砺过他的躯体，唯有鲜活而生动的大自然时刻激发着十七八岁的李自国的性灵。

大自然是诗歌的矿藏，走进自然，处处如诗。青年李自国在寻找诗意的同时，也在诠释自己的生命。他似乎找到了森林属性同祖辈血液直接相通的地方。

成排的马尾松开始鸣叫，紫色的响尾草生长着，他时常望着那些树上的生命发呆。

1978 年初，李自国考入宜宾卫校中医士专业。跨入校门他就一直寻思着一种责任，该用什么样的“肩头”作为生命隐秘的启示，来承担人类情感的患难而到达极致的点石生辉之境。

卫校课程的一步步深入，使他一夜夜地失眠，《黄帝内经》、《神农本草经》、《伤寒论》、《金匮要略》四部古典医籍，几乎成为洞开他心灵世界的底火。背汤头、记药性赋、啃医古文，使他了解了人与自然，学会了分辩事物的五行属性、六淫七情的成因。病症与诊法、望闻问切、施证验方等等，那么丰富的世界，怎么不可能产生另一种文学、另一类诗歌呢？他问自己。

古老而珍贵的中医文献，正诱导着青年李自国沉醉地走上医治心灵创伤的路径，尽管是星稀而遥远的。

青年李自国“背负药草、羚羊角和身后的土地，在夔门之外国门之外游走，以青春的全部热忱，贪婪地、急促促地吞食着来自本民族的精血和异邦文化的濡养，聆听大师们的教诲，茁壮我的身心。荷马史诗、《一千零一夜》、唐诗、印度史诗，以及但丁的‘动太阳而移群星’，歌德的决胜者之歌，惠特曼式的千条火焰，引领着我的思想通往今天的道路。他们的天才使我切肤般地感悟着、经验着那句闪烁人类最高智慧的古希腊时代格言：‘认识你自己’”。谈及早期的读书与写作，李自国如是说。

这时，伸手可触的，是抚琴相望的灵河与杯子！

自觉进入诗的世界是1983年。这年5月，自贡市文联、作协在市文化宫举行了一次诗歌朗诵会。李自国处女诗作《不会终止的电话》入选并获了奖。

从此，他开始了诗歌创作并在市内外文学刊物发表诗作。除了写作的理想，早期的李自国还在诗中寄寓了人性的理想：本真、至善、幻美。他所歌颂的少男少女和他们的爱情闪耀着圣洁的光辉。一册《遥向你的花季》是诗人写给青春的动人情书，从中可以了解他爱心闪烁的日日夜夜。他用温馨的笔调向我们证实了，也许哪一天人类可以重新回到伊甸园。

随后，他被选调到富顺县委宣传部担任宣传干事。业余，他执着于诗歌的写作，对他而言，诗歌可能就是射进个人暗夜的一束理想之光。所以当他回首并且歌唱的时候，绝不仅仅是沉湎于怀旧，而是在读者毫无察觉的情况下，潜在地走向了未来与未知。

1986年初春，自贡市文联把他调入了文联担任文学刊物《盐泉》的诗歌编辑。工作之余，从北方到南方，涂满小诗的纸帆又把他带向了一个新天地里。

生存空间的变换，地域文化的排解，李自国胸膛中的那个“场”已经跟这个颤动的世纪形成了强大的心理落差。他真切地感到，在这个以“盐”和“恐龙”闻名于世的城市，唯有通过诗的楔入，方能使“我通过它，以各种语言的姿势，将古朴而新鲜的梦想固定下来，或一头扎入被窝，或打井一生”。

从此，他开始在《人民日报》、《人民文学》、《解放军文艺》、《诗刊》、《星星》、《诗歌报》、《青年文学》、《北京文学》等全国各大报刊发表诗作。其作品感情充沛、思绪开阔、意象新奇，以大量“森林诗”和“生命之盐”系列诗著称于诗坛

1988年3月，进入鲁迅文学院作家班就读，这无疑触发了李自国以后许多人生的冥想和写诗的畅想。

北方的天空是宏伟的，土地是那么辽阔，广漠的文学视野，东西方文化纷披而来的书籍，就像雪地上的独轮车，移动着大地的板块。而大面积的成熟，迫使我在西长安街上奔跑了一夜，我是第一次把心交给世界呵！在毫无遮拦的未明湖边、朝阳门外：时空意识的改变，新的行动准则的出现，伦理规范的改写，还有许多前闻所未闻的新的生活观念的实际运用。这一切，虽然还有待过滤和沉淀，需要时间的代价和勇气，但我已渐渐进入文学本体，自觉地把诗写成不像“诗”了。从这个意义上讲是否是诗的力量震撼了我呢？难道还有什么比这，属于我的世界更令人达到震撼自己的力量？

时代赋予诗人胆识，他用“第三只眼睛打量世界”

1992年四川文艺出版社奖掖新人，出版“处女书系”。李自国诗集《告诉世界》入选其中而面世。诗集中的《黑森林梦幻曲》吸引了巴蜀鬼才魏明伦的眼球，欣然为其作序：

“李自国欣逢改革开放盛世，得天独厚，一面继承傅仇的森林热恋，一面追求比前辈更加深沉的林莽思辨，时代赋予诗人胆识，他声称要用‘第三只眼睛打量世界’。想在孩子般的明眸之上增添一只哲人慧眼，穿过千树万木的表层揭示森林王国的奥秘。他潜心谛听来自天际海外长鸣已久的警钟，钟声迟迟传到我们这闭塞初开的古老国土。”

“80年代李自国明白了傅仇50年代始料不及的绿色信息：中国的森林覆盖面在全世界倒数第三！吾神州伐木丁丁之勇在国际上名列前茅！为取材而造林的传统观念早已过时，环球林业史跨入崭新纪元。造林的主要宗旨不应是为了取材备用，无论是取来用之于私，还是用之于公；无论是用于正道，用于邪门；用于大兴土木建广厦，大炼钢铁当柴烧……概而言之，取材越少，用途越窄，越符合先进科学宏观。取材越多，用途越宽，越破坏人类生存环境。十年树木，一朝取材，历代千秋积累的林海已近枯竭。再取下去，森林将以自身的毁灭，严厉惩罚锲而不舍，劳而有罪的伐木者！人类将陷入与林偕亡，与山同崩的巨大危机！”

李自国比傅仇的纯情热恋更多几层理智忧愤，更多几笔悲剧色彩：

你伤痕累累的躯体
载着二十世纪的不安灵魂

向着这片光秃秃的世界
默默流泪……

他是在百代战争中
被一群野蛮和愚昧伐倒的……
终于，山洞的杉皮屋倒塌了
鸶鹰破译了一双双鹰翅扇动的眼神
于是，经雀乌国会反复商定
葬礼，在年年三月十二日举行。

森林葬礼在植树节举行，这是何等悲壮的诗境。

就内涵而言，《黑森林梦幻曲》显然超越《伐木声声》，将大森林升华为全人类的精神载体，升华为至真至善至美的理想国。古有“花痴”，今有“林痴”。傅仇泉下英灵不昧，必会引李自国为同侪，理解青年的诗风，支持青年的探索。还是那句老话：江山代有才人出，各领风骚数百年。

魏明伦评价李自国“不避所谓的行业诗之嫌，写下了大量的盐场诗和森林诗”，这种不避嫌恰恰体现了诗人李自国胸怀丘壑的大度与笔吐山河的自信。从生命的角度进行物质文化的深沉书写，这在当时的文坛具有首开先河的先锋意义，在跨越世纪后的今天也是值得借鉴的。

20 世纪 90 年代，市场经济，社会转型，无用的文学黯然退到了社会边缘。

进入商业化的人们仿佛已经与大地分离，四季的冷暖感觉已被空调抹去，而灿烂的星空、山花的芳香、松涛海韵、雾霭虹霓……一切我们曾经能够切身感受到的事物忽然都变为速成的写真喷绘或屏幕中一晃而过的声光流影，那么陌生，那么匆忙，缺乏任何深度和密度。我们与古人的差别在于我们越来越缺乏诗意的人生。没有诗意的人生，又哪来诗与诗人呢？

脚步匆匆急功近利的都市人，谁会在意风雨后有多少落红化入春泥，夕阳下暮色又融尽了多少归鸦的翅膀？我们去何处寻找那一缕清朗的月华？在哪里去品味那“流觞曲水”的情怀呢……

庞大的诗歌阵营悄然分化，知识分子中很多人都下海经商，淡出诗坛。大部分诗人感到灰头土脸，饱受奚落，那时候要是承认自己是写诗的就如同当众认错一样，需要勇气。

可是新世纪的短短几年时间，世俗便由羞于写诗、耻为诗人，变成了对诗歌的百般嬉戏、肆意纠缠，其中具有了太多的戏剧色彩。诗歌网络的自由性、包容性和开创性迫使趋于板结僵硬的纸质刊物不得不被动激活。诗歌网络平台是一柄双刃剑，它为中国新诗的多元化发展带来了生机，同时它也打开了一个巨大的潘多拉魔瓶，千奇百怪的口语诗随着网络遍地滋生，令人感受到的并非是审美，而是整丑。

台湾作家白天用曾说过："百年中文，内忧外患。"这并非杞人忧天，当诗人的资质已丧失标准，当汉诗失去了发表的门槛而口水泛滥，当写作的难度化为乌有，诗人继续下去的必要性在哪里？

然而，李自国写诗痴心不改，他立志要成为一位真正的诗人。暑往寒来，他痴迷地徜徉在自己的诗歌王国里。

无论是对生命轨迹的描绘还是对故人乡情的倾注，李自国在诗中都惯于保持"蓦然回首"的姿态，"回忆"、"日子"这类词语和一些带有浓重象征意味的物象（比如旧家具）无不指向诗人的理想，他说："从命运里挣扎过来的人，就相信有一种阳光照耀着他，在表情重叠的世界里，拥有另一种歌唱。"

唐寻在其《撒向中国舌尖的晶盐》一文中，对李自国的诗歌进行了解读：李自国的诗歌主题经历了'追忆—思索—悲悯'的线性过程。他的早期诗歌中有不少'回溯'性质的叙述语式，在对过往和具备"追忆"气质的爱情之梦的动人描绘中，诗人寄寓了写作和人性的双重理想。而在他最为重要的盐类题材作品中，诗人又对'历史'和'生命'进行了深刻的思考和艰难的探索。追忆和思索过后，李自国的诗歌最终走向了博大的悲悯。"

迎着新千年的曙光，李自国走进了《星星》诗刊编辑部。

行走于成都这座城市的钢筋森林中，他尝试"用第三只眼睛打量世界"，在记取和打量之间，李自国的诗歌主题经历了"追忆—思索—悲悯"的线性过程。

与"追忆"牵筋带肉的是诗人的生命体味。面对绵延的产盐场、耸入蓝天的采卤天车、幽深的古盐井、世世代代的传说与民谣，李自国唯一借助的楔入工具是诗歌，他尝试"从历史、生命的背后找到那双厚厚的嘴唇"，这双神秘的嘴唇吐露了李自国以盐为题材的系列诗歌的全部隐义，"历史"和"生命"是解读盐骚的关键词语。这里称"盐骚"，是因为李自国的这类诗歌述尽了与盐有关的岁月动荡、人间烟火和命运传奇，诗中蕴含的忧愤深广、至诚博大与已经远逝的“离骚”精神一脉相承。那些晶莹而跳跃的颗粒有如“香草”、“美人”成为诗人灵魂的象征和寄托，除此之外，更是凝聚了诗人现代理性的思辨，这就使得李自国笔下的盐骚在完成抒发的功能之余，具备了寓言性。

零星的梦　让我在井场/把苦难想象成/一堆堆喘息的化石/大半个世纪沉下去了/雪　敲打烧盐工头顶/都会掠走舌根丝丝咸意”（《走盐场》），在那些一篇篇与历史对峙的诗歌里，再次显露出诗人李自国的追怀倾向，并且这种追怀可以从盐文化衍射至与中华民族的生存生活息息相关的所有传统文明。诗人是在写盐，也是在写璀璨的工业文明，同时也是在思考古老的农耕文化和隐藏于这一切背后的“双手劳动慰藉心灵”的民族意识，

李自国将他的一本诗集取名为《生命之盐》，用意大概就在于还原盐的本质：它是生命和灵魂升腾的圣洁的颗粒。李自国的盐骚正是因其饱满的生命光泽，照亮了诗歌发展的一段道路，而他本身也被盐河两岸的持火者照耀着，所以这个在诗井里终身采卤的诗人得以“永远高踞着语言的山峰和流水”（《盐之沧海》）。

李自国笔下的盐场、盐井、盐工以及他所追忆的一切，在经历了历史与生命主题的主观思索之后，终于在悲悯情怀的笼罩下，得到了大地上和诗人心灵上的双重安顿。李自国以盐骚为代表的诗歌恰好是一撮盐巴，给予了中国舌尖最强劲的刺激和最真实的味觉。而在一阵苦咸之后，就像那句谚语所说的“想要甜，加点盐”，李自国的诗歌绵延给当代和后世读者的，是不可言说的诗性的甜美。

他对苦难和人性进行追问与反诘，试图探索出苦难的真正根源

20世纪90年代的诗歌被当作一种争夺话语霸权的工具，诗坛主流拘囿于“知识分子写作”和“民间立场”写作的博弈中，真正的诗歌写作被蒙上了一层昏暗的阴影。

而此时四川富顺的“盐场之子”——李自国，却抽离这种喧闹与骚动，潜心在“悠悠盐场”中探寻“战争人类恐龙之谜”，低吟出波涛汹涌的大海、郁郁葱葱的森林，虔诚地膜拜诗神缪斯。

自20世纪90年代以来，李自国已出版了《生命之盐》、《场——探索诗选》、《大海的诞生》、《深埋记忆的挽歌》、《告诉世界》、《水洗的歌谣》等八部诗集。在他的诗中，无论是兼济天下反思战争的大情怀抒写，还是

对生命、历史、苦难的终极追问，抑或是低吟浅唱的小情怀浪漫曲调，都旨在复活一种诗歌精神。

他曾在他的诗论《十年诗潮面面观——我对新诗潮的一些思考》中谈到："诗的理想应该是一种精神，它是人类最鲜美的精神之花，同时是平庸、世俗者的禁欲之果。诗歌精神的复活，说穿了则是人类共有的生存意识、使命意识的复活。"诗人基于对人类生存的担忧，凭借一个诗人与生俱来的精神救赎的使命感，他对苦难和人性进行追问与反诘，试图探索出苦难的真正根源，寻找出具有本体意义的答案，从而完成一次诗歌对人类的救赎。

苦难作为一种美学范畴，是对当代人类生命存在困境的一种审美需要。

"苦难意识在文学艺术表现的情感类型中，从来就占据优先的等级，它包含着人类精神所依托的最为坚实的力量。苦难意识是一种总体性的情感、终极性的价值关怀，说到底它就是人类历史和生活的本质。"

李自国的诗歌着力探索人类这种生活的本质，他的诗句沿着苦难的刀刃行走，走过黑森林，走过悠悠盐场，走过波兰的战场，走过被城市文明侵略的山村，走过人类隐秘的灵魂，在水洗的歌谣里吟唱着苦难的根源，使诗歌本身获得了审美的价值和终极关怀。

李自国的诗歌在表现苦难意识的时候，首先是从一种反省的角度切入，以一种人类自食其果的苦难来开始他的救赎之旅。

生活在 21 世纪的中国，一个有良知的诗人还意味着必须适应一种"量化"了的经济指标潮流，并习惯与一种"经济动物"为伍。伴随而来的文化道德、教育品格的论表，无疑会加深个人心灵的痛苦和彷徨。作为投身到"诗歌革命"中的"社会边缘人"的诗人将无法实现自己的政治理想或占据文化高地。

如果说对人类外在环境所遭受的苦难，诗人是以一种反省的视角来表现，那么诗人对川南盆地以盐为生的乡亲的苦难的表现则用了一种同情的、悲悯的、鞭笞的笔调来书写。诗人以"我是一粒盐的子孙/深陷的眼窝像古井"对故土亲人的苦难给予了巨大的悲悯，他写川南那群"寻不到面孔的人"，这群人"都曾有过卤水染黑的长发/而父亲和他的井匠们/拒绝走出酒杯/整整一生　如空瓶子/投下那个夜晚　坚硬　宁静/最后　被烧盐锅/活活煮死"（《盐业历史博物馆》）。

在盐城上吞咽着"血底里的粮食"的人们，为盐而屈辱地生，苦苦煎熬；他们的肩头被压弯，驼背老人佝偻的脊梁成了他们苦难的见证；他们为了生，折断了尺子，放弃了做人的尊严，最后他们的血和汗被结晶成最剔透的晶体。面对这群在卤水里挣扎的人们，诗人的悲悯情怀在他古井的眼窝里“探索出老人的泪”并且铭记这历史的民族的苦难：“那些生命的盐分里/就这样充斥我路上的黎明/我要告诉亲爱的孩子/并从那些碑文中间/默然诞生　重新咀嚼/老人刻进标本的/那段晶莹而颗粒状的日子”。

李自国的苦难意识还在那些表现战争和人性思考的诗歌中得到了关照。诗人将他这种对人类生存的忧患意识投向了那野蛮暴力对文明厮杀的“二战”战场，在对纳粹的非人性的历史的审视中彰显了诗歌中充满硬度的苦难以及诗人自身的大情怀和高贵的气质。战争是苦难的始作俑者之一，诗人紧紧抓住了战争留下的伤痛，将苦难幻化成了对弱者的同情、对战争的仇视、对和平的痛惜、对正义的礼赞、对罪恶的诅咒。从《阵地上飞回一只乌鸦》我们听到“一位芬兰奶妈的心跳”，感受到她失去儿子的辛酸：“儿子的灵魂掉落在苹果树上/风车　芬兰语　教堂的钟响/敲打出千湖之岛国的哀嚎”。战争将这种由于人类的贪欲而产生的暴力附加给柔弱的人们，让弱者遭受到了本不该负载的苦难。从《波兰少女》中我们看到，“波动无比的少女呵/凡能飞翔的　都该插上翅膀/插上少女心空的斜雨/从党卫军的鹰爪下面/飞一串沉重的羽毛和鸽音”，即使在沦陷的故土，波兰少女也要“一面点播自己的灾区/一面坚守人类的自尊与高贵”，这是对苦难的一种最坚强的回应，面对它、承受它、摆脱它，以一种坚持不懈的斗争方式与苦难同在。所以在《二战老兵的怀念》、《伦敦上空的鹰》、《致盟国远征军》等对正义的礼赞的诗中，诗人的苦难已经被提炼成了一种斗争意识，一种柔韧的生命硬度。最后诗人将这种意识和自己最诚挚的使命相结合——“我要用春天的喉咙运送阳关的声音/为蒙难的大地唱响无尽的挽歌”。在这里，诗人不仅对苦难意识赋予了更为苍劲有力的硬度，而且诗人本身也完成了一次精神的升华。

当诗人对苦难的烛照从人类集体意识层面退回到个人苦难的时候，人性就成为了诗人思考的对象，在人类自私、虚伪、扭曲的人性中探寻个体苦难的根源。《椅子的故事》有这样的诗句：

> 椅子不再年轻躺着是条灵魂的蛇/站起身又怕失去先生失去自己
> 委屈的坐着　伸开双臂和四腿/面向满屋虚空玩笑人生。

此诗以机智、反讽的笔调将椅子比作人，将人的那中虚伪的、畏首畏尾的、胆怯人性暴露出来，由此剖析出这类人的生存的苦难和“委屈”的真实缘由。

同样，李自国的诗歌同时也写出了由于传统认知经验的荒谬对健康人性的扭曲，酿成了个人的苦难悲剧，如《寡妇门前……》一诗：

> 她曾失去过初潮分娩的岁月/纵然在异性国里也母亲过妻子过
> 耳畔总有条永远也沉淀不清的河流/夜色降临
> 总是翻卷起簸箕大漩涡的是非/然而　沉甸甸的笔管流泪了
> 是非河里　她再次撒下思维之网/打捞出一个湿漉漉的歌吟。

作为女人有权利追求自己的幸福，而“寡妇门前是非多”——一个传统却荒谬的身份界定，就像枷锁一般套牢了寡妇的命运，她终究只能“打捞出一个湿漉漉的歌吟”。这样对人性的摧残是令人发指的，同时也是在挟制人权的传统道德理念中根深蒂固的。诗人将这种苦难呈现出来，揭示出造成这种苦难的原因，将笔下的矛头对准了因袭了荒谬的传统认知，这不能不说是对五四崇尚自由人性精神的一次复归。

在诗歌精神被后现代消解的时代，诗人李自国却依然坚持自己的诗性追求，致力于诗歌精神的复活。从苦难中探索人类的生存困境，并在困境中以诗人的担当完成了一次苦难的精神救赎。

谢　伟

谢伟，自贡市人，1964 年出生。自 1985 年始，先后供职于自贡电视台和成都电视台。长期从事各种体裁的文学作品创作，尤擅散文，发表了大量散文作品，并屡获大奖，著有散文集《花影楼随笔》。对美术、建筑及园林艺术也有所研究，著有相关专著多部，最新作品有《美术的故事》、《建筑的故事》、《石头的文明》、《川园子：成都园林的前世今生》、《中国绘画史》、《西方绘画史》等。

心中有一座永远葱茏丰饶的园林

浸淫文字几十载，我特别喜欢那些湿漉漉的、有真情实感的文字。在当下人人都可以写作散文的网络时代，我仍然固执地认为，散文其实是有门槛的。

时间将以沉默的方式，筛选和留下那些有阅读和审美价值的文字。对于文学，这是最冷酷也最温情的公正。

园林，是他躯体和灵魂最终的归宿

初春的一个周末，散文作家谢伟携代表作《川园子：成都园林的前世今生》（简称《川园子》）做客成都轩客会·格调书店，和书友畅聊成都园林的故事。

《川园子》出版后，好评如潮，因而2007年更名并再版，他同时透露有计划继续创作《川园子》第二部。

大凡提到园林，人们会不约而同地想到江南，想到拙政园、网师园、寄畅园等。然而，当读到自贡籍作家谢伟所著的《川园子》后，才恍然大悟。其实，在天府之国四川，在广袤的成都平原，有过不少著名的古典园林，为成都烙下了厚重的文化足迹。今天依然矗立着一座座充满文化气息的现代园林，滋润着这方神奇的土地，成为“我们理想中的家园，我们躯体和灵魂最终的归宿。”

谢伟以随笔方式写川派园林，既不同于园林专家的论著，也不同于文人的园林游记；既有专业性又有趣味性。书中不仅对川派园林的发展历史进行追根溯源的梳理，还对川派园林的特点进行深入浅出的剖析，帮助读者了解川派园林的历史与文化、园林的建造技法，引领读者欣赏美景、感受园林的意境。

《川园子》一书用缜密的考证、翔实的资料、专业的解读、优美的文字，让我们看到了中国四大园林流派之一的四川园林的独特风韵！“我一直相信园林是有灵魂的，我们必须和它灵犀相通才能真正了解和懂得一座园子。所以我们必须游园，方能与它完全地融合。”谢伟如是说。

在“杜甫草堂”中，谢伟这样深情地写道：“站在复原的杜甫茅屋前，我们不仅听到了唐朝的风声、水声、鸟噪、蛙鸣，还听到了杜甫与邻翁的对话，以及他们的咳嗽。”“游园”之后，谢伟对成都新建的园林“易园”进行了条分缕析的解剖，将四川园林的构造原理、美学价值一一道来。精到的论述赢得了著名的园林理论家林舒强的高度赞扬，认为他的书是“有技术含量、艺术含量和思想含量的作品。”

> 中国的园林是被我们从岁月深处捧出的一个人文山水与自然景观的精致盆景，它栖息着我们关于江山、关于林泉、关于美、关于风雅的遐思与梦想。园子的概念纷纷而下，漂浮着。将它们捧在地上、抛在水旁，可有谁曾想这些园子是巴蜀根脉的落英？
>
> 不南不北的人文地理，亦东亦西的桥水文化。既丽且崇，实号成都。
>
> 帝王拥有江山，但他真正能享用的却只是万里江山的微缩景观——那放置着他日常生活的皇家园林；文人、士大夫们心有江湖，却依然遁入粉墙，叠片山，理尺水，在他的私家园林中避世与享乐。

中国的古典园林是人类文化遗产中的瑰宝，中国文化的多种形式在园林中都有表现，有人说，园林是中国文化的博物馆。

十多年前，谢伟和易园园主易文清一见如故，当易文清从谢伟口中听到“园林”二字时，马上就激动了。“你懂园林？”“从小就喜欢。”话谈之间，两人结下了深厚的友谊。

谢伟说他喜欢园林可谓与生俱来。谢伟八九岁时去姨妈家玩，那是一个带有庭院的老宅子，有一处园林小景让他流连忘返，仿佛身体里与生俱来的古典基因被激活了，从此觉得跟小朋友玩的那些游戏都没了意思，转而在书中寻找乐趣。不识字就看小人书，小人书里关心的也是仕女们的服装，“特别是当她们在园林的山石草木间穿行的时候，因为有了环境的衬托，一个个都显得衣袂飘飘，姿态优雅，实在是韵味悠长”。后来是《红楼梦》，“点燃了一个少年对中国古典园林和园林中古人优雅生活的热切向往。”那时，少年谢伟有一个梦想：以后一定要走遍所有的园林。现在看来，这个梦想实在普通，但在20世纪七八十年代，这个梦想实在有些宏大。但谢伟说，不可笑的梦想还叫梦想吗？

即使在电视圈浸淫多年，他身上还是没染上一丝浮华之气。身边的人说，是园林害了他。谢伟说，是园林救了他。

小时候爱上园林的美，爱古人的风雅，而每个园主从曾经的豪情万丈到最终的退思也深深影响了他。谢伟很早就知道，园林，会是他躯体和灵魂最终的归宿。或许内心有着这样的召唤，无论现实中经历过怎样的痛苦、失意，都从未击倒过他，而曾经的辉煌也从未让他膨胀、失衡，多数人追名逐利升官发财，而谢伟更在意的是自家“花影楼”的花开花落。

年近天命，谢伟看起来不老。因为他的心中有一座永远葱茏丰饶的园林。

谢伟说，写《川园子》有个机缘，文轩策划一本“北纬30°发现成都”的丛书，有川剧、有美食。我问编辑：“咋没园林呢？园林是地上文物博物馆，有很多历史信息。”编辑一听，对啊，但哪个来写呢？只有我了。因为这本书定位不是学术专著，应该是一本园林随笔散文。我的笔墨没有放在它有多么了不起上面，更多是关注园林里我们现代人的身心如何安放。园林承载了很多东西，比如我们这么浮躁，是否能停下看看古人看破红尘后的思考？

著名的园林理论家林舒强品读《川园子》后，欣然撰文《当川派园林巧遇一个叫谢伟的人》：“当我读到他新近出版的这部《川园子》的时候，真是如饮甘泉，欣喜不已。《川园子》是一部难得的全面展示川派园林魅力的优秀作品，园林这个题材文化味很浓，也关涉历史与古典诗文书画，最适合用散文来表现。于是我们领略到了这位散文家运笔的洒脱自如和叙事的从容闲逸，他的文字安静中有一种张力，华丽中有一种质朴，也充满了情趣与韵味。他不仅对川派园林发展的历史进行了追根溯源的梳理，还对川派园林的特点进行了深入浅出的剖析，同时对现存的川派园林的重要作品进行了多次游访，带领读者在园中从容漫步，娓娓讲述。我们于是渐渐地进入到一个奇妙世界中去了。”

我们很难说这是一部有关园林的专著还是一部优美的散文作品，因为两者结合得那么紧密，完全是水乳交融。

那些沉寂在岁月深处数个世纪的老园子终于逢到了一位异代知己，他读懂了它们浩荡的寂寞和苍凉的心事。

幽雅静谧中透出的真挚清新之气

而今年近天命的谢伟出生于盐都自流井的市井里巷寻常人家。高中毕业后，怀揣着儿时种下的文学梦想，踏上了冷酷的生活之路。1983 年 3 月，他就职于自贡市自流井区十字口百货公司，任美工。那时他英姿勃发，浑身散发着一股书卷气息。不甘于在每天为商场画广告、写招贴的日子中沉寂，于 1985 年 3 月，考入自贡人民广播电台，先后担任记者、编辑、播音员、主持人。在自贡电台工作近 10 年期间，他参与创立自贡电台首档主持人节目——《对农村广播》，成为自贡电台第一位真正意义上的节目主持人；与丁洋合作，主持自贡电台第一档直播节目；所采写的消息、通讯、专题节目稿件，多次获得省、市好新闻奖；播音作品多次获得四川省播音作品奖。

编采工作之余，谢伟坚持文学创作，先后在《自贡日报》、《蜀南文学》、《四川文学》、《散文天地》、《杂文报》、《人民文学》等报刊发表散文、小说、杂文等；作品被选入多个选本。

十载寒暑，倏忽而过。1994 年 3 年 8 月，谢伟又不甘于在自贡电台那个无风无浪、无色无香的岗位上沉没，不想 20 多岁就看到很多年后的自己，谢伟感觉到了危机。这时妻子刚怀孕，谢伟更有了紧迫感。谢伟一直想离开自贡，他想到外面拼一下，不是为了荣华富贵，而是丰富自己的人生。

这一年，浙江人民广播电台面向全国公招播音员，数千人报名，最后筛选到 15 人前往杭州面试，录取 10 人。当时已是自贡广播电台当家主持的谢伟也报了名，闯到面试环节，信心满满，没想到最后一关口试时，谢伟因与主考官在某一问题上的观点相左，并固执坚持，最终惨被淘汰。当时感觉真是天崩地裂，谢伟说，不是因为职业发展受阻而难过，是因为觉得年轻气盛而弄丢了杭州这座城市。

登上回家的列车，望着窗外即将远离的城市，泪眼迷蒙。当年和他一起参加考试、现为央视主播的考友长啸，放心不下他，赶到车站送行，冲进站台顺着一节节车厢喊他的名字，很像电影里的场景。这种友谊，令他刻骨铭心。

第二年，也就是 1995 年，谢伟毅然辞去公职。与别人都是先找好“下家”再辞职不同，谢伟义无反顾到了成都，无工作、无房子、无关系，只身在成都的求职大军中沉浮挣扎。凭借形象优势、新闻从业经历和出色的岗位技能，他顺利考进了四川有线电视台（现四川电视台第四频道），并担任主档新闻《全天报道》主播，同时担任《看世界》栏目记者、编辑、主持人。

1995 年 9 月，他又考入成都电视台，担任主档新闻《成视新闻》主播，同时兼任出镜记者。在这个岗位上，他所采写的新闻十余次获得成都市和四川省及全国城市台联盟好新闻奖。2003 年 12 月，他担任《成视新闻》编辑。2011 年 5 月，他担任《成视新闻》制片人。目前任成都电视台内刊《橙品》杂志责任编辑。

紧张的新闻工作之余，怀揣着儿时文学梦想的谢伟笔耕不辍。近年来，先后出版《美术的故事》、《建筑的故事》、《石头的文明》、《花影楼随笔》、《川园子》（2014 年 3 月再版）、《中国绘画史》、《西方绘画史》等著作。

五月的蓉城，梧桐如盖，三角梅恣意绽放。在锦江边一家茶馆和谢伟漫谈文学，听他追忆逝去的华年，凝视他飞扬的神采。

我大抵是属于那种有着古典情结的人，总是钟情于古典的物事。这种情结是从娘胎里带来的，如影随形。

我接触到的第一部长篇古典著作便是《红楼梦》了，当我借助词典疙疙瘩瘩地读完三卷本《红楼梦》的时候，匍匐在我生命里的古典情结全面开花。现在看来，当年的那个少年对发生在一个叫“大观园”里的故事的理解当然是皮毛的，但就是这点皮毛就已点燃了他对中国古典园林和园林中古人优雅生活的热切向往。我以为就是这部著作使我对园林有了最初的认识。

我发现，像大观园这样的私家园林的主人往往都是能诗善画的儒士，这些儒士会时常邀约文朋诗友于园中吟诗作赋、赏景抒怀，好不风雅。园林成为他们寄托情怀与表达审美意趣的所在，而园林美景又是激发他们浪漫诗情的不竭源泉，故而每景必出诗境，而点景必以诗文。

文人气息濡染了山石花木，赋予它们灵气，处处呈现诗画之境，这便是私家园林中文人园林的独特风貌。

大约是在 20 岁那年，我读到了陈从周先生的两部有关园林的随笔集——《说园》和《簾青集》，爱不释手。陈从周先生的随笔像名园佳景般诗意纵横，我仿佛让他的文字牵了手，在那些优美的园景中穿行，并渐窥园林之堂奥，这当是先生给我的点化了。工作之后，我的所有收入几乎都扔在了奔赴天下名园的路途之中，我遍访北方的皇家园林与江南、岭南的私家园林，逐一查阅存留至今的那些中国古典园林的实物资料。如今，尽管它们的实用功能已经全然丧失，成为园林的标本与活化石了，但我依然触摸到了那一缕缕游荡在山水屋宇间往昔岁月的魂魄。我终于用 5 年的时间将自己游成了一个十足的穷光蛋，而心底却成了富有的人文渊薮，满眼都是灵秀的绿水与青山。我还将自己变成了一个古典的人。

我愈发觉出古典的意境是更加的隽永与绵长了。古人们的生活是细腻、精致而优雅的，不像我们现代人，总是心急气躁，忙于一些莫明其妙的事情，最终把日子弄得苍白而又粗放。我们可爱的古人却总是气定神闲，竭力营造和享受着生活的诗意滋味，这滋味来自于他们对每一个生活细节的精心打磨。他们营造意境的本领是我们永远也望尘莫及的。

我热爱古典的意境，也喜爱眼下的生活。古典的情结只是我命中注定的一种偏好，它像性格一样，引领着我不由自主地在这个急功近利而又大而化之的时代里，极力把自己的生活弄得更有情趣和富有诗意。

我唯一可以做到的就是在普通公寓的楼顶上营建一个具有园林意味的楼顶花园。因为在我看来，只有把日常生活放置其中，才能使我古代士大夫般的山水嗜好和诗意栖居的理想得到最基本的满足。所以，我在购买住房的时候便毫不犹豫地选择了一套顶层的公寓。在经过两个多月的构造与营建之后，一座袖珍的、具有古典园林意味的私家花园新鲜出炉了，这便是我极为珍爱的“花影楼”。

我终于明白我们的先人为什么几千年来对园居生活的热望始终不减，因为这样的生活的确可以让人的身心得到深度的陶醉。当我动笔写散文集《花影楼随笔》这部小书的时候，迎来了入住花影楼以来的第三个春天。这个春天，花影楼变得更有风韵了，粉墙黛瓦上有了风雨和日子的擦痕，石缝间萌出了青草和苍苔，花草们也蓬勃了枝条，婀娜了身姿。仿佛这不是人工的山水，而是大自然本色的一隅。写累了，我仰在暖阳下打个小盹儿，迷迷糊糊中，隐隐觉出蜜蜂飞舞的声音和鸽群掠过头顶拍打翅膀的响动。阳光好像不是直射下来，它让风给弄弯了，风掺和在阳光里开始波浪般奔跑，树叶就响起来，花儿和阳光的味道变得淡了许多。我觉得这方空间是我占有的天地间的一个份额，这里的风雨阳光都是上天给我的专门配给，不再是公共的了。

我的花影楼让我重新续上了童年那遥远而单纯的日子，我像天地间的一棵草，毫无挂碍地沐浴着月光和清风，已然脱离了人间无畏的倾轧与纷争——我明白了那些在政治的激流中挣扎过的古代文人们为什么总乐于寄情山水了。

我以为，花影楼之于我，其意义也已不仅仅是居住环境的改善，而是一种文化生命的回归。

除了对园林的热爱，谢伟还研究石头，写了一部《石头的文明》。谢伟其实是很温润很细软的，为啥写起了坚硬的石头。他说：

在我还很年轻的时候就已经无可救药地痴迷于那些过往的人和事，而不像我的同龄人那样热衷于憧憬未来。在研读史籍的那段漫长的日子里，我深深地迷恋上了那些古文明孕育的伟大奇迹。那时，总有个热切的愿望在我心尖舞蹈——我希望用自己的方式来重新讲述关于它们的故事。

多年之后，当我终于决定撰写一部以石头为线索表现古文明不朽奇迹的著述时，我感到异常的兴奋。尽管我很清楚随后开始的工作之余的创作将会十分艰难，但我依然不觉得这是一项草率的决定，为此我已准备了很长时间。

回溯古代历史，我们会发现，古代的建筑大多是石头建造的，于是，我选择从石头的角度切入，以探寻古文明残留在岁月中的雪泥鸿爪。收入书中的20处文明遗迹应该说都是世界范围内各个文明中心最为重要的遗迹，它们都是不同凡响的杰出作品，包括陵墓、寺庙、防御工事、浴场、竞技场、道路、巨石和雕像等，它们代表着古代文明在多个方面所取得的惊人成就。

我坚持用散文化的语言完成我的叙述，我相信这会使那些坚硬的史料变得柔和，成为我故事的细节。

当古文明只剩下难解的语言，传说就成了永垂不朽的诗篇”。关于这些奇迹，我不必在这里多讲，当读完这部书的时候，您一定会明白，它们为什么会被称为奇迹。在那些遥远的年代里我们的先人竟然凭借着极其原始的工具和令人难以想象的巧思创造出了如此令人震惊的作品，即使今天掌握着先进技术与机具的现代人也会为之慨叹：所谓奇迹就是不可思议！但我不知道有多少人会和我一样，愿意在一个喧闹而又浮躁的时代里回望过去，追寻遥远年代里那些迷离的光影。

我们这个时代，人们更多地关注现实与未来了，与时俱进了，向前（钱）看了，但我相信总会有那么一些人，会在着眼现实的同时也愿意回首往昔，循序逆行，我们可以找到自己来时的路径。

谢伟的《花影楼随笔》出版时，家乡的作家廖时香欣然为其作的序中写道：

> 我一直很喜欢谢伟的散文，我一向自封为谢伟散文的拉拉队长，却从未将他当成作家看待。他从事新闻工作，不靠文学写作吃饭，没有作品多少的计较，没有圈内名气排比的竞争，更无稿酬养家的压力，他以一种潇洒的姿态从容地出入于文学世界，这样超然翩然的写作是一种至高的精神享受，亦让别人分享。我喜欢谢伟为人的真诚和平易，他的文章也一如他的人品。他在全国各地的报刊发表了许多文章，拥有不小的读者群。
>
> 谢伟的交际不大宽泛，想要倾吐的心里话大多流泻到稿纸上，印成一篇篇优美的散文。在《初恋常如手中沙》里，他平静地叙述了昔日情窦的初启，一种恰到好处的距离感，精微地蕴含了“人生”、“命运”这些偌大的东西，且通篇流溢出他个人的语调，或者叫做音色，叫做说话的口气，这是散文的魂。技巧修辞之类可以学到，音色不好却是天生的缺陷。
>
> 于是，我读谢伟散文如闻提琴在深夜里呢喃，蜡烛将残，人影在墙，细细琴音在漠漠夜气里游弋。
>
> 而在《饮者》、《动物王国》这类作品中，谢伟个性的另一面亮了出来，他以一种沉静而略带俏皮的口吻说自己的生活琐事，日子味儿浓郁，逐行而读，时有会心微笑浮上唇角。
>
> 在另一篇题为《谢伟散文杂说》的评论里，我试图对谢伟做一次深层次的人格揭示：“谢伟写得最多的是散文，这是聪明的。写诗他不够热烈，写小说他肚皮又不够烂。他是水晶质的人，透明、静默、纯真，涉世不深，空间有限，天然地适合写散文。他不只是属于小小

的文坛，他拥有众多的青年男女——‘少年维特’和‘朱丽叶’式的读者。他那篇《两个人的地铁》字里行间轻流着爱的惆怅，人生中倏尔即使的情感谁没体验过呢？但他抓住了它，也就抓住了他们和她们……”

多年过去，谢伟的文章不仅美和真，更同他的年龄一起，愈发成熟起来。谢伟近年来的散文有了不小的变化，优美的抒情变为了冷静的讲述。他好像获得了什么顿悟，发现散文是包罗万象的东西，任何事情都可以通过它来讲述，只要讲得真切，不矫情，不渲染，就是好文章。《郎七哥》、《想廖二》、《郑师傅》，以及回忆父亲的一系列散文都是这类真诚平静的叙述文字，引起了一大批成年读者的浓厚兴趣，他们掩卷而思，感叹谢伟所讲述的那些真实而无奈的人生。

人生如树，一环环地刻着年轮，文学就是年轮

谢伟形容自己追园的心情，完全跟现在的追星族一个心态。

久而久之，谢伟从一个单纯的赏园者，成了能说得头头是道的说园者。而今，说园变成了写园。

当年以唯美抒情为能事的谢伟，如今时过境迁，他笔下的世界已是一片苍凉，充满了人间烟火。

人生如树，一环环地刻着年轮，文学就是年轮。家乡作家廖时香对谢伟的作品如是说：

谢伟的散文写得越来越随意自如了，如晚饭后的轻松溜达，这让我越发地喜爱。现在的谢伟，散文终于抵达了一个我所期待的高度，那就是成熟。这成熟如退去燥火的瓷器，温润如玉，叩之铿然。语言一如他本人的性情，安详、诚恳、蕴藉，无论写亲人、说朋友，文笔如缓缓流淌的长河，情感的波动只在水平面以下翻涌，偶尔的俏皮幽默也是间或一卷的小小漩涡，就这样飘载了你的眼睛你的心，顺流而下，让你在读他的同时，汇聚了自己的生存体验，万千感慨，不由与作者交融，一时恍惚起来，似乎这文章是写自己，是自己所写。

由青春、爱情、旅游风景的抒情美文渐变成人生体验、人间万象的安详讲述与智慧叙说，由热情明朗的歌唱渐变为略带沙涩的苍凉低

吟，这是一种文学的季节改换，一种心身的与时俱进。任何一个坚持写作的人都有可能渐变，而谢伟却有一个从未改变的价值观念贯穿于他的所有作品当中，那就是——真、善、美。

谢伟的写作天然属于养心不养生的一类。他宁可挣钱来养着文学，也不让文学来养着生活，他对文学的爱是纯粹而圣洁的。他很有写作的天分，亦有这份业余条件，他还有充足的时间和心情写下去，改变下去。我想，不变的应当只有他水晶质的人格，他的真善美的价值观念，他那养心不养生的宝贵状态。

我喜爱谢伟的散文，缘于我们共有的那点放荡不羁，飘逸洒脱的心性；因为散文“文无定法，似行云流水，如天马行空，该行则行，当止则止。”

我喜爱谢伟的散文，也缘于我们在疲惫谋生的间隙，挤出时间而挥洒自己平生的嗜好与执著，孤独与烦闷。

我喜爱谢伟的散文，其如峡谷飞瀑，泉珠喷溅；似云霭霁霞，流光溢彩。那纯净的语言，那蕴含的深情，以及心灵深处的激荡；是来自坎坷的生活经历，来自对文学素养的孜孜吮吸，以及对事物的入微观察……

散文，能任你酣畅淋漓地倾泻情感，亦由我尽情自由地放飞心灵。唯有散文写作起来，那自己的心绪，那自己的情感，宛如凌空蓝天的雄鹰自由翱翔，恰似放牧草原的骏马激情驰骋。

小弟谢伟，未来的时日里，我们相约去采撷蜀中烂漫的山花，渲染我们璀璨的词句；去仰瞻巴山崇山峻岭，描慕彼此激荡的情怀。

抑扬顿挫，笔随情走；轻歌曼舞，文随心往。你以为如何？

凌仕江

1975 年出生于四川荣县。中共党员。1993 年高考落榜，到父亲战斗过的青藏高原当兵。先后任西藏军区文工团和成都军区战旗文工团创作员。毕业于鲁迅文学院第九届作家班，2007 年加入中国作家协会，四川巴金文学院签约作家。

著有诗集《唱兵歌的鸟》，散文集《你知西藏的天有多蓝》、《飘过西藏上空的云朵》、《西藏的天堂时光》、《说好一起去西藏》、《西藏时间》、《我的作文从写信开始》、《你知西藏的天有多蓝》（新版）《藏地圣境》、《天空坐满了石头》、《骏马秋风》等。

曾获首届中国西部散文奖、“五个一”工程奖、第五届珠穆朗玛文学艺术奖、全军文艺优秀作品奖、全国报纸副刊散文金奖、第四届冰心散文奖（散文集）、第六届老舍散文奖、《创作与评论》2013 年年度奖。

用青春抒写藏地雪原的纯净与诗意

甲午初夏的一个周末，在成都见到凌仕江的第一眼，着实心惊。

想象中他的文字有时带有一些苍老，可面前的凌仕江何以这么年轻英俊？的确帅气。像西藏天空一样的爽朗干净：轮廓分明的脸庞透露着果敢和成熟，微微上扬的双眉闪现出军人的英气和坚毅，一身随意的便装，一种自然纯净的气场。是怎样的天地洗礼，浸润出这样一副让人一看便眉展心舒、风烟俱净的品相？年轻而率真，又哪儿来那么多深邃的哲思？

唯有西藏。唯有天天天蓝的西藏。

他的青春在西藏度过，血液里流着的也是藏地格桑花的清香。

我问凌仕江："是什么让你甘愿用16年最动人的青春年华，去坚守与解读西藏那片美丽得彻底，却残酷得可怕的圣土？"

他望了望窗外的天，成都的天，天不蓝，带着一些凡人看不透的心事。这样的天，没能满足他试图撷取一片蓝色绸缎作为解答的那点渴求，真正的答案或许只属于西藏那片充满神性与未知的天地。

"西藏的天有多蓝，我的心就有多蓝。"这是他在《你知西藏的天有多蓝》再版自序中的回答；也是他对10年前西藏天蓝秘密的解答，更是对10年前青春的诠释。内地的世俗与红尘并没有过多污染他的心灵，把灵魂熨帖在西藏地平线上的他，永远都保持着蓝色的纯粹。所以，纵然他已从西藏回到成都四年，每每提笔，西藏仍然立马呈现在他的世界里，未曾走散，也未曾褪色。

16年，于漫长的历史而言，或许只是沧海之一粟；可对凌仕江来说，却是终身受用的财富："16年前，我是一个不谙世事的孩童，世间种种因缘际会似乎离我太遥远；16年后，我是一个涉世未深的少年，红尘琐事命运多舛渐渐闯入我的人生。"

16年，心境的变换造就思考角度的不同，而凌仕江当年在藏地圣境写下的证言："天天天蓝，与谁都无关；天天天蓝，与谁都有关"，西藏的天于他是否还在缄默固守？

凌仕江笔下西藏的天着实蓝得纯粹而高远，静谧而深邃，蓝得让人刻骨镂心。

这样的蓝，真是要命的蓝，像少年梦幻的心灵，且真且诗。

没有疼痛的磨砺，岂会有珍珠夺目的璀璨

幼时的凌仕江爱好文学，在荣县乡村的金台念书时，老师经常把他的作文在班上当范文讲评。由此，他开始了有意识的写作。他的一篇散文《乡村男孩》投给四川人民广播电台被配乐播放。由此他收到了天南海北的听众来信，这愈加坚定了他写作的信心和创作的热情。

正是多梦的时节，他还曾梦想成为一名歌星或画家，但 1993 年高考落榜后，他选择走进了西藏，成了一名边防军人。

“当时曾在西藏当过兵的父亲对我说，该是尽一份年轻人义务的时候了。”

父亲的这句话，让他把少年的梦想打进背包，告别 17 岁的雨季，走进神秘的西藏，走进雪域高原，走进充满诗性与瑰丽的雪山河流，走进了他激情燃烧的岁月和他后来用散文撑起的那片西藏的蓝天。

凌仕江当一名新兵的地方坐落在两面环山、三方篱笆墙垛就的无名山下。山上是原始森林，山侧面是雅鲁藏布江支流——尼洋河。那儿就是被喻为“西藏江南”的林芝，也是他文学创作开始的萌发祥地。

在林芝，歌星梦和作家梦离得像远在天际的星星，虚无缥缈。记忆的天幕上唯有重复的春冬两季，而边防上的冬季更为漫长，仿佛一个世纪已然黯淡了，寒冬却走不出怀旧的时代。

但当一名诗人的愿望凌仕江却无法割舍。几个月后，他凭着写得一手漂亮的字，当了连队文书。从此，凌仕江开始拥有了宽松的时间解读西藏这本博大精深的“线装书”，也开始了在军营创作的历程。

林芝海拔比起后来的拉萨算是低的了，但那些冷峭的山、寂寞的雪、原始的林、冰冷的枪、坚毅的兵却逐渐在凌仕江眼中变得越来越富有色彩，也幻化成了他诗作、萌动的情思。

“我希望通过自己舞文弄墨的行为来和寂寞雪域抗争，我对自己说，我不光是来当兵的。在迎风招展的旗帜下，我用笔丈量着平静高原，也丈量着和平军人演绎的幸福。”

“当时的条件很艰苦，可每次阅读和创作总让我忘记所有的艰辛。”每当夜深人静，凌仕江便用被子将头蒙得死死的，就着手电的弱光，一气读到天亮。有时，没钱买电池便用蜡烛凑合，在烛光下写累了，便一觉睡去。

1996 年，凌仕江从风雪边关调到拉萨某部。踏进这座有“日光城”美誉的古城，宗教的面孔又让凌仕江想起了神秘的历史，也使他的视野一下子开阔了。

在拉萨，凌仕江阅读了更多作家的作品，从古到今，从中到外，更多的时候是超越时空的交流。他在西藏特有的文化中不断遨游，时而潜入，时而爬上岸静静地审视。

无声的岁月让凌仕江深度体验了藏地人家和雪原的军营生活。凌仕江心底萌芽的梦越来越鲜活，犹如海底世界一串串发亮的贝壳和海螺。很快，在写作上非常突出的凌仕江，成为了军区的写作骨干，经常受命走访茫茫雪域的偏远角落，去关注哨兵们的命运和生活。在《荒诞的荒原》中，他直面军人尤其边疆军人青春期的焦灼，写到那个哨兵对参军临别前与女友“第一次苦涩的和谐”的不断怀念。

如果没有疼痛的磨砺，岂会有珍珠夺目的璀璨。

藏地的雪和天空的蓝，正是凌仕江在其诗意散文世界中出现频率较多的两大元素。

1998 年，游弋在凌仕江脑海里的贝壳和海螺串成一本诗集《唱兵歌的鸟》，受到广大读者的喜爱。凌仕江的诗讴歌着西部军人的忠诚：

> 在平静的岁月里/自从把你当作一生的偶像
> 我就忽略了/哪天是生/哪天是死

这首诗至今都在许多将军和士兵中流传。

正是多思的年华，凌仕江被西藏纯净透彻的世界深深打动。于是他温润在四川盆地的生命被赋予了新的色彩。那是一种被凌仕江命名为“西藏”的色彩，通过他笔端的渲染，即刻俘获了太多过去不了解西藏的人神往西藏的心。

是呀，没有比高原的天空更旷远深邃的天了，没有比雪域的天空更湛蓝净美的天了，凌仕江说“西藏的天，天天都是蓝的。像一块蓝丝绒，把全部答案裹起来，把一切苦难与罪恶裹起来，让人们以各种姿势在天底下猜测它为何蓝得让人生疑，蓝得叫人伤心……‘蓝’就像祖母那宽大的手掌，时刻抚摸着你的头，使你渐渐忘却了心灵的忧伤”。

没有白云的洁净，哪里有天空耀眼的湛蓝

正当大家期望他在诗歌的道路上走得更远时，2000 年他却笔锋一转，全身心地投入散文创作。凌仕江的散文在继承了他诗歌创作的炽热情感下，似乎一开始就带着一种思索和塑造：“遥望，或许不是一种过错，而是一种美好的寄托。是呀，雪，总是那样的洁白，山，更是那样的巍峨”。

这是凌仕江早期的散文《遥望雪山》里的思索。随着对西藏的深入思索和塑造，凌仕江的散文逐渐开掘出更深邃的空间：“屋脊，一本打开的无字的书；屋檐，一句偈语或一种遥远而庞大的猜测。”（《在世界屋脊的屋檐下》）这种全新的对“屋脊”和“屋檐”的思考，让我们看到了凌仕江的成长。这样的成长，既让我们惊喜，又让我们期待。直到他有了“天天天蓝，与谁都无关，天天天蓝，与谁都有关”的深邃的哲学思索和美学塑造。

从《你知西藏的天有多蓝》、《飘过西藏上空的云朵》，到《西藏的天堂时光》、《说好一起去西藏》，再到《西藏时间》，几乎每部散文集都给当代的文学世界注进新鲜的血液。越来越多的读者认识了凌仕江，越来越多的读者通过凌仕江的散文认识到西藏的隐秘与灿烂。

如果没有白云的洁净，哪里有天空耀眼的湛蓝。

不容置疑，2003 年是凌仕江散文创作的一个新的起点。《你知西藏的天有多蓝》一经出世，便赢得散文界和军内外媒体的广泛关注并入选 2003 年春季高考语文试卷，以该作品命题的分值为 18 分。

一位 20 多岁的西藏士兵的文章为何能入选高考语文试卷？北京教育考试院命题处负责人作了解答。当得知《你知西藏的天有多蓝》的作者是一位年轻士兵时，他感到非常吃惊，因为在他多年命题的经历中，年轻士兵文章入选高考语文试卷还是头一次。他告诉记者，一篇文章能否入选高考语文试卷主要是看它对年轻学生的思想引导，《你知西藏的天有多蓝》一文集中表现了作者长期对西藏的观察和思考，从人文关怀的角度探讨了人与环境的和谐共处，不仅文字优美，内涵丰富，还具有出题的题眼。在命题之初，命题处语文组的全体出题人员精选了 10 多篇文章作为备选，其中不乏名家之作。推荐该文的老师全文朗读了这篇文章，文章中“天天

天蓝，与谁都无关；天天天蓝，与谁都有关”这句话深深地打动了语文组的全体出题人员。最后取得了一致意见：将《你知西藏的天有多蓝》这篇文章作为第四大题，并且以文章中作者通过对西藏天之蓝的赞美集中阐述环境保护的重要性为题眼出了4道小题。

随后，凌仕江相继又有十多篇作品成为全国各大名校考卷试题，大量作品出炉不久，便被各大报刊转载。每一本散文集的出现，都好评如潮，评论界称他是西藏散文的“青春骑手”，被誉为“用灵魂贴着西藏地平线独语的写作者”。

青春易逝，凌仕江在坚守中成长、成熟，他一直不懈地用文字解读着西藏那片美丽的圣土。

凌仕江在把灵魂交给西藏的过程中，不仅收获了成熟而深刻的芳香，也收获了越来越多读者认同的目光。他被吸收为中国散文学会会员、西藏作协会员、东方文学创作学会理事、数家报刊的散文专栏作家。

凌仕江说：“我已经用所有的青春和西藏进行了各种对话，我的作品记录的就是对话的答案，我将一手持枪，一手握笔，用善良和忠贞去探索眼里的忧伤与憧憬，用信念的正步穿越民族不朽的诱惑!”

无声的高原和纯净的藏地给了凌仕江生命的启迪和飞扬的文思。

> 西藏的天，天天都是蓝的。
>
> 天天，天蓝，像一块蓝丝绒，把全部答案裹起来，把一切苦难与罪恶裹起来，让人们以各种姿势在天底下猜测它为何蓝得让人生疑，蓝得叫人伤心。
>
> 我在西藏看了八年天，则无语问苍天，只求与蓝共度，以免亵渎了天天天蓝的纯洁和真诚。
>
> 有人一下飞机，抬头就问：“西藏的天干吗这么的蓝呀?”
>
> 我说：“当然是因了你的远道而来，你一定会爱上它，对吗?”
>
> 在你抵达之前，西藏的天就这么的蓝，在你离开之后，它还将依然的蓝，彻底的蓝，完完整整的蓝，永永远远的蓝……
>
> 天天天蓝，与谁都无关，天天天蓝，谁都有关。人与天永远隔开着，像愈合不了的伤口。人在天下看天，天在天上看人，看人在天底下的一场烟火表演。

从凌仕江《你知西藏的天有多蓝》、《飘过西藏上空的云朵》、《回到拉萨》、《风过可可西里》、《牧马人》、《喜马拉雅的星星》、《我的作文从写信开始》、《一口井的年龄》、《不死鸟》、《达拉的墓碑》、《背对父亲》、《塔克逊的春天》、《不喜欢草的母亲》、《八廓街的早晨》等等这一系列进入全国各地名校考卷的文章来看，它们都有一个共同的特点，那就是汉语之美，美在作家丰富的创造性，这些文章或充满阳光、智慧、哲思，或是书写友爱、亲情、爱与痛、人性的美与丑，或表达积极、刚毅、美好、甚至玩味，它们都被各地的语文试卷翻来覆去地用着，陪伴一届又一届中学生走过如花的季节。

凌仕江作品传递给我的是雪域高原的壮美、沧桑、厚重和苍凉，他张着寂寞的翅膀飞翔在苍穹、雪山、草地、经幡和哨所间，哈达、转经筒、朝圣的人，还有那醉心的格桑花，在他的笔下都尽情绽放出纯粹的真诚，孤独的他陶醉其中。

《远涉西藏》、《当兵在外》、《比城市更美的重逢在西藏》《到青藏去，到青藏去》……一篇篇人生行走中的历程，把我的心一次次碰疼。原来成长，总是需要与疼痛相伴。

作家曼娘在《苦难，让天空更蓝》中是这样诠释凌仕江的："我的责任就是守望我的蓝天，蓝天像一面明净的湖水"。我知道了，西藏用怎样的湛蓝安稳着一颗孤独的灵魂。"仰望，可是抵达的一种方式。生存，你懂吗？就是在没有屋檐的屋檐下想抬头却没有人为你撑伞的那种"。我知道了，生命用怎样的苦难压弯着一个焦渴的梦想。"我习惯了不再回家，我已把很多很多光荣的津贴寄给父亲做农税补贴，让年迈的他不再买黄泥巴的账，不再受尖锐喇叭声的恐惧，不再担心为麦垛分水被人打倒在地……"我知道了，生活用怎样的艰辛支撑着一个躯体的存在。"在新兵季节的枕头包里，我把故乡的梦装得最多。然而久之，面对西藏无限的寂静；面对支离破碎的荒原；面对来来往往沉默的朝圣者；面对姗姗来迟的一封封问候；面对……除了遥望还有什么？……原来故乡就在脚下，徒劳的遥望成了苍茫的苦旅"。我知道了，从贫瘠的土地到寂寞的高原，从困苦的童年到乏味的青春，从劳作的农民到孑然的哨兵，这里面充斥着太多太多的容忍、退让、无奈，还有苦痛。

"哨兵不惜代价地设计着'远方'的模式。

至于远方到底有多远，远方究竟是什么，远方在何方，却是他说不清的。在这里，哨兵只能靠想念远方维系自己的家园。这已经是一种满足”。

那个叫“远方”的东西呀，恐怕只有在雪域高原哨兵的心里才会被赋予更加丰富的内涵，只有他们才能够更加深切地感受到“远方”的吸引和“远方”的召唤。在这个安静得可以听到血管流动的声音的哨所里，“远方”对哨兵来说，也许很虚幻，但真的很美好。

凌仕江的故事，确实很励志：高考落榜，参军入藏，自学写作，成绩斐然。不妨看一份成绩单：有官方的西藏自治区“五个一”工程奖、解放军文艺优秀散文奖；有民间的和文学界的路遥青年文学奖、首届中国西部散文奖、珠穆朗玛文学艺术奖、冰心散文奖、老舍散文奖……

不必强调凌仕江自身的天赋，我想说的是，是西藏成就了他。西藏的寂寞与孤苦，西藏的纯粹与湛蓝，成就了他。

没有那些深刻的经历，怎能把最真挚的感悟刻进孤独的大地

凌仕江一直认为，他之所以能写出成功的作品，与他在西藏长时间的军旅生活经历分不开。就像他本人说的那样，不经历西藏的冽风，不浸润高山的雪水，不穿越西藏的森林与河流，怎么能感知西藏的天有多蓝，又怎么能体会到西藏的风情如此迷人。

如果没有那些深刻的经历，怎能够把最真挚的感悟刻进孤独的大地。

在他的作品里，西藏是一座修炼灵魂的大熔炉。雪域高原的神秘和边关军人的情怀，构成了他对西藏独特的生命感悟。他对当代西藏人的生活记录与过去式西藏的思考，仿若一幅幅纤尘不染的画卷，质朴、纯洁、灵魂、诗意，令人神思。没有广博的学识和丰富的阅历，是很难达到这样的境界的。

都说不经历风雨，怎能见彩虹。在凌仕江看来，如果没有这些年他在西藏风餐露宿的行走，或许他的作品里就没有他经历艰难困苦后的真切感悟，也就没有直到今天无数读者还在阅读、记忆的他书中的西藏了。

如果不是骨子里对西藏有着真诚的情感，他也写不出这样的文字。据他自己说，西藏于他来说，是一个胜过他故乡的地方。待在西藏的漫长岁月里，他感觉自己与西藏有一种血脉间的关系，这座高原养育了他写作的灵性，丰富了他的灵魂，也使他的文字永远是那么“接地气”，永远有着

一股西藏雪山白云间的圣洁味道。也许，他已经把他的灵魂献给了这片悠悠的青藏高原，所以这座高原才回馈了他一篇篇直抵心灵深处的文章。

晋中晚报记者陈琦在《用诗意的审美讲述苍茫》中对凌仕江的力作《西藏时间》做出了这样的评价：《西藏时间》是一本令人舒服的散文集，其中每一篇都相当精美，无不折射出作者对灵魂的拷问、对自然的崇拜、对一片地域的认知。这些浸透“西藏元素”的文字，可以让读者领略到西藏的邈远与旷达，认识到他用双脚走过风雪哨所路途中的恶劣与孤寂，感知到在那片土地映照下蓝天的深邃与澄澈。

这本散文集中还有许多看似平常的生活演绎，却充满着人生百味的故事。诸如高原军人压抑的情感、狼与藏獒的爱情、年轻母亲痴痴等待孩子的父亲、哨所战士十几年如一日的坚守等等，犹如一幅幅画面，触动着我们彷徨内心某一个隐隐的痛处，是那么的遥远，可又那么的真实！

凌仕江笔下流淌的是一个有血有肉的西藏，既满足了读者对西藏的认知，又让人惊讶地发现原来大美的西藏在他笔下却是另一番被现实残酷了的风景，有着她独有的性格、气质。

在书中，凌仕江通过自己 16 年来与西藏之间的灵性对话，让读者跟着他一起，徜徉圣地、感知神圣，进行一场脱胎换骨的精神洗礼。

“我在西藏待了整整 16 年，16 年的西藏时光，可以说已让西藏这样一个神秘的地方深深地融入我的血液里，它是我永远也书写不完的第二故乡。从最初出版的诗集《唱兵歌的鸟》，到后来陆续出版的散文集《你知西藏的天有多蓝》、《飘过西藏上空的云朵》、《西藏的天堂时光》、《说好一起去西藏》、《西藏时间》、《藏地圣境》等，都离不开西藏这个于许多读者神秘得不能再神秘的词汇。我与西藏，就像是冥冥之中的某种注定，是前世今生的缘分，就算身体离开西藏已多年，仍然不断回望西藏，要把雪莲花般的心灵永远珍存在那片天天天蓝的天空下。”

当年《你知西藏的天有多蓝》这本书出版时，凌仕江还正是一个 20 出头的年轻小伙，而 10 年后，这部书的再版让他与青春重逢，凌仕江自称很喜欢这样的诠释。正如伊凡·克里玛说：“写作是抵抗遗忘的方式。如果不把这些文字写下来，那些回响在内心里的声音和行迹可能就消逝了。是书写使它们汇集重现。”

“在尘埃乱卷的城池里，我无法听见内心的回响，生活中无法修补的旧时光只能任随它们消逝了。唯有西藏，天天天蓝的西藏，让我时刻有诉说不完的心声，仿佛这是神的旨意，每当我提笔，西藏便呈现在我的世界里。”

16年，他不断地在西藏这片热土上耕耘，他的笔锋深入雪山、蓝天、格桑花……他把灵魂全身心地融入他独有的“文化苦旅”之中。

没有让灵魂被来自天籁的声音震撼，哪有对生命更深的认知

凌仕江于2009年底离开西藏，离开与他灵魂相系16年的地方，转业至成都市工作。

凌仕江说，“我离开了西藏，但我的心不会离开。也许离开，但会从另一种方式来思索和追寻我的西藏。”

2010年，凌仕江凭借散文集《说好一起去西藏》获得第四届冰心散文奖。

次年，凌仕江因其最新散文集《西藏时间》及单篇散文《西藏的石头》分别成功入围第七届四川文学奖并成功摘得第六届老舍散文奖。这在全国散文界引起不小轰动。

本届老舍散文奖的评委由李敬泽、雷达、张颐武、白烨等知名评论家组成，评委们对凌仕江《西藏的石头》这篇散文给予了这样的评价：西藏已经成为一个有点过剩的文学题材，但这篇散文可以说别具一格；作者对石头的诗性、西藏的神性特征进行了个人化的描述和表达。

凌仕江散文创作的文化背景找到了西藏，找到了他文字的源泉。西藏灿烂的文化背景，是一个孕育他创作的基地，一个人在西藏的成长史构成凌仕江散文创作的文化背景。更有评论家说，凌仕江的西藏不是散文，而是一部经得住时间去审阅的成长史、心灵史。

对于凌仕江来说，西藏脱离凡尘的自然和人文景观，让他的灵魂被来自天籁的声音震撼，他对让生命有了更深一层的认知。台湾大学教材在2014年推出的《当代西藏汉语文学》读本，从1983到2013这个年份中选取了为数不多的藏地重要的母语作家作品，其中凌仕江成了汉族作家入选的代表，他的《西藏的石头》、《天葬师》两篇作品进入该读本。

凌仕江是这样写布达拉的：“那么多手掌贴着它的肉体。那么多喧嚣呼吸着它的灵光。那么多箭头伸缩它的内部。”（《旋转的布达拉》）八廓街是这样呈现在他笔下的：“八廓街是个圆盘形的街区，它的周围蜿蜒伸出八只神秘的小手，像一朵绽放的八瓣梅。”（《与八廓街有关》）

西藏文化是大文化，它的原生古老性和神秘诡异性让藏文化的底蕴无

比深厚。“蓝色是蓝天，白色是白云，绿色是江河水，红色是空间护法神，黄色是大地。你看见了吗？这五种颜色的哈达汇聚在一起就像披在故乡的衣裳。”（《哈达的故乡》）

“在无数军号点染的清晨和黄昏，我像昼夜兼程的朝圣者，跋涉在第三极的乡情里……”（《远古的碎片》）走进高原军营，就得随时面对生与死的选择。高原军营让凌仕江学会了对生与死的冷静思索：“一个战友已经成为高原的一部分，或者说一个战友为奔赴另一个战斗集体从这座山出发了。”（《往返米拉山》）在《月光去了哪里》一文里，他用他忧伤的文字记录了一个曾经震惊全国的詹娘舍的英雄故事。面对被雪崩淹没了的三位战友，凌仕江说：“他们不仅仅是雪域的光芒，在今天，他们就是我们人类温暖的火焰，他们燃烧着我们的心灵。”

有人说，散文集《飘过西藏上空的云朵》是凌仕江写给西藏的情歌，唱给故乡的恋歌。不错。凌仕江也坦言说：“如今，故乡和西藏筑成了我散文创作的两座高高的山脉，‘西藏’是一种丈量，‘故乡’是一种回眸。在无数个灵魂像风的夜晚，我在西藏常常梦见风吹草动的故乡……”凌仕江，就在这样浓厚的文化背景下把一个魅惑而灵异的西藏推到了世人的面前。

西藏，让凌仕江不断地暴发他的情感，他常常以诗人的情怀抒写着他的生活：“那是一种香草的味道，它让我想起沧桑的沙漠……”（《西藏只是一种味道》）；“苦读珠峰，舍我精神，只为抵御暴风雪降临之时的悲壮雄奇。苦读珠峰，忘我境界，只为排解身外的喧嚣，找回心灵的宁静。”（《苦读珠峰》）

凌仕江的心是可以与西藏的冰雪相依的，他说，一旦你离开西藏，你会觉得“坐在云朵下，我像一个丢掉长鞭的牧人。”（《灵魂在高原》）。他甚至情真意切地说：“我多想拥有一双翅膀，在世界的最高处，寻找我挚爱的方向。”（《神的风景》）

凌仕江具有天堂般的美学的西藏：“雪，很美。很美。美得像孩子的小手在空中挥舞，挥呀，舞呀，一点声音也没有……一年四季，那里真是一座被雪包围的天堂啊！”（《天堂的颜色》）

凌仕江美学的西藏更突出地表现为他塑造的诗意的西藏。神说：“雪山——圣洁无垠。但永远站在风的高处。经幡——智慧高擎着朝圣的旗帜。寺庙——宗教的空气……”（《阳光·天堂》）神说：“那个冬天，我看见所有的树叶没有枯黄，它们一直绿在我的记忆深处，绿在连队每个官兵的心中。”（《最后一片绿叶》）神说：“如果天空不死，我的文字就可以成为高原的灵魂。”（《灵魂在高原》）神说：“藏地的魅惑不在于传说，而在于一个人不停地游走。”（《藏地之上》）……这些神的声音让凌仕江的西藏具有美学意义上的诗的西藏。

凌仕江的西藏是一个祥和的西藏。在凌仕江的笔下，他为我们构建了一个美丽而宁静的心灵家园。在他的笔锋指引下，有这样一座能荡涤尘俗，陶冶心情的祥和的精神家园。西藏高原澄澈宁静的宗教情绪和自然景观，会让人浮躁的心灵得到洗礼和净化。

凌仕江的西藏是一个哲思的西藏。除了凌仕江“天天天蓝，与谁都无关，天天天蓝，与谁都有关”等对西藏的思索外，他对西藏苍凉阳光的哲思为“光芒为父，光线为母，灰蒙与黑暗分别而诞生。你在我的转身里，我在你的转身里。”（《握一把苍凉的阳光》）他对高原夜空星星的哲思是“比高原更高的是星星……星星就是高原之夜的心灯。”（《比高原更高》）

凌仕江的西藏，是他自己的西藏，更是大家的西藏。这是一种精神和理想的写作境界。凌仕江一直苦苦寻找的西藏就是人类心灵的故园。

2011 年 10 月 15 日下午，人气颇高的成都魅力书店象形书坊，举办了一场别开生面的读者见面会，凌仕江携最新力作《西藏时间》现场签售，为数百名中外书迷讲述书中西藏的人文风情和他在西藏 16 年来体验到的鲜为人知的故事。参加签售的一位读者说：“我喜欢凌仕江的散文，感觉他的文字很干净，他的文字仿佛可以让我感知到雪域高处轮回生命的真谛。”

早在 2004 年，凌仕江散文集《你知西藏的天有多蓝》由花城出版社出版，著名作家王宗仁作序。在序言中，王宗仁先生称凌仕江为“西藏，不倒的青春旗手”，高度赞扬了凌仕江的创作心路。

著名作家张丽钧：“西藏，是一个当你离开时，举不起手的地方。而有过长期西藏生活经验的凌仕江在多年以后，于红尘中将笔指向拉萨，告诉你一个神灵与人同居的世界。”

著名作家王族：“凌仕江笔下的西藏，绝不仅仅是那异域的风光、传奇的故事和离奇的民俗，更多的是那孕育在雪域中的理想，笼罩着孤独的执着，甚至深陷于困境中的追求，以及淹没于无奈中的浪漫，而这一切又在青春底色之上和基调之下。”

作家王泉在他的《中国当代文学的西藏书写》中分析到，在新世纪的中国散文的西藏书写中，“以王宗仁、凌仕江、王族、丁晓敏为代表的军旅作家在军旅生涯中感悟着西藏的神奇，他们以军人特有的勇毅与果断，为世人描绘了一幅幅感人的人与自然和谐相处的画面，作品都闪烁着引人注目的人性光芒”。

著名作家诸荣会：“十年前，在阴霾的成都冬日里，我被一本浸满阳光的书温暖了，我看到一个生命完成了他的涅槃，在蓝蓝的天上腾飞了。十年后，王者归来，他的天空更蓝！”

援藏干部，共青团中央青农部副部长李海峰在为凌仕江的新书《说好一起去西藏》作序时坦言地说：“在这里，一个信念不凡、励志勤奋的青年军旅作家，用占领世界第三极的挑战极限精神，用十年磨砺剑的军人气概，用撩动一次万年雪崩的雄心，用自然唯美的人生追求，用坚忍不拔的豪迈情怀，用侠骨柔情的独特视角，再次带我们领略西藏的神奇和壮丽，感受独特的风土民情，也品味自然清灵，和谐善良的人生真谛。”

诚如斯言，凌仕江的每一篇散文，都沉淀着一段历史，也浓缩着西藏灿烂的文化。

他用一篇篇摄人心魄的“心灵史”，书写着西藏的神奇。

他用一次次不同的视角，开掘了西藏文化的精髓。

蒋涌

蒋涌，四川省富顺县人，自贡市发展和改革委员会退休干部（现为自由撰稿人），高级经济师，资深传媒人，作家，新华社《瞭望》新闻周刊联络员，《南方周末》评论部、《自贡日报》骨干约稿对象和特约评论员。笔耕涉及文史哲领域，是驾驭小说、散文、杂文、诗歌、政论、文论、新闻报道等多种文体的“多面手”。散文、杂文专辑《清流》受到好评，已在全国各级报刊上发表文字近300万字。

一鸟快意穿云端

——蒋涌和他的长篇小说《穿云鸟》

那是1968年金秋，我初中毕业。实际上正儿八经只上了一年的初中，便赶上那个年代的上山下乡，插队落户。

记忆中那是一段极其艰难困苦的日子。从没有离开过父母的十五六岁的花样年华的中学生突然被打入到中国最贫穷、最落后的农村去干农活。物资上的匮乏，精神上的孤独，生活上的不适，使许多同学苦不堪言。首先，水土不合生活极度不适应；其次，离开家庭的温暖、热闹的城市，极不习惯；再次，生活清贫得无法忍受。那是我记忆中最艰难的一页。那年月，我插队的乡村农民大多缺衣少吃，年年春节过后的“荒月”难挨。同村一重庆知青，因缺粮饿极，曾上吊自尽。

那时的蔚蓝天空下，我们曾在乡野里歌唱，也曾在茅屋里哭泣；我们曾在山岭上里问苍天，也曾在村庄里手拉手；我们曾在稻田里劳作，也曾在山道上彷徨……

一

1968年12月22日，《人民日报》在一篇报道的编者按中传达了毛主席的指示：“知识青年到农村去，接受贫下中农的再教育，很有必要。”于是，在被动的“响应号召”或自身“革命浪漫主义”的幻想驱使下，大批十几岁的青少年男女学生怀着复杂的情感，敲锣打鼓到了农村。

据统计，全国有近2000万14～20岁的知青被下放到边疆，下放到农场，下放到偏远的山村。

此一去，酸甜苦辣，荣辱浮沉……几十年了，除了当事人及其亲人之外，而今还有几人记起那段日子？有几人关心留在他们生活上与精神上深深的烙印和创伤？

偶尔也有当年下乡知青们的活动在媒体上出现，比如一些各种类型的聚会，但大多是一个调门：“青春无悔”。一个人的生命只有几十年，而青春则是其中最为值得珍惜的黄金时段。

说穿了，“无悔”只不过是“无奈”的一种托词和喟叹！

“前事不忘，后事之师。”避免浩劫重演，需还原历史的真实。

2010年5月，文友蒋涌创作的知青题材长篇小说《穿云鸟》作为凤凰网知青频道会同资讯频道、读书频道、历史频道重磅推出，次年初春，重庆出版社将其出版发行。

新书到手，蒋涌专程赶来我供职的报社送书给我，并在扉页上端正地题写了“以笔代步，追求美好”的赠言。

认识蒋涌，是在20世纪80年代中期，那时我在《自贡日报》做副刊编辑，他从富顺宣传战线选调到中共自贡市委新闻出版处工作。我的职业与新闻出版处颇多联系，很快便发现蒋涌老兄工作勤奋，待人热情，爱看书，有见识，是个心里清花亮色的人。几十年过去，我们仍是文朋和挚友，我们彼此遵循“君子之交淡如水”的原则，相交30多年，彼此之间没有任何物质上的交往，不时街头不期而遇，总见他笑眯眯的。

新千年前夕，他从市委宣传部新闻出版处处长的位置调入市计委任干部人事处处长。正该在仕途上有所进取时，他却毅然抛弃国家干部的“金饭碗”选择了提前退休，受聘到民营企业四川英祥集团担任了人力资源部部长、总裁办主任。

谈起《穿云鸟》的创作，他说：“从1984年底在《海鸥》文学上发表第一篇短篇小说《生活的一幕》时，自己便锁定了一个目标：今后的文学主战场是长篇小说。2008年下半年，我就开始向这个目标冲刺了。在征求朋友的意见之后，我决定写知青题材。第一稿写了八万字，觉得有些超现实，自己不满意；第二稿，从2009年元月动笔，年底收笔，整整一年。一位朋友曾经问过我：‘你能用最短的话，把你的小说概括出来吧？’我当即的回答是写‘心不死，梦还在，路难行’的一代人。借用凤凰网网民的一段文字评论说：‘其实，《穿云鸟》的着力点，不是仅仅停留于暴露黑暗，而是呼唤必定会冲破黑暗的光明；不是仅仅停留于诅咒丑，而是在讴歌虽然遍体鳞伤却依然倔强前行的美；不是在发出绝望的呻吟语，而是在祝福流浪着的希望会有长远的将来……’与过去的知青小说相比，《穿云鸟》的最大特点是没有缺失时代的大背景，没有去抱怨生活、粉饰生活，而是以‘真的猛士敢于直面惨淡的人生’的勇气，真实地再现了那个波澜壮阔的年代。写作时，我觉得自己是在塑一座历史浮雕，尽可能把自己积累的政治、经济、军事、哲学、文化、艺术等方方面面的知识和社会阅历全部调动起来，不去跟风，不去模仿，依据自己的亲身体验的审美理想，去完成真正意义上的一次文学创作。”

鼠标点击，网上查阅出《穿云鸟》的图书简介：“本书是一部足以与《蹉跎岁月》、《今夜有暴风雪》比肩的知青题材的青春小说，其中穿插有对远征军抗战的真实的历史记忆。真实刻画了一幅幅震撼心灵的川南地区插队知青的众生图，也客观、鲜活地展现了远征军将士以血肉之躯浴血抗战的感人事迹。作者以全新的视角透视历史的沧桑、岁月的烟云，以激情饱满的笔触描绘了远征军后裔张良，干部子女冷梅、赵振东，队内管制分子许澄清等来自川渝各地的插队知青，他们虽出生在不同的家庭环境，同样走过了一程程交织希望与幻灭、追求与迷茫、成功与挫折的坎坷道路。本书字里行间泣血溅泪：开花不结果的爱情，付出不计回报的友谊，兽蹄踏碎的文明，凋零异乡的生命，报国无门的长啸，南辕北辙的寻觅。它既是一支反差强烈的青春年华的祭歌，也是一支荡气回肠的青春追寻的颂歌。这部小说文字优美极富张力，叙述犹如一组组精美浮雕，尤其是作品具有十分深厚的思想内涵和扣人心弦的理想主义色彩，并对“文化大革命”民间文化有原貌展示与深层解读，使人享受到一份超越物欲横流的喧嚣与流俗的涤心清纯与热血激励，它对于众多饱经磨难的下乡知青是一幅掩卷难忘的写实画卷，对于风华正茂的青少年是一份滋养心志的精神养料。”

《穿云鸟》的封底，有编辑评论——

一部凤凰网知青频道首推的纯文学作品
一幅震撼心灵的川南插队知青的众生图
一群或将列入当代文学画廊的鲜活人物
一座热血浇铸的追求青春理想的纪念碑

二

2012 年 8 月 8 日，川南地区连续 39℃的高温不减，热浪逼人。

“作家蒋涌长篇小说《穿云鸟》研讨会”，由自贡市发展和改革委员会与自贡市文学艺术联合会共同举办。四川省作家协会、重庆出版集团、市作家协会等众多与会人士对《穿云鸟》进行了热情和中肯的评论。

重庆出版集团果壳文化传媒公司总经理冯建华代集团副总编辑杨希之作了书面讲话：蒋涌先生创作的长篇小说《穿云鸟》是一部思想性和艺术性俱佳的文学精品。它的出版，既是自贡文学创作实绩的重要体现，也是重庆出版集团出版的为数不多的纯文学的精品之一，是一部催人奋进的力作，也是一部现实主义的精品。

诚如斯言，自从叶辛的《蹉跎岁月》、《孽债》，梁晓声的《今夜有暴风雪》，史铁生的《遥远的清平湾》，李锐的《厚土》之后，知青题材的文学似乎步入一个低谷，好长一段时间没有了比较有影响力的作品，仿佛间那段上山下乡的岁月离我们已经很遥远。但最近中央台连播两个知青题材的电视连续剧《北风那个吹》、《知青》都引起了强烈的反响，而这个时候蒋涌的《穿云鸟》横空出世将知青文学又重新推向了一个高度。蒋涌以清晰的记忆、严谨的思考重新审视了一个时代的知识青年的生活状态，讲述了一代青年的苦闷与追求。他向世人敞开胸扉：看吧，当年的知青荡跳的是一颗热血沸腾的心。

长篇小说《穿云鸟》以时间为序，从“金色韶华”写起，描写了主人公张良从16岁到20岁的成长历程。小说紧紧围绕主人公张良这个插队知青的生活和遭遇，来折射那一段历史的断层。张良是一个国民党远征军所谓伪军官的儿子，在那个特殊的年代，“黑五类”的子女头上平添一道紧箍咒，受到歧视、受到排斥、受到打击那是家常便饭，成分不好成为了这一批人心灵上挥之不去的阴影。

“蒋涌以一个作家的责任与担当，以一个作家的良知，直面于人生，直面于历史，直面于那一段苦难的岁月，为我们再现了那一代人的迷惘，苦闷，彷徨，以及在灵魂与肉体双重折磨下还孜孜不倦的对理想的追求。一如那高飞的穿云鸟。”诗人辜义陶如是说。

这是一只高飞的鸟儿，它来自沱江河畔那片厚重的黄土地，鸣啼于嘉陵江与长江汇合的山城上空。那鸣啼是滴血的呐喊，那鸣啼是带泪的闪电，那鸣啼是一代人的心声。

蒋涌小说的文字像一把手术刀，你一不小心就撕开了时间的绷带，绷带下结了疤的伤口又重新冒出了鲜红的血，一滴滴浸染你褪色的记忆。

三

21世纪的中国，各种思潮泛起，物欲横流，拜金主义、享乐主义、虚无主义盛行，理想、信仰普遍缺乏，道德、公理遭到挑战，奋斗、追求精神被嘲讽，就其深层次的原因是经济的多元导致文化的多元，造成人们的文化心态的多元。尽管允许“众声喧哗”，允许各种不同的文学现象和文化思想并存，但像《穿云鸟》中张良形象值得我们去研究，去发掘。因为在他的身上，凝聚着一代人的精神风貌，其不甘平庸、努力奋斗、坚忍不拔、积极进取、善于思考等性格对于当今的青年人而言，有着积极意义。

作为当年知青运动的亲历者，蒋涌凭着自己丰厚的生活积累和情感积累，站在一个较高的视点上，将数十年来的所思所悟所感，不露斧痕地融入到他妙构的艺术画图中，以轻健灵动且又充满了浓郁诗情与哲思的文笔，收放自如、从容不迫地完成了对于一个大时代的历史性书写。这种既有着一定思想深度，同时又不囿于长篇小说固有的表现形式而有所突破、有所创新的书写，无疑是令人眼前一亮的，是颇具一种大家气度的。

尤为可贵的是，作者对张良性格的刻画，不是单一的、平面化的。而是注意将笔触深入到人物的内心世界，将其心灵隐曲之处的情状勾描出来，力求使人物性格更显丰富性，形象更趋于立体化。

本土作家刘仁辉对《穿云鸟》作了这样的评价：“文化大革命”中的知青运动已成为了一段历史。对于这段历史的文学书写迄今仍未终止，而且肯定还会在今后的一个较长时间内继续写下去。但这种续写，如何才能更接近历史的本真，如何才能以深刻的反思，写出更上乘的精品佳篇乃至传世不朽之作，这是众多知青作家和非知青作家在潜心思考的，也是他们共同所期冀的。在这方面，蒋涌已做出了自己的尝试和探索。

本土作家、红学家邓遂夫说到《穿云鸟》之新，主要新在它不是简单地去重揭“文化大革命”的伤疤，去展示“知青”的苦难；而是站在一个历史的制高点上，真实地、深刻地，同时也是冷静而充满激情地，去抒写那个远逝的特殊年代的青春史诗——也可以说是写那个时代的热血青年的心灵史。

所以，要写出那个特殊年代的青春史诗，其着重点，便是要写出这一批曾经沉埋蒿莱的青年精英的心灵史。作家蒋涌的《穿云鸟》做到了这一点，而且完成得相当精彩。

总之，蒋涌的《穿云鸟》，就像那只插上梦想的金翅膀，穿越历史的风云，飞向浩瀚碧空的美丽鸟儿，给当代文学带来一抹亮色，成为一道独特的风景。

是的，《穿云鸟》的写作是独树一帜、别具一格的。没有宏阔的场面，没有波澜壮阔的斗争，没有曲折跌宕的情节，而只写了知青生活的生活情态。于是，深沉的议论、澎湃的抒情、机智的对话，此伏彼起，俯拾即是。让我感到书中角色皆智者，脱口出来，妙语珠连，既是思辨色彩的，充满哲理的，又是感性、感情而形象生动的，且不乏调侃与幽默。语言是那样清新隽永、意境深远，似从作者笔下奔流不息地涌出来，直让读者得到许多思想的醇醪与精神的营养，走向睿智与崇高。这里有语言的丰富性，思想的深沉性，文学与哲学的沟通性，让人佩服。书中许多文字文笔是那样真纯、真诚、醇厚绵长，又让人警醒，滋味之丰，是耐人咀嚼的。

四

我们能够承受苦难，但这并不意味会用自己的笔去违心的赞美苦难。因为，任何精神和道德的制高点，都需要人保持内心绝对的真诚。我的笔是我的心弦，它弹奏的音符属于那段风烟中远逝的动荡青春。蒋涌在他的《穿云鸟》后记中作了如此诠释：

> 《穿云鸟》是我写出的第一部长篇小说，也是我中年之身最渴望成就的一桩心事。动笔写作的时间，断断续续一共花去了近两年。而动念孕育它的时间，则可追溯到20多年前。
>
> 从1972年4月插队落户开始知青生涯算起，现在已近38年，回眸那一段没齿难忘的非常岁月，远非仅剩“弹指一挥间”的慨叹。我的青春有血滴、汗珠、泪点，很多东西至今说不出话、哭不出声、笑不起来，很难用一句“青春无悔”囊括。实际上，我和无数共命运的同代人一样，万分痛惜那些蹉跎掉的岁月，曾反复试想，假如没有“文化大革命”、没有知青上山下运动，我们作为一批在校学业堪称不俗的学生，今天的命运会是什么样子？应该说我们的理想殿堂的破碎和重建，这个过程都包括在躬耕田间的数年知青生活中，它留在生命史中的印痕永远无法抹掉。所以，曾经懵懂混迹于官场和摸爬滚打于商圈的我，抵挡住了写速成畅销书的诱惑，把知青岁月作为自己第一部纯文学长篇小说的必选题。
>
> 知青上山下乡，是业已被人们否定掉的所谓“文化大革命”的一个重要分支，但是，绝不能草率地将它定性为一股逆流。客观说来，它是一次失败的变革探索或社会实验。中国知青，这一大批在特定历

史时期被迫中断学业的数千万城市青年，都经历一番既劳其肌肤又触及心灵的痛苦磨难。甚至在改革开放后，曾经与知青同甘共苦，对知青有接纳、教育、关怀之恩的广大农民，受益于推行土地承包责任制的大变革，逐步摆脱贫困，开始走上富裕道路之时，回城知青中的大多数却再次经历人生挫折，无奈地进入下岗职工的行列或者成为引车卖浆之类的个体户。他们心境呈灰色，日子依然过得异常艰辛。只有所占比例不到百分之五的知青，凭借自身的努力或侥幸抓住了稍纵即逝的机遇，奇迹般地再续了学业，挺住了历史大淘汰的严峻考验。我和朋友们在闲聊时，粗略估算了一下，十年“文化大革命”期间，仅隶属川南地区的宜宾（含泸州）、内江（含资阳）、乐山（含眉山）、自贡等地市，先后插队落户的知青人数总和就高达百万之众。听说我在写知青小说，立刻赢得许多当过知青的朋友的关切，替我参谋书名的就有十多人。被朋友们的真情拥围，我下笔自然不敢懈怠。

荣辱不计于心，毁誉听之于人。创作一部作品好比大路旁边打草鞋，长短总有人说。好在，我坐冷板凳完成的作品，原本就没有媚俗取宠的初衷。

我常常想起生命中最初的小说，它来源于童年时听到的漫无边际的谈话。对我来说，最有吸引力的事情是在夏天的午睡之后，和父亲一起去镇上买西瓜。强烈的阳光似乎要将我融化。买完西瓜，父亲总要和鞋匠刘根保吹牛，他一边干活，一边跟我和父亲说话。那些谈话的许多内容，我早已忘记，没有忘记的是他们谈话里的故事。通过那些故事，我第一次知道了外面的世界。那些故事或许并不真实，但却深深地吸引着我，让我坚信：叙述有一种魔力。

做一个不合时宜的作家，拒绝迎合当下媚俗的文学趣味。中国的转型时期，因为价值观的混乱、道德感的缺场，到处充满欺骗，没有游戏规则。为了金钱，人们可以做出任何事情，金钱成了一些人唯一的宗教：活着的目的就是活得比别人更好；只有坏人才能发财。小说家的笔，就是挖掘机，挖掘被时光掩埋的那些东西，一个人的命运，也将是一群人的命运。

在一个标准缺失的时代里，什么样的小说才是好小说，什么样的写作才是有意义的写作。好的小说应该从个体的小情绪中解脱出去，“关注灵魂，而不是分泌物。希望我的笔能深入时代的内部，用文字构建一个世界。希望语言充满柔软、蓬美、幽默、简洁、饱满、丰沛、力量。”是的，我相信每一个知青读者都能从中找到自己的影子，找到自己的符号与伤痛。回到那段岁月。

今天，我不知道蒋涌最先萌动要写《穿云鸟》的动因和冲动，也许他是想让人们知道：《穿云鸟》中出生的那代人，作为“80后”的父辈们，他们神秘，遥远，精神力量强大。历史终止了他们中很多人由璞玉琢成美器的进程，他们无言地担承。他们的特殊经历，后辈无法模仿。他们有种渗入骨髓的特殊气质，一股倔犟，一种潇洒。

今天，他们仍活得那么认真，宽容大度地领受岁月的馈赠，无论丰厚还是菲薄；深情咀嚼着曾经的幸福与磨难。像一座座无字碑，用生命默默刻写着曾经的青春和风雨。

这代人到今天50多岁了，依然纯真、阳光。

他们，从小脚丫一落地，就紧随着共和国的步履：蹒跚、踉跄、踟蹰、徘徊，直至稳健。

说到成长史，一个“史”字，无人敢当。总结这代人，不是这代人的任务。

只能依据他们条条道路上的五色生活，感知他们的幸福与温暖，苦痛与彷徨；只有接触了他们每个个体，才能嗅到他们身上的风尘与沧桑；只有听到他们回顾往事时的笑声，才能体会他们的达观和坚强；只有见到他们的眼泪，才能懂得他们的情与爱，悔与伤。

一段段青春岁月，今天听起来像故事，但演绎故事的人，走到了今天。

这就是成长。像庄稼一样，他们长到了秋收的季节，那穗头上的颗粒，无论是否饱满，都是从撒下种子开始生命的旅程。遇风调雨顺，会壮实；遇水旱虫霜，会干瘪。但无论怎样，他们走过来了，远远一望，看不出区别，金黄一片。没人敢轻视这茬庄稼，无论他们亩产多少。这是“一代人”。

《穿云鸟》中出生的那代人，是坚忍执着的一代，勇于担当的一代，激情澎湃的一代，不需要怜悯的一代。

善于思考的蒋涌活在他醉心和心殇的人物的嬉笑怒骂中，让他们推动着他一直走向文学的幻景；同时他们又在他的言说中充满话语力量，引领时代的一群人、一代人、一个民族励志前行！

张映碧

四川自贡人（美籍），自贡蜀光中学1980级学生，西北工业大学航空电子系学士、硕士、助理教授。1990年赴美，Texas A&M（德州农工大学）计算机工程硕士，先后在德州农工大学、麻州波士顿软件公司和PFN信息网络公司任计算机工程师、高级顾问工程师等职。2004年秋在波士顿辞职，随先生曹怀东移居宾州伯利恒市（Bethlehem）习文、读书、写作至今。

1995年出版工程译著《自适应模糊系统与制》，1995～1996年曾为上海《文化与生活》杂志撰稿。2005～2006年曾于北京鲁迅文学院、美国里海大学英文系进修写作，并发表悼陈省身先生祭文及《纸婚》、《赛珍珠的中国脐带》等文章。2010年12月出版《偶然尘：献给陈省身先生百岁华诞》。目前在写作的一部英文历史书籍：《Salt Road：A Forgotten Odyssey of China During WWI & WWII》/《盐路：两次世界大战中被遗忘的中国传奇》（暂定名）即将面世。

叶绚三秋傲碧空

——自贡籍旅美作家映碧和她的《偶然尘》

2010年岁末，映碧用多年心血写成的《偶然尘》一书由湖南科技出版社出版了。初春，其弟张伟向我转赠了她的这一新作。

精装本的《偶然尘》向我昭示着她的品位和境界：雪白的封面上“偶然尘”三个黑色行书大字，旁有“献给陈省身先生百岁华诞”题记。封底引用了陈省身、华罗庚、丘成桐、赛珍珠、张纯如、谢韬每人的一句箴言及我国著名数学家杨乐、李骏、张伟平对书的评语。扉页有陈省身先生照和范曾先生所画的陈省身画像及照片数帧。

百岁书约——对数学宗师陈省身的承诺改变了她的人生

1995年香港春暖花开时节，罗湖海关处已竖起了一块四四方方的数学时钟，香港回归的倒计时开始了。

作家阿城此时来香港科大讲习文学课。当时旅美留学的映碧从洛杉矶南加大辍学转来香港科大读电气工程专业。已经通过了第一年博士生的必修课，她的高鼻子导师正和她讨论论文课题，准备做无线网络中的CDMA通讯问题。映碧却开了小差，坐进了阿城教的小说课堂里。阿城八堂文学课还没上完，她已现炒热卖地写出了一篇散文《骂过两回上帝》。碰巧当时内地有几十家杂志和出版社正在港岛会展中心办书展，她闻讯把文章在方格纸上整整齐齐地抄好，去了书展，还哗的一声从身后亮出几篇稿子，“投”给了碰到的第一位主编，上海《文化与生活》杂志的江俊续先生。那是平生第一次投稿。江主编当场审稿，一支烟的功夫，稿子当场被接受了。一个文学的梦在映碧心中萌生。

那年秋天，映碧离开香港，重返美国念书。刚开始还受江主编之邀又写过一些文章，后来功课实在太忙，不得不停笔。

直到千禧年的圣诞节前夕，映碧和先生怀东去南开拜望数学家陈省身先生，不期然中定下了百岁书约，从前的那个梦方才苏醒，她似乎又看到一扇半开半掩的门。

映碧是数学界圈外人，因她先生曹怀东是数学家丘成桐先生的学生，方得识不少圈内人士。

2000 年 12 月圣诞节前夕，映碧第一次跟陈省身先生谋面于北京翠宫饭店的大堂。陈省身，国际数学大师、著名教育家、中国科学院外籍院士，“走进美妙的数学花园”创始人，20 世纪世界级的几何学家。少年时代即显露数学才华，在其数学生涯中，几经抉择，努力攀登，终成辉煌。他在整体微分几何上的卓越贡献，影响了整个数学的发展，被杨振宁誉为继欧几里德、高斯、黎曼、嘉当之后又一里程碑式的人物。曾先后主持、创办了三大数学研究所，造就了一批世界知名的数学家。

那次纪念华罗庚诞辰 90 周年大会的开幕式是怀东的导师丘成桐先生主持的，儿时的映碧是听着华罗庚的名字长大的，所以就想去清华听听这位大数学家的生平。100 多人拥在北京翠宫饭店的大厅里，她便在那里第一次见到了坐在轮椅上、身穿米色风衣的大数学家陈省身。

怀东向陈省身先生介绍了映碧，握手之后陈先生问她名字，还把一只手伸过来，让映碧在他的掌心里比划后说：“哦，映——碧，好名字！怪诗意的。”两三天后映碧偕先生曹怀东去了天津陈省身先生在南开的住宅宁园。

那年陈省身先生虚龄 90，他从下午就一直款待着映碧和她先生一行，畅叙别后之情，与大家留影。临别时，陈省身仍有些依依不舍，又问怀东去欧洲待多久，去哪些地方？怀东说：“我们去待半年。在剑桥牛顿所待一学期，在莱比锡，还有巴黎（高等数学所）各待一段时间。”

“你们去欧洲。”陈先生又问，“怀东他可以做数学，那你呢，映碧，你想做点什么？”

“我想写一点东西。”

“写什么呢？”本已面带倦容的陈省身先生，一下子来了精神。

“我……我还没想好呐。”原想这样回答可尽快告退，让陈先生休息。

“你可以写陈先生嘛！”一位小伙子插了话，嗓门还挺高……

这个提议让映碧猝不及防。答应下来怕做不好，不答应则有失恭敬之嫌，顿时失了方寸。还是陈先生出来解的围：“映碧，你看这样行不行？你写一本书，写什么我不管，我满 100 岁的时候，你送给我做生日礼物。行吗？”陈先生说罢，手在空中优雅地比出一个商量的手势。“好，陈先生，我答应您！这是我们的一个君子协定，日后我叫它百岁书约”。”那一刻映碧的眼神与陈省身睿智的目光相遇。

“好，我可等着读你的书了！”

南开作别陈省身先生后，2001 年初春，因先生怀东去牛顿数学所访问一学期，映碧便辞去了波士顿的工作，去诗人徐志摩《再别康桥》里的康桥、也就是剑桥尝试一下全职写作。

剑桥是一座梦一样的大学城，剑桥的每一条街、每一座小桥、每一所学院都有许多故事、许多传奇。映碧和她先生在剑桥市中心附近租下一栋双层维多利亚式公寓。二楼书房的阳台正对着楼下房东老太太 Fizz 的画室，中间隔着一座天井。那学期怀东天天早去晚归，映碧也关在书房里读书作文。

从那时开始，映碧便开始琢磨着“百岁书约”的事。大致两年的调研、准备，她决定写一本故乡的二战传奇。毕竟是半路出家，每每发生脑子卡壳时，照例是陈先生出来解围：凝视着书桌上与陈省身先生的合影，映碧便能沉静地坐到书桌前去读书写字。

2004 年秋，映碧随先生曹怀东移居宾州伯利恒生活、习文、读书、写字。由此开始了史前游牧民式的迁徙。四年中跑了五个“州”：欧洲、德州、加州、麻州、宾州。东奔西跑，居无定所。辞职的事，让远在中国的映碧父母知道后还颇感惋惜：不错的一份工作，不错的一份薪水，怎么说辞就辞了。但经映碧在电话里一解释，她母亲便说：“要得，说了话，是要算数的。”

映碧的先生怀东执教的里海大学（Lehing University），坐落在宾州伯利恒（Bethlehem），与耶稣的诞生地同名。映碧能静心写作，离不开家庭的支持。如没有怀东说“粗茶淡饭我管饱！”彼时的工程师不大可能“提前退休”。女儿露露自小就是映碧的同盟，她的母亲、父亲，以及公公、婆婆都在不同程度上认可并理解映碧当时的决定。

2004 年 12 月 3 日，突然从华罗庚的女儿华苏那里得到陈先生驾鹤西去的噩耗，映碧惊呆了。内心好像一下子被掏空，只剩下一个麻木的壳，然后才是灵魂出窍地哀和痛，几个小时下来连呼吸也弱得细若游丝。一个大大的遗憾，宁园那一扇本来一直开着的门这下永远地关闭了。

当夜不能入眠。那些具体而真实的回忆，既像昨天的事情，又恍如隔世。映碧觉得自己有责任把这一段与陈先生短暂而不寻常的交往写下来，有责任将这段交往背后的思考和回顾从心里、从记忆中移植到纸上。殷殷一心，斑斑在册：一则祈陈先生恕映碧之来迟，二则望再现陈先生处世之艺术、待人之有心、人格之魅力。

陈省身先生辞世后，纽约时报等海外媒体很快就发布了消息。映碧和先生怀东也一个从纽约、一个从巴黎飞往天津，加入了从海外飞往南开奔丧的人流。

在陈先生辞世一月的纪念日上，映碧应两位主持人之邀做了发言。会后她“三省吾身”：陈先生人走了，可大家都还在纪念他，我答应他的书当然要写。因为那是陈先生生前的愿望，也是我最后的机会来给这一段来得太迟、去得太急的缘分画上一个句号。

可要将百岁书约变成一本书并不那么容易，尤其是献给陈先生的书，更是马虎不得。更何况陈先生这一走，把许多谜底都带去了天堂，留给映碧的只有一部记忆的留声机。

茫然是免不了的，百岁书约该写什么，用中文还是用英文写？随之读了几本写陈先生的书，尤其是南开出版的张奠宙、王善平先生合著的《陈省身传》，才知道陈先生一生曾提携过许许多多年轻数学家。别人感谢他，他老说这么一句话：“你做好数学，就是对我的感谢。”

慢慢地，映碧开始思考一个不曾想过的问题：陈先生满 100 岁，他真的会缺我这本书做生日礼物么？

多少个月白风清的不眠之夜，映碧遥望故园的星空，神思飞扬：许多大家已有关于陈先生的著述问世。宁园之夜，当陈先生在只言片语中看穿了自己的那个梦，他不仅要帮我，还要帮得不动声色。这才信手布下了那一步棋。在我看不清路时，他递过来一张地图，用手一指，说：映碧，你看见了吗？那一隅也别有洞天！

她突然明白了陈老根本不缺她献给他的书，陈先生是在不动声色地悄悄地借了一对翅膀给她，让她放飞自己的作家梦啊！

这样的知遇之恩，岂是一本书如何报答得尽的？

有了这样的认识，心里便安下了一张书桌，唯有尽全力写好这本书。无论是在神清气爽的早晨，或是月落星稀的夜晚，映碧都能静心伏案，既对陈先生的百岁书约负责，也要对自己的文字负责。

为陈先生奔丧之后，一回到宾州映碧便申请了去里海大学做非学位学生，准备去上英文系为三年级大学生开设的一门高班小说创作课。按规定，映碧得修完一门大一的写作课。但她没有按部就班，于是写了长长的 Email 请授课老师 Ruth Setton 破例开恩。这一位发表了 3 部小说的犹太裔女作家说她可以考虑，条件是映碧得发一份 10 页的范文，等她看完再说。于是，5 年前剑桥那篇被 Fizz 修改过的“处女作”就这样意外地派上了用场。等加班加点整理出 10 页的范文发给 Ruth，她回复得极快：“Belinda，下周二请来上课。”

这是一门小班课，连映碧在内只有 8 位同学，都是英文系、新闻系、教育系的学生，清一色的高鼻子。映碧是唯一的东方人，且母语不是英文、文学训练等于零、从没写过小说。但既然要上就只能给自己打气。恶补了一阵英文阅读之后，交上的作品照样被“打”得青一块紫一块的。熬到了期中，一部写东方人幽默的独幕剧才销有起色；又借得两位帅哥夸张地表演，逗得全班人哄笑不止。

那学期 Ruth 上课基本上是遵照了阿城先生的真传：想写就动笔，写着写着就会了。不是写，就是评论，文学理论一点也不曾涉及。学游泳就得下水，一学期“游”下来，得了一些写的窍门，也就不那么怕水了，然百岁书约写什么？用中文或是英文来写？映碧对这些还是一串问号。

浪迹天涯——梦牵魂绕的还是故乡的《盐路》

宾州里海大学高级班小说创作课完成后，岁末之际，映碧带着这些问题飞去了北京，这一回坐进了鲁迅文学院第 31 期创作短训班。

鲁院被称为中国作家的摇篮，授课老师多是中国文坛的精英，作家、诗人、评论家、主编，一个个都是举火把人的。陈先生容映碧写什么都行，但现在已经到了必须要把这个完全自由的边界条件加以收敛的时候了。经过大半年的筛选和调研，映碧决定了用英文来一部故乡二战时期的传奇 Salt Roud（《盐路》），理由是越是中国的，越是世界的。映碧的选题还受了三位美国女作家的影响。她们是赛珍珠（Pearl Buck）、张纯如（Iris Chang）和纽约哥伦比亚系教授曾小萍（Madeleine Zelin）。当然，这三位女作家同时也都是中国通，还都用英文来写“中国的故事”。从赛珍珠那里，她得到了某种纲领性的指南：“一个作家只能写自己熟知的东西。”一语道破“写什么”的问题。读张纯如 1997 年出版的 The Rape of Nanking（《南京暴行：二战中被遗忘的大屠杀》），映碧意识到西方史学界对中国远东战场的二战史实知之甚少，这里还有大片可耕种的荒地。

2006 年的春天，映碧惊喜地发现了一部前一年才出版的书 The Merchants of Zigong（《自贡商人》）。这是一部试图“解密”中国近代工商企业史的专著。作者 Zelin 教授是一位犹太裔的自贡通，曾两度去过映碧的家乡自贡做长期调研。她这本工商业专著是以自贡盐场的产、销、运、商等环节为模型，来探讨为什么在中国这样一个农业大国里，会产生自贡这么一个手工业的“怪胎”。她的结论是自贡这个城市，从晚清太平天国战争以来便发展成为“当时中国最大规模的手工业城市。”一本以旧时家乡为背景的《盐路——二战中被遗忘的自贡传奇》在映碧心中萌生。

映碧在采集素材中了解到，二战中的自贡整个城市当时仅有 21 万人口，却以神奇的生命力迅速地兴旺起来。一举成为未占领区最大的产盐基地，从而也招致了日本空军七次战略性的大轰炸。但是，故乡人没有被炸垮。抗日将领冯玉祥曾两度来自贡募集军费，自贡人不论贫富老少，男人捐钱，女人捐首饰。尤其是 1944 年冯玉祥第二次来自贡为抗日募捐，故乡人一举拿下了 21 项总数和个人捐款金额的全国第一。

映碧感到《盐路》这本书是关于自贡的一次寻根之旅。她把本书的切入点选在了二战。因为西方读者对二战远东战场知道得很少，而自贡恰恰在二战时期是发生了很多事，做了很大的贡献。在写作的过程中，映碧发现了另一个问题，一个美国人、西方人都非常关注的问题，这就是：国民党和共产党当时力量悬殊那么大，为什么却在二战后短短的四年里，共产党就打败了国民党？映碧就希望从自贡这个小小的城市里的各个阶层，比如盐商，比如革命党人和学生阶层，用事实来讲话，她想来间接地回答这个问题。当时国民党太腐败了，这是人民的选择。

映碧要写自贡，就要写盐史馆。她在书中把国民党从南京迁都重庆，整个串起来了。映碧在书里写移民文化，她觉得四川人很有特点，这个特点很像美国西部，跟移民文化分不开。她想通过写一些人物来把这段历史串起来。就像 Zelin 教授从自贡的盐场入手，归纳出一个中国近代手工业发展的历史画卷，映碧希望能从二战切入，试图去归纳出一部盐都轰轰烈烈的二战史画卷。

映碧试图想找到一位抗战时期的外籍目击者，一位曾在自贡传教 38 年的加拿大传教士 Laura Hambley（劳拉·汉正礼），是她创办了而今的自贡一中“陪德女中”。

2008 年 1 月，映碧终于打听到 Laura（劳拉·汉正礼）的一位侄女 Ruth，一位 70 多岁的加拿大老太太。当她知道宾州有一位自贡的女士要写她姑妈的传奇，就利用春天飞来费城看儿子的机会来映碧家造访。那天映碧做了一桌子川菜、意大利菜来款待他们母子。

Ruth 也为映碧带来了姑妈当年在自贡传教时的家书、日记、照片等珍贵历史资料，包括两幅日本人自贡大轰炸的照片。映碧欣喜不已。那一年她还去哈佛大学档案馆查资料，想找一位曾在哈佛留学的自贡盐官——刘树梅，最终无功而返，接着又去了华盛顿国会图书馆。虽不识日文，却肯花笨力气，硬是从 60 多盘当年《朝日新闻》的微型胶片里找出了“自流井大轰炸”的两则报道，并委托现任北京大学历史系教授、也是自贡人的徐勇译成中文。

第一枪是 2008 年元旦前打响的。从 1 月到 5 月初，进展很快很顺利。从某种意义上讲，四川的历史是一部盐史。映碧从《山海经》盐水女神的故事写到巴蜀之争；从秦楚之战看战争与四川天然盐泉的关系；从李冰的第一口盐卤井写到诸葛亮的第一口天然气井；从汉正福礼去自贡传教的故事写到中国纪录片创始人孙明经先生 1938 年去自贡拍片，山顶的镜头里出现了釜溪河边一块巨石上刻着的四个大字“还我河山”，一直写到二战期间自贡盐场增产节约如何让日本人制造盐荒的算盘落了空……写着写着，她仿佛看到一部火车轰轰地驶过来，一卷故乡二战传奇在映碧的笔下有序地展开来、展开来。

与此同时，“百岁书约”和陈省身的辞世，又催迫着她完成了《偶然尘》的 6 篇样稿。暑假到来，映碧随先生怀东去了清华，他去讲学，映碧则是去拜望原人民大学的副校长、一位可亲可敬的自贡老乡谢韬先生。谢先生是映碧 2008 年秋天因写《盐路》而结缘的革命前辈、哲学家。谢韬先生是四川自贡人，20 世纪 40 年代金陵大学哲学系毕业后，便开始了他大起大落的传奇人生。解放战争时期，他曾是战斗在雾都重庆被周恩来、吴玉章称为小谢的《新华日报》记者；50 年代“胡风事件”中他是蹲过 10 年秦城监狱的“反革命”和“胡风集团的骨干分子”加“黑高参”。可他被中国人民的老朋友，西方世界共产党阵营里举足轻重的人物、曾任加拿大和平大会主席，世界和平理事会副主席、世界和平学会第一会长等职、1952 年斯大林和平奖得主的 James Endicott（文幼章）称为“我的老师，是他把我从一个基督教徒变成了一位共产主义战士”。

2008 年 10 月 2 日，映碧陪着 Laura（劳拉·汉正礼）的侄女 Ruth 一家和谢韬先生回自贡参加自贡一中 90 周年校庆，其间，她对谢韬作了详尽的采访。

2010年8月25日再传噩耗：谢先生驾鹤西去。当天，谢先生博客的首页上出现了这样的话："亲爱的朋友们，告别了!"映碧读到这几个字时，泪眼磅礴。

"气通四海，真言一世存大节；心忧天下，文章千古留英名"。

她托北京的朋友送去了花圈和敬挽谢先生的挽联，表达了心中对谢先生的敬意和失去了这么一位可亲可敬的自贡老乡的惆怅。

群星汇聚——一本绽放着人性光辉的著作

当岁月的脚步迈入新世纪第一个十年尾声之际，映碧将近20万字的文稿送到了数学家丘成桐先生的桌上。

十载寒暑，呕心沥血。"映碧舍专业、弃工作，艰辛备尝，反复删减，终于成就了这十分感人的篇章。她掩饰了长期的勤奋与努力，回避了自己细腻的观察、丰富的想象与深厚的情感。谦逊地将其归结于风云际遇，偶有一得的缘分。"这是著名数学家杨乐教授对《偶然尘》的推荐语。

世人都知道丘先生是当代大数学家，却很少知道这位哈佛大数学家、菲尔兹奖和沃尔夫奖的得主同时还是一位大文豪。丘先生又做了哈佛数学的系主任。原本就很忙的"数学皇帝"更忙了，"日理万机"这个词放在丘先生那里丝毫没有夸张。然而丘先生依然十分乐意地从百忙之中抽出时间来细细品读了映碧厚厚的初稿，并替这本献给陈先生的书写序，还一如既往地鼓励映碧写下去。

经谢韬先生夫人卢玉女士介绍，映碧认识的萧乾先生的夫人、翻译家兼作家的文洁若女士，也字斟句酌地修改了6篇《偶然尘》的样稿。

映碧的《偶然尘》一书收录了她对陈省身大师的回忆文章及世界闻名的大数学家华罗庚、华裔女作家张纯如、诺贝尔文学奖获奖者赛珍珠，原中国人民大学副校长、原蜀光中学教师谢韬及夫人卢玉，还有映碧的恩师罗齐亮、在香港科大开设小说创作工作坊的作家阿城、映碧的母亲"满妹子"等共计13篇。而未作为主角的人物、为本书作序的当代大数学家丘成桐，中国科学院杨乐、张伟平院士等，他们也在映碧的笔下栩栩如生，鲜活可爱。全书文笔流畅、语言生动，情真意切，值得一读。

中国科学院数学与系统科学研究院，中国社科院院士杨乐说，映碧践诺尝愿，为陈先生百岁诞辰献上了一份厚礼。美国斯福坦大学数学系教授李骏称：读卷中的忆文，就如亲会故友与新知，作者用她锐利流畅生动的文笔把我们引进了读者的书房。

“偶然”铸就传奇。陈先生在天有灵，定当欢喜映碧送上的这份独特生日礼物。陈省身数学所、中国科学院院士张伟平如此评说。

《偶然尘》也是一部绽放着人性光辉的书。书中《师者的戒尺》一文讲述了映碧恩师罗齐亮十年如一日地每天都要到在“文化大革命”中被逼疯的小儿子家听疯儿的“诗歌朗诵”，然后守着儿子把药吃下了才回家这样一个凄苦的故事。映碧最喜欢的两个女作家——张纯如和赛珍珠，是她的心目中的英雄！她们的故事在映碧的书中同样闪烁着人性的光辉。《偶然尘》中还有不少珍贵的史料和鲜为人知的佚文逸事。书中如 1931 年清华算术学会合影，内有华罗庚先生、杨武之先生、郑桐荪先生（陈省身先生的岳父）；有华罗庚 1985 年 6 月 12 日在东京演讲时的珍照（此次华先生突发心脏病猝死在讲台上）；有张纯如女士的墓碑照；有 1962 年 4 月，赛珍珠与肯尼迪总统夫妇的聚会照；有文幼章 20 世纪 70 年代初在成都看望谢韬一家的合照；有 1950 年卢玉与吴玉章等人的合影；有自贡王爷庙釜溪河盐运老照片；有阿城与“小说党”照；有映碧父母“满妹子和希平”在 1957 年的合照等等。至于佚文逸事，书中更是随处可见。

映碧生长在中国四川盐都自贡，又旅美 20 年，深受中西文化的熏陶。两种文化碰撞的融合，造就了她可用两种文字交替写作、并同时展现中西文化之美。映碧在她的处女作《偶然尘》中，围绕一个个主人公，讲了很多有关“偶然”的故事。而面对“偶然”，在映碧笔下有了令人震撼、催人泪下的许多故事。

也许，这就是映碧为什么要将这本献给陈省身先生的百岁华诞的书取名为《偶然尘》的动因吧。

诚然，映碧不怀疑她这本一年级学生的涂鸦之作，一定不乏幼稚之处，一定有好些童言似的病句或者言不达意的章句，但正是那些再诚实、再自然不过的事。如实地记录了一位全职工程师转向写作而蹒跚学步的足迹。

《偶然尘》的完成要感谢的第一个是陈省身先生。没有那一份知遇之恩，没有陈先生信手埋下的一个伏笔，从前的工程师恐怕还在波士顿或宾州的某处研究程序呢。一切都会按部就班，日子里没有梦，照例忙忙碌碌但却是平静舒适的另一种活法。人活一世，不就是为了心有所往吗？

“2011 年 10 月 28 日是一个遥不可及的日子。我有些等不及了，真想现在就点上一支蜡烛，再捧上这本书，对着冥界的天空默默地说一声：陈先生，祝您生日快乐！那把竖琴的乐曲又飘过来了，这一回奏起了生日歌。我们好多人都听见了，于是大家就跟着唱。唱着唱着，歌未竟，东方白……”

大洋彼岸，映碧女士如是说。

聂作平

聂作平，1969 年生于四川富顺赵化镇乡村。曾先后从事过企业秘书，报刊编辑、策划人，自由作家，文化公司老总等多种职业。中国作家协会会员。已在中国内地及港台地区出版著作 30 部，主要有随笔《历史的 B 面》、《历史的耻部》、《画布上的声音》、《我和你，男和女》、《天堂隔壁是西藏》、《舌尖的缠绵》、《1644：帝国的疼痛》，长篇小说《自由落体》、《长大不成人》，文学批评《审判余秋雨》等，主编《中国第四代诗人诗选》。其中《历史的耻部》被新浪、当当评为 2004 年度最有价值图书。部分作品被译为外文。

“文学多面手”的自由落体

——作家聂作平的人生之路

周末来到省城成都，和几个文友提到川南名家，来自自贡富顺、现居成都的“60后”作家、《四川文学》责编聂作平，座中友人无不竖起了大拇指。

十年前，聂作平的历史随笔集《历史的B面》让他享誉文坛。

长期为《中国国家地理》撰写文章，备受好评。

2004年，他撰写的专著《四川历史与社会》当作中学生乡土教材，在四川全省通用。

迄今他已经创作作品近400万字，出版著作20余部，涉及历史、地理随笔、诗歌、小说、文学批评及史学专著，堪称一位“文学多面手。”

一

出生在富顺赵化镇乡村的聂作平自幼酷爱文学，20世纪七八十年代就是《四川日报》和《四川农村报》及《自贡日报》的通讯员，但他那时似乎没发表过文学作品，而只是发过一些新闻作品。

20世纪80年代是个文化中兴的时代。虽处乡村，但老聂省吃俭用，在家里也订了几种刊物，包括《四川文学》、《龙门阵》、《电影作品》，有段时间还订过广东的《作品》和《电影创作》，偶尔还会带几本《当代》或是《十月》回家。

在30多年前的一个连电也不通的富顺安溪乡村，这样的刊物对多梦年华的聂作平起到了启蒙作用。当然，起启蒙作用的还有另外几部书，一部是《三国演义》，聂作平是查着字典读完的；一部是《唐诗选注》，聂作平学了几首诗，在学校写作文时总是千方百计地把它引进去，就像一个刚升了处长的公务员，聚会时总爱把话题往政治上引诱一样。

因为这些阅读，聂作平从小作文就写得好。小学四年级新学期开学，老师令大家写新学期打算，其他同学不过一二三四地写几条，也就两三百字，聂作平却从国际国内形式谈起，驴头不对马嘴地引用了不少词语和诗句，把新学期打算写了四页纸。

聂作平 1985 年升入初中。那时的班主任老师周其荣也是个文学青年，鼓励学生集资订杂志，聂作平就是那时候知道有个刊物叫《诗刊》的，至于《星星诗刊》是到高中才知道的。初中时代，聂作平的作文真正写得好起来，常常被周老师拿到班上当范文读。那种感觉，远远比后来出一部书更愉悦、更骄傲。

初中二年级，小学同学、初中同级不同班的陈俊波到聂作平乡下老家玩儿，两个人突然想办个文学社，于是当场商定，就叫小路文学社，并决定办社刊。所谓社刊，不过是用复写纸复写的几篇作文。这本复写的社刊一直出了五六期，每期大约有十来页，全靠字写得好的聂作平和同学王乾根手工劳作。

那时候聂作平住在学校——学校并没有学生宿舍，聂作平所住的是一个姓赵的老师的宿舍。赵老师因家在镇上，不住学校宿舍，就给了聂作平住。有一天晚上，聂作平鼓足勇气敲开了班主任老师周其荣的门，把办的几期社刊交给他看。周老师看后大为赞赏，并当即决定，把社刊由复写改为油印。就是在周老师的指导下，聂作平学会了刻钢板和油印。

文学社从此算是由地下走到了地上，并得到了周老师的大力支持。周末，几个人可以公开地在教室里商量稿子、刻钢板。有时候，周老师甚至亲自帮他们的社刊画插图。油印的社刊出了至少有十多期，其费用，全由周老师在班费里例支，而社刊的发行，也由文学社的几个人扩展到了全班。那时候，聂作平比较牛气的是，虽然没有担任班干部，但班上召开班干会，周老师必定要聂作平也参加，因为聂作平掌握着全班的“喉舌”呢。

初二那年国庆节，聂作平因写文章讽刺学校，被一个姓王的老师揭发，如果不是周老师力挺，学校就差点要开除了他。

初三升高中，聂作平没能考上。那时候，像聂作平家乡的农村孩子初中毕业，最大的愿望是考中专，这样就可以立即跳出农门，两三年后就能上班挣钱。其次是考县城的重点中学富顺二中，再次是考距安溪只有六公里的位于赵化镇的赵化中学。不过，那时候不管是中专还是高中，升学率都极低。

在聂作平开始做文青、办文学社的同时，他还迷恋上了另一件事，那就是武术。没有老师，他只得自己订阅了几本武术杂志，记得有《武林》和《武当》，并利用不可多得的一次随父亲进县城的机会，买了两本武术书。聂作平在赵老师的学校宿舍住了一年之后，又搬到了公社大院居住。公社大院里有一棵碗口粗的泡桐树，聂作平每天晚上对它拳打脚踢，每次都打得皮裂汁出，久而久之，那棵泡桐树竟然长出了许多坚硬的疙瘩。

初中没考上，聂作平只得继续留在安溪中学复读。这期间，聂作平写了到当时为止最长的一篇作文，是一篇足有 8000 字的小说。周老师很兴奋，在班上边念边赏析，念了一节课，没念完，准备不念了，但全班同学都不同意，要求必须念完。聂作平坐在台下，亢奋得很。但不幸的是，周老师很快就因考上内江师专离开了学校，聂作平如同迎头一记闷棒，郁闷之极。

聂作平是决计不能再去复读了。父母给聂作平设计的出路有三条，其一，托关系进赵化中学；其二，去跟沱江对岸的姨爹学习木匠活，将来做个木匠，也算有一技之长，以聂作平的家庭，讨个老婆是没问题的；其三，父亲提前退休，由聂作平顶替。这三条出路其实只有一条，第二条学木匠，不但聂作平不愿意，其母亲也一万个不愿意；至于让父亲退休，父亲当时也才 40 来岁，他哪里肯干？虽然在聂作平母亲的坚持下，他没有表示大的反对，但心里绝对腹诽得很。

令人喜出望外的是，父亲的一个好朋友母大叔是区里的武装部长，母大叔与赵化中学的党支部书记是好朋友，是时，母大叔在泸州医学院住院，他在病中写信给赵化中学的党支部书记，要求书记一定要解决聂作平的问题。当时母大叔的病很重，这封信简直有托孤般的意思，书记很重视。这样，聂作平就在那些正考上了的同学还没拿到录取通知书之前，率先拿到了入学通知书。

那个暑假，聂作平写了十几首诗，可惜一首也记不住了。在前往赵化上高中的前一个晚上，聂作平借宿同院李傲家，他家有一本《百年孤独》。那个晚上，聂作平没有睡觉，在油灯下把《百年孤独》一口气读完。读完时，油灯已因油尽而快灭了，窗外已经发白，核桃树上有鸟儿在高一声低一声地叫，聂作平心里充满了快乐和向往。

因为他知道，新的生活就要开始了。

那一年，他 17 岁。正是多梦的年华，又是多思的时节。

二

1992年从自贡职业大学（现四川理工学院）会计与统计专业（专科）毕业，同年分配至家乡东方锅炉公司做了4年秘书工作。虽然做得很不错，而且也不乏提拔的机会，但他坚信这不是他一生要做的事情，因为写文件、开会这种事情，跟他的文学创作之梦，差别太大了，内心感觉到分裂。

在前辈诗人张新泉的推荐下，1996年，聂作平终于如愿以偿到成都做了《科幻世界》杂志社里的一名编辑。

提到当年“蓉漂”的日子，聂作平说：“刚到成都的我，租住在一个学生宿舍里，骑自行车上班来回要近两个小时。以前我在自贡的厂里当秘书，住的房子离上班的地方走路只要2分钟，不过我从来没有后悔过。”

几载岁月，飘然而过。聂作平先后做过成都《姐妹》周刊策划，《分忧》、《城市时尚娱乐周刊》责任编辑，《中国西部》编辑室主任，甚至还在文化公司做过总经理。

“我从来没有停止过写作。现在做文学杂志的编辑，一方面因为毕竟离文学更近，第二是因为工作比较单纯，而且弹性时间，可以让我有足够时间进行艺术创作。”

聂作平说话坦率直白，无拘无束，沉浸在自己的世界里。而且他还喜欢戴墨镜，甚至连在室内也不例外，加上他外表粗犷，以至于有人称之为“中国文坛最像坏人的好人”。但你听他讲自己写诗，讲文学，讲自己一个乡村少年的文学成长史：看《三国志》爱上历史、看《全唐诗选》爱上旧体诗，言语中全是一片温柔和善良。

聂作平来自自贡富顺，提到自己的家乡，聂作平的语气充满自豪：“富顺的经商气氛不浓，对文化非常推崇，有一句话叫做‘富顺才子内江官’。我们那里出过不少读书人，比如‘戊戌六君子’的刘光第，我以前读书的中学现在就改名叫‘光第中学’。”

聂作平1996年“蓉漂”成都，开始自由写作。出版了长篇传记《忍与决断》，随笔集《房龙图话》，译著《房龙论艺术》。主编了《中国第四代诗人诗选》。其中文学批评《审判余秋雨》让聂作平名声大噪，在这部书里，聂作平以虚拟法庭的形式，让原告未然和被告代理人张三兴为代表的有关余秋雨的两种截然不同的观点充分交锋，由此来对余秋雨散文和

“余秋雨现象”作了深层次的梳理和反思。

近年来，聂作平先后出版了随笔集《历史的 B 面》、《抚摸隐秘岁月》、《男和女　我和你》及历史随笔《历史的耻部》等著述。2004 年出版了第一部长篇小说《自由落体》。2009 年，第二部长篇小说《长大不成人》面世。

此外，聂作平《夕阳下的舰队：郑和下西洋 600 周年评判》、《中国文学大师速读》、《外国文学大师速读》、《苏东坡游传：宋朝第一玩家的别致人生：像古人一样生活》、《情归少年时》、《舌尖的缠绵——聂作平美食语录》，以及历史随笔《1644：帝国的疼痛》等著述也让他奠定了自己在文坛中的地位。

三

聂作平的长篇小说：《自由落体》和《长大不成人》，作品关注边缘少年。《自由落体》描写的是三个大学生毕业后面临诱惑而各自不同的人生轨迹，表达出理想主义破灭后，人生会像自由落体一样堕落。《长大不成人》表现的则是一个 24 岁的黑社会头目短暂的一生：从一个手里提着“描有铁臂阿童木头像的小书包”的小男孩，在遗弃、耳光、垃圾场、难以忍耐的饥饿中行进，从小偷小摸成为不折不扣的恶棍，最终“一具中了枪的身体倒在秋天的草地上”。

作为一个“60 后”的老男孩，聂作平小说创作为何总是对成长、青春、少年的命运格外青睐？“男性成长的主题，一直是我比较关注的小说题材。不过我在小说中写到黑社会这一类特殊的群体，主要是想通过他们在自身命运的展开过程中，表现出来的对爱与恨的激烈理解，从中更清晰地看到人性的深层。”面对我的叩问，聂作平如是说。

聂作平眼下正在做影视编剧，他表示：“其实我之前还写过一部剧本叫《保镖》。现在一家影视公司约我写的剧本，刚写完分集大纲，大约要写 30 多万字。”

问及以后的打算，认定要走的道路是什么？聂作平坚定地说：“其实虽然之前做了那么多事，但是文学创作我从未放弃过，现在做文学编辑，是离文学创作最近的工作。虽然没有经商那么赚钱多，但是我觉得这才真正属于我的本性。因为我觉得文学才是我安身立命的东西！”

聂作平以历史大散文立名，《长大不成人》又让读者见识到他创作长篇小说的功力。不过，他透露，吸引自己最早走上文学创作的，却是诗歌。聂作平对诗歌格外钟情，“诗人可以改行做小说家、散文家，但从来没有小说家、散文家能改行成诗人。所以，诗歌是一切文学的母本。”

从中学时代开始写诗的聂作平，不到25岁便凭一组《灵魂的钥匙》获得《星星》诗刊举办的第三届中国新诗大赛最高奖。直到今天，他在那组诗中写凡·高的“除了自杀，谁还能比死更高贵”的悲怆句子，仍被认为是描写伟大人物自杀最精妙的诗句。

第三部小说写家乡。聂作平坦承，“做梦，场景都是家乡的。写诗，绝大部分是在老家写的。我的文学创作灵感，多受惠于家乡。”聂作平透露，他的第三部长篇小说已经构思完好，“是由我们富顺县在民国时期发生的历史故事引发的。”

聂作平还为《中国国家地理》长期撰稿。他感慨，“走了全国那么多地方，我觉得最美的还是四川，温柔的同时也有雄浑和壮美的东西。”由于其文章备受好评，他在《中国国家地理》发表的一系列作品，将收集成书，以《大地的细节》为名出版。

蒋　蓝

蒋蓝，1965 年出生于自贡。当代先锋诗人，思想随笔作家。1986 年开始诗歌创作，2000 年加盟古古图书工作室，同年加入的“非非主义”，现为成都日报记者。代表作品组诗《酷刑及其他》、《经验十书》，以及思想随笔《黑暗之书》。

已出版有：诗集《诗歌笔记》，思想随笔《思想存档》、《词锋片断》、《黑水晶法则》、《赤脚从锋刃走过》，专著《正在消失的词语》、《正在消失的建筑》、《正在消失的职业》、《哲学兽》，散文《玄学兽》，与加拿大南希博士合著文化专著《身体传奇》、《鞋的风化史》等 20 多部著作。在继续诗歌写作的同时，以深入黑暗中心的思想随笔开启了“非非主义”写作的一个重要方面。

他笔下闪烁着诗性的寒光

——蒋蓝和他的散文

2013 年 12 月 28 日下午 2：00，自贡籍作家蒋蓝新书《倒读与反写》发布交流会在自贡市一中旁的“静了吧”举行。诗人李加建、陈思逊、王星、赵正平、宋光辉、周梅，书画家曹念及众多专家学者和相关媒体单位出席了本次文学发布会上。会上蒋蓝做了精彩发言并与现场嘉宾就文学创作等相关问题进行了坦诚交流。

《倒读与反写》共计 22 万字，是蒋蓝先生近几年来阅读西方哲学、文学作品的专题笔记。不少篇章曾经被《作家文摘》、《历史学家茶座》、《青年文摘》、《半月谈》、《文摘报》等选用，入选《21 世纪中国文化地图》、《21 世纪中国文学大系》、《中国散文百家谈》等。

所谓“倒读”，其实是“乱翻书”的另外一种说法。这样的阅读自然不可能系统而富有条理，但往往可以发现一些常规逻辑难以发现的奇妙之处，其阅读引起的联想意义与落地价值，是本书区别于一般读书笔记较为突出的特点；“反写”进一步凸显了不走寻常路的个人化言路，宛如铅字时代透过纸页的墨迹。饱含思想的诗性话语，一直是蒋蓝近十年逐渐形成的个人化话语风格，它大于诗意、高于诗化，是蒋蓝最为用力的所在。

2014 年 3 月 18 日，蒋蓝耗费五年心血完成的近 40 万字作品《一个晚清提督的踪迹史》正式出版。并于 4 月 10 日回自贡举行了作品签售仪式。蒋蓝踏遍 20 几个县城，查阅数百万字史料，追寻石达开、唐友耕等人的足迹，倾五年之功，完成《一个晚清提督的踪迹史》，复原了 19 世纪后期关于四川、关于成都的断代史。《一个晚清提督的踪迹史》揭示了晚清镇压农民起义军的四川提督唐友耕其人其事，通过对唐友耕这个杀人不眨眼的刽子手的剖析，可以更深入地了解晚清官员起伏沉浮的历史规律。该书内容离奇、怪异，情节曲折、跌宕，具有很强的故事性和可读性。

文学创作纯粹是个人的事情。作家高下的分野就在于类似和独创的不同。但我相信，无论多么独特、独创的写作者，他都无法使自己分身于历史和时代之外。

从某种意义上说，写作常常是对历史和时代的反省与反抗，是独自一人对生命深情的抒发和挽留。

“蓉漂”十年，笔耕不辍，风雨兼程，日久见功。如今，供职于成都日报报业集团的蒋蓝，已进入了先锋诗人、砥柱作家的阵容，已先后结集出版《香格里拉精神史》、《拆骨为刀》、《思想存档》、《动物论语》、《玄学兽》、《哲学兽》等专著，参与主编《2006—2007 中国诗歌双年选》。说他著述等身绝不为过。

我和蒋蓝都是和“文化大革命”后的“新时期文学”一起成长起来的。当我们在一波又一波的主义和潮流中模仿和“创新”的时候，身边的这个世界早已地覆天翻：

从天安门广场上高举毛主席语录本狂呼万岁的红海洋，到灯光广场上挥动荧光棒泪流满面的追星族；从千百万城市知青到农村去“接受再教育”，到亿万农民像潮水一样涌向城市去打工；从所谓的国家主人翁，到失去生活依靠的下岗工人、没了土地的农民；从排着长队用粮票、布票购买生活必需品，到琳琅满目的超级市场、名品专卖店；从“深挖洞，广积粮”的自我封闭，到高楼林立、汽车塞路的国际化流行病。

这一切都是我们亲历亲见的历史和生活。眼前的这个世界变化之大、之剧烈、之深刻，说翻天覆地没有半点夸张。在所谓全球化的潮流下翻天覆地的中国，让所有的文字描述相形见绌。我们已经从狂热信仰的革命天堂或地狱，一步跨进了权力和金钱的狂欢节。

在这个狂欢节上被权力剥夺的精神侏儒们，却又同时依靠金钱变成了消费巨人。

有人宣称，这是一个历史终结于消费的时代。在这个时代，经典被读物取代，独创被复制取代，欣赏被刺激取代。总之，在“作者死了”之后，文学的死期也就不远了。

可是在我看来，文学是人记录自己生命体验和想象力的一种本能。这种本能，在没有文字之前被人们口耳相传，在有了文字之后人们就用文字记录。就像食欲和性欲一样，这样的生命本能并非专属于某一时代。

真正的文学从来都是出于内心的渴望和需要，权力的剥夺，金钱的驱使，或许可以得逞于一时，甚至得逞于一个时代，但它们从来也没有能得逞于永远。刻骨的生命体验，勃发的想象力总是会从岩石的缝隙中生长出来，总是会在大漠的腹地汇聚成茂盛的绿洲。真正的创作者从来用不着向历史撒娇，非要要求一个适合文学生长的“盛世”。

生活本来就是泥沙俱下的，历史也从来就不可能干净。

唯其如此，才滋养出意想不到的文学。才产生了像蒋蓝这样卓立不群的作家。

文思喷吐，往往折射一种创作境界所抵达的高度

作为一名散文实验者，蒋蓝已经走出很远。在他的散文里，找不到浮肿的浪漫主义，虚张声势的文化至上主义或者高歌猛进的英雄主义。他经常以自身的感官印象（比如视觉或听觉印象）作为他的写作题材，诸如他在《阅读》上发表的《那只半夜怪叫的鸡》，以及在《布老虎散文》上发表的《死亡的字形演变史》、《有关警报的发声史》等，注意采集某些令我们司空见惯却毫不在意的符号。当那些符号进入他自身的价值系统之后，其意义空间就会发生奇异的转向。在他的题材与主题之间经常有着巨大的反差，所以当我们进入他的文本的时候，通常会觉得自己进入了一个深邃莫测的迷宫，我们无法预测脚下的路会将我们引向哪里，不可能提前知道，最后的出口在哪里。他的写作目的并不在于对他的感官印象进行复述，不是炫耀景情再现的技巧，而是让那些散碎的印象在经过思想的整合之后，变成他自己的武器。在童年记忆或者日常经验的表面之下，我们可以感受到他句子里的寒光，他的文字彻骨冰凉。他的散文与众不同，这不是因为他的生理感官系统具有某种特异功能，而要归因于他的思想向度。尽管他无法打造一把手到病除的手术刀，但已经从自己渺小的个人经验里，透视出某种深入骨髓的集体病变。

一部书的高下，并不完全取决于文笔优劣，更在于字里行间释放的人文信息的质量水准，以及满足人们审美情趣和精神需求的关联性和不可替代的艺术风格。

诗人蒋蓝涉足散文随笔领域时日已久，诗思的浸润、阅历的丰富、思维的拓进、视角的创新，逐渐使他的文章从众多篇什中脱颖而出，引起读者的兴趣与方家的关注。

一个人有强烈的表达欲望，说明他内心的积淀厚重；愈发强烈的文思喷吐，往往折射一种创作境界所抵达的高度。

蒋蓝少年时代攻过文武双修的功课，外表帅气，精力旺盛，性格率直，见识独到，为人仗义。所以，他在一大批男女粉丝中，俨然是一呼百

应的文侠，一旦他在故乡自贡的街头露面，很快会有一群闻风而动的追随者聚拢。沙龙散谈、酒桌叙话，他都是演讲主角。

蒋蓝以民间思想者自称，但由于他读书多，下笔频频引经据典，这成为他散文随笔的一个灵感的源头和特色，人们或许会把他归为学院派；他阅历广，从不轻信作伪面孔和杜撰历史，遇事追根刨底地找真相，可以把他归为江湖派。不管有派无派，如今他经营以实证、叙述、意义三位一体的新散文。其文字的知识墨香和山野土气交融为一股别具的蓬勃生气，形成一种极易与非出自他手的笔墨区别的个性特质。

从这种意义上讲，他经由中国书籍出版社出版的《人迹霜语录》，便是其新散文风格渐趋成熟的一个标志。这部书分为上、中、下三编，一为拒绝融化的霜语；一为蜀地的陈迹与阴霾；一为文人的事情。它们彼此既有类别的反差又有相互的照应，字段时而如猛士提刀四顾，时而如痴情郎柔肠百结，在刀锋般的尖刻中穿插有山月清风般的柔美，诗意的风光与内蓄的深刻，每每给人峰回路转的阅读快感与柳暗花明的意外惊诧。

3 万字的《刘文彩三姨太凌君如荣枯史》，堪称蒋蓝新散文的力作，他为写成这篇触及社会三教九流的奇文，花去了长达 10 个多月的时间持续采访，查阅尘封的档案，寻访街巷村落的白发遗老，真是下足了语不惊人死不休的决心。蒋蓝以收放自如的冷静笔触，解读了刘文彩、凌君如得志年代的奢侈放纵和背时年代的狼狈尴尬，文笔透露刀锋般刺目的寒光的又有珍珠般溅落的思想浪花。同时，对凌君如晚景的描述更是饱含人生无常的无奈，恰似一支寒彻肺腑的人性挽歌。特别要指出，这篇笔锋冷峻的长文，淋漓尽致地展示作为驰名诗人的蒋蓝驾驭文字的出色能力，以及情理兼具的鲜明风格。

读过蒋蓝的这篇文章，人们大抵可以对奔腾向前的历史长河中那些并不在乎人们的主观意志的漩涡，它会把垃圾抛上岸，也会吞噬不区分是善是恶的生命，一声声慨叹远远不能囊括那无数惊心动魄的隔世奇观与泪洗不尽的红尘遗憾。

蒋蓝的这部专辑中，有不少是写文化人的，尤其是那些成为文化风景的男人与女人，如《林徽因的李庄时代》、《人生如蚌，蚌病得珠——何洁的三次人生转折》、《内心山水以及牡丹的忧伤——陈子庄晚年轶闻录》、《双重火焰——诗人海子 15 周年祭》等。其间，叙述流沙河、何洁伉俪的离合际遇的《人生如蚌，蚌病得珠》，笔调优雅而苍凉，他把两位天才结合与离散的故事讲述得如夏日冰凌的清凉快爽，当想留却留不住的美好姻缘失落在佛寺的门槛前，回顾往事苍茫的笔叹真实感人。由美丽的细节串接成的美丽故事，使人联想到断臂维纳斯的经典故事，而人们终究无法评判维纳斯有断臂之痛，还是有断臂之美？想拴住两片云天飘飞的彩云毕竟是徒劳，但是当徒劳后的遗憾成为了蒋蓝的雅致文字，却是使读者受益匪浅的启迪。海子是在蒋蓝的心目中的一个天才，蒋蓝就是吟诵着“面朝大海，春暖花开”的妙语去攀登云雾缭绕的诗峰的。这样，他写下一篇《双重火焰——诗人海子15周年祭》的随笔，去追问曾经讴歌过新鲜可爱、充满生机的尘世幸福生活的海子，为什么一方面在天地之间吐诉真诚善良的祈福心愿，一方面又不可思议的要逃避红尘去寻求极乐世界的摄魂一刻。

显然，蒋蓝不仅格外欣赏文化人的艺境和艺果，也格外牵挂他们的生态环境和命运轨迹，大概属于一种悲天悯人的人文情怀吧。

2008年由重庆出版社推出了蒋蓝的一部堪称另类的追问古代侠义的精神之书《拆骨为刀——中国历史上著名侠义事件》。单是作者稽勾出的罕见的100多幅古代侠客版图，足以让读者大开眼界了。

在一个血脉里充斥着酒与色的时代，谈论献身、谈论死亡、谈论毁容、谈论践诺、谈论图穷而匕首见，似乎已经不合时宜了。老百姓在狠命赚钱，自顾不暇；自由知识分子在考虑精致的提案；愤青们乐于在网络上唾沫四溅。凡此种种景况下，毕竟还有少数人在儒教辖区以外的边缘地带，发掘出古中国的伟大铁血精神，单就这一点就让我十分感怀。

在中国历史上，冷兵器时代与漫长的黑暗时代如同平行的双刃。侠客是冷兵器时代的民间英雄，他们是中国古代社会中的一类特殊人物。中国近3000年来的历史舞台上常常有侠客的身影迅猛闪现，如大鹰击于殿，侠客的活动曾对社会、对民族心里产生过一定的作用和影响。因此，对侠客做出客观准确的界定，以此为基点，对侠客的复仇行为进行细致描述，并进行一定程度的个案分析，成为了作者写作《拆骨为刀》的初衷。该书既吸收了前人的众多学术成果，也提出了一些自己的见解。对“侠”的复仇意识观念进行了一定程度的探索，是该书区别于以往武侠史论著作的一个显著特点。

尽管出版社把《汽车——如歌的行板》这样的文化专著列入时尚文化读本，在我看来似乎很难概括这两本书的向度，因为香烟和汽车并不时尚，各自均有上百年的流变史，而时尚为它们镀上了一层迥异的光晕。耙梳、清理埋藏在时尚光晕之下的香烟文化与汽车文化，成为作者的写作目的。首先，作者借鉴的资料就给读者一种目不暇接的感觉，可以看出作者涉猎的深度和广度，上百幅高质量的图片使历史得以站立，展示了强烈的图、文互动张力。这些资料与写作者的思想和经历实际上产生了某种默契，就像被重新赋予了活力，其与读者产生的亲和力是相当巨大的，如同是穿行在香烟、汽车构成的风化史长廊中。其次，作者行文具有优美的歧义指涉效果，往往能够通过文字呈现另外的深意，其思想脉络如一根游丝，总是牵引着趣旨的走向，显示出一种峻厉、缜密的文字功夫。

一些人总认为，凡涉及时尚的书很难逃脱泡沫的命运，但经过十几年的洗淘，这种看法正在被事实匡正。蒋蓝同意如下说法：时尚是毛，时间才是皮，拥有时间的文化积淀才是时尚文化的正常发展向度。

而《清贫的诗意》里一幅幅的黑白绘图，配上一篇篇简约的文字，让我在画图和文字所再现的纯真世界里，温馨异常地有了重返童真的美妙旅行。尽管童年在人生中所占的时间很短，但却往往成为让人回味不止的美好时光。不论物质怎样匮乏和生活怎样艰苦，童年都能在各种各样的游戏中变得有滋有味。然而，随着现代工业进程的加快，随着社会的日益物化，随着生活水平的普遍提高，许多恒久不衰的游戏正逐渐地远离了今天的孩子们，成了正在消失的游戏。这些开始让人陌生的游戏，最终注定要被许多人淡忘。因此，给正在消失的游戏加以图文并茂地整理，在读物中予以原汁原味地呈现，显然是十分必要的。游戏虽小，但其中有着时代与生活的许多印记，透过它们可以使我们更好地了解远去的历史，了解我们昨天的生活方式乃至生存状态。重温这些正在消失的游戏，我们也就不难明白，在物质匮乏的年代，其实游戏也并不匮乏。

在蒋蓝看来，那些清贫的诗意之光要照耀一个人的一生。而我合上《清贫的诗意》一书之后，却不能不想到今天生活在物质世界里的少年儿童。尽管他们有这样那样的现代儿童乐园，有这样那样的现代儿童玩具，但可以肯定地说，今天住在楼房里的孩子们，他们可玩的游戏其实正在减少。楼房的封闭、电视与网络的普及、电子游戏的增多、独生子女的孤寂、成年人的忙碌等等，都有可能使今天孩子所玩的游戏减至最低限度。而一个缺少亲情、友爱、团结、互助等游戏感染熏陶的小孩，将来长大后，可能会留有缺憾。虽然现在我们不能简单回答这个问题，但等到我们能回答这个问题时，恐怕失去的就不仅仅只是游戏了。

蒋蓝的写作令人想起冷金属时代的兵器，鞘或手柄上雕镂着的繁丽花饰，但内在，却是寒刃

蒋蓝的写作承袭了中国散文的人文传统，这是一个陷阱，多少人进去了出不来；更可怕的是，多少人掉在陷阱里浑然不知，还自以为在天上仙境俯瞰人生，优哉乐哉，之乎者也，手不释卷。陷阱有天堂的景象和联想，最后能够爬出来的人一定稀少。蒋蓝是稀少者之一。他凭借睥睨自雄轻松地脱险，孤独地走在前途中。轻狂和孤独的姿态都令我欣赏不已。

作为一名散文实验者，蒋蓝已经走出很远。在他的散文里，当那些符号进入他自身的价值系统之后，其意义空间就会发生奇异的转向。在他的题材与主题之间经常有着巨大的反差，所以当我们进入他的文本的时候，通常会觉得自己进入了一个深邃莫测的迷宫，我们无法预测脚下的路会将我们引向哪里，不可能提前知道最后的出口在哪里。他的写作目的并不在于对他的感官印象进行复述，不是炫耀景情再现的技巧，而是让那些散碎的印象在经过思想的整合之后，变成他自己的武器。对此，众多名家颇多赞誉。

《布老虎散文》主编、作家祝勇：“蒋蓝的写作令人想起冷金属时代的兵器，鞘或手柄上雕镂着的繁丽花饰，但内在，却是寒刃。蒋蓝知识广博，富有卓见，深具社会责任意识，他自觉体验淬火之痛并由此锋利。当黑暗以最速效的方式把整个世界变为盲人，他是无畏深渊而纵身跃入的勇者，因为他深知，思想必须植根于目不可视的黑暗，才能滋育光亮中的叶片。他的激进，不限于态度的铿锵和修辞上的高歌猛进，蒋蓝甚至对一腔悍勇抱有智力上的轻视。他擅长在看似战无不胜的对手身上发现阿基里斯之踵，在看似坚不可摧的城门中找到撬动的孔隙，然后只身前往。”

《十月》副主编、散文家周晓枫：“正像在南方、在四川盆地很少见到他那样高大魁伟的身躯一样，在时下的诗人中也很少见到他这样富有理性思维和学养的分子。平心说，蒋蓝的散文随笔要胜过他的诗。他诗中的理念和思想有时候看来稍稍硬了那么一点点，而在他的散文中，思的东西和灵感之间、与感性的叙述之间，达成了完美的结合。我一直认为，最好的叙述者一定兼有诗人的形而上能力，有小说家设身处地的敏感，散文家激扬文字的功夫，和戏剧家多重角色的推演设计能力，而蒋蓝是这样的叙事者和诗人。文字在他那里是活的，飞行和潜跃。鸿雁长飞光不度，鱼龙潜

跃水成纹，敏感和绵密，精细和犀利，甚至有神秘和暗示的诗性气质。很少有人能够抵达他那样的境地，很难言喻的精准和超越性，思化为了神，知变成了识，察生成了悟，脑转换为了心。”

北京师范大学文学院教授、评论家张清华：“蒋蓝看待世界的眼光奇特，消失已久的古蜀国的文化幽灵，扇动着现代主义的巨翅，盘旋在蒋蓝的言辞城堡之上，呈现出一副玄妙而又怪异的话语奇观。由对历史幻影的玄学冥想，突然间变成现实的文化意识形态的犀利批判，蒋蓝在虚构话语世界和现实经验世界之间，建立了一条隐秘的通道。但这是一条人迹罕至的幽暗小径，其间隐藏着蒋蓝的话语魔术的大秘密。”

上海同济大学文化批评研究所知名学者、批评家张闳：“蒋蓝是当代最有能力把知识物质化的写作者之一。他以一个高高在上的写作者的姿态，把知识与物质紧密地结合起来，使得知识在物质中获得了新的灵魂。他的出现，使得以前的文化散文写作群体显出了苍白与平庸。”

动物论语——它吐出的气息，像一股火焰穿透夜空

一阵低沉的哮叫，一只伸出的爪子，一双冰冷的眼睛盯注前方。我感受到它吐出的气息，像一股火焰穿透夜空。

这只黑豹，打破了宁静，闯进我阅读的夜晚。它带来的不仅是漂亮的身姿，重要的是送来一股精神的清风。我看到黄昏时一个男人，孤独地坐在窗前，手中香烟飘出的烟雾，在指间蒸腾，一缕缕，缭绕在记忆里。

蒋蓝一口气写了六种豹子，这些豹子从他的笔下腾空而起，进入时空隧道，在山河的另一端，在未来的岁月，它们将成为大地上的群雕。

2008 年重庆出版社推出了作家蒋蓝 40 万字的诗学随笔《动物论语》，这是一本独特的书，包含了对动物的历史和文化学的分析，成分复杂，光怪陆离，仿佛蒋蓝博大而幽邃的灵魂在动物身上的附体。

但蒋蓝不是动物学家，也不是坐在书斋里的学者。他没有穿上消毒的罩衫，手持知识的手术刀，走向麻醉动物的手术台，划开美丽的皮毛，解开生命的骨骼，精心地炮制标本。然后挂在墙上，供人们了解动物的构造。诗人蒋蓝是一条血性汉子，他一直在和强悍的动物们对视，进行面对面的交流。目光在空中撞出火花，文字在咝咝的燃烧中刺破人间的空寂。不管动物如何凶猛，在这样的目光下都会变得驯服。蒋蓝是猛兽的知己，是现实突入夜色的岛屿。

诗人王川说："蒋蓝仿佛是动物部落的人类酋长，在它们身上发现了更为绚丽、生动的人间诗学，这种发现充满了生命的张力和文化的魅力。他以文化为经、学术为纬，将动物定位在他的诗学坐标上，进行宏观和微观的透视，于是，在他的观察下，具象的动物拥有了灵异的符号学意义。"

蒋蓝是极其复杂的存在，他的精神背景在开垦中变得越来越广阔。时间堆积的思想形成了一座山峰，坚挺地固守在那里，不会随时流的涤荡而四处漂移。上面蔓延了坚韧的野草，拔出了参天大树，各种动物自由快乐地在这里栖居。它们的蹄音，敲碎了黄昏，嚎叫声扯破了夜的寂静，山间充满了活力和生命的气息。在动物的身上，蒋蓝发现了美，发现了诗性，它们是蒋蓝投放人类的一张试纸，测试人的情感、思想，大爱和大恨。

蒋蓝对动物充满敬畏，一只只动物，从身边经过时，他都会疼爱地抚摸，把更多的情感投入进去。为它们洗去风尘，擦去眼睛里的泥沙，让它们回到大地的本质中，恢复天性。

蒋蓝的目光中装满了精神的冷冻液，把在眼前流过的东西，冻结在透明的时间的水晶体里，保存鲜活的气息。

猫既是空间的拾荒者，又是置身黑暗的贵族。近距离地观察猫眼，我们总能够在这一镜像里发现被妖魔化的世界以及周遭飞舞的丝线。它像一对收集黑暗里纯粹物质的宝石，宝石里盛开着金玫瑰，以证明黑暗深处的威力和想象，并控制与现实的高度和距离，使我们无法靠近。蒋蓝是坚毅的，没有寻一条老路去叙述一件事，在古老的动物身上涂上时代的新釉，又搬弄出来。他以诗人的敏锐，发现猫的眼睛，是一朵宝石中盛开的玫瑰花，这一意象，展现了诗人的创造力，写下了生命的体验。四川特殊的地理环境，养育了蒋蓝的生命，也滋养了他的精神。他的语言，布满了岩石的纹理，朴实，透明，华美而不躁，少了水肿的浮躁。

蒋蓝既吸收了西方的文化，又融入了丰富的传统的精神。蒋蓝有自信，这种自信不是自我感觉。他的文化储备，在精神的火炉中熬炼，打造出的剑，涂上了诗性的寒光。

我在夜晚阅读，蒋蓝讲述了在四川北部的一个码头上，一匹流血的老马。我想到了挽马的眼睛。

> 那是马车启程时，我看到的最后的马了，也是我第一次观察它的眼睛。眼光总是下弯，眼角糊着眼屎和一些透明的液体；眼光白蜡蜡的，是对天空的直接复制，什么都没有，空旷而绵延，疲倦而深远。

> 我不可能对这双眼睛赋予任何比兴，它拒绝了一切企图深入内在或者强行赋予的努力，几条逶迤的血丝山路一样主宰了它的全部世界。马重重喷了几个响鼻，斜瞟了我一眼。

《挽马》是一篇流泪的文字，读后一生怕是不会忘记的。读这样的文字，我感受到毛孔透出的凉气，血液凝固，我无法用语言表达对马的感受。

蒋蓝注定是诗人，没有停留在书房中想象生活，编造一些离奇的、刺激感官的情节。蒋蓝从底层走出，他的苦难不是臆造出来的，而是活生生的经历，艰苦的生活把他的精神打磨得灵敏而尖锐。

“我看到在石板上燃烧又熄灭的马蹄印，马一点点地远去了，然而一股说不清的情潮逼近我，压榨我，让我难以承受。”蒋蓝又一次写到了眼睛，这对他有特殊的意义，眼睛是动物的灵魂。猫和马的眼睛不仅是不同类型的，反映的世界也不同。蒋蓝不是停在物的表面上，而是举着思想的火把，一步步走进眼睛的深处，触摸心灵的跳动。

蒋蓝的文字，像一粒红红的川辣，尖尖的，体积不大，吃一口却能辣出一身汗，回味余长。蒋蓝喜爱火，他的精神之火，燎起冲天大火，舔噬了世俗的野草，吞掉毒瘤。烧后的大地，等待来年的春风，吹出又一茬的嫩绿。

我注视黄昏中独坐的蒋蓝，缠绕的烟雾，像豹纹打开了翅膀，扑向黄昏的大地。奔跑的声音、震颤寂静的空气，蒋蓝和他的动物们，一起走向广袤的远方。

刘 成

刘成，笔名汉唐明月，中共党员。从事新闻工作近20年，供职多家报业集团，曾任武警四川总队新闻干事，《华西都市报》、《京华时报》记者，先后出任《中国演员报》副总编辑、广西日报报业集团《今商报》执行总编辑、宁夏日报报业集团《法治新报》执行总编辑等职。

系自贡市彩灯行业商会秘书长、四川省民间文艺家协会理事、四川省作家协会会员等等。

先后在《人民日报》、《解放军报》、《小说选刊》、《橄榄绿》等报刊和百花洲出版社等阵地发表和出版各类文学作品400万字，20余次获得《小说选刊》省级以上奖项。曾公开出版长篇小说《官场姬》、《金融市长》、《迷茫》、《暗流》等多部。1996年撰写并发表在《飞天》杂志上的《漫谈新时期中国散文》被收入台湾博士教材。在新浪读书、起点中文用汉唐明月为笔名，发表和连载《盐女胭脂》、《蜀女》、《出京市长》、《独步官场》、《官运》、《市府女一号》、《非常危局》等长篇小说，并在网路上引起轰动，累计点击量高达8000万。曾被评为新浪50强作家，起点百强作家。有作品入围第四届、第五届网络文学大奖。

他绷紧着当代社会的那根痛感神经

——刘成和他的小说品评

久闻小说家刘成是我川东的乡人，亦是我当年从戎所在部队的战友。自 2013 年春在盐都自流井釜溪畔的“聊斋”茶坊彼此一见如故，得以长谈，相见恨晚，无话不说，肝胆相照。

初春，窗外春风和煦。我饶有兴致地读完“起点中文网”上和 2013 年第四期《蜀南文学》上发表的长篇小说《盐女》。一个直观的感受就是小说中大大小小的人物都非常清晰、生动地扑面而来。书中的盐商张老爷、管家幺哥、马爷、苏州大钱商号老板“苏天下”、美艳女子冷月及张老板赌一把赢来的刀疤脸的女儿“俏娘”都写得有血有肉。可以这样说，这在自贡本土作家中并不多见。小说《盐女》在“起点中文网”上 2014 年 3 月的总点击量达 50 多万人次，是一部让读者震撼的小说。在以千年盐都自贡的盐文化为底色的大背景下，作品全景描写了早期中国的民族工业的雏形，久远的历史空间里，四处可见蒙昧、愚蠢的价值观……

这是一部让读者沉思的长篇小说，在早期的盐业历史风情画的背后，让人体味苍凉沉重的人生、坚硬冰冷的现实，洞窥压抑、癫狂、扭曲的人性及盐业家族的兴衰；随处见证人性的泯灭，随处见证人权的缺位、盐业底层的人们生存的艰辛、生命的脆弱和卑微；当然，也能看到人们渴望纯美情感是何等的缥缈……

这是一部颠覆官场和商界的鸿篇巨制，全书近 58 万字，深层次触击了盐业历史下的社会生态，无情地抨击了人权的缺位，无情地揭露了那些扭曲的人性……读来令人回肠荡气，韵味无穷。

是的，刘成的生命就如同一场充满挑战的旅程，在文学的旅途上，他不断地超越他人，挑战自我，用执着的热情创造着最好的自己。

生命如一场充满挑战的旅程

五年前，刘成尚供职于我所在单位的《自贡晚报》，他所著两部全方位反映中国新闻界最近15年变革风云的长篇小说《迷茫》和《暗流》由三峡出版社出版，并于当年年底在全国发行。

曾记得鲁迅有一篇杂文《这也是生活》，记述他病重的一个夜晚在床上醒来，让许广平开灯，他要“看来看去的看一下”，许广平没理解鲁迅的话，只是给他喝了一口茶，又躺下了。

“街灯的光穿窗而入，屋子里显出微明，我大略一看，熟识的墙壁，壁端的棱线；熟识的书堆，堆边的未定的画集，外面进行着的夜，无穷的远方，无数的人们，都和我有关。”鲁迅在病重不能走出房间的时候，仍然想“看来看去的看一下”，并且想到“无穷的远方，无数的人们，都和我有关”，这透露了一个大作家的职业习性，也透露了他对外在世界敏感而多思的心。

刘成的成功也得益于他对外在世界敏感而多思的心。

刘成两部共计50余万字的长篇叙事小说从报社普通的采编部门起笔，讲述了新闻界错综复杂的故事，记叙了中国新闻界高速变革15年的风雨变换和沉浮起落。《迷茫》和《暗流》以报界的发展进程为线索，以编辑部的群体工作、激烈竞争为素材，以较为忧郁的笔调，挖掘新闻界的文化底蕴，揭示当代报人的文化生态，把人对事业的追求，对权力的追求刻画得力透纸背。

中国的国门洞开之后，经济超速发展，思想日渐多元，这个时期的新闻界更是五彩缤纷。刘成所著的两部力作生动而鲜明地刻画了中国新闻变革的15年。对局外人或是新闻经历尚浅的从业者而言，新闻界是光鲜的，是充满鲜花、掌声、光环的阳光职业。但在新闻界深处，却危机密布，让人战战兢兢。这是作者刘成作为一个老新闻工作者的经历和感悟。

已过不惑之年的刘成出生于重庆武隆，1992年开始进入新闻行业，曾先后在自贡市武警支队和省武警总队从事新闻宣传工作，后任《四川日报》、《华西都市报》、《京华时报》记者、云南日报报业集团《滇池晨报》总编辑助理、广西日报报业集团《今商报》执行总编辑、宁夏日报报业集团《法制新报》执行总编辑。20载寒暑，风雨兼程。他从一名普通记者到作家，经历了一个新闻人的成长和磨砺。他的新闻足迹踏遍了中国新闻可能触及的地方，新闻从业的经历和体验成就他书写了两部《迷茫》、《暗流》让人思索和警醒的小说。

在自贡市文联、作协和《自贡晚报》联合举办的刘成小说研讨会上，他感触万分地说："我很感谢三个主办部门和历届文艺界的老领导，在新闻界多年，从初级做记者到主任到高管，有许多感触和喜怒哀乐，15 年的新闻变革，市场化媒体破土而出，作为市场化媒体的领导，精神压力很大；随时走在刀剑上的新闻人，神经敏感地带和所有关系全部交融在一起，我们这一代新闻人注定要付出代价，新闻已经职业化，职业化的新闻人需要为新闻界付出许多。"

自贡市作协名誉主席、著名作家李加建说："2007 年我只读了两部长篇，其中包括《暗流》，老百姓生活的现状，作者要真实地表现和反映出来，这才是文学的真谛。刘成在生活工作中积累的大量的素材，说出自己的观察体验，对生活提出他自己的观点，不计名利地说出自己的感受，才是真正的作者。"

市政协副主席、市作家协会副主席王孝谦说："刘成的精神感动了我，他一边为生计奔波，一边为工作打拼，还能一下子出两部作品。小说的故事情节也很能抓住读者看下去。作为新闻人，不便用新闻表达的用小说表达了，书中写了很多让人震撼和思考的东西，这本书才有生命力。"

曾几何时，文学对社会公共生活发出的声音已经微弱到可怜的地步了，作家们的聪明或冷漠，他们的自动弃权，已经让当下的文学丧失了应有的功能与尊严，人们不拿他们当回事儿了。这深重的悲哀，只有通过作家自身的努力才能改变。

我们不是有"文以载道"的文化传统吗？重新传承这一传统，重塑文学的公共价值，一定会让读者有所期待。

是的，在尊重作家个人经验与话语的基础上，重新创造文学的公共价值。这需要我们去多多地体验外在于个人圈子的生活，走进"无穷的远方"，积累丰富的素材，并且让这些素材"回炉"到个人的生命感觉中，达到表现的真切与熔化。这需要我们改善原来内敛的、自倾的思维方式，把感官"外放"到"无数的人们"中间去，体察他们的苦难、忧愁与欢欣，倾听他们岩浆一般的呼声。

这需要作家们迎接这种呼声，用文学的方式，对社会公共生活发言。

他有一颗自由自在的心灵

每一个人，都有着原初的梦想，梦想着自己有一天能驰骋在人生之路上，随着人生道路的延伸，旋转自己的车轮，迈向心中的自由终点。

过去孕育了梦想，智慧和勇气则塑造着未来。

2007 年离开《自贡晚报》后，刘成去省城一刊物做策划总监。

蛰伏四年，刘成震撼推出视角全新的《金融市长》和《官场姬》两部长篇小说。

《金融市长》中的田地是一位拥有双博士学位的技术型人才，只想扎扎实实地在银行系统好好做下去，却被一纸调令下派到地方大市担任分管金融、工业的副市长。上任刚刚三天，田地就遇到企业员工哄闹政府的突发事件，而这正是他分管的行业出的大事。田地以率真大胆的工作作风，凭着对老百姓朴实的情感，最终赢得了各方认同。

官场原本就是诡异深邃的，随着官场生涯的深入，各种矛盾与官场纠葛纠集在一起，总是让田地有些应接不暇。就在此时，一纸调令田地又回到了银行系统。有了担任副市长的经验，田地在新的岗位上更加踌躇满志。

《官场姬》写的是一对混迹官场多年的“姐妹花儿”，人称官场“二姬”，为了攫取更高职位，两人不择手段，甚至不惜出卖自己的肉体。在达到最初目的后，为了抢夺一块块蛋糕，“二姬”不顾姐妹深情，互相倾轧，过河拆桥，上演了一场令人瞩目的现代“官场剧”。

谈及《金融市长》和《官场姬》两部长篇小说的创作感受，刘成沉思片刻后对我说：

> 有一天，我突然发现，我身边的朋友，似乎全是“官员”了。但事实上，他们也都还是朋友。讲述身边的故事，自然不是一位作家才华的全部，但身边有故事可讲，自然是一位作家的幸运了。
>
> 于是，我选择了“官场”。这是一个近在咫尺，而又遥远缥缈的庙堂。但是，请你相信，我讲述的故事贴近生活，更贴近真实。
>
> 一段官场故事落幕，我以为，这只是沧海一粟、生态一角。我等生活在万花筒般绚丽的时代，却并不知晓，此乃大幸还是不幸？不论你在官场、商场还是情场，每天发生的各种瞬息之变，总是让我等猝

不及防。诚然，这一本20多万字的小说里，我无意于批判什么、倾向什么、影响什么，我只是原生态一般地实录了我等正在经历的现实生活。当然，切入点选择了不大不小的官场。但是，这并不意味着有什么高深和玄机，同样只是生活大潮中的平凡浪花，同样只是我们生活之中的点滴记录，仅此而已。

但愿有一天，我们的后辈们，能在这段生活之中的种种细节里，窥探到属于我们这一代的生活信息。这，就已经足够！

是的，无论是当红的玩世与波普，还是新生代作家的玄幻和虚拟，许多作家都在逃避，逃避客观存在，逃避真实生活。当下的许多作家，不复有敏感与疼痛，不复有震撼和反思，他们娴熟地玩弄笔法，玩弄技巧，玩弄他们的虚情与假意，一幅幅地复制符合市场口味的符号式作品。由此，刘成这样直面社会和人生真实的小说家就有了特别的价值。

每个民族的形象内涵来自于他们文化历史发展的积淀。我们自小从课本中就读到：中华民族是一个有着5000年悠久历史的伟大民族，是一个勤劳勇敢的民族！只是长大后信息渠道多了，视野开阔了，才慢慢知道现在的中国人在世人眼里早已物是人非，取而代之的是投机、贪婪、怯弱的称谓。国人身上的种种积习仿佛根深蒂固，走到哪里带到哪里。有外媒称“中国游客是诸多西方国家望而畏之的群体”。更有甚者，法国有些景点明示不欢迎中国游客到访。因为游客的不文明举止屡禁不止，比如任意攀爬、随意吐痰、大声喧哗……有人曾不以为然，说是中国腾飞的经济招人嫉恨，所以他们才做出这种言论。果真如此吗？

近十多年的体制改革确实让中国的经济突飞猛进，中国的世界面貌日新月异。生活水平提高了，人的素质却没有相应的提高。在钱的刺激下，一些传统的优良质素已没了踪影。“一切向钱看”是所有人的终极目标。

只要眼前利益，没有“人文主义”，也没有谁去顾及子孙后代的日子……

于是，真正的小说家就是社会的痛感神经，直面真实的痛感神经，假如没有敏感神经，虫牙不痛不痒就会烂掉，直至整个牙床溃败。

这是个应该出《人间喜剧》的时代，我们却出不来巴尔扎克。

这是个应该出《百年孤独》的时代，我们却还没有马尔克斯。

曾记得，1983年春，美国剧作家阿瑟·米勒亲临北京人艺，指导他的经典剧目《推销员之死》。中国文联、中国剧协主席曹禺邀请米勒到家里做客，其间拿出一封信，逐字逐句念给他听。信是画家黄永玉写来的，信中说："我不喜欢你解放后的戏，一个也不喜欢，你的心不在戏里，你失去了伟大的通灵宝玉，你为势位所误！从一个海洋萎缩为一条小溪，你泥溷在不情愿的艺术创作中……"

在曹禺天津的祖宅里，官家子弟万家宝从 23 岁到 29 岁密集地写出了《雷雨》《日出》《北京人》等 7 部剧本。

文学界开始知道一个笔名叫曹禺的青年，许多人说他"有天才"。然而，从 39 岁到去世，47 年间他再也没能写出一部自己满意而外界也公认立得住的作品。笔下的枯竭和名位的丰盛同时到来：新文化运动的开拓者之一，著名戏剧大师，中国话剧奠基人之一，中国文联执行主席……还有，北京人艺首任院长。

晚年，他在痛苦中煎熬，自称"精神残废"。女儿、剧作家万方说，父亲是被扭曲和异化了的；一直到死，他都没能真正回到那个写《雷雨》时的自由自在的心灵。

人艺老编剧、曾任曹禺秘书的梁秉堃曾请教 80 多岁的曹禺："90 年代以后大家都不玩政治了，开始玩哲理，甚至哲理也不玩了，直接玩钱，您怎么看？"曹禺答："这些个，都不是艺术的本性。"

这些年，中国文坛有所谓"新生代"群体顺次登场，批评家为之鼓吹，出版界为之给力，大有崛起之势。从我市走出的小四、青春作家郭敬明曾荣登中国作家富豪榜。其实名噪中华的韩寒、郭敬明较之 20 多岁写出《革命军》的邹容和从 23 岁到 29 岁密集地写出了《雷雨》、《日出》、《北京人》等 7 部剧本的曹禺不知逊色多少倍。

其实这批青年作者普遍缺乏社会生活方面的体验，也缺乏文学训练，浮嚣有余而坚实不足。我倒更佩服他们炒作自我的能力和办公司找钱的天赋。

近百年间，小说从题材、主题、体式、技巧等各个方面，不断地有所开拓，有所发展。但是，一个颇具讽刺意味的现象是，最早出现在现代小说史上的《阿 Q 正传》，至今仍然是一座无法逾越的高峰。

比起 19 世纪二三十年代的小说来，当代小说虽然在叙述故事和刻画人物等手段方面，相对显得娴熟，但是艺术个性并不突出。首先，表现在文学语言本身，就缺少个人笔调。在现实生活中，长期的集体主义教育，使个人性受到遏制，或许是根本的原因。同时，语言也缺少优雅的气质，缺少精致，缺少韵味，这同新中国成立后的前 30 年长期推广"工农兵文艺”，后30年“一切向钱看”，以文学作为政治宣传的工具不无关系；扩而言之，同汉语语境遭到破坏，同整个社会语言的粗鄙化有关。在形式上，中国小说满足于讲故事，讲究“好看”，缺乏西方小说的那种精神性，缺乏思想深度。

自贡市文化局副局长陈刚认为：从刘成的作品中感觉到他有能力驾驭长篇小说，善于将自己的经历和当下的事情结合，很多让人记忆的细节，具有影视剧的现场，也体现了作者的责任感和使命感。

自贡市文联主席刘蕴瑜十分佩服刘成小说敢于触及敏感话题，要反映媒体领域的变革是需要一种勇气的。市文联副主席、作协主席李华说：对新闻价值的认同是刘成作品出版的价值取向。作家刘仁辉认为：反映改革的作品不少，但直接描写新闻改革的却极少，《迷茫》、《暗流》让长篇小说领域耳目一新。

中宣部新闻局外宣处副处长，重庆工商大学传播研究所所长、研究员殷俊拜读了刘成的小说，对他敏锐的洞察力、深刻的解析力给予了高度评价。他说，刘成先生以其深邃的洞察力、独特的视域和犀利的笔触影响和作用于社会。

小说的繁荣，从根本上说，有赖于一个民族的文化和文学的繁荣。道路是漫长的，但因此前景也未尝不是开阔的。单就现代小说发展来说，从五四到现在也不过100年的历史，具有经典性价值的作品极少，而真正堪称优秀的作品也不会很多。

刘成和他的小说正在做出努力，而且他，有一颗自由自在的心灵。

他的血液里浸润着中国文学家的担当精神

奋斗不是年轻人的代名词，只要你有激情，有梦想，你仍然可以在奋斗的路上生生不息，乐此不疲。眼下，刘成另两部长篇《市府女一号》和《非常危局》已经杀青并将出版发行。《市府女一号》和《非常危局》更加犀利地诠释了小说家刘成的担当精神。

中国的改革开放向着纵深发展，在取得令世界瞩目的成绩的同时，现代性所带来的问题也凸显出来，如欲望扩张、精神匮乏、贫富悬殊、城乡差距、生态恶化等等，这些问题关乎民族的命运和未来，也关乎每一个人的个体精神的健康健全的成长发展。因此，一个真正有着精神担当的作家、小说家应该既有生活政治的政治情怀，又有解放政治的政治情怀。只有将二者结合起来，才能真正解决当今社会的问题。

刘成的又一长篇小说《官运》中的宁宇满怀希望走出校园，三年的庸碌时光在采访和写稿之中度过。他不是一个显赫的人物，他蜗居在一个斗室里期待着春天。直到有一天，主任安排他深入匪窝去做卧底，他的命运迎来了崭新的转机。新来的实习生红唇的出现、第一个情人和韵的出现、娜娜和其他女人的出现，他原来的生活格局才被彻底打破。由此他开始交上好运，从报社的副处级主任，到报业集团的正处级主任，随后华丽转身，坐上了地方大市宣传部的部长，从而进入了深不可测的官场。一路走来，他居然就走上了副省级城市市委一把手的高位……不论是新闻生涯，还是政治生涯，他身边总是有若即若离的红颜相伴。背景显赫的红唇，富可敌国的和韵，清纯娇艳又才华横溢的娜娜，神秘的上流社会交际花笑笑，每一个人都是一幅独特的风景，她们总在宁宇的生活之中闪耀着、温暖着……没有人能说清楚每一个人的命运，可是，每一个人都可以自己选择命运。

中国文人具有深厚的精神担当的品格，这种品格突出体现为一种忧国忧民、济世救国的政治情怀。从屈原的“众人皆醉我独醒”，到孔夫子的“大道天下”，到范仲淹的“先天下之忧而忧，后天下之乐而乐”，这一切编织成一个绵延的思想传统。这一思想传统移植在中国现代意义上的知识分子身上，蝶化为“五四”启蒙精神。

从精神谱系上说，中国现代意义上的知识分子与中国传统文人一脉相承。这就决定了中国现代文学强烈的现实品格和浓郁的政治情怀。因此，鲁迅将自己写小说看成是声援“那在寂寞里奔驰的猛士，使他不惮于前驱”的“呐喊”。中国现代文学正是以其浓郁的政治情怀，才成为思想启蒙的重要营垒，才密切融入中国现代化运动中，也才有效地承载中国知识分子的精神担当。

知识分子的政治情怀不会始终与政治现实尤其是政治权力协调一致，二者之间的矛盾对立往往导致文学屈从于政治现实、知识分子逐渐丧失独立品格。有人抱怨说文学被边缘化了，但是从一定意义上说，文学边缘化不是一个被动式，而是自我放逐的必然结果。

所幸的是，淡薄政治情怀并没有成为文学的主流，小说家刘成和当代一批有社会责任的作家则是在尝试着以新的文学叙事来表达政治情怀，构成了当代文学中宏大叙事和日常生活叙事交相辉映的状况。

新时期以后的拨乱反正，也就是中国本土在 20 世纪末期重新启动现代化的“解放政治”。但发生在中国本土的现代化又是一种后发式的现代化，它使前现代、现代、后现代处在同一时空之中，具有鲜明的“时空压缩”的文化特征。因此，生活政治在社会领域中占据着越来越多的空间，它们需要通过文学叙事获得认同。解放政治的情怀和生活政治的情怀在中国当下的现代化处境中是相互依存、相互补充，形成纠缠在一起难舍难分的关系。这对于新世纪以来的文学叙事来说，提供了更为广泛的选择，因而决定了文学叙事的多样性和变异性。

未来不是一场守株待兔的等候。敢梦想，也敢实现，这是理性奋斗的特征，也是硬汉小说家刘成一贯矢志不渝、坚韧不拔的作风。

无须赘言，刘成新小说《市府女一号》和《非常危局》自会证明。

赵 应

赵应，四川省自贡市人，现为自贡民间文艺家协会副主席，四川省作家协会、音乐家协会、群众文化学会会员。中国作家记者协会影视事业委员会副主任委员、《文学月刊》副编审、《西南作家》栏目特约编审。

小说《黑色的情歌》和《夜半更声》出版后，反响较好。其中《夜半更生》已被国家图书馆及清华、北大、复旦大学等图书馆收藏。

赵应本人下过乡、从过政、蹲过窗、经过商。曾在自贡市歌舞团、文联及沿滩区文化馆工作。生活坎坷、阅历丰富。

流淌在黑色情歌里的炽热情怀

——小说家赵应和他的作品

新世纪以来，有人提出“底层文学”的口号。倘若能够正视现实、关注底层，对于有着上千年“欺和瞒”传统的中国文学来说，应当说是一种根本的转变。

但是，以当代作家目前的素质和状态，要高张并坚持一种现实主义的文学精神，并非易事。一些被称为“大腕”的人物继续编造冗长的故事，即使抓住“苦难”作题材，也是随意编织材料，违背生活逻辑；而且在主体方面，也缺乏起码的诚爱与同情。具有一定社会底层生活经验的作者，因艺术功力和所处环境所限，作品大多显得粗糙。因此，在总体上比起20世纪80年代那个短暂的文化中兴时期，这些年的小说创作不见有长足的进步。

2011春，作家赵应的小说集《黑色的情歌》由中国文联出版社出版发行。作品关注了人的苦难，展现了人在苦难中的希望和等待，在《文学月刊》、《西南作家》、《蜀南文学》、“龙源期刊网”、“文学百花网”等上刊发后，很受读者喜欢，被评为”全国优秀中短篇小说作品”。该书已被中国国家图书馆，清华、北大、复旦、川大等图书馆收藏。北大图书馆收藏语为：“所赠图书，将提供专家学者研究使用。敬谢之余，尚冀续有赐赠，以宝典藏。”

仅仅一载寒暑过去，赵应的另一小说集《夜半更声》面世，令人不胜欣喜。灯下品读，《夜半更声》、《两个死囚的最后一夜》荡气回肠；《蜥蜴》、《自杀者》、《救菩萨》耐人寻味；更有《陌生的伴侣》、《空城》、《影子》、《牛百万传奇》、《杉树滩》等篇什，或揭示了改革开放时期世事沧桑的巨变，或表现了社会底层人物的生存状态，读后令人掩卷沉思，回味无穷。

一个时代的文学精神成熟和健康的基本标志，就是对处于社会底层的小人物充满由衷的敬意和热爱、关怀和同情，这也是一个真正的作家的基本态度。真正的文学是奴役和欺诈、不义和邪恶的敌人，是一种充满道德的力量，是人民的良心、人民的财富，更是文学稳固的道德基础。

他拥有太多的生活底蕴

1947 年，在国共两党的军队逐鹿中华大地的连天炮声中，赵应出生于盐都自流井高坪地芦厂坝一个小贩家里。

硝烟散尽过后，赵应在自流井芦厂坝小学渡过了他无忧无虑的童年。少年时代，街巷茶馆里的说书人是他最崇拜的人，多少放学后的时光，他泡在茶馆里，在说书人前朝五代、七侠五义、水浒三国的故事里忘乎所以，如痴如醉。

在中华儿女全民饥饿的年代，他在自贡六中读完初中。他有幸在那场饥饿的浩劫中存活了下来，并于 1964 年走进了自贡一中的校园。在一中高中的日子里，他开始痴迷文学，并如饥似渴地阅读了古今中外的文学名著。青春时光，无情流逝，赵应和他那个年代千千万万的同伴一样，1970 年，他到沿滩区卫坪乡插队落户当知青。

因自小喜欢文艺，当知青的三年，他常被借调到自贡市歌舞团乐队吹小号，演样板戏。也许就因为那一把小号改写了赵应的生命轨迹。1972 年，赵应结束了三年知青生活，招工到沿滩区文化馆从事群众文化工作，因他多才多艺的天赋和出色的工作表现受到领导的赏识。两年过去，他担任了沿滩区文化馆馆长。

那年，他 29 岁，可谓“春风得意”。

紧张的工作之余，他开始有意识地写作，时而有小说散文见诸报刊和省市刊物。1984 年自贡市文联主席李瑞昌把赵应调到市文联。那年，《红岩》作者杨益言和作家黄济人来自贡进行文学讲座，文联没车、没钱，身为办公室主任的赵应就卖书报以解接待之需。

那时，正处于全面经商的热潮。文联几个头儿思虑再三，多方筹备，办了个“自贡市文化实业公司”，公司聘请一名经理开展经营业务，办公室主任的赵应作了“大内总管”。

一载辛苦经营，文化实业公司赚了几万元。不想政治风向标转向，全国开始清理公司。文化实业公司的经营被定性为投机倒把。“得了奖金和岗位津贴 1400 多元”的赵应身陷囹圄。在自贡机床厂度过了近两载令他纠结困惑的时光。

1987 年自贡市人事局发文，赵应又回文联工作。文联的同事们满腔热忱地祝贺他恢复了工作岗位。

回到文联的赵应已感到人是物非，身心疲惫。1994 年，他靠挂在市艺术馆，办了个“中艺装潢广告公司”。公司经营之余，他仍坚持笔耕不辍。

改革开放 30 多年来，那些一部分“先富起来”的人，那些出有车、食有鱼、高坐于庙堂之上的人，对无钱无势的弱势群体、广大的劳苦大众的苦难充耳不闻，视而不见。那些大腹便便、养尊处优的高级文人在她们生花的妙笔下到处是一派莺歌燕舞，唱着“甜蜜的生活甜蜜的生活无限好罗喂”的歌儿，好不安逸。

只有“真的猛士，敢于直面惨淡的人生，敢于正视淋漓的鲜血。”正是由于赵应拥有太多的生活底蕴，他才能从残酷的现实生活中提炼出反映世事变迁的文字地道的川南方言表现乡镇市井人物的《牛百万传奇》；娴熟的生活语言，亲切生动，来自生活与哲理的温情回响的《重庆妹子》；切中当前社会的弊端，以及改革开放发展中带来的贫富不均引发的不良现象，从残酷的现实生活中提炼出的，与莫泊桑的《羊脂球》大有异曲同工之妙的《十五个伤疤》；从纷繁复杂的爱情题材中别开生面，从不被人注意的牢内的林寂与外界护士少女黄晓的恋爱纠葛这一独特视角下笔的《黑色的情歌》，作品风格凸显，篇篇耐人寻味。

无疑，赵应像一个战斗者一样，用他的笔深入到社会的最底层来揭示人间的美，鞭笞人间的丑，颂扬人性的美。

他书写着人间的苦难和真情

文学是有文格的。近年来，文坛把新写实的定义为还原生活的原生态。

我们还原生活的原生态，不是简单的还原。还原不等于复制，更不是盗版。

还原的目的，是还原生活的真实。还原的过程，也有取舍和提纯的过程。只是说在取舍和提纯的过程中，也要保持生活的真实性。

真实的生活里，有假丑恶，就有真善美。除了酗酒、乱伦、一夜情、婚外恋、情杀、凶案、堕落、沉沦、鬼故事、金钱至上、权力至上、一夜暴富、一夜成名，更有许多美好的、值得我们表达的东西。正所谓再苦的生活，都有甜蜜；再甜蜜的生活，都有烦恼。放大颓废生活、灰色人生、阴暗表情、欲望表演，而舍弃生活的温润、人性的温度、社会的温情，舍弃生活的丰沛和多彩，舍弃生活的真善美，用生活中的阴暗遮蔽生活中的光芒，显然不是生活的原生态，显然是走出了新写实的真实意图。

真文学是什么？我认为文学常常向那些粗俗的事物显示尖锐批判的态度，所以她鄙弃那种法利赛人的市侩习气，她追求的目标从来都不是权利和金钱。

在“一切向钱看”的现实背景和语境下，文学被边缘化了。但不可否认，文学致力于从此岸世界之罪孽和苦难中把人拯救出来，她是人类生活向善的努力和向上的运动，因此她的目标在接近上帝之国的彼岸世界；文学乃是一种与我们的生活密切相关的高贵而高尚的事业，因此她追求人类的精神解放，最求自由和真理；文学是向世界显示人类的精神力量和自由意志的行为，从本质上而言她是发现意义和创造价值的活动。

在“一切向钱看”的现实背景和语境下，我们的文学究竟哪儿出了问题？为什么很多从农村走出来的作家和学者乃至艺术家总把古代一些暴君当成英雄来歌颂？为什么文学与底层民众、与外部世界如此隔绝与疏离？为什么看不到他们脸上的泪水听不到他们的叹息，为什么对他们的艰难处境缺乏最起码的了解和关注？为什么中国作家的作品仅仅满足于无聊和陶醉于想象？

因为文学被时髦化为一种与价值与意义毫无关系的娱乐和游戏，所以关注底层人的生存境况以及关注拯救与苦难普遍被当做一种与文学无关的事情。

因为当今作家忽略了作品的主题、价值和意义，而热衷于作品的形式、技巧和策略，所以导致作家的使命感和责任感几近瓦解，导致文学与社会、与生活基本脱离。

因为当今的作家只关注于个人的缺乏意义感的内心生活，所以导致私有形态的“反文化写作”和“个人欲望化写作”等消极写作的泛滥。

有些作家由于过于重视自己而葬送了自己，犹如茫茫夜空中一闪而过的流星。尽管他们曾经显赫一时，但是他们都写不出来而默默无闻了。因为他们并没有扎根于大地、深入底层、走向人民去求一个比个人更重大的存在，而是把自己封闭在一个狭小的圈子里，自我作古，自行其是，自媒自炫，自哀自恋，直至郁郁而终。

作家王明亮认为，赵应的小说言简意赅，题材大，故事新，人物形象典型自然，跃然纸上；有电影镜头般的画面美、音乐美，史诗般的整体美和艺术感染力。还有一个深沉而温暖的特点，写人间的苦难和真情，表达对普通人的心灵和渴望。语言驾驭和文体结构别具一格，知青歌和风俗语言信手拈来，全是生活的味道。当年公社干部的"左"倾和热忱、红卫兵的忠诚和才华、嘹亮的样板戏和农民群众的心灵归宿，都传神地再现出来。歌谣的魅力，蒙太奇的章法，刻画人物的传神，生活原味折射的哲理，聚合成一颗颗发光的蓝宝石。

作家熊仲文感触万端地说，赵应为人耿直重情，勤学善思，不烹、不棚、不捧、不碰，平易近人，其文也应如是观。于平凡之中，用极朴素的语言、手法，另辟蹊径地将"狱中狱外式"爱情故事描写得异常透明、风趣。

常言道："无个性即无共性，共性寓于个性之中。"赵应先生是眼观体察胸呈像，虚实沉浮含夸张，真、深、新、美、亲、严、放，周密穿插成篇章。如果没有深厚的文学功底和坚实的生活基础，以及娴熟的技巧，何能写出如此篇章！要知道，他写文极其详细，"组件"又招之即来，简、要、详、明地将论断（含义）寓于记叙及场面之中，无愧小说的佳品！

一个真正的作家都有一个神圣的原则和信念，那就是他永远是社会底层小人物和穷人的辩护人和代言人，他把文学当做为他者而存在的精神现象，当做与外部世界密切相关的关联性和及物性的精神活动。不论他的处境何等的艰难，都应该忠于自己的原则，而不是把文学用于满足自己过上更富有、更舒适的生活的需要。反之，这种文学和这种作家都是可鄙的。

他有一颗对于人间苦难敏感的心

在中国，"小说"一词最早见于《汉书·艺文志》——"小说家者流，盖出于稗官；街谈巷语，道听途说之所造也"。小说的雏形是神话传说的简略记录，后来发展到《搜神记》一类志怪小说和《世说新语》一类志人小说，结构都很简单。及至出现唐人传奇、宋元话本，小说乃由初具梗概变得枝繁叶茂起来。明初《三国演义》、《水浒传》的制作，标志着古典小说趋向成熟；随着清代《红楼梦》的出现，达致巅峰状态。

五四新文学运动把中国文学分为前后两截。语言由文言改为白话，表面上是语言层面的变革，实质上是一场带根本意义的文学观念的革命。

1922年，鲁迅的《阿Q正传》正式发表。以中篇的篇幅容纳了一个革命的时代，统摄了一个民族的灵魂。直到20世纪30年代，一批作家和作品挣脱自叙传性质而向广大的社会面开拓，开始走向成熟。

1949年以后，小说家同其他作家和知识分子一样，经历了长达30年的思想改造的过程；而创作，隶属于这一过程而基本上成为被改造的产物。一些著名小说家停止了小说写作，如进入领导层的茅盾、巴金。一批“国统区”作家对新政权心存疑惧而逃逸，如张爱玲；而沉默，如沈从文；而改变作风，如老舍。“解放区”作家一路高歌猛进，柳青的长篇《创业史》名重一时，还有赵树理的《三里湾》、《锻炼锻炼》等，然而到后来也遭到了批判，在“文化大革命”中被迫害致死。在这样的语境中产生的小说，主题基本上是“写中心”的，因此很难具备优秀的品质。

世事沧桑，天地翻覆。20世纪70年代末，“文化大革命”过后，社会思想包括文学思想活跃一时，一批作家解除了荆冠，恢复了写作的权利；另一批青年流放者从农村归来，正式练习笔耕，小说家队伍于是迅速壮大。这时，西方大批思想文化读物及文学经典，包括现代小说被介绍进来，大型文学刊物纷纷创刊，这就给小说的繁荣准备了温床。继“重放的鲜花”之后，一批带有创伤记忆的作品问世，其中有《天云山传奇》、《犯人李铜钟的故事》、《大墙下的红玉兰》、《绿化树》、《一个冬天的童话》、《被爱情遗忘的角落》等。叙述知青生活的小说不断涌现，形成了一个小小的浪潮。其中大多数把上山下乡运动当成一场人生劫难来描写。像张承志的《北方的河》、《黑骏马》这样做积极的浪漫主义的回顾，表达对土地和人民的灵魂的皈依者为数极少。王小波属于明显的异类，他的《黄金时代》表现“文化大革命”的禁锢与荒诞，想象大胆、奇特，在形式上有很大的独创性。至于阿城的《棋王》，体现一种道教传统文化的逍遥心态，恐怕是唯一的。很快地，小说开始向现实生活掘进，一类着重于生存困境的揭示，此间，一批描写民俗，表现人性的作品出现了。这个时期小说数量陡增，题材丰富多样，在主题的发掘方面，多满足于形象地复制意识形态结论，整体风格“温柔敦厚”，缺乏作家个人判断的独立性和社会批判的深刻性。关于改革，未及完全跳出长期以来形成的“歌颂”与“暴露”二元对立模式，对现实中的黑暗面、矛盾与冲突的复杂性缺少充分的揭示，主观意识往往与现存秩序相妥协。即便如此，喧哗一时的小说，仍然显示出20世纪50年代以来所未有的突破性成就。

及至20世纪80年代中期，小说界的风气很快偏移了被称作“思想解放运动”时期所确立的关于人的历史命运的悲剧主题，出现了一种形式主义的倾向。此间，一是“寻根文学”，即从现实生活中寻找人类学、文化学的源头。但无可否认的是，个别小说活跃着新的思想元素，如刘索拉的《你别无选择》、徐星的《无主题变奏》；但是大体上，这些实验小说颇类30年代的“海派”，作品不求大、不求深，但求领异标新，多少丰富了中国小说的叙事形式。

90年代的小说整体乏善可陈。当此艰难时世，有人倡言“新写实主义”，“躲避崇高”，“分享艰难”。应运而生的这一类小说，可以说是正统文学的代表，政治力求正确，艺术追慕宏大；个别作家貌似解构正统，如王朔，实质上是一种“别裁”，一种补充。由于有着各种权力资源的支持，这类文学的潜在势力是雄厚的。但这时，一种相反的文学趋势也起来了，就是所谓的“个人化叙事”。

但20世纪80年代的中国大地毕竟出现了一个文化中兴的时代，她衍生了全民的思想大解放、文化大发展、文学大繁荣。在强手如林的小说家中，小说家莫言自2006年《生死疲劳》出版后，又推出了自己的第11部长篇小说——《蛙》。这部小说被誉为是莫言“酝酿十余年、笔耕四载、三易其稿，潜心打造的一部触及国人灵魂最痛处的长篇力作”。2012年金秋，莫言靠《蛙》获得了诺贝尔文学奖，莫言获奖不仅仅是巨大的荣誉，也该是五四新文学以来百年中国文学的最大成果和最大收获吧。

尽管如此，近百年间，小说从题材、主题、体式、技巧等各个方面，不断地有所开拓，有所发展。但是，一个颇具讽刺意味的现象是，最早出现在现代小说史上的《阿Q正传》，至今仍然是一座无法逾越的高峰。比起二三十年代的小说来，当代小说虽然在叙述故事和刻画人物等手段方面，相对显得娴熟，但是艺术个性并不突出。

首先，表现在文学语言本身，就缺少个人笔调；在现实生活中，长期的集体主义教育，使个人性受到遏制，或许是根本的原因。同时，语言也缺少优雅的气质，缺少精致，缺少韵味，这同长期推广“工农兵文艺”，以文学为政治宣传的工具不无关系；扩而言之，同汉语语境遭到破坏，同整个社会语言的粗鄙化有关。在形式上，中国小说满足于讲故事，讲究“好看”，缺乏西方小说的那种精神性，缺乏思想深度。小说的繁荣，从根本上说，有赖于一个民族的文化和文学的繁荣。

赵应曾在他一本书的后记中写到道：

记得自己六十大寿那天，亲朋好友热热闹闹。有人祝我健康长寿，有人祝我生意兴隆。女儿却说：“爸爸，你真正爱的是艺术，如果从事艺术，收获会更大。”

一句话，使我一惊，难道这十多年干错了？这个话题使我深深地反思，痛苦地思索。

夜深了，我慢慢地翻出过去的照片、文稿、书籍。那一张张当知青时在文艺宣传队的照片，让人回忆起年轻时代是多么欢乐、幸福，多有活力。翻开过去在省、市发表的作品。啊，原来我曾经写过那么多东西。有篇小说《买领袖像的人》还获了奖。又打开一大堆文稿，过去写的一些东西，今天读起来还让人感动。特别是狱中写的日记，牢中的人物、事件的小说，展示了另一个世界的人生命运与人性。

诗人李加建这样评价赵应的小说：平实中蕴含着深情，调侃里浸润着善意。最为重要的，是那一颗对于人间苦难敏感的心。这，使他能从平庸灰暗的生活与沉重冷酷的命运里发现、发掘、发扬那些值得我们活下去的东西，那些刺刀前摇曳的青草与伤口里长出的玫瑰。

赵应有着丰富的阅历和多重的角色体验，加之以勤奋的阅读和深入的思考，我有理由期待他写出更多更好的作品。

2014 年春夏之际，赵应潜心创作的长篇小说《盐马帮》问世。谈及此书，他说：

一天喝茶，有个文友给我讲：“你的小说题材、素材还可以，但要深下去，要多挖几锄头。会写得更好。”

多挖几锄头，怎么拿写文章与农民种地相比，这不是农民的谚语“春来多挖几锄头，秋来大丰收”吗？细想来也是言简而道理深。因此，我的第三本长篇小说《盐马帮》，我决心非要多挖几锄头。

但是，怎么挖呢？

首先，得弄清马帮是一个什么东西，马帮是属于旧社会袍哥组织控制的团伙，马帮人为了生存，不得不抱成团。因此，必须要把袍哥组织的形成、发展、帮规、行话、习俗、轶事弄清楚。找来新中国成立前自流井袍哥大爷王大爷喝茶吹牛。搜集 100 多万字的中国江湖和袍哥资料阅览研究。看得拍案惊奇，看得头昏眼花。

马帮和袍哥都是遥远的事了，书中不得不把一些习俗、行规、轶事说清楚。不知是否啰唆。

这本《盐马帮》是反映旧时自流井的盐巴通过史称“五尺道”

的盐马古道，历尽千辛万苦，通过重重关卡，运往滇西的过程；同时也讲述了滇西抗战中，马帮游击队参加抗日，直至全部壮烈牺牲的故事。

那我只好扛着锄头到云南去挖。宜宾、水富、盐津、豆沙关、昭通、昆明、龙陵、松山、腾冲、和顺都去挖了。特别是在腾冲参观了《大马帮博物馆》。使我对马帮的生活、帮规、禁忌、艰辛、情仇有了更深的了解和认识。

纯的文学，应是纯的艺术品；应是不受政治和主义的影响；应刻意探索人性的深度、追求灵魂的高度、探讨人类终极的意义。《盐马帮》中对人类的爱恨、情仇、民俗、信仰、战争中的人性描写努力做了一些探索。

我写小说，开始不是先按理性、意识的东西来写。而是唯心的，先让潜意识、无意识、无理性的直觉的东西自由释放，流淌。最后用理性的、意识的东西整理一下就行了。因此，我就“放开马儿跑”，海阔天空任凭想象。有了这么多灰面（素材），任我捏什么面团都可以。

多挖几锄头，没想到挖出了个长篇小说出来。

每当仰望苍穹和星空，在浩瀚的宇宙面前，感到自己太渺小；在纵横的世界文化知识面前，感到自己太无知；在无始无终的时间面前，感到生命的暂短。

有朋友问：“你都60多岁了，还坚持看书写作，有什么意思?”

我记得桐城派文人方苞，被判死刑关在狱中，他还看书写作，同牢犯人也是这样问他，“人之将死，何以读之?”方苞曰：“朝闻道，夕可死矣。”这句话是《论语·里仁第四》子所曰。意思是说，早上听了圣贤之道，即使晚上死了也无所谓。也可以说：朝立言，夕死无憾。

因此，在太阳下山之前，我扛着锄头走向地里，想多挖几锄头，播下点东西。

在赵应这本《盐马帮》的后记里，他如是说。

祁　人

祁人，自贡市荣县人。现为中国作协会员、中国诗歌学会副秘书长。1992年，获得“首届诗国奖”；2001年，主持首届“美岛杯”全国网络诗歌大奖赛，开全国性网络诗歌赛事之先河；2004年，创建互联网上最权威的汉语诗歌网站“中国诗歌网”；2008年《芒种》年度诗人奖，2009中国纯文学作家年度人物，2010最受《现代青年》喜爱的当代十大青年诗人。2009年9月，祁人精英博客在首届中国网民节举办的首届中国博客大赛中荣膺“中国十佳博客”称号，成为唯一获奖的作家代表。

近十年以来，祁人出版了《忘却是一种美丽》、《命运之门》、《鲜花与墓地》、《掌心的风景》等多种诗集，并有一些报告文学集和诗选集。

执着诗意万里行

——祁人的诗和他的诗意人生

从多梦的年华到不惑的中年，祁人的生活一直与诗歌紧密相连。诗歌既是他生命的指南针和方向盘，也是他人生的目标和打拼的舞台。

20 载春风秋雨，祁人的人生，就像一场永不落幕的诗歌长跑，从四川荣县到首都北京，又以北京为中心延伸到祖国版图的各个角落。而今又从现实生活延伸到了网络世界……

诗之梦：从川南荣州到首都北京

认识祁人是在 20 世纪 80 年代中期，那是十年“文化大革命”过去，政治解冻之后，一切都在复苏，中华大地诞生了崛起的一代的新诗潮，朦胧诗派横空出世。

感于诗歌的新生，祁人在故乡四川荣县投身于红火的诗歌大潮，广交天下诗友，创办了《流火诗报》，编选出版了《大陆爱情诗百家》等好几种诗选，还主持了“陆游杯”全国诗歌大赛。

1986 年夏天，祁人第一次来到北京，住在中国农业大学一位四川学生的宿舍里，一待就是一个月。他几乎跑遍了整座北京城，并且爱上了这座古老的城市。那时，劳动人民文化宫正在举办万人诗歌朗诵会，祁人挤在人流之中，聆听了艾青、臧克家等大诗人的朗诵。

从劳动人民文化宫出来，祁人心潮澎湃，思绪万千，心里暗自下定决心：总有一天，我要以诗人的身份重新走进北京。

祁人没有辜负自己。数年之后的 1992 年，祁人在人民大会堂领取了“首届诗国奖”。散会后，他又借了辆自行车，沿着京城的大街小巷胡同骑了一大圈，走进诗人艾青居住的东四十三条。

那是个文化中兴的年代，但同时也是市场经济发轫的年代。在那个市场经济大潮掀起浪花的年头，写诗的成功率比下海小得多，要想获得缪斯的青睐，简直比登天还难。但祁人属于其诗化的心灵处于沸腾状态那一类诗人，这样的人其人生注定是诗情画意的。

次年初春，祁人毅然辞去老家四川荣县那份铁饭碗的美差，来首都追求缪斯女神。在精神与物质的取舍方面，祁人义无反顾地做出自己的抉择：宁做缪斯的情种，也不做财神爷的走卒。

祁人是为诗歌而来京城的。当时旧鼓楼大街的西绦胡同 13 号西门，有个艾青题词的中国新诗讲习所，租了西城区教育局职工宿舍楼的整整一层半地下室，名誉所长是艾青，所长是诗人何首巫，也是祁人的四川老乡。祁人是接到何首巫的两封电报和借调函应邀来京的。诗人何首巫邀请他来中国新诗讲习所主编《中国文坛》，那是用香港书号出版的一本刊物，已经出版了数期，在全国反响不错。当时，何首巫需要一批助手，他看到祁人创办的《流火诗报》，就深信祁人可以胜任这本即将影响中国文坛与诗坛的刊物的主编一职。对于何首巫的信任，祁人无法推脱，他携妻带子迁徙到北京，过起了青灯黄卷、粗茶淡饭的移民生活。三口之家，相濡以沫。祁人在北京昏暗潮湿的地下室里写出许多阳光灿烂的诗篇，譬如：“活着，选择梦，梦便是一面美丽的镜子，一种美好的境地。美丽的人生从镜子出发，梳妆打扮后，又迈出家门。”

然而，不巧的是，祁人 6 月底办好了从四川荣县单位的停薪留职手续来到北京，国家新闻出版总署 7 月 1 日的一纸红头文件就将《中国文坛》打入了另册——所有香港书号出版的刊物一律定为非法出版物。

全国上下“扫黄打非”将何首巫和祁人推向同一种尴尬：新诗讲习所创业初期，不能养闲人！祁人当然明白何首巫的处境，但他已经没有退路，如此打道回川，如何面对四川父老？而且作为诗人兄弟，祁人表示理所应该有所担当。就这样，祁人毅然决然地自己租房，并承包了讲习所以举办活动为主的中国诗人培训中心。

光阴荏苒，20 世纪 90 年代来临。消费时代来了，一切都变了，在市场经济的冲击下，理想淡了，生计浓了，许多谈热衷于诗歌的人渐行渐远，诗歌进入了低谷期。诗人们之所以焦躁不安，是意识到这个时代留给诗歌的空间已经不多，而祁人这类诗人则靠互相拥抱，坚持着梦想。祁人固执地相信“时间”的公正。

有了西绦胡同这个根据地，诗歌对于祁人他们不仅是写作方式、思想方式，还成为社交方式、生活方式。它像空气一样不可缺少，也像空气一样不离他们左右。如今，坐落在北京旧鼓楼大街的西绦胡同 13 号西门，因为祁人、商震、雁西等人的坚守而声名远播，它见证了 20 世纪 90 年代的诗歌，被誉为“90 年代的诗歌地标”。

1994 年以来，祁人配合著名诗评家张同吾，创办了中国诗歌学会。诗歌的路更宽了，可他们也付出了大量的辛劳。祁人觉得为诗歌吃点苦是应该的，是值得的，甚至以苦为乐。

今天，在北京老城的东北角的雍和宫戏楼胡同里，已经有一块响当当的“国”字牌子——中国诗歌学会。以她在海内外所享有的盛誉、所产生的影响。这个团队，在十年的时间里，在广泛团结各界诗人、繁荣诗歌创作、尊重诗歌传统和弘扬诗歌正气方面，已经做出了举世瞩目、有口皆碑的成就，它正在集聚并释放越来越强大的能量，正在聚集并释放越来越强烈的光芒。

诗之旅：诗歌万里行与传递诗意人生

新世纪以来，诗歌果然升温了。诗歌会通过诗人团结到更多的诗人，诗歌通过诗人的自强不息而变得强大。

崭新的网络文化形式悄无声息地改变着人们的生活。当此之际，如何将凝集着代表中国传统文化和民族精髓的诗歌，建设成为传承与弘扬民族精神的平台，在网络世界占有一席之地，是中国诗坛面临的责任，也是诗人义不容辞的使命。早在 2001 年，祁人就主持举办了首届“美岛杯”全国网络诗歌大赛，开全国性网络诗歌赛之先河。

作为诗歌界最具权威的群众性学术团体，中国诗歌学会自 2000 年起便开始酝酿创建诗歌网站。然而，由于技术、设备、人员和管理体制乃至思想观念等诸多因素的影响与制约，一度闻讯前来商谈合作的几家网络科技公司最终均未达成协议。直到祁人与相识十多年的老朋友、河南诗人周占林再度重逢，正所谓“英雄所见略同”，他们一经沟通便一拍即合，坚定了创办网站的信念。于是，2004 年 6 月 15 日“中国诗歌论坛”正式创建，祁人担任网站总监，并任命周占林为主编、白沙为副主编，不久之后改名为中国诗歌网。

祁人在为一位中国诗歌网版主出版的诗集序言中，记录了那一段难忘的经历：“迄今两年半来，中国诗歌网注册会员达到 12000 人，总访问量达 300 多万次；在世界互联网站中排名 18 万之内；在全国的协会组织排名中超过了中国文联网站，仅次于小小说作家网而位居第二位。可以说，中国诗歌网已经成为互联网上第一诗歌网站，在诗坛占有举足轻重的地位。”

2004 年 7 月 1 日，祁人担任总策划的中国诗歌万里行系列活动启动仪式在屈原的故乡湖北秭归隆重举行，如今已走遍天南海北几十座城市。

2008 年“5・12”汶川大地震后，5 月 22 日，祁人就带领中国诗歌学会与中山市委宣传部联合组建了中国诗歌万里行“中国诗人抗震救灾志愿采访团”，来自北京、安徽、广州的著名诗人祁人、王明韵、洪烛、周占林、马丁林、龙威、曾祥书，在地震发生后第十天，就从北京出发奔赴灾区。

面对 2008 年 5 月 12 日这个黑色的日子，中国被一种哀伤笼罩，那种刻骨铭心的痛楚，也吞噬着诗人的心。在中华民族最危难的时刻，诗人没有缺位，诗歌没有缺席。中国诗歌学会于地震发生后的第五天 5 月 17 日出版了《感天动地的心灵交响》一书，并把饱含中国诗人之爱的诗集送到中华慈善总会，通过不同渠道，让诗歌走近群众，用诗人的爱去温暖灾区。

诗人们胸怀大爱，跨越千里来到没有亲人、却到处是亲人的第一线：都江堰、彭州、绵竹、平武、北川……他们放下手中的笔，来到成都火车东站抗震救灾仓库，来到洛水镇受灾群众安置点，来到南坝镇帐篷小学，用他们的大爱温暖着灾区一颗颗破碎的心。他们用自己的实际行动，来阐释他们诗人之外的另一个响亮名字：中国诗人志愿者。

青海玉树地震发生后第十天，在玉树藏族自治州结古镇来自全国各地的抗震救灾队伍中，出现了一支中国诗人志愿者小分队。这是中国诗歌学会和湖北武汉《中国诗歌》杂志社共同组建，由诗人、中国诗歌学会常务副秘书长祁人、《现代青年》杂志社社长兼总编雁西、中国诗歌网主编周占林和《光明日报》记者谌强组成的“温暖玉树——中国诗人抗震救灾志愿团”，从北京飞赴西宁，驱车 800 公里抵达结古镇，开始志愿者援助活动和诗歌创作。这一次，“温暖玉树——中国诗人抗震救灾志愿团”从北京出发前，带上药品、食品、饮用水、帐篷和睡袋，他们既想给灾区减轻一点点负担，也希望用这样的方式在抗震救灾中与灾区民众同甘共苦。直到他们抵达结古镇，被抗震救灾宣传指挥部门统一安排到兵站里的帐篷里住下时，大家都一直在想着为受灾民众多出一份力多尽一份心。

在灾区的夜晚，诗人们坐在临时床铺上，写出了一大批感人的诗歌作品。

作为中国诗歌学会的顶梁柱，祁人担任着常务副秘书长、《中国诗人报》主编、中国诗歌网总监的中国诗歌万里行总策划重任。由于他生性

“真诚，谦和、温厚和稳健”，也具备了这样的气质，并实践着这样的德行。因此，祁人“结识了许多朋友，并赢得了他们的信赖”，加上他的“睿智和才能，开拓了事业的疆域。”中国诗歌万里行：诗歌的普及满足了体力劳动者的精神需求。

十年来，从纯粹的民间机构到众多官方诗歌刊物积极介入，“诗歌万里行”传递着诗意的生活方式、延伸了诗歌的精神命脉。中国传媒大学教授、诗人陆健认为，“诗歌万里行”活动最大的意义在于唤醒了普通人生活中的诗意，写诗不再是小众行为，而是与每个普通人的生活相关；在一个理想失落、精神下沉的时代，诗歌的普及从某种意义上说，不失为一种最好的“美育”。

祁人神采飞扬地告诉我：“在万里行的过程中，我感触最深的就是，我们现在所谓的‘诗歌边缘化’其实并不确切，在民间，活跃着大批最普通的诗歌创作者。诗歌万里行在湖北秭归启动的时候，我们发现当地有一个‘农民诗社’，这个诗社里写诗的都是农民；另外，在四川龙泉山有个‘桃花诗村’，这个村子里50%的农民都写诗，他们的生活中非常好地保留了诗意的传承。我们在桃花诗村的时候，发现那里生活的农民心态非常好。有一句诗说‘你在地里大喊一声，油菜花全开了’，桃花诗村里的人就是如此，因为诗歌，他们的内心对美好有一种向往，对日常生活有一种豁达，那种状态很像是城市里有些卖水果的人会努力把水果摆放得美观。谁说世俗生活不存在诗意呢。这些写诗的农民让我很感动。另外，还有很多城市的打工者，他们业余时间也从事诗歌创作。我们以前对诗歌有种误解，认为诗歌是高雅的东西，是阳春白雪，是文化人的附庸风雅；然而这十年一路走下来，我发现，真正有生命力的诗歌其实活跃在民间，这些诗歌与时代、与现实生活的各个层面紧密结合。现在有很多政府官员和公务员也在进行着诗歌创作，诗歌创作已经超越了‘诗歌圈子’，渗透到普通人的生活中。”

《诗刊》主编，中国作协全委会委员叶延滨说：“诗歌万里行走进了很多村镇，这既有益于诗人自身的诗歌创作，也丰富了当地人的文化生活，是一种非常好的形式。另外，诗歌万里行还走进了很多学校，一些当代非常优秀的诗人走进课堂，为学生们上一堂诗歌课，在无形中播撒着诗歌的种子。应该说，诗歌万里行是真正深入到了基层的诗歌活动，让诗歌进入到了大众视野，并成为更多人的生活需要，这对中国诗歌的发展意义深远。

诗之魂：从博客大赛到诗歌的收获

进入祁人的博客，一股古韵幽香的气息扑面而来："偶然之间/你轻轻一推/命运之门便启开了"，他仿佛在以这样的方式告诉朋友：当初一名学行政管理专业的年轻人，不经意间闯入诗歌领地后，命运为他洞开了另一扇门。

祁人一直关注着网络对于诗歌繁荣发展的影响，倡导诗人博客的开设和博客诗歌的发展，相信它会掀起网络诗歌的新浪潮，并且成为中国诗歌的重要现场。

2006 年 11 月，祁人的精英博客正式开通，成为网上一道亮丽的诗歌风景线。

2007 年 7 月，华声在线推出以评介诗歌《和田玉》为内容的"祁人的诗作与名流的赏析"诗歌专题；与此同时，中国诗歌网推出"祁人情诗赏析"专题。

2009 年 1 月，世界汉诗协会推荐"2008 中国十大诗人博客"，祁人的博客入选其中。这些都成为祁人博客在网络世界里掀起的诗歌浪花。

尤其值得庆贺的是，在前不久由中国网民文化节举办的首届中国博客大赛中，千万博客通过入围赛、决赛、终审赛三个阶段，经过分赛区推荐、网民投票、专家评审，祁人的精英博客最终胜出荣膺"中国十佳博客"大奖，是十大博客中唯一的作家代表。

为什么要参加博客大赛呢？祁人在博客中写道："希望以此推动诗歌进入网络大众的视野。面对我们所处的时代，诗歌写作当然是个体劳动，然而诗坛的繁荣与诗歌精神的传播，仍需要诗人们'功夫在诗外'的努力！"事实证明，祁人参赛的目的赢得了广泛的关注与支持，从桑龙农的诗歌《为诗歌和友情加油——写给支持祁人的朋友们》中可以找到答案。

祁人著有《忘却是一种美丽》、《命运之门》、《鲜花与墓地》等诗集，这几年来，他的散文和文化随笔也不断地见诸报刊，他还完成了《当代县长书记风采录》、《当代市长书记风采录》、《大陆爱情诗百家》等几部有影响的沉甸甸的报告文学集与诗选集的主编工作，近来又马不停蹄地为人作嫁衣裳，一口气主编出版了《中国诗人自选诗丛》第一、二辑共 16 部，与此同时，他还负责《中国诗人》的编辑工作，还要接待一批批来自全国各地的文朋诗友。

自 1985 年开始发表作品起，诗歌已然成为祁人生命中不可或缺的部分。

祁人为人为诗都崇尚宁静致远。“宁静地写诗，宁静地做人，宁静地聆听世界的声音。”祁人的诗歌语言质朴、含蓄、内在，却耐人寻味。在他那些朴素的诗句中，蕴藏着很深的人生哲理。

20 世纪八九十年代之交，中国有一批诗人选择了流浪性的生活方式，并成为一个一个的行吟诗人，其生活方式、情感形态和气质个性都与其前代诗人有所区别。因此，无论是祁人的人还是祁人的诗，在诗坛上都具有一定的标志意义。

祁人其人其诗，都有一股内在的激情喷涌而出。

祁人的抒情诗基本上是以情为根、以思为式、以象为形、以美为目标的艺术品。从总体上来说，祁人抒情诗从精神形态到艺术基调、从形式技巧到语言意象都是对传统的继承和发展。

祁人的抒情诗显示了一个心静如水的当代青年知识分子的精神形态，其诗中既有对乡村的眷恋，也有对城市的无奈；既有对爱情的求索，也有对自然的憧憬。其抒情诗对现实少有尖锐的批判性，对时代少有豪情与壮志，对社会少有歌唱与赞颂。从内在的精神形态来说，好像一切都是那么平凡，其诗就是这个时代的一个浪迹天涯的凡人的心态呈示。他的抒情诗是当今中国的凡人小诗：平静的烦恼、平凡的凄凉、平常的悲哀，一个从古典的乡村到繁杂的都市的青年人的人生体验与生命感悟。祁人善于从平静的生活中发现诗情，从平凡的事物中升华出美好生动的想象，将人生情怀表现得多姿多彩，将生命感悟表达得深沉含蕴。

祁人是一位钟情的诗人，至情至性的细节构成了他的一生。祁人从川南的故乡荣县来到作为中国中心都市之一的北京，又以此为中心走遍了大江南北采风，其足迹遍布祖国版图的各个地域。其间所形成的情感与心理上的反差是巨大的，而其诗正是这种反差所产生的浪花与波纹。

祁人的抒情诗一方面表达对于生命的无奈，但一方面又充满着一种生命的活力。他的诗出自于生命的灵泉之水，当然就有了温度与热度。

祁人抒情诗在精神上所表现出来的那种热爱生活、执著爱情、关注亲情、亲近童年、沉沦美丽、自我奋进等等，正体现了当代青年的主体形态。他的抒情诗特别平易亲切、特别自然圆润，往往令读者喜不自胜、爱不释手。

祁人的抒情诗对人间亲情的抒写，对至情至性的爱情的表达，对生命强力与生命无奈的倾诉，对中国民间民俗文化的独特表述，是有其思想探索的意义的。其抒情诗在表现当代青年的心理与情感方面具有相当的新颖度，表明当代诗人抒情诗创作在精神容量上又有新的拓展。他的抒情诗在艺术上对即物方式、纯净口语、叙述语调和诗情陡起等方面的追求，让其在诗坛独树一帜。

祁人待人真诚、谦和，行事得体且不乏睿智。他的诗中透射出对人生情感世界的那种明彻与执着，诗质中那种热切的空灵，与他的性格气派是相吻合的。祁人的诗，许多篇章都不难看出是心灵之源的涌出，滋润着纯情的绿地，“高山陷落的时候/你不会陷落/群山之中/你是最高的山峰/山峰之上/你是唯一风景”（《给你》），美则美极，诚则诚极，看似绝对，没有余地。如从客观冷静的理性角度上看，这似乎是过于溢美；但作为诗人，有时恰恰贵在这种“偏颇”，不“偏颇”不足以表达至真至诚，理由很简单，诗毕竟不是纯粹的商品广告，后者不能在文字中排它，标榜成为唯一。

祁人的诗的意象组合得恰到好处，读来很贴切、很舒服也很耐咀嚼。在诗歌界，像祁人那样爱诗的，也寥寥无几。无论他在哪儿，都有诗、诗人和诗歌的话题做伴，诗在他不仅是事业，而是生命，是血液和骨髓。

祁人爱诗写诗多年。不离不弃的痴情和坚守令人动容。他的作品中，有的极具探索意义，甚至带有玄秘色彩；有的又返璞归真，那么朴实、自然。

“诗是我内在的秘密，是我内心的追寻和回归。它令我有跳跃和飞翔的喜悦。在这里有我青春的延续、心灵的轨迹、生命的铺排，还有不可预知的爱恨。”

“很多时候我看见一些文字带着我的心跳，我的香甜，还有我的秘密愿望从血管里汩汩地流淌出来，它们在月光丛里轻轻呼吸”。

诗人祁人如是说。

印子君

1967年生于富顺县琵琶镇黄家村。1987年高中毕业回乡务农，1988年底进城务工。1999年7月到成都从事编辑工作至今，先后在报社、文化出版公司和杂志社上班，目前在《龙泉驿报》做编辑。被媒体称为“北漂”和“蓉漂”。

1990年以来，诗作散见于《诗刊》、《星星》、《诗神》、《诗潮》、《诗歌报》、《诗歌月刊》、《黄河诗报》、《北京文学》、《四川文学》和台湾《笠诗刊》、《世界诗叶》、《现代青年》等百多家报刊。曾先后荣获第十届《四川日报》文学奖、《星星》诗刊“娇子杯·全国诗歌大奖赛”优秀奖、四川省文联第二届巴蜀文学奖（诗集）、“大九寨之冬·全国诗文大奖赛”诗歌类二等奖、《四川日报》“中国乡村诗大赛”最高奖、《星星》诗刊首届民工全国诗歌大奖赛二等奖和四川省首届农民工原创文艺作品大赛诗歌一等奖等。有诗作入选《中国·星星50年诗选》、《改革开放30年四川文学作品选》、《中国年度最佳诗歌》、《中国年度诗歌精选》、《中国诗歌双年选》、《又见桃花红——中国乡村诗选》（汉英对照）、《桃花诗三百首》、《玉垒金声——名人眼里的都江堰·诗歌卷珍藏版》、《黄龙诗溪——历代名人吟唱黄龙溪诗歌选》等30余种选本。

他矢志不渝地凝望着诗的星空

——打工诗人印子君写真

初春的蓉城之夜尚存寒意，可 2013 年 1 月 15 日晚的成都锦城艺术宫却气氛十分热烈："非常梦想——四川省首届农民工原创文艺作品大赛"颁奖晚会在成都锦城艺术宫举行。

本次大赛于 2012 年 10 月启动，由四川省人社厅、省文化厅、省农劳办联合主办。大赛组委会共收到 5000 多名参赛者的 13000 多件作品，经综合网络票选和专家评选，按类别（文学类、书画类、歌舞类）分别评出大赛一、二、三等奖和优秀奖。244 件获奖作品的作者荣登领奖台，接过颁发的奖杯和献上的鲜花。来自盐都自贡的打工诗人印子君的组诗《我用每一句诗行抵达成都的心脏》荣获文学类一等奖。这也是印子君继 2008 年获得《星星》诗刊举办的首届全国民工诗歌大赛大奖之后，再次荣膺同类文学奖项。

一

打工诗人印子君系自贡市富顺县琵琶镇人，1987 年高中毕业回乡务农，1988 年底进城务工，属改革开放后最早进城的农民工之一。

印子君出身于极为穷困的农村家庭，5 岁丧母，父亲和年迈的祖母伴他度过凄风苦雨的童年。他自小就随大人参与田地劳作，耕种犁耙挑抬样样在行，养成了吃苦耐劳、任劳任怨、不畏困厄的品性。

上中学后，因学校离家远，就成了住校生，父亲几乎每月都要爬 30 多公里山路为他送钱送粮。每次站在校门外送父亲回家，望着父亲渐渐消失在残阳中的背影，他都想哭。

然而，上高二时的印子君却发疯似地爱上了诗歌，见诗就读，见好诗就抄。读得多了，就试着写起来，以致上课都在"创作"。"不务正业"的他，断送了大学梦。他也因此对含辛茹苦、节衣缩食供他上学的家人

（尤其是年迈的祖母），怀着深深的愧疚，甚至在心里有一种无可宽恕的“负罪感”。

正是多梦时节，印子君1987年从富顺县第三中学高中毕业回到了琵琶镇黄家村九组。该村小正好缺英语教师，于是印子君利用自己所学的那点有限的英语知识，当了黄家村小初二年级的英语代课教师。但每月25元的代课费实在少得可怜，一学期后，印子君谢绝了继续代课，回家干起了农活，成了一名“纯粹”的农民。

1988年12月22日，印子君以“合同工”形式、交了从亲友处东拼西凑起来的500元所谓的“入股金”，进入县城的自贡市变压器一厂厂办公室做文秘工作。

一晃，6年青春岁月飘然而逝。

1994年10月3日，27岁的印子君告别妻儿，在重庆登上了北上的特快列车，来到北京亚运村安慧里一家叫大红灯笼涮锅村的餐馆打工，负责采购工作。每天，他骑着一辆破旧的脚踏三轮车去农贸市场买菜。寒冬腊月，北京气温通常在零下十几度，大清早逆风而行，脸像被锋利的刀子割着一般，两只握着车把的手尽管戴着手套，仍冷得发痛发麻。

和所有农民工一样，残酷现实时时将美好的梦想砸得粉碎。绝望时，正是自己痴迷的文学，让他扬起了生命的风帆。

每天晚上，他打工的饭店关门后，他便躲进租住的小屋，读诗、写诗。在写诗的同时，他更加关注现实生活。他把自己的生活感受和对人生的感悟凝聚在诗里，使他的诗多了一份凝重与思考。蜷缩在出租屋里，就着昏暗的灯光，他写下了《亚运村》，其中有这样的诗句——

许多球汇聚于此/成为一种景观/一种话题/他们/有的是被抛来的/有的是被拍来的/有的是自己将自己投来的/更多的/是被踢来的/我/属于足球……

一道叫安慧里的门/防守很严/我轻易被挡在了门外/至今/仍在一些脚上/传来传去。

印子君在这首题为《亚运村》的诗里，将球的波动与人的流动交织成一体，把打工族的生态、心态展示得淋漓尽致：这里的“球门”，是机遇、希望与成就的象征，他却被“挡在门外”，仍在一些脚上传来传去。在他的诗里，虽不见汗珠、泪珠，但那种生存的体悟与生命的感悟却渗透在被

“传”的过程中了。

自古雄才多磨难，从来纨绔少伟男。披阅古今中外名人的人生历程，常令人抚案长叹，感慨万千，难怪孟子说：“天将降大任于斯人也，必先苦其心志，劳其筋骨，饿其体肤，空乏其身。”不经受磨难的人非真英雄，由此看来，贫困和挫折何尝不是人生的一笔精神财富。

冬去春来，打工之余的印子君笔耕不辍，创作了一系列优秀作品，不少诗作陆续见诸北京及全国各地报刊，部分作品还被选入国家级权威选本，并受到评论界高度肯定。

与此同时，印子君的创作和生活也引起媒体广泛关注，《光明日报》、《生活时报》、北京电视台、《诗刊》、《四川政协报》、《四川青年报》和《自贡日报》等，先后以专栏、专题和专版的形式给予连续报道，在社会产生广泛影响，这更加坚定了印子君的文学志向和创作决心。

京漂近五载之后，印子君带着辛勤劳作的酸楚和工作之余笔耕的硕果回到了家乡。

1999 年 7 月，他先后在成都的报社、文化出版公司和杂志社上班。2007 年 6 月，他受聘于成都《龙泉驿报》，做编辑工作至今。

打工岁月，风雨兼程。由于勤于笔耕，印子君陆续收获了《夜色复调》（组诗）、《身体章节》（组诗）、《青城曲》（组诗）和《古典音乐》（组诗）等诗歌力作，并著有诗集《灵魂空间》、《芙蓉锦江九人诗选》（合著）。现为四川省作家协会会员、四川省散文学会龙泉驿分会副会长和成都市微型小说学会副秘书长。

真正有价值的作品，必须植根于生活和大众的沃土。只有这样，作品和作家才有丰厚的营养、强健的筋骨和充盈的血液，从而使其作品更加具有旺盛的生命力。

回首古今风流人物，哪一个不是历经千辛万苦才将自己的价值展现给世人，又有几人能看到辉煌背后隐藏的辛酸与泪水。范仲淹两岁丧父，随母远嫁，幼时读书甚至连一碗粥都难以吃到；司马光亦出身寒门；荷兰画家凡·高也曾食不果腹，生活上常常需要别人救济。而从这些伟人所创造的辉煌的背后，却是忍受着巨大的精神压力与身体摧残。也正是因为他们承受住上天所赐予的一切苦难，最终才让苦难变成一笔精神财富。

2002 年初春，家乡作协在富顺举行了“印子君诗歌作品研讨会”。《星星》诗刊常务副主编、首届鲁迅文学奖获得者、著名诗人张新泉在会上热情洋溢地讲道：印子君作为一名诗歌写作者和打工者，经受着社会变革带来的对世界的重新认识和陌生化的人生难题，却始终微笑热情地面对生存和生活。难能可贵的是，印子君将富顺文化中的执着精神与亲和关怀贯注在写作与对人处事中，锲而不舍地追踪着、研究着当代文学演进中的诸多问题，以此丰富自己的思考和写作。他的诗因其以一颗平常心发掘出琐屑生活遮蔽下的温馨、平凡覆盖下的生命价值，为亲情和乡情注入了易被人们忽视的人生况味和文化意义。

印子君为人厚道，诚实正直，与当今文坛上的一些著名诗人、作家、评论家建立了深厚的友情。他的作品研讨会在故乡召开，意外地收到时任中国作家协会党组成员、书记处书记，著名诗人吉狄马加的贺电和《诗刊》编委、著名诗评家朱先树寄来的评文，这对于一个业余文学爱好者是至可宝贵的。

中国作家协会党组成员、书记处书记、著名诗人吉狄马加在寄来的评文中写道："欣闻印子君诗歌创作研讨会在蜀召开，谨致热烈祝贺。认识印子君，是从读他的诗开始的。那质朴无华的诗句，每每读来便感到如闻乡音般的亲切。子君是川南的灵山秀水孕育的乡土诗人。他的作品语言平易简洁，感情真挚热烈，饱含着对祖国的爱、对人民的情、对家乡的无限眷恋。正是具有至真至切的情感，才会有这亲切生动、韵味悠长的诗句，才会有这发自心灵的歌唱。"

中国作协《诗刊》编委、著名诗评家朱先树在寄来的评文中写道："在商品社会，靠过于纯粹的诗歌来改变生存命运和生活处境，的确是很困难的。但诗可以成为一种精神的支撑，让我们的灵魂空间充满诗情，人生就会有更多美好的向往，生活自然也就有了品位。我以为印子君对诗歌的爱好与创作追求是可以证明这一点的。"

二

一个好的诗人应该是一个语言的魔术师，从诗人的口袋里展现出来的永远是你意想不到的惊喜。

20 纪 90 年代以来，诗界对诗歌语言的探索风靡大地，但成就并不明显。一方面，肆意的解构不仅解构了诗歌的精神，更解构了诗歌的语言，语言传统的能指和所指的关联被打破，大量私人化语词和长距离断裂的搭配充斥诗行，使诗歌成了艰涩难懂的梦呓。另一方面，对个性张扬的极端追求使诗语言成为向读者变相邀宠的工具："下半身"依靠暧昧的性词汇吸引了一阵眼球之后很快沉寂，“80后”打着率性而为的标签把诗语言变成了个人的狂呼乱叫，而所谓的“梨花体”更是把“口语”变成了“口水”，畸形发展到了极致，把诗歌变成了语言的垃圾场。

每一个诗人都有自己的地域写作背景，印子君的地域写作背景，就是深深植根于自己脚下的那块土地。诗人李自国曾这样评价印子君和他的诗作：“土地赋予了诗人开阔的胸襟与悲天悯人的情怀，印子君的诗就是在辽阔宏大的时空隧道中穿行的大地之花。它使我们拉近了与《世界》相处的距离，聆听到《教堂》里传来的那悠扬的钟声，从而让我们抚触到《白夜》里的脉温与跳动。”

印子君是一位默默而潜心创作的诗人。这些年，从他在《星星》等刊物发表的作品来看，我们可以清晰地感受到他在漫漫诗途上迈着的坚实步伐，无论在题材、风格还是手法、技巧上都进行了大胆的探索和可贵的拓展，常能令人耳目一新，充分展示了一位走向成熟的诗人的进取精神、求新意识和创作实力。于此，我们有理由期待他走得更远。

富顺本土作家、评论家赵正平先生这样盛赞印子君的组诗《古典音乐》：“好的诗歌一定就是一首好的乐曲，好的音乐和舞蹈本身就是一首诗。印子君的组诗《古典音乐》，是一条很好的诗歌创作路子，她延伸了诗歌的能量空间，推进了艺术门类的互相渗透，拉近了‘天国’和我们的距离。”

印子君的诗作和那些故作声势的诗歌不同，作品文本的冲击力完全是基于诗情的丰沛、诗语的凝炼和诗意的提纯，空灵而不浮靡，清新而不稚嫩，独特而不张扬。表面看来，他的一组组诗作的语言是接近口语化的，没有艰涩的意象，没有生硬的词语搭配，但是这种近似口语的语言却显示了诗人高超的文字组织能力和写作技巧。

2008年初春，著名作家李锐、蒋韵夫妇到自贡寻根，并在富顺凤凰山庄与富顺文学爱好者见面。蒋韵随手翻阅着一本《富顺文学》发出感慨：“富顺这个地方真不敢让人小看，在一个小刊物上，可以看到了不起的好诗！”说着，她轻声读出印子君的诗句：“如果夜色突然喊出我的小名，那我不再仅仅觉得/夜色离我很近，显然，夜色还跟我很亲……”继而她赞叹：“真是很美呀！”

印子君的诗作中有不少抒写乡思的诗歌，由于长年“飘”在异地，对乡土、乡村的眷恋使他禁不住一次次回望，而讨生计则需要他在了无尽头的路途上前奔。于是，他的诗行便成了身的分离与心的回归的一个平衡点，所有的情感和无奈都凝结其中了。

印子君是热爱文学的“草根辈”，他渴望有一片绿茵茵的大草原那么宽广的时空来放牧缪斯，但是，生存状况则不断提示他要热爱劳作，要不吝惜付出淌汗的劳力，唯有一分耕耘，方得一分收获。

长期以来，印子君的工作总是属于戴有“临时工”的鸭舌帽的“编外”性质。在组诗《大地》中的《龙泉驿》一诗里，他噙泪调侃：“出了东门，经净居寺，过沙河堡/大面铺伸手，握住一介落魄书生/他满脸秋色，却不为赴京应试/仅作借道还乡，但了无衣锦……”他郁郁不得志的落寞，如飘散风间的一乘一乘蒲公英种子的小伞。

虽属草根，身处底层，但令人欣慰的是，印子君始终坦然面对严峻的生存现实，潜心创作，近年来的诗风嬗变和相继推出的一系列令人耳目一新的佳作，昭示着他坚韧不拔的意志和卓然不群的诗风。

三

夏日的夜晚，梦一般的美。星月之下的世界魅力万千。

黑夜遮蔽了一切，但同时也包含着一切，它无疑蕴含着生命的原色。子夜时分，诗人印子君蜗居成都龙泉驿的寓所，此时此刻，他悄然躲进沉寂的夜色，温顺地享受着夜色的安抚。遥望窗外浩渺的星空，诗情汹涌，笔走龙蛇，他的笔舌便汩汩流出心灵深处的奇光异彩——《夜色有一颗钻石般的灵魂》：

夜色有一颗钻石般的灵魂，它覆盖着我金子般的记忆
在夜里，只有夜色悄悄为我传递着，今生与前世的消息
夜色总把自己像大海一样铺开，铺出无边的宽厚，铺出深深的静谧
坚定的夜行人，被夜色视为朋友和兄弟，一一珍藏在心里
哦，星月在浮动，花草在微语，虫鸟在低吟——这是夜色的呼吸
而经由晨露洗浴，夜色将变成一群群夜莺，从屋顶和树梢缓缓飞离
夜色有一颗钻石般的灵魂，它覆盖着我金子般的记忆
在夜里，只有夜色悄悄为我传递着，今生与前世的消息

诗作落成，打工诗人印子君又陡生激情，突发灵感，给诗歌写起了一封“倾吐心曲”的信：

亲爱的诗歌：你好！

请原谅我以书信的形式与你交谈。

与你相识，是1986年的夏天。那时，那么多人都在追随你，都在投奔你，都在想方设法、千方百计靠近你、讨好你。凡你所到之处，都会引起震动；凡是有你的地方，无不热血沸腾、豪情万丈。可以这么说，只要有你的地方，就是山呼海啸、人潮涌动、激情四射的所在。那时，你成了那么多人拥戴、顶礼膜拜的神，你自然也成了我的神。虽然，我对你的爱，没有任何充足的理由，但我就是在当时那种背景下，阴差阳错地爱上了你。现在细想起来，我也真够大胆，全然没有顾及自己的潦倒、卑微和浅陋。是的，你就是这样，始终就是这样，对所有爱你的人，你从不拒斥，敞怀接纳，一如对所有离开你的人从不挽留。

诗歌，是你教会了我宽容、大度，是你教会了我隐忍、沉静，是你教会了我多情、善感，是你教会了我敬畏、虔诚；诗歌，是你让我懂得了天、地、人，是你让我懂得了真、善、美，是你让我懂得了恭、谦、让；诗歌，是你让我认识了神、鬼、兽，是你让我认识了假、丑、恶，是你让我认识了羞、耻、辱；诗歌，是你使我看见了昨天、今天、明天，是你使我看见了秘密、奇迹、怪诞，是你使我看见了永恒、无限、邈远，是你使我看见了短暂、迅疾、瞬间……

诗歌，我与你的相逢也许是一种偶然，但我对你的爱却是必然。在这茫茫尘世，因为与你结识，我始终觉得自己是幸运的，更是幸福的。是你，给了我觉悟，给了我信心，给了我力量，使我有勇气面对自己，使我有信念战胜自己。我对你的爱，不是一蹴而就的，是缓慢的、悄然的，是一点一点、一步一步推进的，甚至有些谨小慎微和诚惶诚恐。谢天谢地，毕竟，我最终全心全意爱上了你！你在一些人心里，可能是情人、恋人或妻子，而你在我心里，有时是母亲，有时是姐姐，有时是妹妹。你是最高贵的，也是最平易的。虽然你无处不在，但绝非每时每刻都能遇见你，你只可能跟爱你的人相见，你只跟与你有缘的人相识相知。

诗歌，通过你，我邂逅了那么多才华横溢、学富五车的人，他们是优秀的、杰出的、伟大的，他们就是留存在这个世界的稀有金属。他们有的在唐朝，有的在宋朝，有的在北方，有的在南方。他们有的在18世纪的欧洲，有的在19世纪的美洲，有的在20世纪的非洲。诗歌，是你消除了我与他们的种种隔膜，是你打通了时间的隧道，让我抵达他们的内心，触到他们的灵魂。是你，让他们充满活力，并且永远年轻。

诗歌，在你的门庭，已没有昔日的热闹和喧嚣，但你泰然自若，因为你依然是你，始终是你！任何人，无论过去还是现在，无论爱你还是不再爱你，他们都没有错。错的是，他们居然怀疑自己爱过你，后悔自己爱过你！事实上，你成全了他们、玉成了他们，也宽容了他们，他们却挟持了你、强暴了你、糟践了你！而我所能做的，仅仅是，一如既往地爱你，让我的爱更加本真，不受玷污，不掺水分！

在这个日益市场化、商品化、程序化、格式化、工业化的世界，诗或诗性其实就是人类最后的精神依托。因而，诗歌，你就是我们在这日渐沦落的尘世中最后能逮住的一根救命稻草！

感谢你，我亲爱的诗歌，是你让我感受到世界的美好和灿烂！

这是印子君2010年6月8日深夜于成都龙泉驿的寓所信马由缰挥笔写下的文字。

这也是对打工诗人印子君作为诗人最准确、最贴切的诠释吧。

第三辑 青春勃发

QING CHUN BO FA

郭敬明

郭敬明，1983 年出生于四川省自贡市，著名青年作家，“80 后”作家群代表人物之一，中国作家协会会员。上海最世文化发展有限公司董事长，《最小说》、《最漫画》、《放课后》杂志主编。高中时期以“第四维”为笔名在华语文学网站“榕树下”发表文章，读者由此称他“四维”或“小四”。

2002 年出版第一部作品《爱与痛的边缘》。

2003 年因玄幻小说《幻城》而被人们熟知和关注。

2008 年至 2012 年出版《小时代》“三部曲”，被认为是其转型之作，并于 2012 年 11 月由郭敬明自编自导拍摄为电影。

主要成就：全国第三、四届“新概念作文”一等奖；第二届“金喜鹊奖”冠军得主；2011 年“福布斯中国名人榜”第 53 名；2004 年年度风尚网络作家；2007 年、2008 年、2011 年“中国作家富豪榜”第一名；2010 年星尚大典星尚文学先锋人物。

在《南方周末》主办的“2013 中国梦践行者致敬盛典”中荣获“中国梦践行者”称号。

梦里花落知多少

——青春偶像作家郭敬明和他的作品

2013年6月，最具人气和话题的电影当属《小时代》。

这部由著名小说家郭敬明自编自导的作品，瞄准当下年轻人群，而这批读者已经渐渐成长为影院的主力观众；加上几位主演杨幂、郭采洁、柯震东等莫不是外形与人气兼备的偶像级明星，郭敬明本人亲自出马积极营销，影片未映先红，被业界看好。

《小时代》上海电影节首映之后，新丽传媒的副总裁张文伯以《你的通行证，我的墓志铭》为标题，写下一篇文章，总结了作为同行的危机感和《小时代》必将成功的主要原因。

“电影本来就是造梦的”，郭敬明的这句话其实是解读其导演处女作乃至文字的钥匙。十数年来他以文字成功搭建了另一个时空，那里的青春或许与现实不符，却让他和拥趸深陷其中。这个“国”虽似岛却不孤独，因为它不在百花深处在闹市。

一些宣传物料称郭敬明是一个很棒的产品经理，并且很懂得文化商品的营运规则，他完全具备了当下“制片人式导演”的一些特征。以他所具备的素质，又有一个相对宽松的创作环境，肯定能达到基础估值的临界以上，也就是1000万人次，5亿票房。

到今天，《小时代》获得超高的票房已成为行业内的共识，我想说的是《小时代》会带来什么。

当整个电影市场进入“营销时代”，“导演中心制”既给了导演自由，也对导演有了更高的要求，这让一些有着优越感的技术型导演反而忽然被边缘化了。项目管理，消费心理，视觉的流行趋势……这些更倾向于商业的要素，成为导演们需要学习并掌握的知识。至于在技术上的实现，一帮港台专业人员等着开活呢，只要导演有想法，上天揽月下地种田皆可，《小时代》就是郭敬明带着一帮台湾团队搞完的。

从徐峥到赵薇，再到郭敬明，原本按资排辈的国产电影导演界，终于彻底打破了原先的伦理。

12 月 14 日，由《南方周末》发起并主办的“2013 中国梦践行者致敬盛典”在北京举行，郭敬明与中国环保局首任局长曲格平、万通集团董事长冯仑、万科集团总裁郁亮、小米科技创始人雷军、广州恒大足球俱乐部、快递员群体等个人或群体，一起荣获了“中国梦践行者”称号。

《南方周末》向郭敬明致敬，而且是与上述等人的名字并列，接受这个媒体以及这个媒体所代表的趣味、审美和价值观。向其致敬，这是不是个玩笑，还是某种带有讽刺意味的行为，一时间成了网络上热议的话题。如果搞不清媒体发起的这个“中国梦实践者致敬”活动，可以再往前几届追溯一下，你会发现一些更响亮的名字曾经出现在这个致敬名单里——科学家袁隆平、作家贾平凹、媒体人白岩松、演员陈道明、经济学家吴敬琏、媒体人王克勤、导演吴宇森、文化学者龙应台、艺术家徐冰等等。

也许他们个别人的名气不如郭敬明，但在自己的领域内都是个顶个的杰出人士，更重要的是他们是与大众明星不太一样的某种气味的代表者。

传统的国产电影在中国走下神坛，葬在了 2013 年，最后一锹土就是这个外行郭敬明铲的。这给无数的外行人有了冲锋的理由，他都可以，为什么我不行?

少年郭敬明，一半明媚一半忧伤

郭敬明出生于四川省自贡市，母亲邹慧兰是当地一家银行的工作人员，父亲郭建伟在一家国有企业工作。

“穆穆鲁侯，敬明其德。”这句话出自《诗经・鲁颂・泮水》。这也许是初为人父的郭建伟对降临家中的儿子美好未来的祈愿吧。

儿时的郭敬明便十分懂事和喜欢读书。

少年时期的郭敬明一半明媚一半忧伤，是个悲观的乐观主义者。生活时而快乐时而烦恼，喜欢自由崇尚善良。尤其喜欢读书。

针对他爱读书的兴趣，母亲经常给郭敬明购置一些益智方面的幼儿图书，有时还亲自给儿子详细指导和讲解。每次在母亲讲解时，郭敬明都听得十分认真，并且还不停地问这问那，母亲便不厌其烦地给儿子讲解。有的故事，母亲讲一遍他便完全能够背诵。

郭敬明在陌生人面前胆识也大，从不腼腆，每每有叔叔阿姨到家来玩时，只要叫他讲故事，郭敬明便眉飞色舞地讲起来，样子十分可爱。郭敬明的聪明和好学让全家人很是欢喜，但父母从来没有刻意地要培养他，让他将来成为一个什么样的人才，而总是给郭敬明一个自由的学习生活空间，让他在自由和兴趣中渐渐长大，尽情发挥自己。因为母亲邹慧兰知道："兴趣是孩子成功最好的老师"。特别是从郭敬明懂事后，父母更由其选择。就拿买书来说吧，他们不再主动为郭敬明挑选什么，每次领着郭敬明去新华书店，都是由他自己去挑选，郭敬明喜欢什么就买什么，每次买书回来，郭敬明便要一口气把它们读完，甚至父母叫他吃饭他都舍不得放下自己的书本。

1988 年 9 月，郭敬明在自贡市贡井区向阳小学上学。这时候的他也像别的小朋友一样，按时到校、完成老师布置的各科作业，但他在课堂学习之余酷爱读课外书，读完之后，他也写一些心得体会和读后感，尽管十分短小稚嫩，但他那种良好的学习习惯深受老师和父母的赞扬。

由于大量阅读，潜移默化，郭敬明的文字功夫在暗暗地增长。到小学生写作文的年龄段时，他的长处便凸了出来，每次老师布置一篇课堂作文，别的同学总是绞尽脑汁半天都写不出来，而他仅需考虑需两分钟就很快进入角色，而且文章写得又好，常被语文老师拿去给班上的同学作范文学习。

老师的一次又一次赏识教育，给儿时的郭敬明在学习上带来了极更大的鼓励和推动。

1995 年，郭敬明考入自贡富顺二中。从小学升入初中，郭敬明的视野更开阔了，他开始广泛地阅读名家的小说和散文，包括金庸、梁羽生的武侠小说，尤其是古龙的武侠小说他更是爱不释手。同时，他也喜欢读一些杂志和报纸。

看见儿子郭敬明课堂之余读武侠小说，父母邹慧兰、郭建伟从不干预和制止。他们认为，那是孩子在学习之余的一种有益放松，既调节了自己，又增长了知识。

1997 年初中二年级时，郭敬明在全国公开刊物《人生十六七》上发表了他的处女诗作《孤独》。不久，他收到了杂志社寄来的 10 元钱稿费和样刊。当时，郭敬明欣喜万分，当父母知道这事后，对儿子也倍加赞赏，鼓励他继续努力。父母认为，尽管 10 元钱的稿费不是很多，但它给儿子郭敬明带来的价值和益处远远超出了它本身，因为，这是儿子十余年的心血和汗水凝聚而成的。

作品第一次变成铅字得到社会的认可，郭敬明的创作激情陡增。从此，他除了自由写一些文章外，还参加一些全国中学生作文大赛。由于功底扎实，他写的文章经常都能发表，让班上同学好生羡慕。挣来的稿费郭敬明用来给自己买课堂学习方面的资料和自己喜欢的文学书籍，有时也买可乐喝；还有的时候，他会用来捐助班上困难的同学。郭敬明是独生子，在家没有哥哥姐姐和他一起玩，更找不到与自己交流的同龄对象，所以他特别珍惜同学朋友之间的感情。

上了高中，学习时间更紧了，但郭敬明没有放弃自己的读书写作爱好，他天天记日记，合理安排时间：一是必须保证课堂学习，二是学习决不念及写作，写作决不念及学习。由于这样的安排，郭敬明的写作和学习互不干扰，结果收获很好。记者在采访郭敬明的高中班主任邓又立时，邓老师介绍说，郭敬明很有灵气和自制力，所以在学校老师对他基本上没什么限制和管束。不仅如此，郭敬明的一项发明还在四川省青少年科技创新大赛上获一等奖，他的一项调查报告还获得自贡市生态环境考察报告比赛一等奖。写作上更是不赖，高二时的一篇《假如明天没有太阳》，高三时《我们最后的校园民谣》，分别获第三、第四届“新概念作文大赛”一等奖。

“全国新概念作文大赛”成为少年郭敬明文学梦的新起点

升入高中的郭敬明依然坚持着写作的兴趣爱好，每隔一段时间都会向杂志社和文学网站投稿。在文学网站“榕树下”，郭敬明用网名“第四维”发表了许多作品。有些网友开始读他的文章，并称他为“四维”“小四”，郭敬明也因此结识了许多和他一样的文学爱好者。

2001 年，18 岁的郭敬明奔赴上海，以《假如明天没有太阳》一文获得第三届“全国新概念作文大赛”一等奖。

此次的获奖，成为了他文学道路上的一个新的起点。

2002 年，郭敬明参加了第四届“全国新概念作文大赛”，以《我们最后的校园民谣》一文获得一等奖，由此声名鹊起。在连续拿了两个新概念一等奖以后，郭敬明的朋友说出了一个令所有人都意外的一个现象：早在郭敬明参加第二次“新概念作文大赛”前，他就给别人看过他的草稿，后来证明获奖的作文跟那篇草稿相差无几，这不得不让人感慨郭敬明对于文字的掌握能力。同年，他的第一部个人散文集、短篇作品集《爱与痛的边缘》开始发行。

参加“新概念作文大赛”郭敬明感慨颇多，同时让他记忆犹新，因为这是他人生的一个转折点。

那是2000年冬季，郭敬明在紧张的学习之余阅读《萌芽》杂志，发现杂志上所登的文章自己也能写出来，还有可能写得更好。恰好《萌芽》杂志登出举办第三届“新概念作文大赛”的通知。带着自信，郭敬明抽了半个小时便完成了题目为《剧本》的文章，然后寄往上海参加初赛。一个月后，郭敬明收到了该杂志社邀请他去上海参加决赛的通知。自贡距上海上千公里，坐火车也得花两天时间，自己的学习又非常紧，放弃了吧？又觉得有些可惜，于是打电话回家告诉父母。父母得知此事，极力鼓励儿子乘飞机前去参加。尽管当时家里经济条件不是很宽裕，儿子的此次远行将会花掉夫妻俩辛苦攒下的几千元积蓄，但他们认为值！因为这是给儿子能力展示的绝好机会，别人想去还去不着呢！更为重要的是，儿子的此次远行，他们做父母的决不陪同，他们希望让儿子在此次远行中培养一下独立生活的能力，同时给儿子一个自由生活的空间。毕竟，在将来的社会里，一个孩子的独立生活能力强与否，直接关系到他将来能否找到自己的立足之地。

2001年1月，郭敬明向学校请了假，没有父母的陪同，单枪匹马直飞上海。他到了上海先找地方住下来，第二天便四处打听参赛地点。决赛场上，全国高手云集于此，但郭敬明不慌不忙、沉着应战，最后，他以《假如明天没有太阳》一文获得大赛一等奖。但这个奖更多的是精神上的鼓励，在采访中郭敬明告诉记者，当时他只得了一个奖牌，没有一文奖金。尽管如此，郭敬明的心里，仍然是甜滋滋的，因为“新概念作文大赛”在全国颇具名气，它是由北大、清华、北师大等全国10所著名高校和《萌芽》杂志社联合发起共同主办的，担任评委的也是国内一流的文学家和知名学者，在中国被公认为中学生当中的“茅盾文学奖”，能在这权威的大赛上展露风头，应该是一件非常荣幸的事情。

正因如此，即使在高三学习时间非常紧的情况下，郭敬明又参加了2002年第四届“新概念作文大赛”。这次大赛有4万多人参加，而进入复赛的仅有200人，但他还是力克群雄获奖了，并且在初赛和决赛上双双获得一等奖。这让任评委的专家教授都感到吃惊。因为这项全国顶尖级的中学生作文大赛举办多年来，能连续两次拿一等奖的实在太少太少，目前全国仅有两人，郭敬明是其中之一。

那时的郭敬明迷恋上海，他写“燃亮整个上海的灯火，就是一艘华丽的邮轮。”而他的故乡自贡“多少有些令人啼笑皆非。一句话，它是一个像农村一样的城市，一个像城市一样的农村……所以我固执地认定我将来的生活应该在上海。”

热爱文学的他在脑海中建构起了一座梦幻的上海城，那里象征着纸醉金迷和夜夜笙歌，是货真价实的欲望都市。“那些作者描写晚上十一二点走在街上，累了直接进罗森买一杯热咖啡。罗森是什么？我根本不知道。这样的生活好酷！十二点，我们那边的医院都不一定开着。”

怀抱着对上海的憧憬，他参加了在上海的新概念作文大赛，“我并不会像其他的获奖者说的那样，自己随便写写，然后就拿了大奖。我是很认真地想要拿第一名，用尽全力地，朝向那个最虚荣的存在。我写了整整 7 篇 5000 字的文章。我买了 7 本杂志，剪下 7 张报名表。”

进入复赛后，他生平第一次离开自贡，前往上海。从人民广场地铁站出来后，他“吓傻了”，一圈摩天大楼，“最矮的那栋都比我住过最高的还高。”他立誓要考去上海。

可上海并不总是温情脉脉。大城市崇奉的是速度、力量和不顾一切的激情，对于一个要自己拎着箱子到大学报到的少年人，他要学会的第一课就是：生活残酷，现实不是文学。“我下了飞机，自己拿着地图研究上海大学在哪儿，怎么坐地铁。我根本不敢打车，从机场去宝山校区要两三百块钱，我拿不出来。到了学校，周围都是本地生，开着私家车，身边爸妈保姆站了一群伺候着，他们就拿着可乐、戴着墨镜。我呢？一个人跑来跑去交钱、领宿舍，还担心我的箱子会不会被偷。那一刻，我觉得自己又孤独又渺小。”

不久，妈妈去上海看他，母子俩搭地铁出外。第一次坐地铁的母亲不会刷卡过旋杆，先进去了的他站在里面发急，一个工作人员走了过来，帮了他们。他刚想开口说“谢谢”，却听见对方低声地说了句，“册那，戆色特了。”（操你妈，笨死了！）留下目瞪口呆的他，还有听不懂上海话而一直对那个工作人员点头感谢的妈妈。

“那一瞬间我握紧了拳头，可是却任何事情都不能做，因为不想让我妈妈体会到这种羞辱。如果不知道，其实就等于没有发生过。只剩下听懂了这句话的我，站在原地气得一直发抖。”

家境平凡的他也从那时起开始领悟到了金钱的重要性。在学校的食堂买午饭时，他有时想买一碗蒸蛋，可就连这个钱都拿不出来。他喜欢喝学校卖的珍珠奶茶，却不能每天都喝，否则就没钱买鞋子了。他只带了两双鞋子去上海，还都是夏天的，到了冬天，脚就冷得发痛。

学习影视编导的他一入校就被要求买一台照相机、一台 DV 和一台高配置的电脑。他犹豫了一星期，才拨通家里的电话，小声地告诉妈妈。过了足足一个月，他才收到家里寄来的钱。一直到今天，他都没有问过妈妈，那笔钱到底怎么来的。

大一未成名前，他和阿亮相约去世纪公园看过一次烟花，入园票价 80 元，他只有 60 元。他们只能站在门外，仰着脖子看到烟花在头顶炸开。他和其他那些不愿或不能买票的人一起欢呼起来，心里却暗暗发誓，总有一天，他也要进入公园。

所以，后来他说，“我疯狂地买各种奢侈品，带着一种快意的恨在买。”大概也就是从那时开始，他形成了后来的世界观——成王败寇，胜者为王。

今天的郭敬明还是会经常做梦，梦见第一次来上海参加新概念大赛的自己，梦见刚进大学的自己。他有不舍和怀念，但更多的则是庆幸自己做出了正确的选择，把握了机会。他甚至会责怪未成名前的自己浪费了十个月的时间来玩乐，没有为日后的成功学习储备。“不过，谁的青春没浪费过。”他薄薄的嘴唇抿起来，略带嘲讽地微笑了一下。

可他毕竟到上海了，“虽然那么乱、那么辛苦、那么害怕，可我在上海了。我知道我不会走了，属于我的新生活要开始了。”

《幻城》让青春作家郭敬明一炮走红

真正让郭敬明一炮走红的还是《幻城》。

《幻城》于 2003 年 1 月底上市至 12 月，累计销售 84 万册。据有关媒体报道，在 2003 年 11 月的全国文学类畅销书排行榜上，《幻城》名列第三；而郭敬明也在新浪网与南方都市报等媒体联合举办的“2003 年度中华文学人物”评选活动中，被提名为“人气最旺的作家”之一，与大作家王蒙、海岩排在一起，让不少文学前辈望尘莫及。

《幻城》给新世纪的中国同人界带来了极大的震动，使他也成为新时期同人作家的领军人物。媒体报道他在名气和势力上已盖过了前几年的新锐韩寒和郁秀，但关于他创作《幻城》背后的故事却鲜为人知。

郭敬明告诉记者，2002 年 4 月的一天，也就是高考临近的那段日子，学校经常考试，学习上的紧张给他造成了极大的压力。为了释放自己，寻找到一分自由和轻松，他就幻想一些东西来写，以此来解除心中的烦闷，《幻城》

便是在这种情况下产生的。当天晚上他吃完饭后从八点钟开始动笔，一直写到十点，仅仅两个小时，便完成了全文，约2万字。当他写完时，心底感到从未有过那么一种轻松和兴奋。但他没有急于将文章打印出来，而是将它存放起来，然后全身心地投入到紧张的高考复习之中。

他可以如释重负了。8月底，他才想起4个月前写的那部小说《幻城》来，于是他便翻出手稿E－mail给了《萌芽》杂志。没几天，杂志社的编辑通知郭敬明，告知该小说拟在2002年第10期推出。所有的结果都令郭敬明出乎预料。让他没想到的是，他的《幻城》在第10期《萌芽》上被安排在头条。《幻城》面世没几天，《萌芽》杂志和他就接到不少读者打来的热线和信函，网站上热论他和《幻城》的帖子更是铺天盖地。11月上旬，春风文艺出版社编辑时祥选专程从沈阳赶赴上海大学，希望郭敬明与他们合作，由郭敬明将《幻城》短篇改为长篇，创作期限为一个月。对此，郭敬明没有拒绝，他认为这其实是对他能力和实力的一种最好检验。

由于白天学习时间紧，他只好挤晚上的时间。在长篇《幻城》创作的日子里，郭敬明常常熬夜到天亮，他说他不敢马虎。在这一个月里，郭敬明瘦了将近5斤。不负众望，2003年1月，长篇《幻城》一面世，在北京图书订货会上就挤入文艺社科类图书销售排行榜前三名，短短几个月便发行到50万册，有的读者买不到该书，竟然借来手抄、对作品增扩后的内容反应更是好评如潮。一位青年读者："四维（郭敬明）的文字是绝美空灵的，有漂亮幽然的琥珀色，他的笔法是行云流水，有镜花水月的美丽画面，他的文章是清丽缥缈的，有感动人心的力量……"有的读者还建议将《幻城》续写、拍成电视剧、出版漫画本等等。与此同时，该书在文学前辈和不少专家中也引起了极大的反响。中国作协副主席叶辛说："《幻城》是一种全新文字样式，值得肯定。"北京大学中文系教授博士生导师曹文轩说："《幻城》用的是一种高贵、郑重的腔调，绝无半点油腔滑调。""能写出这篇作品的作者，竟然是一个岁数不大的人儿。""读到《幻城》，终于有了一种安慰。"复旦大学中文系教授王宏图称赞说："《幻城》不失为一部天才同人之作。"面对众多读者和文学前辈的真情赞许和厚望，郭敬明更是感动万分和自豪。

2003年3月27日，郭敬明又迎来了在上海大学专门为他举办的"《幻城》作品研讨会"，出席会议的有中国作协副主席叶辛，上海作协副主席赵长天，著名作家葛显眼等。为一位大学生作品举办如此研讨会，这在中国尚属首次。更有甚者，在这时，他又被春风文艺出版社买断了其在大学期间所创作品的首发权。一名尚不满 20 岁的学生，在文坛上如此身价百万，当今中国实属罕见。

沉浮之作《梦里花落知多少》

2003 年 11 月，郭敬明再接再厉，推出了他的第二部长篇小说《梦里花落知多少》。2003 年 11 月 18 日，新浪读书频道发表题为《郭敬明新作〈梦里花落知多少〉被指剽窃他人作品》的文章。到 2004 年 12 月 7 日由北京市一中院对郭敬明与庄羽著作权纠纷案作出了一审判决。一中院经审理查明，原告作品《圈里圈外》发表在被告郭敬明作品《梦里花落知多少》之前。郭敬明未经原告许可，在其作品《梦里花落知多少》中剽窃了庄羽作品《圈里圈外》中具有独创性的人物关系的内容，而且在 12 个主要情节上均与《圈里圈外》中相应的情节相同或者相似，在一般情节、语句上共 57 处与《圈里圈外》相同或者相近似，造成《梦里花落知多少》与《圈里圈外》整体上构成实质性相似，侵犯了原告的著作权。春风文艺出版社未尽到合理注意义务，致使侵权作品《梦里花落知多少》得以出版，其行为存在过错，除应当承担停止侵害、赔礼道歉的民事责任外，还应当与被告郭敬明承担连带赔偿责任。被告北京图书大厦公司进货渠道合法，不存在过错，不应当承担赔偿责任，但应承担停止销售侵权图书的责任。被告郭敬明赔偿原告经济损失 20 万元，并公开赔礼道歉。

大江东去，世纪风来。韩寒、郭敬明、张悦然等“80 后”青春作家声名鹊起。2003 年，郭敬明以《梦里花落知多少》惊艳文坛，成为新一代青春小说的领军人物。青春的梦想霎时跃然纸上，带着忧郁气息的华美文字带人进入到青春的另外一番梦境。这本书在全国的校园里被来回传阅，在课堂里被无数学生藏在课桌底下埋头苦读，即使有后来的种种争议，也无法否认它余留至今的热度。

如今《圈里圈外》依然无人问津，《梦里花落知多少》依然感动着无数人。这个“被抄袭”了的“原作”似乎与《梦》差得不是一点远。

《左手倒影右手年华》等作品相继出版，郭敬明一发不可收

2003 年，郭敬明又相继出版了《左手倒影，右手年华》，开始在文学

市场上崭露头角。

2004年，郭敬明成立“岛”工作室，开始主编《岛》系列杂志。初期，“岛”工作室由5位成员（郭敬明、hansey、痕痕、阿亮、清和）组成，郭敬明故将杂志英文名定为“i5land”。至2007年，“岛”工作室前后出版了《岛·柢步》、《岛·陆眼》、《岛·锦年》、《岛·普瑞尔》、《岛·埃泽尔》、《岛·泽塔》、《岛·瑞雷克》、《岛·天王海王》、《岛·庞贝》、《岛·银千特》10本系列杂志。

2005年，郭敬明的校园青春小说《1995—2005夏至未至》正式在市场上发行。

2006年，他开始筹备首部音乐小说《迷藏》。并应陈凯歌之邀，改编电影《无极》为小说。

2006年11月，暂停《岛》书系后，郭敬明在上海成立了柯艾文化传播有限公司，并出版刊物《最小说》，工作人员初为“i5land”原班人马。1月份，试刊两期后的《最小说》正式创立。郭敬明由此开始打造起了一个青春文学平台，发掘擅长写作的年轻人，开展了自己的文学事业。

这时的郭敬明，自己当起了老板，其优越的商业头脑也渐渐显露出来。一方面，郭敬明运营着自己的公司，坚持《最小说》的定期发行；另一方面，他也不间断地创作出了自己的新作品。

2007年5月，郭敬明出版了继《夏至未至》之后又一部校园小说《悲伤逆流成河》，一周时间销量突破百万册，连续三天上当月中国图书销量排行前三名。

在文学领域经过几年的摸爬滚打之后，郭敬明的事业逐渐在文学市场上站稳了脚。他为自己赢得关注的同时，也引起了许多不小的争议。在2007年，郭敬明所创立的柯艾公司中迎来了一个较为艰难的时期。公司的骨干人员美术总监Hansey、文字总监落落等人声称“压力大”、“创刊理念不同”，纷纷选择跳槽，另立门户。郭敬明对此一直不予正面回应，只在博客中称自己很受伤。年底，郭敬明加入中国作协，成为中国作家协会最年轻的成员。并发行《〈悲伤逆流成河〉百万黄金版》，出版了《岛·庞贝》、《N世界》。首部以郭敬明作品改编的偶像剧《梦里花落知多少》也在11月份开播。

经历了2007年的“集体出走事件”的“瓶颈”后，2008年，郭敬明又重新迎来了事业的高峰期。原公司女作家落落的重新回归，为公司带来了生机。

2008年9月27日，《小时代1．0折纸时代》的正式出版发售，再次掀起了阅读的热潮。该作品是郭敬明从校园小说到都市小说的转变，上市仅3个月，便创下了2008年图书销售的第一名。紧接着2009年《小时代2．0虚铜时代》和2012年《小时代3．0刺金时代》的发行，又不断更新着销量纪录。郭敬明也因此成为青春文学市场上的风云人物。

十载寒暑风雨兼程，一路走来著述等身

2013年初春，《爵迹·风津道》在《最小说》连载。

郭敬明在《临界 爵迹》创作感言中写道：

在我17岁的时候，我写下了《幻城》，我从来不曾想过这个小小的幻想故事会彻底在忙改变我的命运——让我的人生也变得仿佛奇迹一样。

现在我27岁。这十年里，我再也没有写过奇幻的故事。

十年是一段怎样漫长的时光？

2002年，《爱与痛的边缘》第一部个人散文集、短篇作品集。

2003年，《幻城》、《左手倒影，右手年华》、《梦里花落知多少》出版。

2005年，《夏至未至》、《迷藏》，音乐小说《剑侠情缘》出版。

2004～2007年，《岛·柢步》，主编杂志《岛》系列。

2006年，根据同名电影改编《无极》，主编杂志《最小说》。

2007年，《悲伤逆流成河》；《N世界》与插画家年年合作著。

2008年，《小时代1.0折纸时代》拍摄完成。

2009年12月30日，《小时代2．0虚铜时代》完成。

2010年，合著，《王牌大助理》；出版《再回首－幻城》；《最漫画》主编漫画杂志独立发售；出任华影盛视《我们约会吧》编剧。

2011年，《临界·爵迹Ⅱ》出道十周年纪念作品集。

2012年合著，《下一站·台北》、《下一站·吉隆坡》出版。

十年前看过我的书的人，他们或许已经告别校园，忙于写论文找工作，在就业还是考研间摇摆抉择；他们或许早就毕业，踏上社会，疲于朝九晚五的工作；更有可能，他们已为人父母，忙着将器闹的婴儿哄着入

睡，忙碌得无暇再好好看书，边泡一杯咖啡坐在沙发上捧起书本，都成为了生活里的某种奢侈…….

而我却依然在写着，写了《夏至未至》，写了《悲伤逆流成河》，写了《小时代》……但却再没有写过奇幻题材。

这十年里，不是不想写，而是不敢写。我想等到我的文笔和技巧再成熟一点儿，成熟到足以让绚烂的幻想变成磅礴的史诗；成熟到足以直视自己十年的成长，抬头挺胸地给出交代；成熟到足以面对一直在我身边的你们，一直透过文字和我共同成长的你们。

我不想辜负你们的信任和期待。

而今天，我终于可以满意在交出一份答卷，那就是《临界·爵迹》。对读者来说，也带来了一次全新的体验。所以整个故事急剧扩张，超过了30 万字数的极限。全文不得不分为上、下两本。

这是对我自己的小说技巧的挑战，也是我十年来的一次正名。

我希望你们看到的，不仅是恢弘华美的场景、深入刻激荡的故事，还有这些表象下面的，现实温暖的人性。

希望你们经过这十年，无论改变多少，无论变成什么样子，当你们合上书，闭上眼，还是可以找到十年前曾有过的。那份纯粹的原始的感动。

十年回归，不忘初心。

这也许是我最好的十年，也是你们最好的十年。

而《临界·爵迹》是我十年里最好的故事。

我将它送给自己，送给我一路走来的年华岁月。也将它送给你们，送给陪我一路走过来的你们。

2013 年 6 月 6 日就在《小时代》公映前夕，郭敬明过了 30 岁的生日。那一天，他被邀请回母校上海大学，与学弟学妹们座谈。

十多年过去了，虽然一切都没变，但他的感觉变了。“一切都比当年的印象要小，当时觉得阶梯教室还有操场很大，现在看起来都蛮小的。”

这可能就是视野带来的变化。“有没有后悔当初没有读完大学?”“不会，觉得还蛮值得的。学习不只来自学校，社会可以教你很多的东西，只要你抱着一颗想要学习的心。”

“30 岁，会让你的心态有比较大的转变吗?”“非常大，非常大。以前在作家圈或者出版界，自己已经很熟悉了。那现在在电影圈，变成一个新人，这是一种等待学习所有未知知识的一个状态，它让我又充满斗志。”

“我希望在电影方面可以走得更远。”这是郭敬明30岁的梦想。“还记得20岁的梦想吗?”“20岁就是想写出更好的书，得到别人的认可。”

当代文坛的奇葩

不管身上背负多少非议甚至诟病，似乎谁也无法否认郭敬明在商业上巨大的成功。这个时代的宠儿现在向着影视业狂飙突进。《小时代1》这部投资仅2000多万的电影，至今已收获近5亿的票房。

《小时代2》新装备了小三插足、友情破裂、生日丧父、身患绝症等诸多故事情节，整个片子出来的感觉，特别有韩国爱情片的范儿——连主角们用英语念服装品牌的发音都特韩国人。转播到腾讯微博《小时代2》里每秒都是剧情转折。腾讯娱乐讯8月7日晚，未上映已赢得在万千瞩目的《小时代2》在北京如期首映。导演郭敬明率片中主演们在北京举行盛大的发布会。

在以版税和票房说话的文化市场，伴随着精英们痛不欲生的哀叹和愤懑，郭敬明获得了投资人和年轻受众的青睐，而后者往往决定着一部作品的终极命运。即使争议和谩骂从未停止，郭敬明有了市场的深度认同，是有底气以宽容的态度面对这些波涛汹涌的批评的。

他说：“前辈们不管发出什么样的声音，我都当作是鼓励。”

虚荣、物质、情色、浮华。这八个字是郭敬明作品的主基调。不管他用多么华丽的画面和戏剧性的男欢女爱包装，都难掩价值的缺失和艺术的沦丧。这是一场波及广大当代年轻人的流行感冒，和空气中弥漫的超标PM2.5遥相呼应。

萨特说：“存在即合理。”《小时代2》的风行其实是一面镜子。与其声嘶力竭地谴责，不如冷静地思索其背后的缘起。许多“90后”对郭敬明描绘的生活充满真诚膜拜，当一个时代的理想主义光芒逐渐暗淡，物质主义、享乐主义成为风潮，青春必然踏着崇尚消费、迷恋名牌、向往奢靡的舞步登场。

有责任感的大叔们念着世风日下的咒语，将脑残、拜金的标签贴在孩子们身上，却忘了这些令人忧虑的中国制造正是自己的杰作。

因此，谴责便有了黑色幽默的成分：当成人世界迷恋着日本成人女优，却指责孩子们情欲泛滥；当成人世界迷恋功利至上，却指责孩子们超前消费；当成人世界对成功学推崇备至，却指责孩子们趋炎附势。

所有被贴上标签的“90后”们都是这个时代下的蛋。从人文的角度，郭敬明的小时代是一个冷峻的寓言。他通过巨大的商业成功提醒人们：如果放弃道德、伦理等价值考量，按照商业社会的丛林法则确立的成王败寇铁律，毫无疑问，小四是真正的王者。毕竟，郭敬明名气再大，再有影响力，也还没有牛到为整个文化市场制定规则。说白了，他无非是无比锐利地抓住了大众文化时代的内在需求，并完成了商业化码洋的兑现。甚至可以肯定，他不是最后一个。或许，在任何一个国家大众文化滥觞的初期，都会出现过度商业乃至物欲横流的风潮。美国也不例外。最初的电影电视也充斥着下半身主导的暴力色情，并成为最终推出电影分级制的一个主要动因。而且从全球文化产业发展的规律看，没有大众的参与，商业的推动，也不可能持久繁荣。但中国电影市场的麻烦在于被商业严重绑架，急功近利，烂片如云。毕竟，美国除了烂片频现，也有热卖全球的商业大片，更有永载电影史册的《公民凯恩》、《阿甘正传》。当然，任何一个文化市场的繁荣都离不开一个宽松自由的创作环境，以及价值多元的社会基础。但文化产业繁荣的终极目标是为了提升整个国家文化的格调，推动文明的成长，而不是简单地为泛娱乐张目，为物欲情欲大唱赞歌。也只有这样的产品才能被世界广泛认同，进而全面提升一个正在迅速崛起的国家之软实力。想想创造内地电影票房奇迹的《泰囧》和《致青春》在北美市场的惨败，其中究竟耐人寻味。因此，对文化产业的快速健康发展而言，捍卫市场的自由和加强市场的自律同样重要。唯票房论的背后其实蕴含着巨大的危机。如果不能借助商业的繁荣不断推进福至心灵、助力时代价值观成长的艺术精品大量涌现，《小时代2》的胜利只会加速时代价值进一步矮化，令人扼腕。

那些集中炮火对准郭敬明的文化精英们：与其气得撞墙，不如反躬自省，自己为啥没有在这个文化产业繁荣、价值多元的年代，推出让大众喜闻乐见的接地气的艺术电影？是态度问题？还是能力问题？

由电影《小时代》掀起的价值观大讨论行将平息之际，《小时代》的续集《青木时代》又将登陆暑期影院。

饶雪莉　　　　饶雪漫

饶雪莉："文字女巫"饶雪漫胞妹（小雪漫5岁），四川自贡市檀木林小学教师，四川省作协会员。四川省优秀少先队辅导员，全国小学观摩课优质奖得主。已出版儿童小说20多部，部分作品在台湾出版。作品风趣幽默，动感活泼，且温情感人。是孩子们喜欢的"老师作家"。

饶雪漫：自由作家，青春文学职业写手，1972年出生于自贡市自流井。1994年毕业于自贡师专中文系。现居江苏。曾担任江苏《少年文艺》编辑及镇江人民广播电台节目部主持人，现在北京经营"雪漫文化传播公司"，主编杂志《漫GIRL》、《漫女生》、《最女生》、《17SEVENTEEN》。系"花衣裳"网页版主。出版作品30多部，是一个具有创作、创意、推广等多项才能的作家。

炫彩文坛姊妹花

在第19届全国图书交易博览会中，最为拥挤得水泄不通的会场，莫过于由青春文学作家饶雪漫重磅推荐的亲妹妹——全国小学观摩课优质奖得主，儿童文学作家饶雪莉的新作发布会，青少年书迷以其独有的精力和热情“围攻”这对“文坛姐妹花”。

雪莉——那朵雪白的雏菊

初春的4月26日下午，饶雪莉在济南泉城路书店为自己的新作“炫彩青春校园小说”系列举行签售。饶雪莉倾情奉献的“炫彩青春校园小说”系列，分别是《会飞的泪珠》、《香菲儿的魔法书》和《柠檬天使》，三本书讲述了正义与邪恶、善良与丑陋、真实与谎言的交锋。全书选用真人书模秀演绎故事情节，增添了阅读中的乐趣。小时候她的父母忙，把她放在保姆家，保姆觉得唤她不方便，就自作主张的给她起了个名叫“饶丽”，一直到读书的时候才改得文雅一些，叫做“饶莉”，到了初中才演变成今天的“饶雪莉”。“我喜欢夏天穿牛仔裤，冬天穿薄棉裙，喜欢一切与美有关的事物，我热爱生活，快乐如风!”33岁的她，是自贡市自流井区檀木林小学的一名语文老师，全国优质课比赛一等奖获得者，是童话故事《落入凡间的精灵》和青春幻想小说《炫彩珠的人间旅程》的作者——她就是爱美、爱笑、爱幻想的饶雪莉。

饶雪莉出生在自贡市的一个教师家庭。在她牙牙学语时，就特别喜欢用小手指着小人书，摇头晃脑地讲着自己才能听懂的故事。稍大一点，雪莉又成了小伙伴中过家家的“总指挥”，谁演什么、假想身边是什么环境、情节怎么发展，都由她来安排。5岁那年，电台的叔叔找到她妈妈，让最喜欢扮仙女的小雪莉帮忙录一首儿童诗。当她在妈妈怀里第一次通过电波听到自己的声音时，她喜欢上了一个个方块字组成的美丽语言。

上小学后，在同龄孩子中表现出优秀作文水平的雪莉，总是在各种各样的作文比赛、演讲比赛里得第一。性格开朗、外向的雪莉念初中时，当上了班长。那时，她被郑渊洁的童话深深迷住了，皮皮鲁、鲁西西、舒克、贝塔……童话里的角色让雪莉“胡思乱想”地一发不可收拾，她会经常站在自家的镜前，臭美地把自己装扮一番，设想着种种奇遇，偶尔还会拟好许多故事的题目，然后一个个写下来。16岁那年，在姐姐的鼓励下，她把自己写的一篇中篇小说《紫浣花》向《少年文艺》投稿。一个月后，她兴奋地在《少年文艺》上看到了自己的名字和文章，之后还陆续收到一些读者的来信。

1996年，19岁的雪莉从师范学校毕业，走上了教师岗位。她的工作很出色，2002年10月，她作为四川省唯一的小学教师代表参加了在杭州举办的全国优质课讲课比赛，并荣获了一等奖。凑巧，早已经离开家乡的姐姐正在杭州办事，姐妹俩在西子湖畔相见了。当雪莉绘声绘色地给姐姐讲自己学生的趣闻乐事时，姐姐大大咧咧地说了一句：“把它写成书啊。”“开玩笑，我哪行啊？”“怎么不行？你行的，我家小妹聪明着呢，试试吧。”

姐姐的鼓励让她增强了信心。2003年1月，饶雪莉开始写书。起初很艰难，电脑打字的速度比较慢，语言有些生涩，但到后来，雪莉越写越兴奋，一个个生动活泼的字在手指下雀跃跳出。白天工作，晚上写作，不到三个月时间，近10万字的《落入凡间的精灵》初稿出来了，这是一本写给小学生的有趣故事。在反复进行修改后，她心怀忐忑地寄给了福建少年儿童出版社。等待是异常漫长的，五个月后，编辑部终于有了回音：新鲜、有情绪，文字清新，来自青春一线，如果配以插图，稍加修改后，就可以出版。“哇！”雪莉感受到了自己五岁时听录音时的兴奋。2003年10月，她收到了编辑部寄来的样书。

出书后，市场反映相当不错。雪莉和家人分享着这份喜悦，她更加勤奋地工作了。闲暇时她仍然和大多数女孩一样，喜欢逛街、喜欢听音乐、喜欢做梦。2004年暑假，雪莉突发奇想：写一本幻想小说。说干就干，她整天趴在电脑前，编织着书中两个美丽女孩的故事。可是故事进行得并不顺利，写了两个月，完成一大半时，她突然不想再写下去了，甚至不想回头看前面的内容。“真不知天高地厚。”她嘲笑着自己，停下了写作。又过了两个月，一天走在街上，偶然听见音响店里放的歌，一幅幅画图划过了她的脑海。于是，她回到家迫不及待地打开电脑，继续自己的幻想故事。这次很轻松，一个月后，《炫彩珠的人间旅程》出炉了。

2006年7月，雪莉的一套《乐卡卡》系列丛书面市。她告诉记者：

“我是一个平凡的女教师，也是一个有着无数幻想的写书人，我喜欢在键盘上敲打出一行行密密麻麻的文字，把美好的生活都讲出来……”和饶雪丽的书一样，《炫彩青春校园小说》和《甜蜜园小学》均选用真人书模秀演绎故事情节，如电影一般真实直观，再加上电脑特效技术处理，增加了魔幻色彩。她的作品既风趣幽默、动感活泼，又不乏温情感人，受到孩子们的广泛欢迎，饶雪莉也被孩子们亲切地称作是“老师作家”。

雪漫——恣意绽放的三角梅

宋王安石《汀沙》诗：“汀沙雪漫水溶溶，睡鸭残芦晻霭中。”雪漫二字取其诗意，散发着诱人的书香。

是的，从14岁开始发表第一篇作品，做过10年DJ，当过编辑。雪漫的履历，始终带着一些与艺术相关的气息。用文字充盈眼睛、用声音温暖耳朵。她的读者都叫她雪漫姐，是尊敬又仿佛是依靠。曾经就读于自贡市解放路中学、一中的饶雪漫的中学时代，三毛、琼瑶的书几乎遍布教室各个抽屉。当时的她以及她的同学都无法想到，20余年后，饶雪漫在中学校园里的人气恰似当年的三毛、琼瑶！《左耳》、《沙漏》、《离歌》……她的青春小说，成为年轻一代书柜里的珍藏。饶雪漫，她的笔下汩汩地演绎着青春的烂漫与纯美。她自己的人生有些什么样的故事？她的个性是否像某本书中的女主角？记者拨通雪漫北京工作室的电话进行了一次专访。

1994年初春，22岁的饶雪漫毕业于自贡师专中文系，正是多梦的时节，又是浪漫的年华。因为爱情她去了江苏镇江，在镇江广播电台从事编播工作。跟先生当时是笔友，没穿婚纱没请客都不重要，有人想挖掘饶雪漫的爱情故事，她却一语带过，“很平淡，很正常的结婚生子。”她跟先生是笔友，先生也热爱写作，在杂志上看到她的文章，然后写信交流。“我自己的故事很平淡，没有你们想象的波澜壮阔。我觉得一个比较优秀的作家，应该是本身生活很普通，喜欢设想各种各样生活。”虽然结婚的时候，没穿婚纱，也没拍婚纱照、没请客，但是，饶雪漫说：“我觉得这些都不重要，重要的是两个人生活在一起很自然。”业余，她仍然坚持写作。多数时间为少男少女们而写，作品因文字独特、语言流畅、故事精彩而深受大家的喜爱，并多次获奖，从14岁写作至今，共发表作品300多万字，出版作品近50部，代表作有《小妖的金色城堡》、《校服的裙摆》、《冰淇淋恋爱了》、《糖衣》、《QQ兄妹》等。最新作品《左耳》被各界一致认为是饶雪漫的巅峰之作。饶雪漫本人也对此书非常偏爱，认为是自己写作20年来最“放纵”、最成功的一次写作。镇江十载暑，雪漫先后担任了江苏《少年文艺》编辑及镇江人民广播电台节目部主持人，“花衣裳”网页版主，连续七年获江苏《少年文艺》“好作品奖”，其作品在网上人气也很旺。已出版书籍《飞越青春的鸟儿》、《蔷薇醒了茉莉开了》、《最熟悉的陌生人》、《可以跳舞的鱼》、《眉飞色舞》、《QQ兄妹》以及网络爱情小说集《冰淇淋恋爱了》等书。偶尔涉足成人文学，代表作《调频》被数百家网站收录。已出版作品50余部，作品语言优美、故事动人、风格多变，享有“文字女巫”之称。代表作有《假如深海鱼流泪》、《小妖的金色城堡》、《校服的裙摆》、《左耳》、《沙漏》、《秘果》、《离歌》等等，并主编少女杂志书《漫女生》、《雪漫》、《最女生》及《17SEVENTEEN》。作品多次登上全国各地（含港台地区）畅销书排行榜，小说《天天天蓝》在日本出版。她的文笔独特，写有“青春爱情系列”、“青春疗伤系列”“青春疼痛系列”等等系列作品。饶雪漫还身为一个专写青春小说的团队“花衣裳”饶雪漫网名坏坏，曾任编辑、DJ。她在青春文学领域经营了近18年。她的小说风格多变，文笔优美，故事行云流水，对当今的青少年了如指掌，直抵青春的最深处，是无数男生女生心目中的知心姐姐。就在刚刚结束的由北京《儿童文学》杂志社举办的首届中青年作家小说擂台赛中，饶雪漫凭其实力一举夺得金奖。她在镇江电台做得非常成功的时候，她辞职了。那一瞬，心里有一些酸，毕竟这里是她奉献了10年青春的地方。然而，生命充满了不可知的奇迹。遗失掉的青春被她一把把地抓了回来。“那时候就感觉忙不过来，人生要收获，肯定就要懂得放弃！”此后，她开始做编辑，更多地写青春文学。生命又鲜活起来。她抓住了青春，抓住了一个永远不老、永远美好的孩子。放弃了这份稳定的工作，专心投入到写作中。小说配主题曲，这种形式几乎成了饶雪漫作品的风格，这样的“钟情”，也或多或少与她做音乐节目DJ的经历有关，“看到文字，脑海中就会想象音乐！”

看过许多许多饶雪漫的作品。文字的确如女巫般多变，时而阳光、时而忧伤。透过那些优美、精致的文字，我偷偷地猜测，这大概是个有着海藻般弯曲长发，穿白色棉布长裙，游走在人群之外独自喜悦或者忧伤的边缘女子。电话那头的雪漫自己报料说，已经是7岁孩子的妈妈了。雪漫解释道：“其实，当走过了青春，经历过成长的阵痛、苦涩、美好，再回过头来看‘青春’的时候，才会写进更多的东西，不迷失、不狂躁，会给人更多的指引。”是啊，雪漫的文字浸透了青春的一切，她了解青春，了解17岁的男生女生，深深懂得他们的爱、恨，心里的杂乱和美好。“我一路狂奔，渴望在拥挤匆忙的人群里找到一个和我相似的面孔，她有和我相似的命运。我可以在她的身上看到自己生命的参照，何去何从，不再那么仓皇。”《小妖的金色城堡》中妖精七七的这段心声，是很多17岁女孩的心里话。“孤单寂寞的17岁”的专利归雪漫所有，那是因为在她17岁的时候，自己也曾是个寂寞的孩子。那时的雪漫表面叽叽喳喳，内心却孤孤单单。“总觉得没有人能懂我。17岁时的我渴望两样东西，一是在书架上找到自己想要的一本书，二是找到一个可以边走边谈的朋友。那个时候，我没有实现这个愿望，所以我希望今天的我能够给17岁的‘她们’这两样东西，希望我写的书是她们要找的那本，希望我就是那个她们可以边走边谈的好朋友。”文风优雅、个性浪漫。是许多读者和媒体对雪漫姐的评价。她的确是浪漫的，少年时喜欢听齐秦忧郁、孤独的声线，那么迷恋齐秦大概也是因为十几岁时内心的寂寞吧。不过现在的雪漫很爱笑，常会“丹唇未启笑先闻”，她的笑容安静、清澈，给人安全、让人舒心。雪漫这样的女子，青春似飞舞的雪花，轻盈而美丽，落入大地，收获了爱、宽容和坚强，雪落有声。她用文字描绘了一个个有爱的、平和的、寂寞的、疼痛的世界，她身处其中，就像家乡川南自贡许多人家阳台上的三角梅一样，恣意绽放，散发出热烈、烂漫与纯美的光芒。

2011年5月初，有“文字女巫”之称的四川女作家饶雪漫在北京推出了她的新作《胆小鬼》。新书出版之际，饶雪漫还获得了大型出版集团的注资，组建新的文化公司，全面介入图书出版行业。当天，饶雪漫也向外界宣布自己的妹妹，写有20多部少儿图书的饶雪莉正式从小学辞职，加盟到她旗下的公司上班。

2010年，同是四川作家的郭敬明自筹资金成立了上海最世文化传播有限公司，亲任董事长兼总经理，人称“郭董”，而如今的饶雪漫也有了一个新的称呼，“饶总”。饶雪漫的个人品牌获得了国内出版界龙头老大凤凰出版传媒集团的青睐，该集团译林出版社整合饶雪漫自己的个人公司北京雪漫文化和上海青马文化，在2012年初成立凤凰雪漫文化有限公司。饶雪漫亲妹妹饶雪莉，是自贡的一名小学老师。饶雪漫变身“饶总”之后的第一个举动就是劝说妹妹从小学辞职，作为公司的重点作家进行推广，饶雪莉表示，自己不会介意成为姐姐的摇钱树。

易小荷

易小荷，自贡“80后”青春作家。求学于自贡市一中。四川外语学院毕业。中国新闻周刊主笔、中国体育新闻界“篮球第一女记者”。有纪实文学《亲历NBA》、《NBA七宗罪》等著作问世。

浴火的凤凰

——记中国新闻周刊主笔、中国体育新闻界“篮球第一女记者”易小荷

2011 年初春，北京和成都的书市先后举行了由花城出版社出版，著名体育记者易小荷创作的纪实文学《NBA 七宗罪》的首发式。该书披露了看似光鲜的 NBA 背后鲜为人知的黑暗与不和谐之音，比如裁判吹黑哨、NBA 体制不养球员，新老球员间互相倾轧、猜忌等。

易小荷，又一位十几年前从釜溪河边走出自贡、走向全国、闯荡世界的自贡姑娘。

“篮球第一女记者”书写《NBA 七宗罪》

易小荷在国内体育新闻界有“篮球第一女记者”之称，有长达 10 年贴身采访 NBA 球星的经历。《NBA 七宗罪》记述了易小荷与姚明、乔丹、科比、詹姆斯、韦德、保罗、雷阿伦等大牌明星的交往，还讲述了一些“泛体育”故事。更重要的是，全面回顾了 NBA 繁华背后的细节与内幕。

易小荷从小学四年级开始发表第一篇作文，从此与文字结缘先后毕业于四川省自贡市第一中学和四川外语学院英语系；相继在新华社《体育快报》及《南方体育》、《体坛周报》供职。见证了 NBA 联赛的逐渐繁荣。她还曾采访 2001 年北京世界大学生运动会、2002 年釜山亚运会、2002 年 9 月印第安那波利斯男篮世锦赛。2002 年 12 月至 2003 年 4 月，驻扎休斯敦“大本营”，见证姚明征战 NBA 的整个赛季；2004 年采访雅典奥运会；2005 年至 2007 年四次前往美国采访 NBA 常规赛、季后赛、总决赛，以及日本世锦赛，并多次跟随中国男篮国家队前往欧洲。

2008 年后，易小荷担任《体育画报》中文版主笔。曾先后接受过《都市主妇》、《深圳青年》、《瑞丽》、《女报》、北京电视台、中央电视台等多家媒体的采访，2003 年出版《亲历 NBA》一书，《北京青年报》、《北京晚报》、《青年文摘》、《重庆晚报》、新浪、腾讯网、光线传媒等多家媒

体专题报道或转载，北京电视台为此制作专题节目在黄金时间播出。喜爱看书、写字，两次获得CBA好新闻一等奖；除了体育报道，也曾经为《北京青年报》、《京华时报》、《时尚先生》等多家报纸和杂志撰写文章和开辟专栏。

在易小荷看来，NBA黑哨事件频发、内部充斥着独具特色的厚黑学，球员间互相倾轧与猜忌。尤其苛刻的是，NBA体制不养球员，球星们都是使用过度的机器人。她说："NBA这台不断运动的机器，太懂得把一件物品榨干利用之后，再从流水线上制造出另外的替代品。所以对球员们来说，最可悲的不是赛季报销，不是被转会被交易，而是当你没有任何利用价值时，就有被NBA抛弃的可能。"

谈到书名《NBA七宗罪》，易小荷解释说，她想把"傲慢、嫉妒、暴怒、懒惰、贪食"等七个词镶嵌到书中，揭露NBA背后的故事，"当然这只是一个寓意，并不是说它真有所谓的七宗罪。"

易小荷6年前出版过《亲历NBA》，此次再写NBA题材，易小荷表示新书与《亲历NBA》有很大不同。"写《亲历NBA》时，我是第一次去NBA，相对都是一些比较粗浅的感受。现在做记者已经有10年了，对NBA的很多东西，包括内幕，我看得比别人更多、更透彻。而且，我又是一个特别敏感的人，所以我会看到一些可能别人不太注意的细节。"

易小荷《NBA七宗罪》出版后，央视著名篮球转播顾问、新华社资深记者徐济成感慨地说："如果没有小荷这样的人写篮球，篮球文字和篮球明星都会产生同质化的遗憾。其实那是一个丰富多彩和生动有趣的一族，需要有生动有趣的文字来记载和传播。"姚明在看完书稿之后感叹说："不得不说，易小荷这本《NBA七宗罪》涵盖的东西太多了，有句话叫：'距离产生美'——那是大多数球迷对NBA的印象吧，看完这本书你就会明白这个世界上的事情不是绝对的。"

"了解NBA有两个途径，一是看现场直播，一个就是看易小荷"。作家、《榕树下》总编辑王小山如是说。

她就像一只浴火的凤凰

易小荷，自流井釜溪河边长大，曾求学于自贡市一中。四川外语学院毕业，几经辗转当上篮球记者，而且把篮球写得香艳有趣。从中体网助跑，完成了国内平面体育媒体的三级跳，从新华社《体育快报》、《南方体育》再到体育界的顶级媒体《体坛周报》，从九运会到 CBA，从亚运会到 NBA，不同的比赛让小荷看见了不同的风景，终日的奔波让她成为姚明赴美比赛唯一全程跟踪的中国记者。

几年前的一天，我的文坛老友，一中教师易浩和他的爱女与我在自流井街头不期而遇。说起依在他身旁的小女儿，易老先生神采飞扬。他说，他女儿易小荷，年仅 25 岁，与我同行，现在《体坛周报》作体育记者。随即，又向我送上他女儿刚出版的一本装帧精美的新书。他还说，这本书记述了一个小女孩在男人的世界里拼抢的成长故事。

眼前的易小荷不由得让我小小吃了一惊，一身纯白的翻毛皮衣，耀眼的尖头长靴，一袭如瀑布般的披肩秀发，一双动人的凤眼闪耀着特有的聪慧和灵气，和印象中那些整天穿着翻兜马甲的体育记者形象似乎有很大出入。为什么要从事体育记者这个世界上最“毁容”的事业，甚至还成了国内 NBA 报道领域的翘楚？为此我们一起话谈开来。

易小荷的书中写到了姚明，但姚明不是主角，也不是她写书的目的。在 NBA 赛场，她见证了世界为姚明欢呼，也见证了姚明在陌生环境里的煎熬和挣扎。她想表达的是，一个热爱文字、极其感性的女性，在篮球的缤纷里享受的兴奋与辛酸。书只是她“梦想实现的第一步”。

体育记者一向是男人的天下，尤其是在球员个个人高马大的 NBA，那简直就是一个体力活。易小荷说：“只有最不要命的人才能活下去。”

其实，在美国做姚明的跟踪报道，报社领导是让她待两个月就可以了，因为一般人都没办法适应一天飞三个城市的辛苦，受不了独在异国的寂寞和一个人一天做两版的工作压力。小荷却申请要把整个赛事跟完。她在美国整整待了四个月，成为在 NBA 赛事中唯一一个全程跟踪报道姚明的中国记者。因为不是科班出身，小荷比同行下的功夫更多，用女性的细腻给蓝球添加了些许柔情。主编龚晓跃曾公开宣称小荷为《南方体育》的三张王牌之一，说“当她半年前来我办公室报到时，我真没想到，这个四川女孩能把 CBA 做得如此香艳有趣。”

历经那些苦难，上帝想让我得到最好的

英语专业出身的易小荷从没想过自己的生命会与篮球结下不解之缘。

青春期的小荷敏感而脆弱，个子高高的她反而常常受同学的欺负。每一次受惊之后，她就一个人小心地躲起来独自流泪，羞涩成了她青春记忆

里的主宰色。

“庆幸的是我报考了外语学院，那里培养了我面向世界的自信。”小荷说，后来的性格转变虽然不是在某一刻发生的，但是大学的选择却起了相当重要的作用。

大学最初的两年里，小荷并不是老师眼中的好学生，常常上着课就从后门偷偷溜出去，和校外男友约会。直到父亲领着她向老师认错，望着父亲微驼的背景，小荷忽然感到心痛和悔意。忽然间，逃课的日子变得没有意义，一段虚无而又稚气的爱情无疾而终，奋起直追的小荷成为当年寝室里唯一通过英语六级的人。

然而，纵有优秀的成绩，毕业时没有关系没有推荐，一切都只能靠自己去撞得头破血流。她去过一所民办中学当老师，月薪300元，曾经睡过水泥地。绝望的时候，还趴在被窝里给远方的好友写下诉苦的万言书。

之后，她辗转去了深圳，做前台、秘书，从最普通的职员，一点点努力，一点点积累，一切从头学起。眼看再过一年就可以拿到价值几十万的股票，却因为无法忍受金钱欲望和人情淡薄的生存环境，又一次独自踏上旅途，远上北京。我问她是不是有些后悔，她嫣然一笑，对我说：“没有，上天没有让我得到那些，是为了让我得到更好的。”

初上北京，小荷的第一份工作是网站编辑，跑篮球这条线。从未涉及过这个圈子的小荷是被排斥的，虽然误打误撞算是闯了进来，但是遭到的冷遇和白眼不知有多少——这片领地从来没有网站记者可以挤进来，更从未有过女记者占主导。

可是小荷不在乎，她清楚地记得自己在做好网站编辑工作的同时，冒着大雪，在北京最冷的天气里一场场地跟着球队训练和比赛。因为没有钱，常常是公交车转地铁再走路，天还黑着就出门，在雪地里留下一串清晰的脚印。有时摔倒在雪地里，真想大哭一场，可是看看四下没人，觉得这条路是自己选择的，于是又爬起来，继续走。

“人生最大的幸福就是做自己喜欢的事情。”这是小荷回望后的感言。经过了这么多的苦难，小荷在篮球圈里的知名度一路提升，有了一批支持者，一批妒忌者，一批崇拜者。她说：“感谢上苍，让我吃了这些苦，不然，我不会有现在的闯劲儿，也不会有现在的易小荷，我很容易受伤，但我不会被击败！”

易小荷去美国之前，朋友们都说她好运气，可以走遍美国，但其实真正像易小荷的一篇文章说的那样：“世界对于我来说，就是一家到另一家酒店的距离。”

在美国漂着的2880个小时的结果，早生了白发，为伊消得人憔悴，也漂得彻底的面目全非……尽管如此，结束那一天的手记上，易小荷告诉自己，篮球记者的天职就是充当球星们的翅膀。

她一天的作息是这样的：白天看姚明训练并记录，晚上比赛前要去更衣室抓新闻；比赛时，易小荷忙于各种数据的统计，然后还是更衣室，然后记者招待会；回到旅店后做稿子做到凌晨5点，睡一个半小时还要起来去赶火箭队的客场飞机。

平时，同行们都挺和蔼的，但到了采访时，都跟狼似的，哪管什么江湖道义、绅士淑女，以百米速度冲刺，谁的块头大、谁能够占到好位置，谁就有新闻。虽然从小就饱受挤公交车的训练，但易小荷“血拼”的对手是膀大腰圆的老美，1.7米的小荷一下子就被这帮野象“踏平”在地了。

于是易小荷恶补篮球教材，发现里面有很多抢篮板的技术可以用在和那些如狼似虎的男人们抢新闻上。

易小荷很快发现，打败男人其实很简单。前一阵，她看了电视剧《律政佳人》，发现那个在法庭上穿粉色花裙子的女律师很像她，整天都在男人堆里混，可依旧那么扎眼。她不按常理出牌，反而成了最厉害的杀招，那些整天正襟危坐的大男人们全都在她面前摔了大跟头。易小荷也是如此，她经常打扮得非常雅皮，一路高跟鞋咯噔咯噔地大叫着冲向记者区，结果每次都被保安拦下，证件看了又看，就是不相信有这么时髦的记者。

后来，每当那群大男人冲上去的时候，她就乖乖地站在后面，但因为惹眼的打扮，她总能轻易占到先机。无论采访谁，只要她站起来就是全场的焦点。有一次，姚明没到记者招待会，又没什么大腕，凤凰卫视的许戈辉干脆把话筒放到她面前，刹那间，这群和她平时明争暗斗的“野象”们也都把话筒和大炮似的镜头对准她，她急得大叫：“为什么？”许戈辉笑着说：“因为你是中国第一个报道NBA的体育女记者。”

她的性情文字也博得了同行们的肯定。在她笔下，灌篮高手有血有肉，充满生活情趣。她不仅仅成了篮球报道界数一数二的大腕，也和所有篮球明星都成了“哥们”。

机遇是秃头上的一根头发，有准备的人才能抓住它

“机遇是秃子头上的一根头发。”小荷非常欣赏这句话，她说这句话常

常提醒自己，机遇是靠自己争取来的，有准备的人才能抓住它。

2002 年去美国跟踪采访姚明在 NBA 的赛事，是小荷到《体坛周报》接到的第一个任务。这次采访不仅要求优秀的英语水平、良好的沟通能力，更要有很强的适应能力。彼时，小荷刚到新的工作环境，还有很多事情没有安顿好就被老板派上路了。

小荷和姚明是早就相识的朋友，提起这个大男孩，小荷说："最初以为他是个不懂拒绝但对谁都不冷不热的篮球明星，后来慢慢接触多了成为朋友，才知道他的冷淡是因为青春期大男孩的不知所措和尴尬，一切表现皆缘于直率与真诚的本性。

在美国做采访时，小荷也和姚明闹过矛盾。那段时间，有太多人要采访姚明，一对一的专访安排得非常少。一次，两个中国记者在给姚明做专访，不知缘由的小荷也凑过头去。姚明大声说："你知道不知道人家是在做独家专访?"小荷连忙道歉说我不知道，然后离开。不久，便有人带着取笑的语气说你不问清楚当然要碰钉子了。

专访结束后，小荷直接找到姚明："你当时不能好好和我说？当那么多人面，就没考虑过别人的自尊……"见小荷越说越委屈，姚明倒有些不知所措了。晚上的比赛结束后，姚明在应付了很多问题后，主动转过身来问举着采访机的小荷："你今天怎么没问题了?"小荷笑了，这个可爱的大男孩给她找了个台阶，即使到了 NBA，他还是那个自己了解的朋友，从没变过。于是两个人之间的采访和友情都继续进行。

那次报道，她在美国整整待了四个月，成为唯一一个全程跟踪报道姚明在 NBA 赛事的中国记者。

与机会同时来临的还有辛苦和无助。有时要连续 24 小时埋头做稿子，困倦到站着也能睡着，而最难面对的还是一个人的孤独，只能在漫漫长夜里用中文对着镜子自言自语。

曾有记者问小荷："你和姚明的共同点是什么?"她说："我们都是一只候鸟。"细想想，姚明第一次参加 NBA 赛事，小荷第一次做这样长期深入的报道，在异国他乡，他们站在同样的零起点，向着终点奔跑。

易小荷说她一直对闾丘露薇们心生仰慕，在那些硝烟弥漫的镜头中，他们无所畏惧，他们前仆后继，记下了人类的残酷暴乱、生命的卑微弱小和世界的动荡不安。而徘徊在赛场与赛场之间的她，没有世界大战可以经历，没有经济萧条可以恐慌，她曾经因为找不到在枪林弹雨中风尘仆仆的那种感觉而心生不甘，她开始质疑自己的方向。

直到有一天，一个陌生的读者给她的一封信写道："你的专访充满感性和激情，也为体育运动的人性化做出了独特的铺垫，我们因为你的报道而更加爱看体育比赛，更加爱看体育报纸。"那一刻，她为自己的感动流泪，前路豁然开朗起来，用生命来做一个忠实的历史记录者也值得。

小荷说在美国采访，第一次那么强烈地感受到作为一个中国人的骄傲，也第一次意识到民族自尊对自己的重要。对她来说，最重要的是让她知道自己不管多苦多累，都能够一点点挺过来。"原来这个世界上没有办不到的，只有想不到的事情。"

小荷的美国之行，不只给国内读者带来第一时间、第一现场的感受，也给国外同行留下了深刻的印象，一家国外体育媒体诚意邀请她加盟，但是小荷谢绝了。她这才发现，自己是如此热爱祖国，那般的割舍不下。她喜欢周围的人和自己说同一种语言，她喜欢入定似地站在北京喧闹的街头，看人来人往。她知道，她是属于中国的，任何时候！直到永远！

善待自己，学会感恩，爱我所爱

从美国回来，小荷患上了失眠症，大脑经常处于亢奋状态，凌晨两三点的时候还在床上辗转反侧。隔一段时间，就会做一个相似的梦。梦中的她又回到了校园，参加考试，可是看着试卷上的题，一道也答不上来，然后就急醒了。一次次从噩梦的茫然中惊醒，小荷更坚定了要善待自己的想法。

她花去几千块钱逛商场买名牌扮靓自己，找寻着报纸杂志上的健康秘方，联系新老朋友，告诉她们她们是自己生命中美丽的相遇。她一如既往地宝贝自己的一头秀发，将它染成灿烂的红色，享受它们在阳光下闪着饱满的光泽。更多的时候，她会静静地躺在宿舍的床上，和那些书中的人一起度过寂寞的时光。

现在，在篮球圈里已经有了一定名气的小荷每天会收到很多读者来信，对此，她总是一一回复。她说从前偶尔收信，常常以工作忙、事儿多、心情不好等各种理由解释自己不回信的行为，但是后来，她开始认真地给每个人回信，哪怕只是写一个字，也让人家知道自己看到信了，知道自己的感激。

寻找梦中的王子

整天跟“巨人”们泡在一起，易小荷发现自己对1.8米的男性都没了感觉。这当然是玩笑，但易小荷的确感觉自己在长高，人有一种高度是一生都会生长的，那就是你的眼界。前几天，她接到一个大学同学的电话，同学连声惊叹：“真没想到你会变成这样！”

过去的她一向非常“黏人”，一心一意追求一份可以一生暖心的爱情。以男朋友为第一的她，到了北京，满脑子想的还是回家后他做她最爱吃的东西。

后来还是分手了，那种尖锐的痛，至今还停留在身体的某个部位。做体育记者之后，生活越来越颠簸，一年到头，哪里有篮球，她就到哪里。每次站在篮球场，听到篮球在地板上撞击的声音，看到那些肌肉发达的猛男们在空中飞翔制造出篮球的美妙弧线，她就有种情绪要把赛事转成文字。

小荷似乎已经像自由的跳棋一样在这个椭圆的星球上跳来跳去。然而，游侠般的生活注定要牺牲一些东西，比方说爱情。

两任男友都是因为跟不上小荷的节奏而离开的，她要不停的出差，还要熬夜，好不容易有点休息时间，还要用来看书。男友说你陪我的时候能不能不看书？她不能。因为没有阅读，她就无法承受工作上超强的压力，正如她说，有了长长的寂寞和空白，才能写下一篇篇文字清新幽默的报道。

她刻骨铭心地记得那个大雪纷飞的寒夜，她搬出了男友的公寓，像流浪儿一样跑到朋友那里寄放行李，结果当街结结实实摔了个大马趴。躺在地上，干脆都不想起来了，她只想当街大哭。朋友开门的时候，发现她鼻青脸肿，浑身是雪水，却笑嘻嘻的，感觉匪夷所思，经历了那么多的人和事，她不再是那个被琼瑶、亦舒们毒害的小女孩了，她足够野、足够疯、足够狠，所以她“很容易受伤，但绝不会被击败”。

回首走过的历程，重读那些记忆，感觉竟像在读前世。许多个夜晚，抬头望月，还有那可以与之交谈的星空。那些温暖的名字一样，虽在遥远而模糊的角落，却总有一点点光亮，静静地照着我……

《南方体育》的总编龚晓跃，那个一脸清秀却自称“老男人”的人，是他第一个在报纸上提到我的名字，表示我是他“最欣赏的记者之一”，尽管到现在，我与南体之间有了太多的误会和变故，那份最初的情谊和深深的遗憾却从来都未曾走开。

《体坛周报》的总编瞿优远，“20岁的身体和40岁的眼角”，是他当初对我的赏识让我知道自己不仅仅是个女记者，而且是个能干的记者，这个永不知疲惫的媒体人让我学习到那么多，而正是在这个中国最大的体育媒体，我找到了可以一生都尽情起舞的地方。

我最最亲爱的父亲易浩，“唯有文字才是超越时空、永不磨灭的财富……”他永远都是我忠实的读者，一篇篇、一段段，甚至一句句都读得仔细、看得明白，也正是他夜读不息的身影鼓励了我从小学四年级的时候，就开始希望“有一天你能超过你爸爸”……

那些面容，像朵花的微笑，像露珠的叹息，更像是生命中那些剔透的水晶珠链，串起了那并不完美但却完整的岁月。

这不过是属于我命运的一页书罢了，让我动容，让我发怒，让我哭泣，也让我悲伤。

还好，写下这些文字的时候，我知道，这一页终于这样翻过去了。

2010年岁末之际，得知《NBA七宗罪》出版发行，小荷父亲易浩给小荷写下了这样一封信：

荷儿：

你好，见字如面。

许久未与你联系了。现今虽有固话，虽有手机，但仍改变不了我写信的癖好。

记得小时，你说“将业想成为一个作家”，对此我却哑然失笑。因为交亲也是一具热血的不知天高地厚的文学青年，“三更灯火五更鸡”，穷尽文思，发表了不少见诸报刊的千字短文，赢得了一定的虚名，然而也只落得过两袖清风，白发早生。而今，当我看见你接受电视台采访时的风采，高兴荣跃之情油然而生。

我知道，你是一个敬忠职守的记者，从做记者的那一天起，你便恪守凡事必亲见亲闻、亲采亲访、反复印证的信条，决不道听途说，不屑在网站上抄摘，更不屑坐在屋内凭空捏造。我常看见你背负着沉重的行囊，跋涉于茫茫沙漠，穿行于冰封雪地，奔忙于汶川瓦砾，甚至到欧洲，去美国，出首尔，走日本，或来去匆匆，或停下长驻，面对陌生的环境，接触陌生的人们。我知道，当我沉沉入睡，连一向失眠的老妈亦进入梦乡时，我的女儿，不知在哪个国家、哪座城市、哪个旅店，正在敲击键盘，码出文字，发出采访报道。在我悉心搜集你的十多大本的剪贴里，凝聚着你的青春，浇注着你的心血，倾泻着你的风华。同时，我也知道，在你的字里行间，也蕴含着不被人理解的辛酸以及不为人知的太多无奈。看着你纷纷而下的落发，你的母亲多少次黯然泪下，多少次向我抱怨，不该让你读文科，不该让你做记者。可是，她哪里知道，身为一介平民的父母，自己尚且忙碌，又哪有能力来安排你的工作，来设计你的命运呢？如一颗种子，不幸降落在贫瘠的荒野，只有自生自长，自我坚韧与顽强，去发自己的芽，去开自己的花，去自我在春、夏、秋、冬中摇曳。荷儿，我们也只能默默地注视你，注视你沉浸在书海之中，注视着你孑然一身，南去深圳，北漂京城。荷儿，你不会怪你无能的父母吧？

荷儿，你知道，我眼神不济，常朦胧着看你，常朦胧着写字，而即使上网，也只能是朦胧阅读。我每天上网，从不懈怠；我爱逛报摊，风雨无阻，因为可以及时地搜觅到你的文字；我爱看 NBA，我关注 CBA，因为你是一个篮球记者，也许你就在比赛的现场；我爱穿运动装，耐克、阿迪、彪马、靠背、李宁、安踏……因为你是一个体育记者。荷儿，你知道为父的心境吗？因为我快乐着你的快乐，幸福着你的幸福。

我退休在家，无事便反复阅读你所写的文章。读你的《亲历NBA》，读你朴实无华的文字，也读你在美国的踪迹。而即将面世的这本书，我大多都耳熟能详。你似乎仍继续着你观察的敏锐，继承着你入题的独特视角，无情地剖析那些浮华背后的故事，那些大红大紫背后的谎言。而文字更显成熟，见解更显深刻，角度更加神奇，内涵也更加丰厚。我觉着经过岁月枯荣的洗礼，你在求索中已经近上了一个新的高度。你的第一章《美国人的冷与热》，文字一改以前淡淡的忧愁，“久而久之，我也被冻成了一个冰疙瘩，只能每天被排列在遗忘的角落，等着冰箱门偶尔开关瞬间的温暖。”读到这里，我竟噙着泪而微笑起来。这种深沉的幽默在《第二十二军规》中也显现无遗，“他们想当然地认为，那是美国的事情，我们一定会关心，美国的事情也就是全世界人民的事情。”这种幽默让我感到内心的震颤，更感到采访的辛酸。一个记者，被冠以虚幻的头衔，一个中国的记者，一个中国年轻的记者，却每天要去面对那些肌肉异常发达、性格孤傲、星辉闪耀的球员，无疑是一只洁白的羔羊闯进了子弹在飞的战场啊。我清楚地知道，这不仅需要智慧，更需要坚韧和勇气啊！

荷儿，我知道，当你走上记者这条路后，就变得越来越繁忙，也就变得越来越沉默。但不管什么时候，你总是把你的快乐带给我们，而自己则扛着屈辱与痛苦独行。你的长时间地被官司，你的或长或短的被失业，衣食无着，彷徨徘徊，然而也没有动摇过你的探索与追求，没动摇过你作为记者的良心，为此我感到欣慰和骄傲。为父今年60了，也曾痴心地做过记者作家梦，也曾希冀过著书立说，然而雨雪风霜，只能在文学的大门外徘徊。也许，我那时的梦想将应在你的身上。

荷儿，文章寻常事，甘苦寸心知。只要你耐住寂寞，不为世俗所左右，不为浮华所迷惑，写自己该写的文字，埋下头来，勤奋笔耕，写出最新最美的文字，从而让你的生活变得更加丰富，让你的岁月变得更加有意义。

2011 年初春，得遇回自贡探亲的小荷，我们又话谈开来：

近十年的记者生涯，有时候我会问自己：喜欢看书与写字至此，为何偏偏选择体育？在绝大多数人眼里，体育就是腱子肉、弹簧人、肢体之间的碰撞，至多就是和自己体能的较劲。去年有个朋友说：“应该让每个小孩子都来热爱体育，热爱篮球，因为这样，从小的时候就可以开始学习接触人生的失败。”

记得我曾经多么虚荣地希望自己能够站在灯光照耀的舞台，能够是世人瞩目的重心。而如今我知道，虽然我曾经游历世界各地，看过不同的风景，吃过各种苦头；虽然我时而软弱时而坚韧，曾经也有过少数的人们在我身上放过或多或少的期望……我的生活大抵就是如此了，我准备最终承认我的身上不会发生什么不同寻常或者惊奇的事情。

生命如果有无限种可能，我们能实现的可能和选择的可能，其实是极其有限的，我发现自己越来越对社会上的动荡不安全然接受：无论是疲惫的出差旅行，工作的变故，他人的轻视。叔本华早就说过“他人即自己”，从这个意义上来说当我写下乔丹、科比、姚明的传奇，诺维斯基、邓肯的故事时，我会假装在某种程度上来说就是在写我们自己的故事……

2002 年至 2007 年，我曾多次往返于中美之间，就像我在引子里所提到的，从此以后我的大部分时间都在和这个叫做 NBA 的家伙谈情说爱——这种感情简直像透了一厢情愿的单恋，它充满了冒险的挑战、刺激的情节、意想不到的转折、理所应当的拒绝和毫无悬念的结局。

而从体育报纸到体育杂志，再到综合类杂志，慢慢地，我远离了 NBA。但恰恰是这种远离，使我得以平心静气，重新审视它的天地、界限，以及它的无限可能性。

我大抵选择的并不仅仅是体育，而是一种人生罢。这十年当中，王治郅、姚明、巴特尔、易建联、孙悦相继进入 NBA；乔丹走了又回来，再离开；NBA 又推出了“小皇帝”詹姆斯，科比正在慢慢成就神一般的霸主地位……我曾经不厌其烦地在媒体上灌输着各种各样大洋彼岸的细枝末节，只是回过头去才发现，我唯独忘记了，皱褶的岁月教给我们的，人生的美好不在于美好本身，而是在美好与丑恶的混杂中，人们经历过、体会过。

我们根本无法看透复杂的人生，唯有记录下来。

和小荷道别时正是盐都灯火耀眼时分。我想，我的小老乡、小同行小荷一定能把“美者，文字有美感，内心美好”的美女记者演绎得更好，一定会有风景看透后的细水长流般美丽的爱情。不管她在篮球的路上还会走多远，她都永远是一只随时准备浴火的凤凰，精彩并出位。

钟 静

钟静，自贡“80后”青春作家。1982年出生于自贡市大安区，父母为鸿鹤化工总厂的普通职工。小时候钟静就读于鸿化厂子弟校，自贡五中毕业后，2000年考入成都大学工商管理系旅游管理与导游专业。2011年，28岁的自贡姑娘钟静（笔名：梧桐夜月）创作的长篇小说《骄阳似火》第一版发行面世不到一月即销售一空，读者好评如潮。经读者网上投票和专家评选，《骄阳似火》荣获首届依家书院首届原创大赛冠军。

2012年8月，才华横溢的盐都美女作家钟静在成都遭遇车祸，不幸去世。

演绎贞观宫闱中的历史风云

——钟静和她的长篇小说《骄阳似火》

中国当代著名文艺评论家雷达不久前做客南海东软学院 CXO 大讲堂讲授“新媒体时代的文学”后，接受记者的专访时指出：“近年来文坛比较热闹，出了不少花边新闻，什么裸诵、乞讨、梨花体之类，让人看了遗憾甚至悲哀。但要看到，大部分中国作家还是心存神圣，在自尊地、艰苦地、大胆地探索着，辛勤地创作着，也取得了相当丰硕的收获。”

如今的文坛早已是三分天下：纯文学刊物、市场化出版、网络传播，不再是原来意义上的文坛了。

然而，一个不谙世事的自贡姑娘，她有着怎样一双慧眼，能穿透尘封千年的历史烟云；一个当今世人都认为苍白稚嫩的“80 后”女性，她有着怎样一支神来之笔，敢书写大唐贞观大明宫中的情仇爱恨，渲染出一曲大唐的盛世悲歌。

依家书院举行首届原创大赛　自贡姑娘钟静脱颖而出荣获冠军

早春二月，百花竞放。

由朝华出版社（花间坊）、国际文化出版公司（蝴蝶季）、光明日报出版社等出版机构联合举行的“依家书院首届原创大赛”经过初赛，28 岁的自贡姑娘钟静（笔名：梧桐夜月）创作的长篇小说《骄阳似火》在初赛的 8 万部作品中脱颖而出，顺利晋级并正式由朝华出版社出版向全国发行。第一版发行的《骄阳似火》面世不到一月即销售一空，读者好评如潮。经读者网上投票和专家评选，《骄阳似火》在决赛的 100 部作品中胜出并荣获首届依家书院首届原创大赛冠军。同时荣获亚军的奈良辰的《陌上繁花绽》、伶九的《锦娘》，季军非影的《冥界红娘》和今口慈心的《那堪花满枝》相继出版并在全国书市发行。

依家书院是一家以女性言情为主的原创文学出版网站，其目的是“寻找原创文坛最具潜力新人，打造原创文坛最耀眼新星。”它是朝华出版社（花间坊）、国际文化出版公司（蝴蝶季）、光明日报出版社等出版机构出版作品的重要提供机构。依家书院一直坚持以出版为主、网文为辅的发展方向。

依家书院从2009年9月正式运行一年多，已有2000多名注册作者，8000多注册会员读者，其编辑团队也在不断地壮大。依家的成长正在朝着梦想一步一步努力前行。出版的梦想、坚持原创的梦想、为了美好的创作环境而坚持的梦想，他们正在一一实现。

梧桐夜月等作者荣获本届原创大赛前五名，他们的作品均由合作出版社出版，《骄阳似火》、《陌上繁花绽》已于2011年2月份在全国上市，《锦娘》、《冥界红娘》、《那堪花满枝》也于2011年5月上市。

《骄阳似火》以现代人的眼光来解读被尘封的历史，全文闪耀着让人眼前一亮的另类灵气和风格化影像。然而，片中最为出色的当属那极具现代感的语言，不论是旁白还是对话，均让人回味无穷，时而波澜不惊，时而惊心动魄，以金属一样的力度和水袖一般的柔媚，深刻体现出人物内心的复杂多变与矛盾冲突。

《骄阳似火》说的是唐朝时期高阳公主的故事。文中没有去复述艳情秘史、宫闱争斗等人们耳熟能详的庸俗野史、传闻和流言，也没有像史学家那样去记录“物理”事实，而是用诗人的眼光，以一种人性的情感逻辑去解读历史，去靠近历史人物的内心世界，去理解他们的爱恨与情仇、罪与过。

千年盐都的一片沃土　培育了钟静的文学才情

以笔名“梧桐夜月”创作长篇小说《骄阳似火》的钟静，1982年出生于自贡市大安区，父母为鸿鹤化工总厂的普通职工。小时候钟静就读于鸿化厂子弟校，父母发现小钟静对艺术有种特别的爱好，便有意培养她业余在二胡和国画等方面的兴趣。渐渐地，钟静在课余更多地醉心于国画与文学。在鸿化厂子弟校期间，她的国画《熊猫》就曾在全国双龙杯书画大赛中荣获优秀作品奖。

谈起钟情于文学的初衷，钟静还略显稚气的脸上笑靥如花。她告诉记者：“在读小学三年级时，我偶然间获得了一本由燕山出版社出版的《唐宋词精选》，细细读之，很快便沉迷于古代诗词其中而难以自拔，特别读到李煜的词作‘四十年来家国，三千里地山河，凤阁龙楼连霄汉，玉树琼枝作烟萝。’还有‘问君能有几多愁，恰似一江春水向东流。’以及‘胭脂泪、相留醉，几时重，自是人生长恨水长东’等词句，便再也舍不得放手了。我深深地感受到李煜词的婉约凄美，那淡淡的哀愁，让我忍不住对他的故事痴迷，后来读到姜夔的《扬州慢》：‘二十四桥任在，波心荡，冷月无声，念桥边红药，年年知为谁生’，我不由又开始为词中所提到的杜郎所倾心，为那‘二十四桥明月夜，玉人何处教吹箫’的盛世唐朝，为那‘春风十里扬州路，卷上珠帘总不如’的大唐而倾心。”

从此以后，钟静对文学和古典诗词的喜爱，更胜过了她曾喜好的国画，多少晨曦初露的清晨和万籁俱寂的夜晚，钟静畅游在古典文学那些清词丽句中，从那些诗词中的字里行间搜集那些动人的典故，去思考、理解，去把握那些早已离远去的世事人情、历史烟云。

上初中以后，钟静从课堂上学习了朱自清先生的《绿》、《荷塘月色》等散文，那些优美的意境，精妙的词句催生了自幼埋下的文学之梦，她忍不住提笔动手，将心中所蕴藏多时的故事，用散文的形势写下来。

钟静高中时就读于自贡五中，那时钟静在学校结识了几位志趣相投的同学，课余时间，大家就在一块儿读琼瑶、巴金、霍达、路遥、金庸、古龙……从那时起，她开始沉醉于那些充满爱恨情仇的小说中而不能自拔。高中那一段时间，父母给的零花钱她几乎都用于购买各种文学书籍去了。

由于对文学的兴趣越来越浓，在高二的时候，钟静和几位同学在学校老师的带领下，创办了自贡五中的兰亭文学社。“兰亭”二字，是钟静根据《兰亭集序》中所记录的故事而取的，其意义是希望有更多的文学爱好者能汇聚此处，为自己的梦而努力。

那段时间，钟静的散文参加了全国性诸多的大型征文比赛，而且每次参加都不会空手而归。高三是学习任务特别繁重的一年，为了高考，她不得不理智地压抑住写作的兴趣，全身心地投入高考。

千禧之年，钟静考入成都大学工商管理系旅游管理与导游专业。大学期间，她选择的是旅游管理与导游专业，她所学科目中的宗教文化、旅游文学、历史文化、古蜀文化等课程，都为钟静对古代史的研究提供了素材。在课堂上，她穿梭于历史的风云，凝听着那些远去的故事，游走于秦砖汉瓦中，追思着那些凄美的过往。她在那些婉约的诗词中，回味着那些远去的爱恨情仇，喜乐悲欢……

一切成功都绝非天意和偶然　十年勤耕苦读赢来一夜成名

在20世纪90年代的中学生时代，钟静曾多次参加各类征文大赛，并多次获奖。上大学后，她开始在各类报刊发表诗歌、散文，并成为《全国大学生》诗歌专栏2004年度特约撰稿人。

在大学期间，她顺利地通过了国家级导游资格证的笔试和口试，毕业后开始从事导游工作，一直穿梭于四川西北高原与成都之间，由于工作性质的原因，她的业余时间十分充足，再加上那些灵动山水的感染，她开始拿起笔，用散文和诗歌书写心中的大好河山。

2008年年初，一次偶然的机会，她告别了导游工作，应聘上了共好集团旗下“星工坊”的诗歌文案工作。在任诗歌文案期间，她每日游走于各色的琉璃艺术品之间，用动人的诗篇，歌颂它们的美丽。2008年中期，应公司要求，她又兼任了共好集团旗下《商学院》杂志的编辑工作。

2009年9月，共好集团迁往深圳，华林集团又向她伸出了橄榄枝。10月，她正式成为华林集团旗下泰极影视文化公司的员工，主要负责剧本编剧、图书撰稿工作。

2007年至2008年，她创作的48万字长篇小说《楼兰新娘》，在北京开维、悦读纪和潇湘书院联合举办的“首届华语女生原创小说大赛”中，从近10万部参赛作品里脱颖而出，成功进入了前30强。由此，2010年同依家书院正式签约，成为依家书院的签约作家。

长期以来，钟静一直很喜欢中国的古代史，喜欢唐诗、宋词、元曲，以及那些被历史尘封的凄美故事。早在高中时观看了李少红导演的《大明宫词》，从《大明宫词》唯美的画卷中，她深深地爱上了充满诗意的大明宫，同时也开始对唐史感兴趣。通过近年来对《贞观年鉴》、《新唐书》、《旧唐书》的解读，她脑海中开始勾画出了一段贞观的历史。

贞观，那是大唐最繁华的时代，同时也是整个中国历史最繁华的记忆。钟静苦苦地寻觅着，在那一段历史中所拥有的，不仅仅是华美的赞歌，那些繁华背后，同样也有着凄艳的悲凉。

在贞观风云中，除了唐太宗这一指点天下的君王，同时围绕在他身边的众人，也极富特色。站在女性的角度而言，在这些人中，给钟静留下最深印象的当然是那一位极尽骄傲的大唐公主——高阳。

高阳公主，作为唐太宗最宠爱的女儿、大唐最尊贵的公主，她的人生是极尽绚烂的，同样也是极其悲凉的。她的爱与恨、情与仇，究竟有着怎样的故事？她真实的人生又究竟是怎样的呢？这一个个的问题一直缠绕在钟静的脑海中难以平静。

由于对高阳公主的好奇，她开始搜集与她相关的正传与野史，开始构思关于她的故事。她相信，在她的身上所发生的故事的真相，一定充满了传奇，她认为自己应该还历史以真相。

2010 年 5 月，依家书院同各大出版社联合举行原创小说大赛，当时，钟静已整理好《骄阳似火》的写作大纲，创作也开始进行了一部分，于是她就以原创文学的形势参与了这场比赛，在创作的过程中，她一边写作，一边同读者交流，从读者处，她也得到了很多的灵感，她开始深思，高阳的人生悲剧的起点是什么？她所爱之人究竟是谁？

从各种野史中不难看出，让大家记住这位公主名字的是那一件宫廷秘闻，那一件她与玄奘法师高徒辩机和尚的故事。

而说到辩机，同样也众说不一。辩机之死是否真的与他与高阳公主私通有关？虽然大部分学者均采信，但也有人持反对态度，认为太宗杀辩机，完全是因与高阳公主父女之间交恶，利用公主用金宝神枕供养辩机而大做文章，用以震慑教训其女。后世之《新唐书》、《资治通鉴》记载此事，加上男女关系，使得辩机虽然被害而含冤莫白。

讲到永徽年间的那一段惨案，钟静不由再次对流传已广的高阳公主的故事产生了怀疑，根据《旧唐书・列传第十・宗室》所记载：“河间节贯神明，志匡宗社，故妖不胜德明矣。道宗军谋武勇，好学下贤，于群从之中，称一时之杰。无忌、遂良衔不协之素，致千载之冤。永徽中，无忌、遂良忠而获罪，人皆哀之。殊不知诬陷刘洎、吴王恪于前，枉害道宗于后，天网不漏，不得其死也宜哉！”

李恪他是因才高于世、名倾四海而被权臣、李治的舅父长孙无忌诬陷而杀，同时也是因高阳的连累而被长孙无忌陷害。而面对生死的问题，李恪至死也未曾对高阳有过任何的一句怨言，由此可见一斑，他俩的关系十分密切。而有史书记载，早在贞观中期，长孙无忌就曾向太宗进言，李恪与高阳关系暧昧。

可是事情真是这样的吗？多少个月朗风清的不眠之夜，沉浸在贞观历史风云中的钟静辗转反侧，神游八极。柳絮落无声，看几番浮沉，伤心色染上了笔痕。是谁误了前身，又是谁乱了乾坤？叹聚散合分，这世间万丈红尘，剑里百年爱恨，断弦几根，不过是缩影人生。

她是唐太宗最宠爱的女儿，她是大明宫中最明媚的太阳，她是三月春风中最动人的那一朵桃花，她是集三千宠爱于一身的天之骄女……可是，她虽容貌绚丽灿烂，命运却冷艳悲凉。她的一生，激情与死亡交织，阴谋与爱情纠逐。一个极致的女人，有着怎样极致的爱情？李恪、辩机、房遗直……他们一个个穿插入她凄艳的生命，纠结成一段段禁忌之恋。她的爱，让她疯狂；而他们的爱却让她沦丧。那爱之不能，得之不到的枷锁，让她陷入了痛苦的深渊，最终一步步走入了风暴的中心，成为了那皇位的祭奠。她的爱情，哀婉而缠绵；她的爱情，凄美而动人。在爱的纠结中，高阳，她用鲜血，渲染出了一曲大唐的盛世悲歌、繁华春梦！在这里，骄傲的皇嗣们，每个人生下来都有他自己的规律，每个人都有自己独特的轨迹，然而都得服从一个阴郁的共同命运——权力。有些人反抗，就产生了悲剧，对于这些悲剧，皇族里是绝口不提的。与生俱来的权力赋予他们辉煌和骄傲，但他们也必须付出代价。无论他们是热爱权力还是痛恨权力，他们都是被困在牢笼里，牢笼的无数根铁栅是由权力构成的，笼子的四壁尽是耳朵和眼睛。而他却又在牢笼中为权力斗争，或愿意或不愿意。一个个鲜活的生命变成人们背后阴沉的猜测，他们的血在风中结痂，加重着大明宫浓郁的色彩。

可是权力仍然需要血的滋润，阴谋不会落幕。大明宫是权力的温床，宫中那把龙椅是权力极致的象征。因权力而衍生的野心和欲望将恐惧连绵不断地笼罩在大明宫上空。辉煌的背面是残酷，华丽的外表下是无常无情，激情过后是绝望。

很喜欢文中的三皇子李恪，完美的化身，有理想有抱负，更有一颗无比柔软的心；更令人出乎意料的是对辩机和尚的全新诠释，出乎情止于礼，为了一份不可能的爱，仍然是义无反顾，甚至不惜牺牲了自己……而对于房遗直，他的爱那样执着，那种沉重，以至于让他走向了不归路。

她真的是如《新唐书》所载：“合浦公主，始封高阳。下嫁房玄龄子遗爱。主，帝所爱，故礼异它婿。主负所爱而骄。房遗直以嫡当拜银青光禄大夫，让弟遗爱，帝不许。玄龄卒，主导遗爱异赀，既而反谮之，遗直自言，帝痛让主，乃免。自是稍疏外，主怏怏”？

钟静不能相信，一个大唐最尊贵的公主，一个集三千宠爱于一身的公主，她会因为贪慕那一点点夫家的家产而与作为君王的父亲心生隔阂？

钟静相信这一切的因果都是有原因的。而这个原因究竟是什么呢？

那些相关的正传与野史，它们给予了钟静创作灵感。她决定，一定要在自己的笔下，写出一个她心目中的高阳，写出那一个美如桃花的女子的凄美故事。

于是，钟静在创作这一部作品时将所有的资料进行了一个融合，用女性的角度，来讲述那一部由男人所开创的贞观盛世；用女性的角度，来讲述那一个美如桃花的公主的凄美爱恋。

因为她认为，冲冠一怒的不仅仅只有英雄，同样也可能是红颜。妖娆不仅仅是繁华，同样也可能是凄艳。史书中极尽任性的高阳，不一定就是那个真实的高阳，在钟静的心中，她也有着她的无奈与遗憾。所以《骄阳似火》一书中的高阳公主，她是忧郁的、无奈的，但也同样是阳光明媚、美如桃花的绝世传奇！

没有激情的历史是苍白的，而没有理性的激情，历史是琐碎残缺的。钟静和她的《骄阳似火》用激情和理性演绎了一个诗意盎然的唐朝，把那段历史变成活生生的现实，是包容了过去、现在和未来的应有尽有的现实，让千年诗魂游弋在文字间，华丽而不失庄重，深情而包含理智。不仅仅是吸引和感动，它带给人们的是久违的全面的审美震撼，让我们凝神倾听人物的内心暴风骤雨似的独白。

唐时皇宫的大明宫已经无处可寻了，但大明宫里的故事却代代地流传。虽然故事的主人公都是一些能主宰一群人命运的人，但他们也有普通人的情感与挫折。《骄阳似火》全面展现了唐太宗之女高阳公主瑰丽而坎坷的一生，如诗一般行云流水的文字，带有深刻的哲理意味。

在依家书院首届全国原创小说大赛中，钟静共有《骄阳似火》、《丹青》两部长篇小说参赛，并都成功进入了总决赛。

2012 年 8 月，才华横溢的盐都美女作家钟静在成都遭遇车祸，不幸去世，生命永远停在了 29 岁。

杨冰阳

杨冰阳，自贡人。腾讯世界杯美女主持，女足世界杯网络主持。曾为《全视界》、《现代女报》、《大学生周刊》、《新民 BELLA》、《新京报》等多家报刊开过专栏。涉足影视《十面埋妇》、《瓶凡》、网络剧《恋爱培训班》、《嘻游记》等。网络第一人气美女“啊呀娃娃”，曾担任凤凰卫视“锵锵三人行”、“戈辉梦工场”、“一虎一席谈”及 CCTV“大家看法”、北京台“谁在说”等节目嘉宾。著有《恋爱厚黑学》、《我和幸福有个误会》。

智慧创造的非凡人生

——新生代作家杨冰阳印象

她最被人记住的一句话："比我漂亮的都没我聪明，比我聪明的都没我漂亮。"她是新浪两性情栏目感千万博主，多栖艺人，猫扑形象代言人，腾讯世界杯美女主持，女足世界杯网络主持。她叫杨冰阳，盐都自贡人。

周末的上午，电话找到杨冰阳时，她说她正在京津高速路上，整日忙得不亦乐乎。南非世界杯拉开战幕，曾经红极一时的足球宝贝杨冰阳又忙碌了起来。做客"世界杯足球"栏目，她从女性角度说着对世界杯的看法："如果你是球迷，那很好，请尽情享受；倘若你不爱足球，也可以自己找乐子。爱足球是男人的天性，千万不要和足球争风吃醋。"

问及近年她出的两本书，她说："身边有很多女性朋友，每逢失恋或者遭遇恶男、纠缠者就给我打电话或者 HSN 咨询，久而久之就发现许多女孩遇到的事件和人物特点都极为相似，甚至雷同，于是便起了写书的念头，这便有了我去年的第一本书《恋爱厚黑学》。一个女性的最佳选择，就是有一个好的生活和一个好男人。这就是我今年出版发行《我和幸福有个误会》一书的主题。我想通过我写的这两本书，让每个好女孩都能分得清什么样的爱情才是完美的，什么样的男人才是值得托付终身的。此书出版后，许多读者来信说书中的内容对她们很有启发和帮助。每个女孩都想找到属于自己的白马王子，但感情路上女孩子远比男孩子坎坷许多。我们正在面临社会的转型期，无论是技术变革，还是新思潮的冲击，都会引发大量特殊现象的出现。从这一点上来说，这本书实际是在力图帮助女孩子们做出更优的选择。虽然一本书不可能让你拥有幸福，但至少会让你少些缺憾，多些完美，离幸福更近些。"杨冰阳如是说。

每天杨冰阳都会收到来信，大多是读者们的感情求助信。她很擅长交流，每天她都在自己的博客上回信，这倒不是说明她的恋爱经验有多么丰富。喜欢读书的她熟读了各类心理学书籍，学习一些与恋爱相关的东西，包括心理学、博弈学、社会学、人类学知识，长期分析读者们的感情问题，也越来越专业有效。“我必须要了解这些东西，融会贯通后才能给求助者一个很完美的答案。”

“爱，就像弗洛姆说的，爱是一门艺术，一个人要通过一些方式去达到自我实现，才能得到爱，之后还需要去升华它，还需要去维护，这样才可以达到一个更好的境界。”在她的眼中，爱是一门科学，是一种积极的态度，爱生命，爱别人，更爱自己。如今杨冰阳的爱情开花结果，她成了一位幸福的靓妈，享受自己的小日子同时，她也愿意帮助其他人学会怎样更好地去爱。也许她的书不及其他女性作家笔下的爱情那么风花雪月，她更加追求真实感，为感情迷途的女生指点迷津，这种一针见血的文风让许多人直呼过瘾。

“啊呀娃娃”杨冰阳的母亲在自贡市市级机关从事政工工作，日前去和她探究杨冰阳的成长历程。她淡淡一笑地说：“杨冰阳从小学到高中都不爱课堂上的学习，只醉心于看书。”杨冰阳小时候是父母眼中的乖乖女，同学们口里的乖娃娃，写文章换钱买书，偶尔上网发帖或和“仇人”死掐。从小学开始发表作品，“啊呀娃娃”现在也搞不清楚自己究竟写了多少文字。最遗憾的是在上高中，学的是理科，只得弃文从理，把文字欲像初恋一样深深地埋在心里。终于上了大学，专业却是学法律，幸运的是自修课很多，于是，有大把的时间看书或者跑到网吧写文字。

嘈杂昏暗的网吧里，有人用耳麦吵架，有人和网友视频聊天，有人昏天黑地打游戏，这样的时候最适合写柔情蜜意的东西。杨冰阳说，这个时候，她只能够把写作当成打游戏，这样才不会影响其他人的游戏兴趣。

见女儿这么辛苦地跑到网吧占位置写文章，妈妈终于忍不住给她买了一款超薄的东芝笔记本，虽然是九成新的二手电脑，不过，杨冰阳还是很兴奋：“以后可以拎着随便找个角落写东西，好爽！”

其实，最欢迎娃娃多写文章多投稿的还是她的那些死党———稿费来了，一经“举报”，人人都有零食可吃。但是，这家伙总是很懒，要么没有钱用了，才赶快弄几篇稿子出来，要么是编辑约稿子催得厉害，才会“发奋图强”。

有一次，一家电脑类报纸需要“啊呀娃娃”写一个小说拿去做噱头，逼她一下午写 3500 字。写到头都发涨了，于是，恶向胆边生，差点动手把网吧的电脑给毁了。还好，完工不久，很快拿到几百元稿费，于是，一路小跑到书店，狠狠地买了一捆书回去，躺到床上心满意足地啃个昏天黑地。

课堂上的“啊呀娃娃”内向而安静，但骨子里的反叛和个性总让她不时有惊人之举。

上高中时，学校校风挺严格，女生都小心翼翼地把自己裹起来，只有她一个人穿吊带。现在别人提起她，只要说高三那个穿吊带的，大家就心领神会。爸爸妈妈在党政机关上班，管也管不了，于是警告她：别穿到单位来找我！每当别人问起为何总是穿吊带，她的解释是：身体散热机能不好。然后一笑而过。

在大学评选校花时，“啊呀娃娃”还闹出过一场小小的风波。在网上投票选举中，“啊呀娃娃”拥趸众多，她的投票数字一度遥遥领先，结果不知怎么的，有人居然直接封了她的投票页面。后来，得到主办方的解释是，投她票的人数太多太快所以系统自动封闭。

有生活阅历的女人才智慧，意志坚定的女人才性感。智慧与美貌并存是杨冰阳的追求，学习做一些以前没有尝试过的事情，她的生活总是充满了新鲜与挑战，活得精彩并不是难事。

昔日的同学说，课堂上的“啊呀娃娃”内向而安静，骨子里的反叛和个性总让她不时有惊人之举。杨冰阳的经历颇有些丰富，可她始终没有按常理出牌。“她从小就性格开朗，活力十足，想说就说，想做就做。我们父母就是让她自由发挥，也许，正是这成就了她的成长”。杨冰阳的母亲如是说。

时下能成为网上名人的，通常总是凭着某方面特长脱颖而出。网上出没的强人和鼠辈太多，有的很好很强大，有的很傻很天真，有点呈乱世草莽之态势。而杨冰阳很大程度上因为她“嚣张”的那句话——“比我漂亮的都没我聪明，比我聪明的都没我漂亮。”令爱的人狂捧，恨的人狂扁。网络上，应该张狂些还是内敛些？该永远保持匿名神秘感，还是要来点实名保障制？各自选择各安天命吧，反正对于现在的名气，杨冰阳说，“我不会为打翻的牛奶哭泣。”

网络上张狂的人多了。“我只是陈述事实而已。”对于这句名言是否“张狂”或者“炒作”，杨冰阳这样回答。她的智商水平，确实得到了科学的认证。她加入了世界上最知名的高智商俱乐部之一的门萨俱乐部，而该俱乐部须通过英国总部测试才能加入。

杨冰阳2001年开始混迹BBS，凭借清新靓丽的形象和高活跃度，迅速成为猫扑和天涯社区知名网友。2005年签约猫扑网成为其首任形象大使，亦被百度搜索引擎评为2005年度十大网络红人之一。近年来，她先后做过广州电视台嘉宾主持，江苏卫视《网络风云会》节目主持，华夏时报世界杯足球宝贝冠军，还做过《上班这点事》等节目嘉宾主持。她凭着漂亮的外形和张扬的个性，已经成名于网络九年时间，在猫扑、天涯、开心网、新浪微博等国内最具有号召力的大型网站拥有大量的支持者。凭借在网络上的名气，她吸引了无数眼球以及各大媒体的争相报道。曾报道过杨冰阳的平面媒体、网络媒体、电视不计其数，新浪、搜狐、猫扑、腾讯等大型门户网站也都相继专访她。杨冰阳已成为当今网络红人中正面形象的一个代名词。

胡 楠

胡楠，自贡“70后”青春作家。

2007年初春，胡楠《梦续红楼》由作家出版社出版发行。

续写“红楼”放飞梦

——《梦续红楼》的青春作家胡楠

2005年前6月23日，一直在红楼艺苑论坛“潜水”的胡楠，开始把自己的《梦续红楼》贴到一家名为“艺苑论坛”的网站讨论版上。随之，一个“雨山雪续《红楼梦》”的帖子，成为众多“红迷”追捧的超级热帖。

令人称奇的是，这个真名叫胡楠、中专毕业的“雨山雪”是一位年仅27岁的打工女，发到网上的内容是她从15岁那年开始尝试创作的旧版续写稿。

笔法恰似曹雪芹

自古英雄出少年。盐都自贡才女胡楠，历时12载，三易其文稿，完成的长篇小说《梦续红楼》承接曹雪芹所著《红楼梦》之现存七十九回原稿，从第八十回续写至一百零八回。

在续书连载的前言中，胡楠称自己“是个孤独的爱红人，周围没有一个人能理解我对红楼梦的痴迷。”她表示，其实每个人心中都有一个不同的结局。“我并没有想要辱没红楼文字，权当写给自己看的故事。”她的续书在网上引起持续关注，她自己也从一个“潜水者”，成为该论坛的版主之一。

胡楠稍显羞涩地向我叙述了自己的红学之缘。

小时候胡楠就被同学称为“林黛玉”，他们不明白她为何对《红楼梦》这么痴迷。谈到最初的续书动机，胡楠说：“13岁开始读《红楼梦》，刚开始没有很深入的了解。慢慢地觉得后四十回跟前八十回差别很大，首先人物性格没有以前那么可爱了，在情节上，前面本来有一些暗示伏笔，但后四十回明显没遵循这些暗示。”

正是多梦时节、多思年华的胡楠15岁开始写《梦续红楼》，16岁完成续书初稿……这一系列年龄数字让人感到惊诧。而最终能坚持完成这本续书，胡楠承认跟自己的性格有关系。“我比较内向，不喜欢出去，所以做事情比较执着。”

最起初，胡楠的理想是上大学念中文系，后来却读了中专卫校。“我理科差得一塌糊涂，我妈妈想到我偏科太严重，分析之后还是认为我的情况上中专更好，于是我便进了卫校。”上卫校的时候，她就利用上课的时候偷偷写一些不成文的片断，写了两学期，勉强完成了第一稿十三回，那时刚满 16 岁。

虽然很多人将她作为“草根红学”的最新代表，但她对主流红学或者草根红学的争论不感兴趣。“我就是写给自己看，也没想到会出版。当然，我觉得每个人都有自己的红楼梦。这个梦可以绚烂，也可以朴素。”

胡楠的故乡在四川自贡，她目前生活在杭州从事市场营销业，她自己评价这份工作“自己既无兴趣又毫不擅长”。记者问，新书出版后有什么新打算吗？她回答，为了写续书，已经耽误了一些事情，现在最担心的就是因为这事“丢了工作”。

胡楠外形靓丽，网上有人称她是“红学美眉”。问她对这个称呼怎么评价？她想了一下，说这是别人说的，自己不好说。而谈到自己作品的得意之处，她说“语言与前面还是很相似的”。

2007 年初春，胡楠《梦续红楼》由作家出版社出版，全书 25 万字，首次印刷 10 万册。

胡楠遵循曹雪芹原著的诸多伏线暗示，和脂砚斋、畸笏叟批语中对后半部佚稿情节的零星披露，并吸取红学家多年来的研究成果，充分发挥艺术想象力，以娴熟而逼真的“曹式语体”，雍容大度的故事结构给世人演绎了古典名著《红楼梦》后的故事。

2007 年 1 月 11 日，北京国展中心举行了胡楠《梦续红楼》新书发布会，14 日在北京西单图书大厦集举行了签售仪式。著名红学家邓遂夫先生为这本书撰写了题为《且看才女续红楼》的序言，红学界泰斗周汝昌先生题诗盛赞此书：

天公抖擞降人英，解悟奇书十五龄。
梦续红楼身入梦，鸿蒙两赋在通灵。
声口文情绝似芹，令人忘假且疑真。
凭谁不服才兼识，恐落私怀愧后尘。

弃他狗尾换新貂，附骨之疽一旦消。
莫把云泥相比类，分根判柢不同条。
女儿才性自难量，岂与须眉较短长。
试问芹公能谅否，温然一笑意轩昂。

与此同时，新版电视剧《红楼梦》在全国掀起了海选的热潮。

潜心续“红”十二载

日前，电话联系到“雨山雪”胡楠的手机时，听筒里传来的是一个柔弱、纤细的声音。胡楠告诉记者，她目前在杭州一家医院打工，从事市场营销工作，业余时间喜欢看看书、写点东西。几年前在网上发的《红楼梦》续稿是她在 15 岁到 16 岁时写的第一稿，没想到能让那么多网友喜欢，也没想到会有出版社出版。

胡楠跟《红楼梦》的缘分要从 6 岁那年开始，当时爸爸给她买了一套《红楼梦》，尽管自己年龄小，有很多地方看不懂，但其中的一些彩色插图却深深地吸引了她。随着年龄的增长，她对《红楼梦》越来越痴迷，读了足足有四五十遍，沉浸其中难以自拔。后来越读越觉得高鹗版的续写让她很不满意，于是便萌发了自己续写的念头。胡楠说，第一次续写“红楼”的时候并不懂“红楼”，只是因为喜欢，当时是从第八十一回写到了第九十三回，后面的十几回写的只是提纲，自己取了个名字叫做《梦断红楼》。如今回头再看当年的旧作，胡楠坦言，当时的写作功底确实十分浅薄，风格上也不统一，语言等其他方面自然更是无法与原著相提并论。

2003 年，胡楠离开老家四川自贡，来到杭州打工。偶然间，她浏览了网站上网友的红学评论，这些评论使她对原著文本与书中的人物性格有了更深的理解。“潜水”一段时间后，胡楠每天来到网吧，把自己第二次续写的《红楼梦》几十万字文稿发布到论坛上。本来，她把续写稿发到网上不过是因为自己喜欢而已，并没有想过会发表甚至能出书。

2004 年 8 月，胡楠的父亲通过一个朋友，将她续写的《红楼梦》送到了自贡市文联《蜀南文学》杂志编辑廖时香手中。两个月以后，廖编辑选择其中 6 回，刊发在《蜀南文学》2005 年第一期上。廖编辑对胡楠续写稿的评价是：“故事情节、逻辑性和行文风格上十分接近曹雪芹原著。”

更令胡楠意想不到的是，2006 年国庆节，胡楠回老家自贡探亲，遇到了红学家也是自己的同乡邓遂夫先生。邓先生看了胡楠的《红楼梦》续稿后击掌叫好，称她“青春年少，与大观园中的人物年纪相差不多，在续写中能较好地把握人物的心理和情感”，是真正的“梦中人”，鼓励她赶快将第三稿完成，修改不太对仗的回目，严格按照格律进行诗词创作，他将帮助联系出版社出版这部书稿。就这样，胡楠的《红楼梦》续稿走进作家出版社编辑的视野中，并很快被列入该社当年12月份的出版计划之中。

不惧东西南北风

胡楠曾看过清代的一些人续写的《红楼梦》，但都没有看完。胡楠深知他们在知识的丰富性上比自己强，而且描写也很细腻，但个人风格太浓，看上去和曹雪芹的风格不一致。对于自己的作品，她认为最满意的是语言，情节上也还可以。她在续稿中改动最大的当属林黛玉的情节，在她笔下，林黛玉没有误解怨恨宝玉，而是在宝玉外出后因强烈的思念泪尽而亡。

对于自己的文字水平，胡楠比较自信，在续写《红楼梦》时也刻意贴近曹雪芹的语言风格。续写《红楼梦》过程中，胡楠在诗词方面遇到了很大的困难，刚把续稿发到网上后，有不少网友指出了其中一些诗词存在的问题。胡楠表示，这只能靠自己去解决，不能回避。自己主要是格律不太熟，有些畏难，后来在对旧稿进行重写时，她刻苦学习了有关知识。著名红学家邓遂夫先生还专门录了一小段讲格律的DVD寄给她，对她帮助很大。所以在最后定稿中，有些不合格律的诗词就被删去并重新写了一些新的，邓遂夫先生看过后说进步很大。

“我毕竟是第一次出书，当然希望能尽量做得完美一些。”胡楠说。

在此期间，有些网友也对她续写的《红楼梦》发出了不太友好的声音，对此，胡楠并没有放在心上：“我不会在意这个的，他们爱说就说吧，我只管做我喜欢的事情就行了。”对于出书后可能会带来的名和利，胡楠说当时并没有这方面的心理准备，对自己以后的生活也还没有太多的考虑，“可能会配合出版社去做一些宣传吧。”当问到续写《红楼梦》是否影响了自己的生活和工作时，胡楠略一沉思后说：“应该没有吧，我都是利用业余时间来写的。”

留待历史去评说

谈及胡楠续写的《红楼梦》，作家出版社编辑部主任王宝生对胡楠的作品给予了高度评价："胡楠这个女孩子写的东西，在文字风格、遣词造句上都跟曹雪芹的《红楼梦》很相似，在故事构思上又加入了她自己的独特理解，确实有一定的卖点。而且她当年才 27 岁，但从小就读过很多遍《红楼梦》，历经十多年，三易其稿，她比一般年轻作家的文字水平要高出很多，也很成熟。"

尽管出版社和部分红学家对胡楠续写的《红楼梦》给予了高度评价，但中国红楼梦学会原副会长、文艺评论家李希凡先生日前就此却表达了不同的观点："所有续写都是狗尾续貂、自不量力。"李希凡把曹雪芹及其《红楼梦》看作是天才和世界上最优秀的作品，"能把每一个人都写出性格、写出不一样的命运，即使连巴尔扎克和托尔斯泰也办不到。因此，你如果有些才能，那就去创作自己的小说，但不要去琢磨续写《红楼梦》。《红楼梦》是未完成的杰作，就让它永远成为缺憾的艺术吧。"

中国红楼梦学会常务理事、山东大学教授马瑞芳女士，在看过胡楠续写的部分旧稿后，并没有直接评价作者的文字水平，而是表达了与李希凡先生类似的观点："我认为任何人来续写《红楼梦》都是续不好的，就像断臂的维纳斯一样，曾有很多人试图从各个不同的角度来接上断臂，但都达不到断臂维纳斯的效果。有人曾说，'重要的不是描写哪个时代，而是在哪个时代描写'，因为现在的人所处的环境、所接受的教育是与曹雪芹时期是完全不同的。或许有人续写的某一篇章或者对某一人物的描写跟原著的风格很贴近，但你没有曹雪芹的经历和天赋，怎能按他的思路来完成呢？"

著名红学家邓遂夫说："当年我被《蜀南文学》编辑部明梅女士和廖时香先生请去，首次读到胡楠续写的一部分书稿，便为这小姑娘过人的胆识与灵气而极感惊讶。应作家出版社之邀担当此书的特约编辑，再细审读《梦续红楼》的全稿，则更为其初尝"禁果"便出手不凡的成就而激动不已。有时我读起来，还真的有点不敢相信自己的眼睛：一个 15 岁就开始续写《红楼梦》的小女孩，三易其稿也不过 20 余岁，怎么就能如此娴熟而逼真地驾驭这种'曹雪芹式'的语体，结构出如此雍容大度的故事来？更重要的是，其间诸多事件与人物命运的合理推进，环境氛围与历史生活细节的逼真描写，尤其是那光怪陆离、惊心动魄的种种梦境的营造，都让我这个自信下了很大功夫去深研红学若许年的学者，深陷其中而不能自拔。特别是在读到其中接近尾声的一些精彩章节，如：‘苦绛珠魂归离恨天’、‘王熙凤知命强英雄’、‘狱神庙义仆慰旧主’、‘贾宝玉雪夜围破毡’，以及‘刘姥姥救巧姐’、‘警幻仙揭情榜’、‘甄士隐梦醒证前缘’等等，这些分明是我在研究原著和相关脂批时反复琢磨过的内容，脑海里熟悉得不能再熟悉（有的情节如‘雪夜围破毡’、‘警幻揭情榜’等，她原来并没有写，甚至是在我初阅之后临时让她补写进去的），竟然都能让我产生似乎是在阅读曹氏原著的幻觉，并且常会获得一些‘原来如此’的顿悟与启迪。像我这样明知是续书，又深谙曹氏的伏笔和脂砚斋、畸笏叟批语的种种披露的特殊读者，尚且被她几可乱真的续写深深打动，相信此书的一般读者，定然也会不同程度地产生类似共鸣吧。”

作出这样肯定性的总体评价，不等于说这部续作就没有缺点、漏洞，更不是说它就足可与曹雪芹的原著相媲美。对过去或将来的任何一种《红楼梦》续书，恐怕都不能讲这个话。因为这部巨著本身的艺术成就实在是高不可攀，其间所留下的种种谜团，也许永远都不能尽行破解，谁敢说他就能完全洞悉并准确再现曹公佚稿的全貌与神韵呢？别说一个初出茅庐的小女子胡楠，即便是世界级的大作家、大文豪，恐怕也难以做到这一点吧！因为任何高明的续书，其营造的逼真幻觉，都不能与原著相提并论。这应该是一种最起码的文学常识。

由此而认为文学经典根本就不可以续，或者认为只要是没有曹雪芹那样的生活体验和高超才艺就不能去续写《红楼梦》简直就是“胡闹”，这样的观点也该是站不住脚的。其荒谬即在于，他们是把一切为经典名著所写续书的艺术水准，都假想成了必须达到与原著相同或相近的高度。倘如此，世界上那么多经典名著的续书——如《后十日谈》、《斯佳丽》、《后水浒》、《西游补》等等——岂不都该统统付之一炬？事实上，这类为经典名著或一般名著或非名著所续之书的艺术水准，不论其是“青出于蓝”还是“狗尾续貂”，抑或“借他人酒杯，浇胸中块垒”，任何读者在阅读它们时都会有一种不言而喻的共识，即续书就是续书，原著是就原著；不论二者之间孰优孰劣，都不能成为影响其各自独立存在的理由。

续书，仅仅是文学百花园中的一个特异品种而已，不必因其与原著有形式上、内容上的关联，而刻意地去责难它——只要不是像程伟元、高鹗那样暗中假冒就行。

2007 年 1 月 11 日，27 岁女孩胡楠创作的《梦续红楼》在北京国展中心首发。首发式上，红学家刘世德不仅对续书作者提出两条忠告，还严词反驳了刘心武关于“曹雪芹写完了《红楼梦》全书”的说法。

首发式上，红学家刘世德表示，大家对续书的态度应该宽容，“无论谁来续，水平肯定不如前八十回，但不要动不动就说人家‘狗尾续貂’”。

刘世德还回应了现场记者的另一问题：“刘心武近日表示，曹雪芹是写完了全书《红楼梦》的，只是后来某种原因遗失了。你对此是否认同?”刘世德说，曹雪芹是否写完了《红楼梦》，这在学术界没有一致意见。他同时严正指出：“曹雪芹肯定对八十回后的内容做了构思，但目前没有证据表明，曹雪芹写完了全书，也没有证据表明这本写完的《红楼梦》突然遗失。”鲁迅的后人周海婴、茅盾的后人韦韬也参加了首发式，对胡楠的续书进行了鼓励，并叙述了他们父亲与《红楼梦》的缘分。

胡楠续本遵循曹雪芹原著的诸多伏线，并吸取红学家多年来的研究成果，对原著事件与人物命运作了合理的推进。有评论家认为这部作品在目前所知的 18 种古今《红楼梦》续书中，有超越前贤的独特魅力。

红学研究会会长张庆善的评价是：“文笔成熟老到，确实相当不错”。

·附录·

崛起的富顺作家群

富顺因盐设县，距今已有近 2000 年的历史。富顺县因人才辈出而闻名于世，自清初便享有“才子之乡”的美誉。

在漫长的历史长河中，富顺形成了独具魅力的地方文化。“富世盐井”至今仍为县城一道靓丽的景观，“才子文化”让这座沱江之滨的千年古县涛声不绝，文脉相承。富顺城北有一岭一湖，湖曰西湖，岭名十字岭，每当夏季，荷叶田田，新荷辈出；湖光山色，地灵人杰。造就了富顺特定的文化底蕴。

富顺历来出文人，富顺的读书人很多都做过文学梦。新中国成立后，富顺仍涌现出了不少才子，除每年高考成绩卓著外，著名人物如郑必坚、黄楠森、王锡仁、黎音海、朱先树、张昌颖等均著作等身，成就斐然。才子之乡的富顺，还走出了李加建、张新泉、伍松乔、王孝谦、李华、廖时香、聂作平、黄礼明、李自国等颇负盛名和建树的作家。

东方风来，改革开放，市场经济“让一部分人先富起来”，这无疑是一句最震撼人心的诗！直指人性最深层次的需求，一路风雨兼程，秋风落叶，摧枯拉朽而来，多少明月清风、蜜意柔情统统不堪一击。于是，盛世到来，文学淡化而远去。

千年古县涛声不绝　长江后浪推前浪

记者近日来到富顺文协采访，文协理事长周春文谈起这些年的富顺文学，他十分感慨地说，县委、县政府的关怀，省、市文联的指导，全县文学爱好者的参与，社会各界的支持，文协、作协同人的勤奋工作和无私奉献，使富顺文学在这几年焕发出前所未有的生机与活力。

富顺文协、作协自成立以来，大力推进凝聚队伍、活跃创作、培养新人三大要务。2007 年初夏，季刊《富顺文学》的诞生，对集聚队伍、提高会员创作水平起到了极大的促进作用。与此同时，近几年来，富顺文协、作协还举办了大量文学活动，春节年会、端午诗会、知名作家回乡座谈会、推荐骨干作者参加省市作协等等。这些活动的开展，既增强了团队的凝聚力，又丰富了会员的创作，为富顺的精神文明建设做出了积极的贡献。

谈起今后的工作，理事长周春文非常感慨，他说：县文协、作协已将琵琶镇土地村新增为文协、作协创作基地。除了继续努力提升传统活动的文学品位之外，每年组织 1～2 次大型文学笔会，以此推动富顺文学创作向新的、更高的目标奋进。条件准备成熟，还将举办一届“中国富顺——郎酒杯”全国征文大赛。拟准备出版一套“富顺作家丛书”，力争成为《四川文学》会员单位，让富顺作家的作品常见于《四川文学》。

一分耕耘，一分收获。2008 年，富顺县文协、作协会员出版个人诗文集 13 部：作家出版社出版的何安平诗集《守望》，中国文史出版社出版的刘海声文集《刘光第其人其事》、张通城小说集《疯狂的人们》，大众文艺出版社出版的何方成纪实文学集《震撼》等。尤其是大一学生何方成编著的《震撼》，汇集汶川大地震重灾区政治、经济、文化、风土人情及地震科普知识，成为影响较大的畅销书。2009 年，县文协、作协会员出版个人专著 9 部，包括伍松乔报告文学《柔与刚——一座城市的 DNA 成都》、李华诗集《沿着自贡诗歌地图——我的诗盐志》、罗芝家诗集《风雨如歌》、徐舫的电影文学作品《末路》和《被缚的少女》等。一系列文学专著的相继面世，反映和展示了富顺县作家队伍的创作潜能。

《富顺宣传》杂志总编辑周春文，曾经“教过书、下过海、经过商、从过政”。紧张的工作之余，对文学不离不弃。他不仅尽心竭力于县文协、作协的日常工作，主编大型文学季刊《富顺文学》，还笔耕不辍，时有诗文散见全国各地。2009 年 7 月，他加入了四川省作家协会，散文集《一生的阳光》也由出版社出版发行。

县作家协会秘书长高仁斌，20 世纪 90 年代初在富顺师范读书时在浓厚的校园文学氛围中开始尝试写作。毕业后，先后从事过教师、编辑等工作。从 2007 年开始，业余时间主要开始从事富顺历史文化的研究和挖掘。目前，已出版《富顺：另一种阅读方式》、《豆花：一座城市的浪漫主义》。

县作协会员、市微型小说学会会员、县作协常务理事、《富顺文学》执行副主编刘安龙系兜山中学高级教师。已在农村基层学校从事教育工作二十几载春秋，担任过班主任、教导主任、校长、党支部书记等职。业余时间爱好文学创作，有几十篇小说、小小说发表在《春草》、《中外读点》、《掌篇》、《蜀南文学》、《自贡日报》、《富顺文学》等报刊上。其中篇小说在全国颇具影响的刊物《青年作家》发表。

刚过而立之年的狮市中学英语教师赖红菊，身披一身粉尘在三尺讲台已伫立了13年，长期担任班主任。喜欢思考，擅长书法、文学、英语。硬笔书法多次展出并获奖，发表各级各类文章上百篇，英语教学也有声有色。她勤于学习，乐于思索；用心生活，尽心工作，静心读书，潜心写作。去年，她的散文集《流淌的岁月》出版发行。

才子之乡文脉相承江山代有人才出

近年来，富顺县文协、作协会员除在《富顺文学》发表各类文学作品400余篇外，还在国家级、省级、市级刊物发表作品近200篇，为富顺的精神文明建设做出了积极贡献。与此同时，汇集在万千外出打工人流中的新一代富顺才子，他们像一滴水一样融入了城市的茫茫人海，筋骨劳累之余，仍怀揣梦想，辛勤笔耕，他们在别人的家乡或城市，书写着自己的文章，构筑自己的精神家园。由于来自创作者生命最真实和最直接的体验，在书写底层社会生存境遇上带有强烈的震撼力和感染力，一批颇具创作实力的本土作家崭露头角，应运而生。

出身于农村家庭的印子君，1987年从县三中毕业回乡，在本村小学任代课教师，1988年回家务农。以“合同工”的形式外出打工十多年。1999年到成都从事编辑工作至今，先后在报社、文化出版公司和杂志社上班，目前在《龙泉开发》做编辑。被称为“北漂”和“蓉漂”的印子君，飘落打工期间，辛勤笔耕，有数百首诗作散见于《诗刊》、《星星》、《诗神》、《诗潮》、《北京文学》、《四川文学》等报刊。曾先后荣获第十届《四川日报》文学奖、《星星》诗刊“娇子杯·全国诗歌大奖赛”优秀奖和《星星》诗刊首届农民工全国诗歌大奖赛二等奖等。诗作入选《中国·星星50年诗选》、《改革开放30年四川文学作品选》、《中国年度最佳诗歌》等20余种选本。著有诗集《灵魂空间》(中国文联出版社)。系四川省作家协会会员。

沐浴着戊戌六君子刘光第故地赵化镇春风秋雨成长的刘建斌，生于1967年，18岁左右开始文学创作，同年加入富顺县文学作者协会。因为生计，一直在外打拼。还曾在中亚的土库曼斯坦打工。或许是环境的改变带来了全新的视野，刘建斌文学创作的理念也随之改变了不少。在国外创作的长篇随笔《土国漫笔》获得广泛好评。近年来刘建斌先后在《山西青年》、《青年世界》、《诗神》、《青年作家》、《四川文艺》发表诗歌散文300余篇。获过各级各类文学奖励十多次，其中在1993年以诗歌《沱江》获《诗神》全国诗歌大赛一等奖，并被授予“全国十佳诗人”称号。有作品被收入中国新诗研究所出版的《中国诗歌年鉴》。

和刘建斌既是同乡又同年的聂作平现为《四川文学》编辑，在成都已是著名作家。他是富顺近些年涌现出来的拿得起的品牌作家之一。他从学校毕业后先后从事过企业秘书、报刊编辑、文化公司经理、自由作家等职。近十年来，已发表和出版作品300余万字。另著有电视连续剧剧本多部，并为《中国国家地理》长期撰稿人。20世纪90年代的聂作平在车间当工人，依靠汗水、力气、爱情和忍耐糊口。1998年他开始自由写作。出没在自贡那片灰白的天空下。出版长篇传记《忍与决断》。1999年漂流在成都，出版随笔集《房龙图话》。2000年出版译著《房龙论艺术》，主编《中国第四代诗人诗选》。文学批评《审判余秋雨》让聂作平名声大噪。聂作平先后出版了随笔集《历史的B面》、《抚摸隐秘岁月》、《男和女 我和你》，历史随笔《历史的耻部》等著述。2004年出版了第一部长篇小说《自由落体》。2009年，他的第二部长篇小说《长大不成人》面世。此外，聂作平《夕阳下的舰队——郑和下西洋600周年评判》、《中国文学大师速读》、《外国文学大师速读》、《苏东坡游传：宋朝第一玩家的别致人生——像古人一样生活》、《情归少年时》、《舌尖的缠绵——聂作平美食语录》以及历史随笔《1644：帝国的疼痛》等著述也让他奠定了自己在文坛中的地位。

三线建设中从上海内迁自贡的晨光子弟徐方，20年前时有诗歌小说佳作面世，15年前不堪国有企业不死不活的日子，毅然辞职去了上海打拼。商海浮沉，痴心未泯，笔耕不辍，有电影文学剧本《末路狂奔》和《被缚的少女》见于国内大型文学期刊。

此外，一生醉心于诗的欧纯定，被调到自贡市政府办公室工作的黄俊，在贵州郎酒集团工作的陈晓尧，在云南经济日报的刘海山，在眉山在线工作的郑玉彬，在重庆教师进修学院工作的张纲等一大批作者，长期在工作之余勤于笔耕，都有不少佳作面世。

记者前日在富顺采访，正值新一期墨香扑鼻的《富顺文学》面世。富顺县文协和作协组织召开《富顺文学》作品座谈会。会员们聚集一堂，各抒己见，畅所欲言。面对生机盎然的《富顺文学》，欣喜之色，溢于言表。

富顺文学这几年，是开新风气、创新局面的几年，是硕果累累的几年：一个民间协会的存在和鲜活，一本文学刊物的诞生和成长，一群本土作家的脱颖而出。我们坚信，富顺文学将会迎来一个灿烂辉煌的明天。